KB264539

한 권으로 끝내는

영단어

한 권으로 끝내는 영단어

인쇄 2016년 11월 10일
발행 2016년 11월 15일

엮은이 이득형
원어감수 Bruce Perkins
펴낸이 배태수 ___**펴낸곳** 신라출판사
등 록 1975년 5월 23일 제6-0216호
전 화 02)922-4735 ___**팩 스** 02)922-4736
주 소 서울 구로구 중앙로 3길12

ISBN 978-89-7244- 139 - 7   13740
* 잘못된 책은 구입한 곳에서 바꾸어 드립니다.

한 권으로 끝내는
영단어

이득형 엮음

신라출판사

이 책은 각종 시험(TOEIC, TOEFL, TEPS)에서 고득점을 획득하는 데 필요한 4,500여 표제어(부록 포함)와 ⑪ 유의어, ⑫ 반의어, ⑬ 파생어를 함께 실어 총 7,000여 단어를 단기간에 집중적으로 빠르고 쉽게 습득할 수 있도록 하였으며, 실제로 출제된 어휘를 컴퓨터로 분석하여 빈출어휘를 선정하고, 시험의 출제 경향에 따라 Listening & Speaking과 Reading & Writing으로 크게 구분하고, 시험에 자주 출제되었던 빈출단어와 파생어를 한눈에 알아보기 쉽도록 정리하여 어휘를 확장하는 데 최상의 도움이 될 수 있도록 다음과 같은 특징으로 구성하였습니다.

PART 1
: Listening & Speaking 필수단어

듣기와 말하기 테스트에서 주로 나오는 단어를 ① Listening & Speaking에 강해지는 중요단어, ② 발음이 비슷한 영단어, ③ 철자와 뜻은 다르지만 발음이 같은 영단어, ④ 철자와 발음은 같지만 뜻이 다른 영단어로 분류하여 어떤 시험에서든 Listening과 Speaking을 완벽하게 대비할 수 있도록 구성하였습니다.

PART 2
: Reading & Writing 필수단어

읽기와 쓰기 테스트에 주로 나오는 단어를 ① Reading & Writing에 강해지는 중요단어, ② 헷갈리는 유의어 단숨에 휘어잡기로 분류하였으며, 특히 ② 유의어에서는 중학교, 고등학교에서 배웠던 단어를 중심으로 높은 수준의 단어도 공부할 수 있도록 하였습니다.

PART 3
: 1주일 만에 끝내는 중요단어

각종 시험에 반드시 출제되는 중요단어를 일상생활 기본어휘와 대학생활 필수
어휘를 중심으로 구분하여 1주일 만에 습득할 수 있도록 별도로 엮었습니다.

PART 4
: 파생어, 접두어, 접미어로 기본어휘 마무리

어휘실력을 늘리는 데 있어서 무작정 암기하는 것보다는 독립적인 용법을 지
닌 파생어나, 어근을 통한 접두어, 접미어를 통해 익히면 무한대로 어휘력을
확장시킬 수 있습니다. 따라서 여기서는 ① 어휘력을 10배로 늘리는 파생어,
② 접두어를 통한 어휘력 확장, ③ 접미어를 통한 어휘력 확장으로 구분하여
한눈에 쉽고 빠르게 어휘력을 배가시킬 수 있도록 구성하였습니다.

PART 5
: 단숨에 기억되는 품사별 영숙어

영숙어를 단기간에 습득하기 쉽도록 동사, 전치사, 부사, 기타 품사로 분류하
였으며, 또한 단어의 여러 가지 의미를 계통적으로 포착하여 정확히 암기함으
로써, 거기서 파생하는 숙어를 자연스럽게 기억할 수 있도록 하였습니다.

끝으로 이 책에 수록된 단어는 각 유형별 출제 빈도순으로 배열하였으며, 각
표제어에 관련된 ㈜ 유의어, ㈝ 반의어, ㈎ 파생어와 예문으로 단어를 무조건
암기하지 않고 체계적인 방법으로 시간과 노력을 절약해서 어휘력을 무한대
로 증강시킬 수 있습니다. 또한 네이티브 스피커가 녹음한 mp3 파일을 무료
로 제공하여 청취력을 늘리는 데 있어서 많은 도움이 되도록 하였습니다.

Contents

New *iBT*
TOEIC® · TOEFL® · TEPS
GUIDE

New TOEIC® TEST

1. New TOEIC의 구성

TOEIC(Test Of English for International Communication)은 영어가 모국어가 아닌 사람들을 대상으로 한 '국제 커뮤니케이션 능력을 위한 영어 테스트'이다. 1979년 미국 ETS(Educational Testing Service)에 의해 개발된 이래 전 세계 약 60여 개 국가 4,000여 기관에서 널리 활용되고 있으며 1982년 우리나라에 도입되었다. TOEIC이 다른 영어 시험들과 구별되는 점은 커뮤니케이션 수단으로서의 영어의 기능, 실용성을 측정 목표로 하고 있다는 것이다. 다시 말해서, TOEIC은 영어의 4대 기능인 '말하기, 듣기, 읽기, 쓰기'의 종합적인 구사능력을 측정해서 그 사람이 국제무대에 나아가 영어를 사용하여 어느 정도로 유창한 의사소통을 할 수 있는가를 알아보기 위해 개발된 것이다.

2. New TOEIC의 특징

- TOEIC 수험자 및 활용기관의 요구 반영 및 최신의 영어 커뮤니케이션 이론 반영
- 더욱 길어진 지문으로 응시자의 능력을 폭넓게 평가
- 미국, 영국, 캐나다, 오스트레일리아 등 다양한 실제 발음 채택으로 국제 업무 환경에서 사용되는 다양한 ·발음 및 악센트 반영(단, 내레이터의 대사는 표준 미국식 발음이다).
- 실제 환경에서 요구되는 보다 실제적인 언어 능력을 평가

3. 토익 영단어 공략법

토익 영단어는 비즈니스에서 사용되는 실용 회화나 어휘를 주로 다루기 때문에 어려움은 많지 않지만 단어의 낯설음에 대한 적응력을 길러야만 대응할 수 있다. 최근에 출제되는 문제를 살펴보면 거의 기존의 토익 문제에서 대두되는 어휘와 별반 차이가 없으므로 뉴토익이라고 하여 전혀 긴장할 필요가 없다.

다만 의도적으로 오답을 유도하기 때문에 어휘력이 풍부하지 않으면 쉽게 함정에 빠질 수 있음을 명심해야만 한다. 특히 LC(Listening Comprehension; 듣기문제)에서는 소리상의 혼동(sound confusing)을 통한 오답을 유도하게 되며, RC(Reading Comprehension; 읽기문제)에서는 paraphrase(어휘의 변환)나 collocation(어휘의 배열)이 토익의 가장 중요한 핵심 사항이다.

다시 말하면 장소, 대상, 상황 등에 따라 어휘의 용도가 달라진다는 것이다. 문장 속에서 사용되는 어휘의 정확한 쓰임새나 어법에 따른 활용이 토익 영단어를 공략하는데 있어서 관건이 된다.

iBT TOEFL® TEST

⊙ iBT TOEFL의 구성

iBT는 기존의 CBT보다 더 정교화된 영어 능력 측정 시험이며 의사소통 능력을 종합적으로 평가하는 시험이다. 시험은 영어의 네 가지 능력 즉, Listening(듣기), Speaking(말하기), Reading(읽기), Writing(쓰기) 능력을 통합하여 평가한다. 읽기 영역에 포함되었던 문법 문제가 사라지고 배점이 문제마다 다르며 말하기 시험이 추가되고 다른 시험의 지문이 길어진 영향으로 시험 시간이 꽤 길어졌다. ETS에서 새로운 유형의 시험을 선보이는 이유는 최근 아시아계의 학생들이 토플시험에서 고득점을 획득했음에도 불구하고 실제 영어 구사 능력이 떨어져 미국 대학들이 말하기 시험을 강조해 줄 것을 요구했기 때문이라고 한다.

텝스 TEPS

1. TEPS의 구성

TEPS(Test of English Proficiency developed by Seoul National University)는 서울대학교 언어교육원에서 개발하고, TEPS관리위원회에서 주관, 시행하는 국가공인 영어시험으로 청해, 문법, 어휘, 독해에 걸쳐 총 200문항, 990점 만점의 시험이다. TEPS는 우리나라 사람들의 살아 있는 영어 실력, 즉 의사소통 능력을 가장 효과적이고 정확하게 측정해 주는 시험이라고 할 수 있으며, 진정한 실력자와 비실력자를 확실히 구분할 수 있도록 구성된 시험으로서 변별력에 있어서 본인의 정확한 실력 파악에 실제적인 도움이 된다. 또한 다양하고 일반적인 영어능력을 평가하는 시험으로 대학교, 기업체, 각종 기관 및 단체, 개인이 다양한 목적을 위해 응시할 수 있다.

2. TEPS의 특징

– 편법과 눈속임이 통하지 않는 시험

개인의 어학능력은 결코 단기간에 급속도로 향상되지 않는다. 그런데도 실력배양은 아랑곳하지 않고 영어성적만을 올리기 위해 요령과 편법을 가르치는 교육기관이 많다.

TEPS는 수험자의 영어능력을 있는 그대로 정확하게 판단하기 위해 다양한 테스트방법을 적용했다. 듣기시험에서 인쇄된 질문지를 주지 않고 방송으로 직접 들려주기 때문에 미리 문제를 보고 감을 잡는 요령이 통하지 않는다.

– 속도화 시험

　　외국인과 영어로 대화를 할 때 상대방이 질문을 던질 경우, 한참동안 문법과 어휘를 고민해서 대답할 수는 없는 노릇이다.

　　TEPS는 기존의 다른 시험에 비해 많은 지문을 주고 이를 짧은 시간 내에 이해하여 풀어낼 수 있는지를 측정한다. 이는 실제 생활에서 활용할 수 없는 암기위주의 영어가 아니라 완전히 습득되어 자유롭게 구사할 수 있는 "살아있는" 영어실력을 평가하기 위한 것이다.

완전히 체화(Internalized) 된 영어능력이 아니라면 순간적으로 반응하여야 하는 실제 의사소통 상황에서는 무용지물이기 때문이다.

PART 01

Listening & Speaking
필수단어

- Listening & Speaking에 강해지는 중요단어
- 발음이 비슷한 영단어
- 철자와 뜻은 다르지만 발음이 같은 영단어
- 철자와 발음은 같지만 뜻이 다른 영단어

special [spéʃəl]	특수한, 특별한, 독특한, 전용의, 예외적인 파 specialty, specialize 유 distinct, distinguished, specific, exceptional, exclusive 반 common, ordinary • Cindy normally doesn't drink except on very *special* occasions. 신디는 특별한 경우 외에는 대체로 술을 마시지 않는다.
bit [bit]	조금, 약간, 단역 유 scrap, particle, speck, grain • There's still a *bit* of money left in the treasury should anything come up. 무슨 일이 일어난 때를 위해 금고에는 아직 약간의 돈이 남아 있다.
fit [fit]	발작, 흥분, 격정 유 stroke • Though basically a calm person, Leroy Hansen was given to *fits* of rage. 원래는 차분한 사람이었지만 한센은 발작적으로 격노하는 버릇이 있었다.
expect [ikspékt]	예기하다, 기대하다, 요구하다, 〈진행형으로〉 임신하고 있다 파 expectancy, expectation, expectant, expectative 유 anticipate, await • Walter didn't buy the car last month because he *expected* the price to go down. 월터는 값이 떨어질 것이라는 기대로 지난 달 차를 사지 않았다.

statement
[stéitmənt]

성명(서), 진술, 주장, 계산[명세]서

파 state

유 declaration, remark, announcement, proclamation, utterance

- Though his *statement* could be interpreted in a number of ways, I think he meant that his employees had let him down.
  그의 진술은 몇 가지 종류로 해석할 수 있지만 종업원들이 그를 궁지에 몰았다는 것을 말했다고 생각한다.

various
[vέ(:)əriəs]

각종의, 별개의, 많은, 다수의

파 variety, vary

유 diverse, diversified

- There are *various* complications that can arise when construction work is done without an approval.
  승인 없이 건설공사가 완료되면 각종의 문제가 일어날 가능성이 있다.

ancient
[éinʃənt]

고대의, 구식의; 고대인, 〈복수형으로〉 고대문명

유 primitive, outdated, antique, aged

- The *ancient* astronomers had a much better understanding of the heavens than most of us seem to realize.
  고대의 천문학자는 우리가 생각하고 있는 이상으로 천체에 관해서 훨씬 잘 이해하고 있었다.

offer
[ɔ́(:)fər]

제출[안](하다), 의사표시; 권하다, 말하다

유 present, proffer, propose, tender

반 refuse

- It is nice of you to *offer* but I never drink before evening.
  권해주셔서 기쁩니다만 저는 저녁식사 전에는 술을 마시지 않습니다.

experience
[ikspí(:)əriəns]

경험(에 의해 얻은 지식); 경험하다[에 의해 알다]

[파] experienced, experiential, experiment, experimental, experimentalism
[유] incident, event, adventure, undergo
[반] inexperience

- You can't work at the head office until you've had some *experience* at one of the smaller stores.
  작은 점포에서 어느 정도의 경험을 쌓지 않으면 본점에서 근무할 수 없다.

---

handle
[hǽndl]

손잡이, 쥐는 곳; 손을 대다, (손으로) 다루다, 논하다

[유] deal, treat, maneuver, manipulate

- Don't *handle* the food until you've washed your hands.
  손을 씻기 전에는 음식물에 손을 대지 마라.

---

arrange
[əréindʒ]

배열하다, 정리하다, 약속하다, 편곡하다, 준비하다

[파] arrangement
[유] adjust, classify, settle, prepare, contrive

- Mr. Cooper has *arranged* to fly in from Washington to fill out the papers next Friday.
  쿠퍼 씨는 서류를 완성시키기 위해 다음 주 금요일에 워싱턴에서 이곳으로 비행기로 올 준비를 했다.

---

original
[ərídʒənəl]

원시의, 본래의, 독자의, 독창적인; 원형

[파] origin, originality, originate
[유] primary, primordial, novel, creative, archetype, prototype

- The *original* version of that song was released back in 1966.
  그 노래의 원곡은 1966년으로 소급되었다.

---

substance
[sʌ́bstəns]

물질[체], 내용, 본질, 실체, 농도

[파] substantial
[유] essence, subject, material, stuff

- There was a white *substance* on the bird's beak

which still hasn't been identified.
그 새의 부리 위에 흰 물질이 무엇인지 지금까지 해명되지 않고 있다.

available
[əvéiləbl]

이용할 수 있는, 손에 넣을 수 있는

㈜ avail, availability
㈜ attainable, procurable, accessible, valid

- It's a shame that no library is *available* after 7:00 p.m. around here.
  이 근처에 오후 7시 이후에 이용할 수 있는 도서관이 없다는 것은 유감스럽다.

barely
[bέərli]

겨우, 간신히, 가까스로, 거의 ~아닌, 적나라하게

- Stanley is so tired he can *barely* stand up.
  스탠리는 너무 피곤해서 겨우 일어설 수 있다.

vary
[vέ(:)əri]

바꾸다, 달라지다

㈜ various, variety, variation
㈜ change, alter, modify, transform

- The size of the mathematics classes *vary* from year to year.
  수학반의 인원은 매년 변한다.

plenty
[plénti]

충분, 많음, 다수; 풍부

㈜ plentiful
㈜ affluence, plethora, abundance

- If you want to go have lunch there's *plenty* of time until the next show.
  점심을 먹으러 가고 싶다면 다음 쇼까지 충분한 시간이 있다.

bark
[bɑːrk]

개의 짖는 소리, 총성; 고함지르다, 거칠게 소리치다

㈜ howl, shout

- Ralph's doorbell has been broken for months but his dog *barks* every time a visitor approaches.
  랄프의 집 현관벨은 수개월 이상 고장이 나 있지만 그의 개는 방문자가 올 때마다 짖는다.

character-istic [kæ̀riktərístik]

특유의, 독특한; 특성, 특질

[파] character, characterful, characterless, characterize
[유] typical, distinctive, diacritic, peculiar, trait, disposition, feature, peculiarity, attribute

- One unusual *characteristic* that this species possesses is its tendency to bury itself before dying.
  그 종이 가진 진귀한 특성 중의 하나는 죽기 전에 자신의 몸을 묻는 습성이다.

rub [rʌb]

문지르다, 닦다, 맞비비다

[파] scrub

- As soon as I get home, my cat runs up to me and *rubs* against my legs.
  내가 집에 돌아오면 고양이가 달려와서 내 다리를 문지른다.

local [lóukəl]

장소의, 지역의, 지방의, 일부분의

[파] localism, locality, localization

- I don't mind you using the phone if you're just making a *local* call.
  시내통화만 한다면 전화를 사용해도 좋다.

urban [ə́:rbən]

도시의, 도시에 사는, 도시풍의

[파] urbanize, urbanism, urbanity, urbane
[유] rural, rustic

- *Urban* life is so hectic at times that most people need a vacation in order to keep on functioning.
  도시생활은 몹시 소모적이므로 대부분의 사람들이 생활을 계속하기 위해 휴가를 필요로 한다.

rhythm [ríðm]

리듬, 율동

[파] rhythmic, rhythmical

- You'll get the dog house painted quicker if you put some *rhythm* into your strokes.
  팔의 움직임에 리듬을 넣으면 더욱 빨리 개집을 칠할 것이다.

illustrate
[íləstrèit]

설명하다, 예증하다, 삽화를 넣어 설명하다

㈜ illustrated, illustration
㈜ exemplify, explain, demonstrate

- The driving instructor showed slides of accident victims to *illustrate* the importance of seatbelts.
  운전지도원은 사고희생자의 슬라이드를 보여주며 안전벨트의 중요성을 알기 쉽게 설명했다.

topic
[tápik]

제목, 화제, 주제, 테마

㈜ topical
㈜ subject, theme, thesis

- The *topic* of this week's "Essay on Ecology" is the relationship between cigarette smoking and air pollution.
  이번 주 「환경논문」의 주제는 흡연과 대기오염에 관한 것이다.

wrap
[ræp]

싸다, 포장하다, 감다, 휘감다

㈜ veil, envelop

- Go get a hat for Jenifer's birthday and be sure to have them *wrap* it at the store.
  제니퍼의 생일선물로 모자를 사고 그 상점에서 포장해 받는 것을 잊지 마라.

shelf
[ʃelf]

선반

- It wasn't very big earthquake though several books fell off the *shelves*.
  그리 큰 지진은 아니었지만 그래도 선반에서 책이 몇 권 떨어졌다.

doubt
[daut]

~이 아닐까 생각하다, 의심하다, 믿지 않다; 의심, 의혹

㈜ doubtful
㈜ distrust, mistrust, suspect, uncertainty, misgiving, skepticism, disbelief
㈜ trust, believe, belief, confidence, reliance

- If you want to leave a few minutes early, I *doubt* anyone would object.
  당신이 몇 분 일찍 돌아가고 싶다고 해도 아무도 반대하지 않을 것이라고 생각한다.

operate
[ápərèit]

움직이다, 작동하다, 작용하다, 수술하다, 조작하다

㈜ operation, operator, operative

- The NC-200 rotary saw is a relatively easy machine to *operate*.
  회전톱 NC-200은 비교적 사용하기 쉬운 기계이다.

aid
[eid]

도와주다, 촉진하다; 조력, 조수

㈜ assist, promote, facilitate

- George proved that he was a real friend by coming to our *aid* just when we needed him.
  우리가 마침 그를 필요로 할 때 도움을 준 것으로 조지는 진실한 친구인 것을 증명했다.

environ -ment
[inváiərənmənt]

환경, 주변(의 상황), 포위

㈜ environ, environmental, environmentalist
㈜ surroundings, vicinity, circumference

- Many people have stopped using aerosol spray paints out of concern for the *environment*.
  환경을 염려해서 많은 사람들이 분무식 페인트의 사용을 중지했다.

recently
[rí:səntli]

근래, 최근, 새롭게

㈜ recent

- The service at this restaurant has always been pretty bad, but *recently* it's been improving.
  이 식당의 서비스는 꽤 나빴지만 최근에는 개선되고 있다.

assume
[əsjú:m]

가정하다, 추측하다, 가장하다, 떠맡다

㈜ assumption, assumptive
㈜ suppose, infer, presume, undertake, pretend

- I had *assumed* you'd remember your boots even without me reminding you.
  내가 말하지 않아도 당신은 자신의 부츠를 기억하고 있다고 생각했다.

distant
[dístənt]

떨어진, 먼, 서먹서먹한

㈜ distance

⟨유⟩ remote, far, afar, away, separated, formal, unfriendly
⟨반⟩ near, close

- Rudy is so excited about promoting the event, he's traveled to schools as *distant* as Elmsville High.
  루디는 그 회합의 선전에 너무 열심인 나머지 멀리 엠스빌고교까지 학교 순회를 했다.

fix
[fiks]

고정하다, 자리잡다, 결정하다, 정돈하다, 수리하다

⟨유⟩ settle, establish, prepare, repair, mend

- If I can get my car *fixed* by the weekend, I'll drive out to the lake.
  주말까지 차가 수리되면 호수로 드라이브할 작정이다.

settlement
[sétlmənt]

정주, 거주, 식민(지), 확정, 해결, 조정, 타결, 안정시키는 것

⟨파⟩ settle
⟨유⟩ habitation, occupation, residence, colony, decision, solution, reconciliation, mediation

- Our history class will take a trip to the first Spanish *settlement* in Mexico.
  역사 시간에는 최초로 멕시코로 온 스페인 거주지로 여행할 것이다.

maintain
[meintéin]

유지하다, 지속하다, 주장하다, 보존하다

⟨파⟩ maintenance
⟨유⟩ sustain, retain, affirm, assert, allege, defend

- The Warner bakery has been able to *maintain* business as usual even though it's in the process of remodeling.
  개조 중임에도 불구하고 워너빵집은 평소처럼 판매를 계속할 수 있었다.

previous
[prí:viəs]

보다 이전의, 사전의, 앞선, 예비의

⟨유⟩ prior, earlier, preceeding

- Jerry Felicio's new single reminds me of some of his *previous* records.
  제리 페리시오의 신곡을 들으면 이전에 출반된 몇몇의 레코드가 생각난다.

deposit
[dipázit]

두다, 퇴적시키다, 예금하다, 보증금으로 지불하다;
퇴적[침전]물, 기탁, 예금, 담보

[파] deposition, depositary, depository
[유] put, place, save, bank, store, sediment, lees, dregs
[반] withdraw, withdrawal

- I don't have the money to pay for this vase right now but I' ll put down a *deposit* on it.
  지금은 이 꽃병의 대금을 지불할 정도의 돈을 가지고 있지 않지만 계약금을 지불하겠다.

---

typical
[típikəl]

전형적인, 대표적인, 상징하는

[파] type, typify

- A *typical* breakfast at the temple consists of brown rice, vegetable soup and green tea.
  절의 전형적인 아침식사는 현미밥과 야채수프, 녹차이다.

---

laboratory
[lǽbərətɔ̀ːri]

연구소[실], 시험실, 실험실

[파] labor, laborious

- The advanced chemistry course requires that students spend at least three hours a week working in the *laboratory*.
  상급화학과정은 학생이 적어도 주 3시간은 실험실에서 연구하는 것을 요구한다.

---

satisfied
[sǽtisfàid]

만족한, 충족한, 확신한

[파] satisfy, satisfying
[유] contented, gratified, complete
[반] dissatisfied

- My grandfather is never *satisfied* with the girls he has working at his store.
  할아버지는 그의 가게에서 일하고 있는 여직원들에게 만족하지 않는다.

---

neighbor-hood
[néibərhuːd]

근처, 지방, 구역, 이웃사람

[파] neighbor, neighboring
[유] vicinity, adjacency, community

- Not only is it a beautiful house but it's in a very safe *neighborhood*.

그 집은 아름다울 뿐만 아니라 매우 안전한 지역에 있다.

advice
[ædváis]

충고, 조언, 보고

㉠ advise, advisable, adviser
㉡ caution, counsel, recommendation, notice, notification

- Tony is always afraid to act without seeking the *advice* of a friend.

토니는 항상 친구의 조언 없이 행동하는 것을 두려워한다.

species
[spíːʃiːz]

종류, 종(생물분류의 기본단위)

㉡ kind, sort, class

- This particular *species* of moth is found only on certain islands off the coast of Brazil.

이 특이종 나방은 브라질 해안의 특정한 섬들 외에는 발견되지 않는다.

occasion -ally
[əkéiʒənəli]

가끔, 때때로

㉠ occasional, occasion
㉡ sometimes

- While I will *occasionally* have a steak dinner on my way home from work, I'm usually a light eater.

퇴근길에 때때로 스테이크를 저녁으로 먹기도 하지만 평소에는 가벼운 식사를 합니다.

ruin
[rú(ː)in]

파멸(시키다), 파괴(하다), 유적, 폐허

㉠ ruinous
㉡ decay, wreck, devastation, havoc

- That horrid picture frame will *ruin* any painting put inside it.

저 이상한 액자에 넣으면 어떤 그림도 엉망이 되어 버리겠다.

demolish
[dimάliʃ]

파괴하다, 헐다, (이론 등을) 분쇄하다

[파] demolition, demolishment
[유] destroy, ruin, raze, devastate

- Even though the building had survived two major wars, it was *demolished* by an earthquake in 1933.
  그 건물은 두 번의 큰 전쟁에도 건재했으나 1933년의 지진으로 파괴되었다.

servant
[sə́:rvənt]

고용인, 하인, 종

[파] serve, service
[유] domestic, employee, butler

- Not only do Elaine's parents live in a huge house, but they even have *servants*.
  엘레인의 양친은 대저택에 살고 있을 뿐 아니라 하인도 거느리고 있다.

loop
[lu:p]

(실 등의) 고리, 동그란 것; 고리모양으로 하다, 고리로 만들다

[유] circle, ring

- If you *loop* the wire a couple of times you should be able to pick up AM radio waves.
  전선으로 2중, 3중의 고리를 만들려면 AM라디오 전파를 잡아야 한다.

bother
[bάðər]

괴롭히다, 치근대다, 성가시게 하다; 〈a~〉 성가신 일, 말썽

[파] bothersome
[유] irritate, trouble, worry, disturb, annoy, vex, pester, upset, inconvenience

- A penny is worth so little these days it's hardly worth the *bother* of picking one up off the sidewalk.
  1페니 동전은 오늘날 거의 가치가 없어서 보도에 떨어져 있는 것을 일부러 주울 정도도 아니다.

annoy
[ənɔ́i]

괴롭히다, 짜증나게 하다, 귀찮게 굴다

[파] annoyance
[유] abrade, molest, harry, bother, harass, irritate

- Tim's real nice guy but he starts to *annoy* me if I'm

with him for too long.
팀은 정말로 좋은 놈이지만 오래 함께 있으면 나를 짜증나게 한다.

treatment
[trí:tmənt]

취급, 대우, 치료, 처치

㉠ treat
㉮ therapy, cure

- The *treatment* that patients at the Moss Medical Center receive is so wonderful.
모스 의료센터에서 환자들이 받는 치료는 너무나 훌륭하다.

approxim -ately
[əpráksəmèitli]

대체로, 거의

㉠ approximate, approximation
㉮ about, nearly

- If we don't find a gas station in *approximately* 10 more minutes, we're going to have to get out and walk.
약 10분 안에 주유소를 찾지 못하면 차에서 내려 걸어야 한다.

mystery
[místəri]

신비의, 수수께끼 같은; 신비스러운 사람[사물]

㉠ mysterious
㉮ enigma, wonder

- Psychologists know what sort of variables effect our memory but how our memory works is still a *mystery*.
심리학자는 어떠한 요소가 우리의 기억을 만들어내는지 알고 있지만 그 기억이 어떻게 작용하는지는 아직 수수께끼이다.

expedition
[èkspədíʃən]

원정, 탐험

㉠ expeditionary
㉮ excursion, voyage, exploration

- He used to be an archaeologist but became a jeweler after finding diamonds on one of his *expeditions*.
그는 고고학자였지만 어느 탐험에서 다이아몬드를 발견하고 나서는 보석상이 되었다.

orientation
[ɔ́ːrientéiʃən]

(환경에의) 적응지도, 오리엔테이션, 방위확인

파 orientate
유 direction, instruction

- New members not familiar with the pottery heating process can attend an *orientation* meeting next Monday.

  도기 굽는 법을 잘 알지 못하는 신입회원은 내주 월요일 오리엔테이션 집회에 참가할 수 있다.

freshman
[fréʃmən]

신입생, 1년생

유 newcomer

- Charlie won't be able to come because the *freshmen* have their orientation meetings all this week.

  금주는 계속 신입생을 위한 오리엔테이션 집회가 있기 때문에 찰리는 오지 못할 것이다.

sophomore
[sáfəmɔ̀ːr]

〈미〉 (4년제 대학의) 2학년

파 sophomoric

- I took all of my math and science courses in my *sophomore* year.

  나는 수학과 과학의 전과정을 2학년 때에 수료했다.

junior
[dʒúːnjər]

보다 연하의, 후진의, 신참의, 하급의; 연하의 사람, 〈미〉 (4년제 대학의) 3학년

파 juniority
유 younger
반 senior

- Students are expected to decide on a major no later than their *junior* year.

  늦어도 3학년까지는 전공을 결정하는 것으로 되어 있다.

senior
[síːnjər]

연상의 (사람), 상급의; 선배(의), 상사, 〈미〉 (4년제 대학의) 4학년

파 seniority
유 older
반 junior

- Most *seniors* have to write a thesis in order to graduate.
  4학년생의 대부분은 졸업을 위해 논문을 써야 한다.

undergrad-uate
[ʌ̀ndərgrǽdʒuit]

(대학원생에 대해) 학부학생(의)

㉠ undergraduette

- Normally we only allow students holding a B.A to take the course; though, in the past, two *undergraduates* have been admitted.
  통상 석사 학위를 가지고 있는 학생만이 그 과정을 맡는 것이 허락되지만, 과거 두 사람의 학부 학생이 승인된 일이 있다.

tutor
[tʃúːtər]

가정[개인지도]교사, 후견인; 가정교사로 가르치다, 훈련하다

㉠ tutelage, tutelary
㉡ guardianship, instructor

- Hiring a *tutor* may be expensive, but the time you'll save by not having to take the course again makes it worth it.
  가정교사를 고용하는 것은 비용이 들지도 모르지만 같은 과정을 다시 한번 받지 않고 마치는 것에 의해 절약할 수 있는 시간을 생각하면 가치가 있다.

wilderness
[wíldərnis]

황야, 황무지, 미개지

㉡ barren

- Jeffrey is a remarkable friendly bobcat even though he was born and raised in the *wilderness*.
  제프리는 황야에서 태어나서 길러진 데에도 불구하고 상당히 온순한 삵쾡이다.

reference
[réfərəns]

참조, 참고, 조회, 언급, 관련, 위탁

㉠ refer, referential
㉡ allusion, referral, citation, relation, respect

- This looks like the book that Charlie made *reference* to in his report.
  이 책은 찰리가 그의 레포트에 참조로 사용한 것 같다.

contribute
[kəntríbjut]

기부하다, 바치다, 공헌하다, 기고하다

㈜ contribution, contributive, contributor, contributory
㈜ donate, bestow, grant, provide, offer, conduce

- As it was a worthy cause, we all *contributed* a few dollars to the
  Youth Awareness Fund.
  훌륭한 운동이기 때문에 우리 전원이 몇 달러를 「청년자각기금」에 기부했다.

benefit
[bénəfit]

유리, 이익, (보험회사 등의) 급부금; 도움이 되다, 이익을 얻다

㈜ beneficent, beneficial, beneficiary
㈜ profit, gain

- For the *benefit* of those sitting in the back, please try to speak louder.
  뒤에 앉아 있는 사람들을 위해 좀 더 큰 소리로 말해 주십시오.

primary
[práimèri]

제1위의, 주요한, 최초의, 근본적인

㈜ prime
㈜ principal, elementary, fundamental, radical
㈜ secondary

- It would be nice if our team won but my *primary* concern is that everybody has a good time.
  우리 팀이 이긴다면 기쁘지만 모두가 즐거운 시간을 갖는 것이 나의 제일의 관심이다.

justice
[dʒʌ́stis]

정의, 공정, 정당성, 사법, 재판

㈜ justify, justification
㈜ trial

- Everyone in the community wants the burglar caught and brought to *justice*.
  이 사회의 모든 사람들은 강도가 잡혀서 재판에 보내지길 바라고 있다.

procedure
[prəsí:dʒər]

수순, 절차, 행위, 처치, 진행

㈜ procedural, proceed, proceeding
㈜ management, operation, process, transaction

- Since it's such a simple *procedure*, most dentists will fill cavities as soon as they find them.
  너무나 단순한 처치여서 대부분의 치과의사는 충치의 구멍을 발견하면 그것을 메워버린다.

upset
[ʌpsét]

뒤집힌, 혼란한, 마음이 동요한; 전복시키다, 뒤엎다, 패배시키다; 전복, 전락, 혼란

㊨ disturbed, irritated, overturn, capsize, overthrow, displace, disorder
㊫ steady, stabilize

- Nathan was very *upset* that his group was not chosen to take part in the race.
  자신의 그룹이 경기 참가자로 선정되지 않았기 때문에 네이든은 매우 놀랐다.

preserve
[prizə́:rv]

보호하다, 보존하다, 지속하다

㊕ preservation, preservable, preservative
㊨ keep, conserve, sustain

- He tried in vain to *preserve* good relations with the bureaucrats.
  그는 관료들과 좋은 관계를 유지하려 했지만 할 수 없었다.

guy
[gai]

〈미〉 남자, 놈

- What's that *guy* doing standing on your doorstep?
  저 남자는 당신집의 현관에 서서 무엇을 하고 있는 것일까?

attractive
[ətrǽktiv]

매력적인

㊕ attract, attraction
㊨ charming, fascinating

- Arnold admitted that the idea was an *attractive* one but he just wasn't confident that it would work fast enough.
  아놀드는 그 착상이 매력적이라고 인정은 했지만 그렇게 신속하게 작동할런지는 자신이 없었다.

glove
[glʌv]

장갑, 야구 글러브

- Winter is almost here and I don't even have a good pair of *gloves*.
  벌써 겨울인데 나에게는 쓸만한 장갑조차 없다.

grove
[grouv]

작은 숲, (감귤을 재배하는) 과수원

㊨ wood, orchard

- Thirty years ago this whole valley was nothing but orange *groves*.
  30년전 이 계곡은 그저 오렌지 숲이었다.

fascinat -ing
[fǽsənèitiŋ]

매혹적인, 황홀케 하는

㊊ fascination, fascinator, fascinate
㊨ charming, enchanting

- Not only is the story relevant to Rebecca's research, but it's a *fascinating* tale.
  이 이야기는 레베카의 연구에 관련될 뿐 아니라 매우 매혹적이다.

credit
[krédit]

신용(하다), 신용대부, 명성, 이수단위, 〈복수형으로〉 크레딧

㊊ creditable, creditor
㊨ honor, merit, recognition, trust, faith, repute
㊫ discredit

- This store won't refund your money but they'll give you *credit* towards another purchase.
  이 상점은 현금으로 반환해 주지는 않지만 다른 상품을 살 때에 충당해 준다.

significant
[signífikənt]

중대한, 중요한, 의미깊은, 암시하는

㊊ significance, signify
㊨ important, consequential, critical, crucial, vital
㊫ insignificant

- The Smith and Miles' study is a brief, yet *significant* one.
  스미스와 마일즈의 연구는 간결하지만 의미깊은 것이다.

rarely
[rέərli]

드물게, 예외적으로, 좀처럼 ~않는

㊠ scarcely

- Though Stanley and I often argue, we're *rarely* very serious.
  스탠리와 나는 자주 싸우지만 매우 심각하지는 않다.

concentrate
[kánsəntrèit]

모으다, 집중시키다[하다], 응축하다

㊟ concentration
㊠ focus, localize, condense, unify, consolidate, integrate
㊰ diffuse, scatter, disperse, dissipate

- Elaine had better *concentrate* on getting the schedule made before the first meeting.
  엘레인은 최초의 집회까지 일정을 결정하는 것에 집중하는 것이 좋다.

historical
[histɔ́(:)rikəl]

역사의, 역사에 기반을 둔

㊟ historic, history, historian

- Though Roger always hates history, he loves reading *historical* novels.
  로저는 역사를 싫어하지만 역사소설을 읽는 것은 좋아한다.

colonial
[kəlóuniəl]

식민지(풍)의; 식민지인

㊟ colonialism, colonist, colonization, colony, colonize

- In *colonial* times that area near the harbor was used as a trading post.
  식민지시대에 그 항구 근처는 무역소로 이용되어졌다.

awful
[ɔ́:fəl]

무서운, 지독한; 아주 싫은, 심한

㊟ awe
㊠ fearful, terrible, horrible

- Nadine decided not to go to Las Vegas this weekend because of the *awful* luck she'd been having.
  내딘은 지독히 운이 없어서 이번 주말 라스베가스로 가지 않기로 결정했다.

terrific
[tərífik]

대단한, 지독한, 〈구어〉 엄청난, 멋진

파 terrify, terrible, terror
유 fierce, horrible, marvelous, superb

• The lobster they serve over at Fish Shanty is *terrific*.
「휘시 산티」에서 제공하는 바닷가재 맛은 훌륭하다.

exam
[igzǽm]

시험(examination의 단축형)

파 examine, examinee, examiner, examinant
유 test, quiz

• Before you can actually get behind the wheel of a car, you have to pass a written *exam*.
실제로 운전대를 잡기 전에 필기시험에 합격해야 한다.

assignment
[əsáinmənt]

할당, 임무, 연구과제, 숙제

파 assign, assignee, assignation
유 allotment, allocation, appropriation duty, task, homework

• Nathan's first *assignment* as a reporter was to write an article on the bus driver's strike in Santa Monica.
네이든의 기자로서 최초의 임무는 산타 모니카 버스운전사의 파업에 관하여 기사를 쓰는 것이었다.

lecture
[léktʃər]

강의(하다), 설교(하다)

파 lecturer
유 sermon, preaching

• Professor Gaines will deliver a *lecture* on sodium nitrate tomorrow.
게인즈 교수는 내일 질산 나트륨에 관한 강연을 할 것이다.

catalog
[kǽtəlɔ(:)g]

도서목록, 일람표, 〈미〉 대학요람; 목록에 넣다[을 작성하다]

유 list, roll, inventory, directory, file, index, brochure

• Before going out to get her luggage, Marsha looked through several *catalogs* to decide the kind she wanted.
여행가방을 사러 가기 전에 마샤는 카달로그 몇 장을 보고 사고 싶은 것을 결정했다.

semester
[siméstər]

학기

㈜ semestrial, semestral
㈜ term

- Mrs. Ramsey is teaching all the same courses she did last *semester*.
  램지 여사는 지난 학기와 똑같은 과목을 가르치고 있다.

dissertation
[dìsərtéiʃən]

(박사)논문, 논술

㈜ dissertate
㈜ thesis, treatise

- Frank and Reggie are both scheduled to present their *dissertation* to the department heads by the end of the month.
  프랭크와 래지는 함께 이달 말까지 논문을 학장에게 제출할 예정이다.

seminar
[sémənɑ̀:r]

세미나, 연구그룹, 연구회, 집중강의

㈜ workshop

- For those of you interested in animation, there will be a *seminar* on the subject tomorrow night.
  애니메이션에 흥미를 가진 사람들을 위해 내일 밤 그것에 관련한 세미나가 있다.

dormitory
[dɔ́:rmətɔ̀:ri]

기숙사, 단지, 교외주택지

㈜ dorm
㈜ housing

- The real reason Martin still lives in the *dormitory* is that he doesn't know how to cook.
  마틴이 아직까지 기숙사에 사는 진짜 이유는 요리를 할 줄 모르기 때문이다.

register
[rédʒəstər]

표, 목록, 등록[기], 명부; 기록하다, 등록하다

㈜ registive, registration
㈜ archive, chronicle, enrollment, enroll

- Monkeys may be kept as pet as long as they are *registered* with the department of health.
  원숭이는 보건국에 등록되어 있는 한 애완동물로서 사육되어도 좋다.

skip
[skip]

가볍게 뛰다[뛰어넘다], 깡충거리다, 건너뛰다, 생략하다, 결석하다, 월반하다

㉨ spring, jump, leap, hop, disregard

- I think we can *skip* chapter two as it deals mainly with definitions.
  제2장은 주로 정의를 다루고 있기 때문에 생략할 수 있다고 생각한다.

pillow
[pílou]

베개; 베개에 얹다, 베개를 베다

- We have an extra bed but you'll have to bring your own *pillow*.
  여분의 침대는 있지만 베개는 자신의 것을 가지고 와야 합니다.

persuade
[pəːrswéid]

설득하여 ～하게 하다, 믿게 하다

㉠ persuasion, persuasible, persuasive
㉨ induce, urge, entice, impel

- Nancy managed to *persuade* her boss to let her work Sundays instead of Thursdays.
  목요일 대신 일요일에 근무시켜 달라고 낸시는 상사를 간신히 설득했다.

candidate
[kǽndədèit]

입후보자, 지원자

㉠ candidacy
㉨ nominee, aspirant, applicant

- Even though several *candidates* applied for the position, Mrs. Brachshon didn't like any of them.
  몇 명의 지원자가 그 자리에 지원해 왔지만 브라치숀 부인은 그 중 아무도 마음에 들지 않았다.

delicious
[dilíʃəs]

맛좋은, 매우 향기가 좋은, 매우 즐거운

㉠ deliciousness
㉨ tasty, appetizing, delectable, delightful

- There were several disappointments on our trip to France but the food was *delicious*.
  프랑스 여행은 기대에 어긋난 것이 다소 있었지만 음식은 맛좋았다.

cement
[simént]

접합제, 시멘트, 결합(하는 것); 접합하다

파 cementation, cementum, cementitious

- It looks like a bird walked across the sidewalk while the cement was still wet.

시멘트가 아직 굳지 않은 동안에 새가 보도를 횡단해서 건넌 듯하다.

relax
[riláeks]

풀다, 쉬게 하다, 완화하다

파 relaxation
유 loosen, diminish, enfeeble, ease

- I can relax knowing that Jeff will be my partner at the tennis tournament.

테니스 시합에서 제프가 나의 파트너가 될 것이라는 것을 알고서 기분이 편해졌다.

circumst -ance
[sə́:rkəmstæns]

〈복수형으로〉 주변의 사정, 상황, 환경, 처지; 어떤 상황에 놓여지다

파 circumstantial, circumstantiate
유 situation, background

- If circumstances permit, we will conduct the opening ceremony at Ripley's Convention Center next February.

상황이 허락한다면 이번 2월에 리플리 컨벤션 센터에서 개회식을 거행할 예정이다.

ideal
[aidí:əl]

이상적인, 비현실적인; 이상, 공상, (궁극의) 목적

파 idealize, idealism, idealistic
유 fantastic, perfect, consummate, conception, epitome, aim, object

- The ideal solution would have been to spend half our vacation time in Florida and the other half in New York.

이상적인 해결법이라면 휴가의 반을 플로리다에서 보내고 나머지는 뉴욕에서 보내는 것이었을 것이다.

bureau
[bjúərou]

〈미〉 (관청의) 국, 부, 사무국,
〈미〉 위에 거울이 달린 침실용 화장대

파 bureaucracy, bureaucratism, bureaucratic, bureaucratize
유 office, department

- The federal government is presently creating a special *bureau* to handle just this sort of problem.
연방정부는 현재 이러한 문제를 다루는 전문국을 창설하고 있다.

normally
[nɔ́:rməli]

규칙에 따라, 정규적으로, 통상은, 일반적으로는

파 normal, normalize, normalcy
유 regularly, generally

- *Normally* I wouldn't bother you with such a small problem.
통상 나는 그러한 작은 문제로 너를 성가시게 하고 싶지 않았다.

chunk
[tʃʌŋk]

(빵 등의) 큰 덩어리, 두꺼운 조각, 억센 동물, 상당한 양

파 chunky
유 lump, mass

- Throw a couple of *chunks* of ice in this lemonade pitcher and it's ready to drink.
레모네이드에 얼음 덩어리 2, 3개를 넣으면 곧 마실 수 있어요.

monument
[mánjəmənt]

기념 건조물, 중요 기념물, 유적

파 monumental, monumentalize
유 remains, relics

- This *monument* was built to commemorate the men who devoted their energies to the space program.
이 기념비는 우주계획에 헌신한 사람들을 기념해서 세워졌다.

unfortuna -tely
[ʌnfɔ́:rtʃənitli]

불행하게도, 불운하게, 공교롭게

파 unfortunate, unfortunateness
유 unluckily
반 fortunately

- It was a great day for a picnic but, unfortunately, the sandwiches got squished on the bus.

피크닉에는 최고의 날이었지만 공교롭게 샌드위치가 버스 안에서 으
깨져버렸다.

grocery
[gróusəri]

식료(잡화)상점, 식료잡화류

㉙ grocer
㉌ foodstuffs

- If we don't stop and buy *groceries* now, we won't
  have anything to eat over the holidays.
  지금 식료품을 사두지 않으면 휴일 동안에 먹을 것이 아무 것도 없을
  것이다.

descend
[disénd]

강하하다, 감소하다, 유래하다

㉙ descent, descendible, descendant
㉌ fall, drop, decline, derive, stem
㉫ ascend, rise

- In just a few hours, the cool air should *descend* down
  into the valley.
  몇시간 후에 찬 공기가 계곡으로 불어올 것이다.

garbage
[gáːrbidʒ]

찌꺼기, 쓰레기, 하찮은 것

㉌ trash, rubbish, refuse, waste, rag

- Please don't take your *garbage* out to the street until
  Thursday.
  목요일까지 쓰레기를 노상에 내놓지 말아 주세요.

coastal
[kóustəl]

해안의

㉙ coast

- Being a *coastal* town, Seattle is very windy in the
  winter.
  해안에 면해 있기 때문에 시애틀은 겨울에 바람이 매우 많다.

hail
[heil]

인사하다, 환영하다, 소리지르다

㉙ greet, welcome

- Though, in retrospect, King Raymond is seen as
  ruthless, he was *hailed* in his time as a benevolent ruler.
  레이먼드왕은 무자비한 인물처럼 회고되고 있지만 재임 중에는 자비
  심 많은 지배자로 환영받았다.

administ -ration
[ædmìnəstréiʃən]

관리, 운영, 통치, 행정기관, 정권

파 administer, administrative
유 control, government

- The only way you can get that form processed in less than a week is if you have a friend in the *administration*.
  그 서류를 한 주 이내에 처리하는 유일한 방법은 행정 당국에 친구가 있는가 하는 것이다.

stoop
[stu:p]

몸을 앞으로 꾸부리다, 몸을 굽히다, 허리가 굽다

유 bend, lean, bow, crouch, duck

- You'll have to *stoop* down if you want to be in the picture.
  사진에 들어가고 싶으면 몸을 굽혀 주십시오.

trot
[trɑt]

속보로 달리다, 서둘러 가다; 속보, 총총걸음, 아장아장 걷는 아이

- My thoughts had made me so anxious that my walk turned into a *trot*.
  나는 불안한 나머지 총총걸음이 되었다.

overnight
[óuvərnàit]

하룻밤 동안, 하룻밤 사이의, 돌연히, 밤샘하는, 일박의

- These *overnight* business trips are starting to wear me out.
  밤샘 출장을 반복하고서 나는 피곤해지기 시작했다.

prominent
[prάmənənt]

눈에 띄는, 돌출한, 주요한, 유명한

파 prominence
유 conspicuous, outstanding, manifest, eminent, distinguished, famous

- It really is a great honor to have someone so *prominent* in the field speak before us.
  이 분야에서 이 정도 유명한 분이 우리 앞에서 말씀해 주시는 것은 대단히 명예로운 것이다.

exhausted
[igzɔ́:stid]

다 써버린, 고갈된, 지친

파 exhaust, exhaustion, exhaustible, exhaustive
유 drained, effete, consumed

- Sheldon is still *exhausted* from the big football game this morning.
  셸던은 오늘 아침의 중요한 축구시합으로 아직 지쳐 있다.

fatigue
[fətí:g]

피로, 피곤

파 fatigable
유 tiredness, exhaustion, lassitude

- Sheila and I had scarcely been hiking an hour before *fatigue* began to set in.
  세일라와 내가 한 시간 정도 하이킹을 했을 때 피곤이 밀려 왔다.

ache
[eik]

아프다, 몹시 ~하고 싶어하다; 아픔

유 pain, suffer, hurt, agony

- My foot has been *aching* ever since I had that bicycle accident.
  그 자전거 사고 이후 발이 계속 아프다.

mend
[mend]

고치다, 수선하다, 호전하다; 수선(하다), 개량

유 patch, repair, fix restore, improve, overhaul

- Sally can walk without crutches but it'll take a while until her leg is completely *mended*.
  샐리는 목발 없이 걸을 수 있지만 다리가 완전히 치료되기까지에는 좀 더 시간이 걸릴 것이다.

routine
[ru:tí:n]

판에 박힌 일, 일상적인 일, 일과, 관례; 일상적인, 상례적인

파 routinize
유 commonplace, ordinary, stereotyped

- Don't be startled if you hear Rodney yelling when he gets up; that's part of his morning *routine*.
  로드니가 기상할 때 고함치는 소리를 듣고도 놀라지 마라; 그것은 그의 아침 일과이다.

limestone
[láimstòun]

석회석[암]

- *Limestone* deposits on the roof and walls of this cave indicate that it was once underwater.

  이 동굴의 천정과 벽에 퇴적되어 있는 석회암은 이곳이 전에 해저였다는 것을 나타낸다.

deaf
[def]

청각장애의, 들으려고 하지 않는; 〈the~〉 청각장애자들

㈜ deafen, deafening, stone-deaf
㈜ unhearing, unaware, stubborn, obstinate

- As a service to the *deaf* people, a sign language interpreter will be on stage throughout the panel.

  청각장애자들을 위해 토론 중에 계속 수화통역자가 단상에 있을 것이다.

skyscraper
[skáiskrèipər]

초고층 빌딩, 마천루

㈜ high-riser

- The Moss Building is a 58-floor *skyscraper* and one of the largest buildings in the city.

  모스 빌딩은 58층의 초고층 빌딩이고 도시에서 가장 큰 건물 중의 하나이다.

architect
[á:rkitèkt]

건축가, 고안자

㈜ architecture, architectural, architectonic, architectonics

- Mr. Kim is one of the most famous *architects* of our time.

  김선생은 현대 가장 유명한 건축가 중의 한 명이다.

amazed
[əméizd]

경악한

㈜ amazing, amazement, amaze
㈜ astonished, astounded

- I'm *amazed* that you are considering going out tonight with a storm coming on.

  폭풍이 온다고 하는데도 오늘 밤 당신이 외출하려고 하는 것에 매우 놀랐다.

uncomfo -rtable
[ʌnkʌ́mfərtəbl]

불쾌한, 고통스러운, 편치 않은, 거북한

유 disquieting, discomforting
반 comfortable

- Passengers are urged to call the stewardess should they feel *uncomfortable*.
  승객은 몸이 편치 않으면 스튜어디스를 부르도록 요구된다.

exhibit
[igzíbit]

전시하다, 과시하다, 나타내다, 보이다; 전람회, 제출(물)

파 exhibition, exhibitionism, exhibitor, exhibitive
유 show, display, demonstrate, reveal, expose, present
반 conceal, hide, disguise

- The space suits worn by the astronauts will be on *exhibit* next Thursday.
  우주비행사가 입었던 우주복이 내주 목요일에 전시될 것이다.

evident
[évidənt]

명백한, 분명한

파 evidence, evidential, evidentiary
유 clear, plain, obvious, apparent, visible
반 unclear, obscure, hidden, invisible

- The fact that William had won at the racetrack was *evident* from the look on his face.
  윌리엄이 트랙경주에서 승리한 것은 그의 얼굴 표정으로 보아 분명했다.

definitely
[défənitli]

명확히, 분명히, 확실히

파 define, definite, definitive, definition
유 certainly, clearly, obviously
반 indefinitely

- I'm not ready to agree to the proposition right now but it's *definitely* worth considering.
  지금 즉시 그 제안에 찬성할 마음은 없지만 더 생각해 볼 가치는 분명히 있다.

artistic
[ɑ́ːrtístik]

예술적인, 예술가의

파 art, artist, artistry, artificial

- The job will be very repetitive at times and it is certainly not right for one who is overly *artistic*.
  그 일은 때때로 같은 것의 반복이어서 지나치게 예술적인 사람에게 는 맞지 않는 것이 분명하다.

decline
[dikláin]

거절하다, 아래로 향하다, 쇠퇴하다; 경사, 쇠퇴, 저하

파 declension, declination, declinature, declinatory
유 refuse, reject, lessen, weaken, fail, diminish, deterioration, descent, slope, incline

- The number of cigarette smokers in the U.S. has *declined* sharply over the last 15 years.
  미국의 흡연자 수는 과거 15년간 크게 감소하고 있다.

domesti -cate
[dəméstəkèit]

길들이다, 가축화하다, (습관 등을) 받아들이다

파 domestic, domestication, domesticity
유 tame, train, domiciliate

- Though several have been successfully *domesticated*, the jack rabbit is essentially a wild animal.
  다행스럽게 길들여지는 것도 몇 마리 있지만 산토끼는 원래 야생동 물이다.

livestock
[láivstɑ̀k]

가축류

유 cattle

- Most of the crop is sold but a small percentage is used to feed the *livestock*.
  수확의 대부분은 판매되지만 소량은 가축의 먹이로 사용된다.

flexible
[fléksəbl]

구부리기 쉬운, 자유로운, 유연한

파 flexibility, flexion
유 elastic, pliable, versatile
반 inflexible, solid

- Graduate students should keep their schedules *flexible* as meetings are often called on the spur of the moment.

갑자기 회의가 열리는 일이 있기 때문에 대학원생은 계획을 유연성 있게 유지해야 한다.

studio
[stjúːdiòu]

공방, 스튜디오, 방송실, 아틀리에

㈜ atelier

- Martha always waits outside the *studio* with her autograph book.
  마사는 항상 사인북을 들고 스튜디오 밖에서 기다리고 있다.

extract
[ikstrǽkt]

뽑다, 끌어내다, 추출하다; 추출물, 인용어구, 발췌

㈜ extraction, extractive
㈜ deduce, extort, withdraw, excerpt, selection

- This paint was made by *extracting* the yellow pigment from daisies.
  이 물감은 데이지에서 노란색소를 뽑아 만들어졌다.

basement
[béismənt]

지하층, 지하실, 건축물의 하부구조

㈜ cellar, vault

If you want to cut that tree down yourself, I have an electric saw in my *basement*.
네가 저 나무를 스스로 베고 싶다면 지하실에 전기톱이 있다.

foggy
[fɔ́(ː)gi]

짙은 안개가 낀, 몽롱한, 당황한

㈜ fog

- We have some low clouds in the morning but it never gets so *foggy* that the planes can't land.
  아침에는 약간 낮은 구름이지만 비행기가 착륙 못할 정도의 짙은 안개가 결코 아니다.

laundry
[lɔ́ːndri]

세탁소, 크리닝 가게, 〈the~〉 세탁물

㈜ launder, launderette, laundromat

- If you don't have time to do the *laundry* yourself, you'd better send it out.
  스스로 세탁할 시간이 없으면 세탁소에 보내는 것이 좋다.

recipe
[résəpì:]

조리법, 만드는 법, 처방전, 수단, 비결

㈌ means, key

- The cookies we eat at Elaine's place are always so good that I'm thinking of asking her for her *recipe*.
  엘레인의 집에서 먹은 쿠키는 항상 너무 맛있어서 그녀에게 만드는 법을 물어보려 생각하고 있다.

cough
[kɔ(:)f]

기침을 하다, 기침을 하면서 말하다; 기침

- I couldn't understand why the old man left because Raymond *coughed* during the scene where they explained it.
  그 노인이 떠난 이유를 설명하는 장면에서 레이몬드가 기침을 했기 때문에 나는 왜 떠났는지를 이해할 수 없었다.

survival
[sərváivəl]

생존, 잔존, 존속, 생존자

㈏ survive, survivor

- *Survival* in the desert is dependent mainly on the animal's ability to find an adequate source of water.
  사막에서 생존하는 것은 주로 충분한 수원을 발견할 수 있는 동물의 능력에 달려 있다.

isolation
[àisəléiʃən]

분리, 고립, 분리상태

㈏ isolate, isolative
㈌ separation, disconnection, solitude, loneliness, seclusion

- The Ugga-Bowjies live on this island in virtual *isolation* from the rest of the world.
  우가 보우지족은 이 섬에서 세계로부터 고립돼 살고 있다.

insulation
[ìnsəléiʃən]

절연(체), 격리, 절연상태

㈏ insulate, insulator
㈌ disconnection, detachment

- The *insulation* in this building is so bad that you can hear the TV next door.
  이 건물의 방음제는 매우 나빠서 옆방의 TV 소리를 들을 수 있다.

volunteer
[vάləntíər]

지원자; 지원의, 자발적인; 자진해서 하다

⊕ voluntary, voluntaryism
⊕ applicant

- Unless we can find a *volunteer* within the next few days, there will be nobody to take care of the old lady.
  수일 이내에 지원자가 없으면 그 노년의 여성을 돌볼 사람이 없게 될 것이다.

imply
[implái]

내포하다, 함축하다, 암시하다, 넌지시 비치다

⊕ implication, implicate, implicit
⊕ contain, suggest, hint, connote

- The speaker didn't actually say that jobs would be hard to find but he certainly *implied* it.
  연설자는 구직이 어렵게 될 것이라고 실제적으로 말하지는 않았지만 확실히 그와 같은 암시를 했었다.

enthusia-stic
[enθú:ziæstik]

열광적인, 열심인, 열렬한

⊕ enthusiasm, enthusiast
⊕ ardent, eager, zealous, earnest

- I understand that my tooth must be pulled but I'm not *enthusiastic* about it.
  이를 뽑아야 한다는 것을 알고 있지만 마음에 내키지 않는다.

proofread
[prú:fri:d]

교정쇄를 읽다, 교정을 보다

⊕ proofreading

- Make sure you have the secretary *proofread* that report before you submit it.
  레포트를 제출하기 전에 그것을 비서에게 교정을 보게 해야 한다는 것을 잊지 마라.

endurance
[indʒúərəns]

인내(력), 내구성, 지구력, 고난

파 endurable, enduring, endure
유 tolerance, patience, perseverance, sustenance

- This next track race is more a test of speed than *endurance*.
  이 다음 트랙에서 진행되는 경기는 지구력보다는 속도를 시험하는 것이다.

homemade
[hóumméid]

집에서 만든, 손으로 만든, 국산의

유 handmade, domestic

- Nothing is more refreshing on a hot day than lemonade-especially *homemade*.
  더운 날에는 레모네이드가 무엇보다도 기분을 상쾌하게 해준다. 특히 집에서 만든 것이라면 더욱 좋다.

selfish
[sélfiʃ]

자기 본위의, 이기적인, 제멋대로의

파 selfishness
유 egocentric, egoistic, stingy
반 unselfish

- With all the food you brought, you have no cause to be *selfish* about sharing it.
  음식물을 모두 가지고 왔다고 해도 그것을 당신이 자기본위로 나누어도 좋다는 것은 아니다.

nourish
[nɔ́ːriʃ]

영양분을 주다, 기르다, (가슴에) 품다

파 nourishing, nourishment
유 nurture, nurse, sustain, foster, cultivate

- Before we can let this bird go we've got to *nourish* it back to health.
  그 새를 놓아주기 전에 영양을 주어서 건강을 회복시켜 주어야 한다.

booth
[buːθ]

오두막, 판자집, 임시 진열장, 투표용지 기입소

유 stall, stand, compartment, enclosure, cubicle

- Voters are asked to leave all handbags outside the *booth*.
  투표자는 손가방을 기표소 밖에 두도록 요청받는다.

leak
[liːk]

새는 곳; 새게 하다, 누출시키다, 누설하다

파 leakage, leaky
유 escape

- I finally figured out why the carpet is always wet here; there's a *leak* in the roof.
  왜 카페트의 이곳이 항상 젖어있는지를 마침내 알았다. 지붕에 새는 구멍이 있다.

imitation
[ìmitéiʃən]

모조품, 위조물, 모방

파 imitate, imitative
반 authenticity, genuine

- It tastes the same but *imitation* cream is a lot lower in calories than real cream.
  맛은 같지만 합성크림은 실제 크림보다 칼로리가 매우 낮다.

budget
[bʌ́dʒit]

예산(을 세우다), 경비

파 budgetary
유 estimate, expenses

- If you don't *budget* yourself, you're going to run out of money before we get home.
  스스로 예산을 세워두지 않으면 집에 도착하기 전에 돈이 떨어질 것이다.

incite
[insáit]

격려하다, 자극해서 ~시키다, 자극하다

파 incitement, incitation
유 stimulate, encourage, spur, instigate, provoke, motivate

- Janice was demoted after several accused her of using her column to *incite* violence.
  제니스는 그녀의 컬럼이 폭력을 선동한다는 비난을 몇 사람으로부터 듣고 강등되었다.

insight
[ínsàit]

통찰(력), 식견

[파] insightful
[유] penetration

• The new scrolls should give historians a lot more *insight* into early Mayan culture.
그 새 두루마리는 역사가들에게 초기 마야문화에 대한 많은 통찰을 줄 것이다.

forecast
[fɔ́:rkæ̀st]

예상[측]하다, 전조가 되다; 예상, 예보

[유] predict, augur, anticipate, guess

• I heard the weather *forecast* but I'm taking my umbrella just in case.
일기예보는 들었지만 만약의 경우를 대비해서 우산을 가지고 있다.

drought
[draut]

(대기의) 건조, 한발, 가뭄, (장기적인) 결핍

[파] droughty
[유] dryness, shortage

• There has been a lack of rainfall this month and farmers fear it may be the beginning of a *drought*.
이번 달은 강우가 부족하여 농부들은 한발의 시작이 아닌가 걱정하고 있다.

remedy
[rémədi]

의료품, 치료, 개선방법; 치료하다, 고치다

[파] remedial, remediation
[유] medicine, cure, relief, treatment, heal

• The traffic problem could easily be *remedied* by constructing another road alongside the Tolosca pass.
톨로스카 고갯길을 따라서 도로를 하나 만들면 교통문제는 쉽게 해결될 것이다.

therapy
[θérəpi]

치료, 요법

[파] therapist, therapeutic
[유] treatment, cure

• An increase of daytime physical activity is the best *therapy* for insomnia.

낮 동안의 육체적 활동량을 증가시키는 것이 불면증의 최고 치료법이다.

pneumonia
[nju:móunjə]

폐렴

㉠ pneumonic

- You'd better take care of yourself or that cold you have could turn into *pneumonia*.
  몸을 돌보지 않으면 지금 걸린 감기가 폐렴이 될 수 있다.

epidemic
[èpədémik]

유행성의; 유행, 만연, 유행병(의 이상발생)

㉠ epidemiology
㉡ widespread, prevalent, infectious, communicable

- If the doctors don't find out what's causing the Indian Flu to spread so rapidly, it will become an *epidemic*.
  의사들이 빠르게 퍼지고 있는 인도독감의 원인을 찾지 못하면 유행성이 될 것이다.

clinic
[klínik]

외래환자 진료실, 진료소의 의사, 상담소

㉠ clinical, clinician
㉡ hospital, infirmary

- Being a charitable person, Dr. Feldman had run a *clinic* in the ghetto for several years.
  펠드먼 의사는 자비 깊은 사람으로 수년간 슬럼가에서 진료소를 운영했었다.

supervise
[sú:pərvàiz]

감독하다, 관리하다, 지시하다

㉠ supervision, supervisor, supervisory
㉡ superintend, oversee, control, direct

- Judith's children are too young to go swimming without someone to *supervise* them.
  주디스의 아이들은 아직 어리기 때문에 감독하는 사람 없이 수영하러 가는 것은 무리다.

monitor
[mánitər]

감시하다, 관찰하다, 조사하다; 충고자, 감시자, 모니터

(파) monitorial, monitory
(유) guard, surveille, watch, observe

- Students taking on independent research projects must meet regularly with an instructor who will *monitor* their progress.
  독자적인 연구과제를 하고 있는 학생은 진행상황을 보아주는 지도교수와 정기적으로 만나야 한다.

enroll
[enróul]

명부에 기재하다, 출입을 기록하다, 입학하다[시키다]

(파) enrollee, enrollment
(유) enter, record, list

- If Sidney doesn't learn to dance on his own, his mother will *enroll* him in a dance school.
  시드니가 스스로 무용을 배우지 않으면 어머니는 그를 무용학교에 입학시킬 것이다.

dean
[di:n]

(대학의) 학부장, 〈미〉 대학의 학생부장, (각종 단체의) 최고책임자

(파) deanship, deanery

- If anyone has a problem that can't be handled by the Student Affairs Office, they can always talk to the *dean*.
  학생회에서 처리할 수 없는 문제가 있는 사람은 학생부장에게 언제나 상의할 수 있다.

librarian
[laibrɛ́əriən]

사서, 도서관원

(파) library, librarianship

- Due to recent complaints by some of the students, the *librarian* has asked that people refrain from chewing gum in the library.
  최근 일부 학생들의 항의에 의해 도서관원은 이용자들에게 도서관에서 껌을 씹지 않도록 요구했다.

disorder
[disɔ́:rdər]

무질서, 혼란, 불규칙, 질환; 질서를 어지럽히다, 이상을 일으키다

(유) confusion, turmoil, tumult, chaos
(반) order, neatness

- After a solar eclipse, the monkey colony is usually in a state of *disorder* for several hours.

  일식 후 원숭이 집단은 항상 수시간 동안 혼란상태가 된다.

vicious
[víʃəs]

악덕의, 부도덕한, 타락한, 악의 있는, 광폭한

㈜ viciousness

㈜ immoral, corrupt, reprehensible, malevolent, ill-tempered

- Though the rabbit is generally a gentle animal, it may become *vicious* if it feels inescapably threatened.

  토끼는 온순한 동물이지만 도망갈 수 없는 위험을 느끼는 경우에는 난폭해진다.

resident
[rézidənt]

거주자, 거류민; 거주하고 있는, 살고 있는

㈜ residence, residential, reside

㈜ inhabitant, inhabit

- The *residents* of this building have been complaining about the construction noises.

  이 건물의 거주자들은 건설공사의 소음에 불평해 왔다.

invest
[invést]

투자하다, (돈을) 사용하다

㈜ investment, investor

- With interest rates the way they are, it's almost better to *invest* your savings.

  이자율이 이 정도라면 저축을 투자로 바꾸는 것이 좋다.

thaw
[θɔ:]

녹다, 누그러지다, 녹이다

㈜ melt, liquefy, dissolve

㈜ freeze, solidify

- Warm weather this time of year will *thaw* the ice on the lake.

  이맘때의 따뜻한 날씨로 호수의 얼음은 녹을 것이다.

quarry
[kwɔ́:ri]

사냥감, 추구하는 것, 복수의 대상

- Domestic cats often make the mistake of alerting their *quarry* by frantically wagging their tails before they strike.
  집고양이는 사냥감을 습격하기 전에 미친 듯이 꼬리를 흔들어서 사냥감을 경계시키는 실수를 때때로 범한다.

---

utility
[ju:tíləti]

유용(한 것), 실용, 전기/가스/수도, 공익사업

[파] utilize, utilitarian
[유] usefulness, availability

- The $600 a month rent does not include the cost of the public *utilities*.
  월 600불의 임대료에는 광열비 등의 공공요금은 포함되어 있지 않다.

---

cafeteria
[kæ̀fitíəriə]

카페테리아, 셀프서비스 식의 식당

- Let's go down to the *cafeteria* and get something to eat.
  카페테리아에 가서 무언가 좀 먹읍시다.

---

inheritance
[inhéritəns]

상속 물건[재산], 유물, 계승, 유전(적 성질)

[파] inheritable, inherit
[유] succession, heredity

- Sarah doesn't have to work right now; she's living off her *inheritance*.
  사라는 곧바로 일할 필요가 없다. 상속받은 재산으로 살아가기 때문이다.

---

luggage
[lʌ́gidʒ]

수하물, 여행가방, 가방/트렁크 종류

[유] bag, baggage, portmanteau

- It's not that Henry is afraid to fly but that the airlines are always losing his *luggage*.
  헨리는 비행기를 타는 것이 두려운 것이 아니라 항공회사가 항상 그의 여행가방을 분실하는 것을 두려워한다.

stale
[steil]

신선하지 않은, 낡은, 진부한, 생기가 없는

유 vapid, flat, dry, hard, hackneyed, stereotyped

- Bread goes *stale* fast in the summer.
  빵은 여름에는 곧 말라버린다.

icicle
[áisikəl]

고드름, 냉정한[차가운/감정의 움직임이 둔한] 사람

- While you're shoveling near the house, beware of falling *icicles*.
  집 근처의 눈을 치우고 있을 때는 떨어지는 고드름에 주의해라.

diminish
[dəmíniʃ]

작게 하다, 적게 하다, 명예를 떨어뜨리다

파 diminution, diminutive
유 lessen, abate, reduce, decrease
반 increase

- At one time drive-in theaters were really popular but recently they seem to have *diminished*.
  한때 드라이브인 극장은 정말로 인기가 있었지만 최근에는 줄어가고 있는 것 같다.

hatch
[hætʃ]

알을 까다, 알을 부화하다, 태어나다, 준비하다; 부화

파 hatchery, hatcher
유 father, incubate, breed, contrive, devise

- They are *hatching* the idea to get manuscripts directly from contributors living abroad by electronic mail.
  그들은 해외거주 기고가의 원고를 전자우편으로 직접 입수할 구상을 완성해 가고 있다.

illegal
[ilí:gəl]

불법의, 비합법의; 무법자

파 illegality, illegalize
유 unlawful, illegitimate, unauthorized, illicit
반 legal, licit, legitimate

- Don't you know it's *illegal* to sell alcoholic beverages on election day?
  선거일에 알콜음료를 판매하는 것은 위법이라는 것을 모릅니까?

recomme-ndation
[rèkəmendéiʃən]

추천, 천거, 충고

파 recommend, recommendatory
유 advice, counsel

- With a letter of *recommendation* from the club's original founder you should have no problems in becoming a member.
  그룹의 창설자로부터의 추천장이 있으면 회원이 되는 것에 아무 문제가 없을 것이다.

firecracker
[fáiərkrǽkər]

폭죽, 울화

- Relax, that's only the sound of the neighbor's kids playing with their *firecrackers*.
  진정하세요. 그 소리는 이웃의 아이들이 폭죽을 가지고 노는 소리일 뿐입니다.

aroma
[əróumə]

방향, 향기, 기품, 품격

파 aromatic, aromatize
유 perfume, odor, scent, fragrance

- If we're going to be eating our lunch soon, we should find a spot with a more pleasant *aroma*.
  곧 점심을 먹을 예정이라면, 더욱 품격 있는 장소를 찾아보는 게 좋다.

drab
[dræb]

담갈색, 단조로움; 기운없는, 생기없는

파 drabness
유 dingy, dull, monotonous, shabby, dreary

- If I didn't have my tennis lessons and my poetry group, my life would be *drab*.
  테니스연습과 시모임이 없었다면 내 인생은 단조로웠을 것이다.

apologetic
[əpàlədʒétik]

사죄의, 변명의

파 apology, apologia, apologize

- Sidney was very *apologetic* about having forgotten to bring a gift.
  시드니는 선물을 가지고 오는 것을 잊어버린데 대해 크게 사과했다.

inbred
[ínbréd]

선천적인, 타고난

㊀ inborn, innate, inherent

- While some people take singing lessons, the ability to manipulate the voice is really an *inbred* characteristic.
  노래 수업을 받고 있는 사람들도 있지만 소리를 정교하게 다루는 능력은 사실 선천적인 특성이다.

assorted
[əsɔ́:rtid]

선별한, 여러 가지를 한데 묶은, 잡다한, 어울리는

㊀ assort, assortment
㊀ various, harmonized

- There are 12 *assorted* problems that we have to discuss before Mr. Winkler calls his meeting.
  윈클러 씨가 회의를 소집하기 전에 12건의 잡다한 문제에 관하여 토의해야 한다.

inconven -ience
[ìnkənví:njəns]

불편, 부자유, 형편이 나쁨

㊀ inconvenient
㊀ trouble
㊁ convenience

- For people who work on Saturdays this assignment is going to be a real *inconvenience*.
  토요일에 근무하는 사람들에게 이 숙제는 정말 불편한 것이 될 것이다.

recycle
[ri:sáikl]

순환 처리[사용]하다, (폐품을) 재이용하다

㊀ recyclable

- Be sure to separate your waste paper from your other trash so that it can be *recycled*.
  폐지는 후에 재활용할 수 있도록 하기 위해 다른 쓰레기들과 분리해 두는 것을 잊지 마세요.

meddle
[médl]

간섭하다, 말참견하다, 가지고 놀다

㈜ meddlesome
㈜ interfere, intervene, poke, pry

- If you want to keep your friends, you should learn not to *meddle* in their financial affairs.
  친구를 잃고 싶지 않으면 금전상의 문제에 간섭하지 않도록 하는 것을 알아야 한다.

peephole
[píːphòul]

들여다보는 구멍, 문구멍

㈜ peep

- Make sure you always look through the *peephole* before you open the door.
  문을 열기 전에 꼭 문구멍을 통해서 확인해 보도록 하시오.

sane
[sein]

제정신의, 건전한, 분별있는

㈜ sanity
㈜ moderate
㈜ insane

- The compromise that Carol proposed was a *sane* solution to the craziness that had been going on all year.
  캐롤이 제안한 해결안은 1년 동안 계속되고 있는 이상한 사태를 해결해서 정상화하는 것이었다.

deadline
[dédlàin]

최종시한, 접수마감, 넘을 수 없는 경계선

- We'd better get to work soon or the report won't be finished by the *deadline*.
  곧 시작하지 않으면 레포트를 기한까지 마치지 못할 것이다.

adverse
[ædvə́ːrs]

반대의, 역의, 불리한

㈜ adversative, adversary
㈜ antagonistic, contrary, opposite, hostile, contra

- Though the proposal was made on behalf of the students, there was an *adverse* reaction to it.
  그 제안은 학생들을 위한 것이었지만 거기에 반대하는 반작용이 있었다.

update
[ʌpdéit]

최근 정보, 최신판; 최신의 것으로 만들다, 갱신하다

- 파 up-to-date
- 유 renew, revise, renovate
- 반 outdate

- As there have been many changes in the depart -ment requirements since the bulletin was printed, all science majors will be given an *update*.
  요람의 인쇄 후에 학부요건에 많은 변경이 있었기 때문에 모든 과학 전공 학생에게 최신판이 배포될 예정이다.

predomi -nate
[pridámənèit]

우위를 차지하다, 영향력을 지니다, 지배하다, 이기다

- 파 predominant, predominance, dominate, dominant, dominance
- 유 preponderate, prevail, surpass

- The inhabitants of these mountains were once *predominated* over by the Romans.
  이 산의 주민들은 한때 로마의 지배를 받았다.

prerequi -site
[priːrékwəzit]

미리[우선] 필요한 것; 불가결한

- 파 requisite, require
- 유 essential, indispensable

- An understanding of biology is *prerequisite* to a full appreciation of genetics.
  유전학을 충분히 이해하기 위해서는 생물학의 지식이 우선 필요하다.

precarious
[prikέəriəs]

남에게 의지할 수밖에 없는, 불안정한

- 파 precariousness
- 유 uncertain, unstable, unsure, dubious

- Leave it to a gambler like Jack to invest in such a *precarious* organization.
  그렇게 불안정한 회사에 투자하는 것은 잭과 같은 도박꾼에게 맡기시오.

commute [kəmjúːt]

교환하다, 대체하다, 대용하다, 일괄해서 지불하다
〈미〉 (정기권으로) 통근하다

[파] commutable, commutation, commutative, commuter
[유] change, transform, mutate

- It's possible to *commute*, but, in your case, I'd recommend trying to find a place closer to the institute.
  통학은 가능하지만 당신의 경우 대학에 더 가까운 장소를 찾는 것을 권한다.

retrieve [ritríːv]

되찾다, 회수하다, 회복하다, 보상하다

[유] recover, regain, restore, recoup

- Nathan's car slipped down into a hole and he had to call a tow truck to *retrieve* it.
  네이든의 차가 웅덩이에 빠져서 꺼내기 위해서는 견인차를 불러야만 했다.

surgical [sə́ːrdʒikəl]

외과의, 수술의

[파] surgeon, surgery

- When doctors sew stitches they use a special *surgical* thread.
  의사는 상처를 꿰맬 때에 수술용 특수 실을 사용한다.

pill [pil]

알약, 불쾌한 것, 〈the~〉 필; 알약을 복용시키다

- Those are motion sickness *pills* for when I have to take long bus trips.
  이것들은 버스로 장시간 여행해야 할 때 내가 먹어야 하는 멀미용 알약이다.

restroom [réstruːm]

〈미〉 화장실

[유] toilet, bathroom

- The closest place to change into your tennis wear would be the public *restroom* near the playground.
  테니스복을 갈아입기에 가장 가까운 장소는 운동장 근처의 공중 화장실일 것이다.

journalism
[dʒə́:rnəlìzəm]

신문잡지(업), 언론업, 문필업

㈜ journal, journalist, journalistic

- Even though Karen has been studying *journalism* for two months, she's never really written a newspaper article.
  언론에 관하여 2개월 동안 공부하고 있지만 카렌은 아직 한 번도 신문기사를 쓴 적이 없다.

dissemin -ation
[disémənèiʃən]

보급, 선전, 〈의학〉 전이

㈜ disseminate, disseminative, disseminator
㈜ popularization, spread, advertisement

- Considering the aversion many cultures have to eating raw food, the recent *dissemination* of sushi has been remarkable.
  많은 문화권이 음식을 날 것으로 먹는 것을 싫어하는 것을 생각하면 최근 생선회의 보급은 놀랄만하다.

configura -tion
[kənfìgjəréiʃən]

상대적 배치, 외형, 별자리, 배치, 구성

㈜ configurative, configurational, configurationism
㈜ conformation, form

- The design consists of several stars, each made up of tiny triangles but in slightly different *configurations*.
  그 도안은 몇 개의 별로 구성되어 있고 그들 별은 각각 작은 삼각형으로 만들어져 있지만 다소 위치에 차이가 있다.

breakdown
[bréikdàun]

고장, 파손, (소화에 의한) 분해, 좌절, (신경)쇠약

㈜ fail, falter, stop

- The space shuttle was supposed to be launched earlier but they had a *breakdown* in the computer rooms.
  우주왕복선은 더 일찍 발사될 예정이었지만 컴퓨터실에 고장이 있었다.

checkup
[tʃékʌp]

검사, 점검, 건강진단

㈜ examination, review, physical

- You should have a dental *checkup* at least once every six months.
적어도 6개월에 한번은 치과검사를 받아야 한다.

plumber
[plʌ́mər]

배관공, 연관공

㈘ plumb, plumbing, plumbeous, plumbery, plumbic

- I called for a *plumber* to come and fix the bathroom sink.
화장실의 하수구를 수리하기 위해 배관공을 불렀다.

cashier
[kæʃíər]

현금출납계, 〈미〉 은행지배인

- Please take your bill to the *cashier*.
청구서를 현금출납계에 가지고 가십시오.

wastepaper
[wéistpèipər]

휴지

- All *wastepaper* should be put in a separate box so that it can be shredded.
휴지는 모두 잘게 재단될 수 있도록 분리 상자에 넣어져야 한다.

donor
[dóunər]

기증자, 제공자, 헌혈자

㈘ donation
㈜ contributor, offer

- Unless we can find some more *donors*, we'll each have to give more money to meet our chapter's quota.
기부자를 좀 더 찾을 수 없으면 지부의 할당액을 채우기 위해 각자가 더 돈을 내지 않으면 안 된다.

watercolor
[wɔ́:tərkʌ̀lər]

〈복수형으로〉 수채화 그림물감, 수채화법, 수채화

㈘ watercolorist

- The children paint with *watercolors* as they are both safer and cheaper than other kinds of paint.
다른 그림물감보다 안전하고 싸기 때문에 아이들은 수채화 그림물감으로 그림을 그리고 있다.

implant
[implǽnt]

심다, 꽂아넣다, 불어넣다

(파) implantation, plant

- In just a few minutes, the image of her face was permanently *implanted* in my mind.
  몇 분 동안에 그녀의 얼굴 표정은 나의 마음에 영구히 심어졌다.

commit-ment
[kəmítmənt]

위탁[임], 구류(장), 범행, 서약, 의무, 참가, 유가증권의 매매

(파) commit, committee, committal
(유) mandate, obligation, pledge, promise, duty, responsibil-ity

- We can't really back out now, having made the *commitment* of renting the equipment.
  설비를 빌리는 계약을 해버린 이상 이제는 철회할 수 없다.

dingy
[díndʒi]

거무스레한, 음산한, 초라한

(유) dirty, filthy, gloomy

- That jacket is much too *dingy* to wear to a wedding.
  이 자켓은 결혼식에 입고 가기에는 너무 초라하다.

scarcity
[skɛ́ərsiti]

결핍, 부족, 식량난, 기근

(파) scarce, scarcely
(유) lack, shortage, deficiency, famine

- Due to the *scarcity* of temporary housing, many of the students were forced to stay at nearby hotels.
  임시숙소의 부족 때문에 학생들의 대다수는 가까운 호텔에 머물지 않을 수 없었다.

priority
[praió(:)rəti]

앞서기, 우선하는 것, 우선사항

(파) prior, prioritize
(유) precedence

- Since Mr. Cooper is only going to be in town for a week, I'm giving him *priority* over my other clients.
  쿠퍼 씨는 도시에 1주일밖에 있지 않기 때문에 나는 그를 다른 고객보다 우선하고 있다.

발음이 비슷한 영단어

matter
[mǽtər]

물질, 내용, 사정, 중요성, 원인; 중요하다, 고름이 나오다

㊀ substance, material, stuff, affair, importance, consequence, significance

• It doesn't *matter* which bicycle you use as long as you return it.
반환해 주기만 하면 어느 자전거를 사용해도 상관없다.

mutter
[mʌ́tər]

중얼거리다, 속삭이다, 불명확한 소리로 말하다

㊀ murmur, mumble

• Joe *muttered* something about a phone message just as he was leaving.
조는 떠나면서 전화 메시지에 관해 무엇인가를 중얼거렸다.

fan ①
[fæn]

열광적인 지지자, 팬

㊊ fanatic, fanatical
㊀ enthusiast, buff, addict

• Shirley is a real sports *fan*.
셜리는 열광적인 스포츠 광이다.

fan ②

부채; 부채질하다, 선동하다

fun
[fʌn]

즐거움, 장난; 유쾌한, 재미있는

㊀ enjoyment, pleasure, amusement

• The trip will be a lot more *fun* if we can convince Robert to come along.
함께 갈 수 있도록 로버트를 설득한다면 여행은 더욱 즐거울 것이다.

bad
[bæd]

나쁜, 사악한

- That movie is said to be a really *bad* one.
  저 영화는 정말로 나쁘다고 한다.

bud
[bʌd]

싹(이 트다), 미성숙한 사람; 발아하다, 성장하기 시작하다

- It's only March and already there are lots of *buds* on the vines.
  3월인데 벌써 포도덩굴에 새싹이 많이 돋았다.

track
[træk]

철도, 궤도, 진로, 트랙; 추적하다

- Let's go down to the *track* and run a few laps before we eat.
  식사 전에 트랙에 가서 2, 3바퀴 달리자.

truck ①
[trʌk]

트럭(을 운전하다)

- We can move this stuff a lot quicker if we borrow Andy's *truck*.
  앤디의 트럭을 빌리면 이 물건을 매우 쉽게 운반할 수 있다.

truck ②

매매, 교섭, 시장에서 팔 야채

hat
[hæt]

(챙이 있는) 모자; 모자를 씌우다

- We decided the order by drawing numbers out of a *hat*.
  우리는 모자 안에서 번호표를 꺼내 순서를 결정했다.

hut
[hʌt]

오두막; 오두막에 묵다

㉴ cottage, cot, cabin

- Charlie spent two entire years living in that little *hut* by the sea.
  찰리는 바다 근처의 오두막에서 2년을 전부 보냈다.

mad
[mæd]

미친, 발광한, 실성한; 분개, 화냄

㊌ insane, lunatic, distracted, furious, enraged

- The teacher got *mad* that so many students were absent.

  선생님이 노했기 때문에 많은 학생이 결석했다.

mud
[mʌd]

진흙, 하찮은 것, 무가치한 것; 진흙투성이로 만들다, 더럽히다

㊌ muddy, muddle
㊌ dirt

- It looks like the dog tracked some *mud* into the house.

  개가 진흙 묻은 발로 집안으로 들어온 것 같다.

straggle
[strǽgl]

벗어나다, 낙오하다, 산재하다

㊌ straggler
㊌ wander, drift, ramble, scatter

- This little goose must have accidentally *straggled* away from its gaggle.

  이 새끼 거위는 계속 무리로부터 떨어져 있어야 했다.

struggle
[strʌ́gl]

싸우다, 노력하다, 악전고투하다; 투쟁, 격투, 노력

㊌ contend, strive, effort, endeavor

- I really have to *struggle* to keep up with everybody in this class.

  이 반에서 모두에게 뒤지지 않기 위해 나는 열심히 노력해야 한다.

lack
[læk]

부족(해 있는 것), 결핍; 없다, 결핍되다

㊌ shortage, deficiency, deficit, shortcoming, absence, scarcity

- The plan was abandoned half way through due to a *lack* of funds.

  그 계획은 자금 부족 때문에 도중에 단념되었다.

luck
[lʌk]

운명, 행운, 운수; (운 좋게) 일을 성취하다

㊌ lucky

㊌ fate, fortune, talisman

- We should make it home by dinner time if our *luck* holds out.
  운이 좋으면 저녁식사 시간까지 집에 돌아갈 수 있을 것이다.

batter
[bǽtər]

연타하다, 때려 부수다; 활자의 마손, 반죽

㊌ beat, pound, smash

- For festive St. Patrick's Day pancakes, simply mix a little green food coloring into the *batter*.
  성 패트릭 축일을 축하하는 팬케이크에는 반죽한 것에 녹색의 착색료를 조금 혼합하세요.

butter
[bʌ́tər]

버터, 버터 모양의 것, 아부

㊌ flattery

- There's too much *butter* in this popcorn.
  이 팝콘에는 버터가 너무 많다.

dam
[dæm]

댐, 둑으로 막아놓은 물; 댐으로 막다, 억누르다

- If it rains much more the *dam* is bound to break.
  비가 더 많이 내리면 댐은 반드시 붕괴된다.

damn
[dæm]

유해하다고 판정하다, 파멸시키다, 지옥에 떨어뜨리다, 매도하다; 저주; 지긋지긋한, 지독한

㊐ damnable, damnation, damned
㊌ curse

- Take that *damn* animal out of here!
  저 지독한 동물을 데리고 나가시오.

dumb
[dʌm]

말 못하는, 벙어리의, 멍청한

㊌ mute, silent, stupid

- Taking a hike in this weather is a *dumb* idea.
  이런 날씨에 하이킹을 하는 것은 멍청한 생각이다.

crash
[kræʃ]

충돌하다, 파괴하다, 실패하다, 밀고 나가다; 충돌, 불시착(하다), 파멸, 큰 음향

㊌ break, shatter, shiver, collapse

- The previous owner of the car *crashed* into a lamp post and made that dent.
  이 차의 전 주인이 가로등에 충돌해서 찌그러뜨렸다.

crush
[krʌʃ]

눌러 부수다, 밀어넣다, 가루로 만들다, 억압하다, 압도하다, 진압하다; 대군중, 과즙

㊌ squeeze, press, pulverize

- The refrigerator fell over and *crushed* the cat's water dish.
  냉장고가 넘어져서 고양이의 물그릇을 눌러 부쉈다.

clash
[klæʃ]

(의견, 이익이) 충돌하다, 땡땡 울리다, 어울리지 않다, 심하게 부딪히게 하다; 땡땡(소리), (의견, 이익의) 충돌

㊌ collide, conflict, struggle, collision

- Samantha often wears colors that *clash*.
  사만다는 자주 색이 맞지 않는 옷을 입는다.

staff
[stæf]

조언자, 직원, 부원, 표척(標尺), 지휘봉, 지팡이; 참모의; (직원을) 배치하다

- The entire *staff* is trained in first aid.
  직원전원이 응급처치 훈련을 받고 있다.

stuff
[stʌf]

물질, 본성, 잡동사니; 막다, 걸신들린 듯이 먹다

㊌ material, substance, trash, fill, cram

- I've got a lot of *stuff* to do before I can go.
  외출하기 전에 해야 할 것이 많이 있다.

sack ①
[sæk]

큰 부대, 헐렁한 저고리, 해고(하다), 침대; 부대에 넣다, 파괴하다, 획득하다

- You'll need a *sack* to carry all these things in.
  이 물건 전부를 넣고 운반하기에는 큰 부대가 필요하다.

sack ②

약탈(하다)

suck

[sʌk]

(입으로) 빨다, 홀짝이다; 받아들이기, 한 모금

- Don't let him hold his balloon in the car, or it might get *sucked* out the window.
  그에게 차 안에서 풍선을 못 가지게 하세요, 창밖으로 빨려나갈지도 몰라요.

flatter

[flǽtər]

아첨하다, 돋보이다, 우쭐하게 하다, 허황된 희망을 품게 하다

㈎ flattering, flattery
㈅ compliment

- Some Korean women *flatter* people too much.
  한국 여성 중에는 다른 사람에게 매우 아첨하는 사람이 있다.

flutter

[flʌ́tər]

펄럭이다, 휘날리다, 떨다, 흥분하다; 펄럭임, 동요

㈅ flit, flicker

- Someone only has to mention Paris and my heart begins to *flutter*.
  누군가 파리에 관해 말한 것으로 나의 마음은 흥분하기 시작했다.

shatter

[ʃǽtər]

분쇄하다, 부서지다, 망치다, 해치다; 파편, 파손

㈅ smash, shiver, burst, fragment

- She can hit a note high enough to *shatter* glass.
  그녀는 유리가 부서질 정도의 높은 소리를 지를 수 있다.

shutter

[ʃʌ́tər]

덧문, (카메라의) 셔터; 덧문을 달다

- Close the *shutters* before the storm hits.
  폭풍이 덮치기 전에 덧문을 닫으시오.

farther

[fɑ́:rðər]

⟨far의 비교급⟩ 더 멀리, 훨씬 더, 더 나아가서, 더 넓게

- The *farther* south one goes, the greener the mountains seem to be.
  남쪽으로 갈수록 산의 신록이 더 깊어지는 듯하다.

further
[fə́:rðər]

〈far의 비교급〉 더 멀리, 훨씬 멀리, 한층 나아가서, 더 앞의; 일을 추진하다

- The dog grooming academy is a little bit *further* down the road.
  개 미용학교는 도로를 좀 더 내려가면 있다.

hard
[hɑ:rd]

굳은, 단단한, 열심한, 곤란한, 맹렬한, 엄격한

㈜ solid, severe, rigid

- Nathan has studied really *hard* all year.
  네이든은 1년간 정말 열심히 공부해 왔다.

herd
[hə:rd]

무리, 군중, 〈the~〉 민중, 서민, 〈a~〉 대량의, 다수의; 떼를 이루다

㈜ drove, flock, crowd, assemble

- Samantha said she'd bring a cow but it looks like she brought the whole *herd*.
  사만다는 소를 한 마리 가지고 오겠다고 말했지만 무리를 통째로 가지고 왔던 것 같다.

parson
[pá:rsən]

성직자, 교구, 목사

㈜ parsonage
㈜ clergyman, preacher

- The *parson* has a list of all the members of this parish.
  목사는 이 교구 신도 전원의 명부를 가지고 있다.

person
[pə́:rsən]

사람, 인물

㈜ personal, personality
㈜ human, individual

- I saw a *person* that looked just like you while I was in China.
  중국에 있을 때 당신과 꼭 닮은 사람을 봤다.

star
[stɑːr]

별, 혹성

㊀ comet

- There are a lot more *stars* visible from the country than from the city.
  도시보다는 시골에서 더 많은 별을 볼 수 있다.

stir
[stəːr]

휘젓다, 감동시키다, 자극하다, 움직이다, 흔들다

㊀ move, agitate, incite, instigate

- Since he didn't have a spoon, Glen *stirred* the coffee with his ball-point pen.
  스푼이 없어서 글렌은 자기의 볼펜으로 커피를 저었다.

farm
[fɑːrm]

농장, 사육장, 탁아소; 경작하다, (가축을) 사육하다, 농업을 하다

㊍ farmer
㊀ ranch, raise

- My cousin grew up on my uncle's *farm*.
  나의 사촌은 아저씨의 농장에서 양육되었다.

firm ①
[fəːrm]

굳은, 견고한, 단단한, 변동없는; 단단하게 하다, 굳어지다; 단단히, 견고하게

㊀ solid, stiff, rigid, fixed, steady, stable

- Is that tree really *firm* enough to tie a horse to?
  그 나무는 말을 매기에 충분할 정도로 튼튼합니까?

firm ②

회사, 상사

heart
[hɑːrt]

마음, 기분, 정, 용기, 요점; 마음에 새기다

- Alan tried going to college for a little while, but his *heart* wasn't in it.
  알랜은 잠시동안 대학에 가려고 했었지만 그의 마음은 그곳에 없었다.

hurt
[hə:rt]

손상을 주다, 다치게 하다; (상처를 주는) 타격, 상처(를 입다); 다친, 상처 입은

㉠ hurtful
㉡ injure, harm, damage, pain, ache

- My tooth *hurts* whenever I drink something really cold.
  차가운 것을 마실 때면 언제나 이가 아프다.

carve
[kɑ:rv]

새기다, 조각하다, 베어 나누다, 얇게 썰다, 개척하다

㉠ carver, carving
㉡ engrave, slice, cleave, dissect

- John and I *carved* our initials on the tree behind my house.
  존과 나는 집 뒤의 나무에 우리의 이니셜을 새겼다.

curve
[kə:rv]

곡선(운동), 굴곡, 만곡궤도; 구부리다; 굽은, 만곡한

㉠ curved
㉡ bend

- There's a big *curve* in the road just before you get to the lake.
  호수에 도착하기 직전에 도로가 크게 구부러져 있다.

yarn
[jɑ:rn]

실, 방사, 모험담; 이야기를 하다

- Pierre told us an interesting *yarn* about his experiences in the expedition.
  피에르는 탐험에서 경험했던 재미있는 이야기를 해주었다.

yearn
[jə:rn]

희망하다, 바라다

㉠ yearning
㉡ long, desire, pine, yen

- Simon has only been at camp three days and he's already *yearning* to go home.
  사이몬은 캠프에 온 지 3일밖에 되지 않지만 벌써 집에 돌아가고 싶어 한다.

call
[kɔ:l]

부르다, 전화를 걸다, 명령하다; 부르는 소리, 짧은 방문, 소집(하다)

- I forgot to *call* Lucy last night.
  어젯밤 루시에게 전화 거는 것을 잊었다.

coal
[koul]

석탄, 석탄 한 덩어리

- Sidney's grandfather used to work in a *coal* mine.
  시드니의 할아버지는 과거에 탄광에서 일했다.

gnaw
[nɔ:]

갉아먹다, 괴롭히다, 피로하게 하다, 갉아줄이다, 탐식하다

㈜ bite, worry, erode, undermine

- Even though the bird had just been fed it continued to *gnaw* at its cage.
  그 새는 먹이를 먹은 바로 뒤에도 계속해서 새장을 갉아 먹었다.

know
[nou]

알다, 이해하다, 인식하다

㈜ knowledge, knowledg(e)able
㈜ perceive, apprehend, comprehend, recognize

- If she doesn't *know* how to drive, she won't be able to survive in Malibu.
  차를 운전할 줄 모르면 그녀는 말리부에서 생활하지 못할 것이다.

form
[fɔ:rm]

형식, 종류, 관행, 관용문; 형성하다, 조직하다

㈜ formal, formality
㈜ shape, figure, outline, contour, construct

- How could such a big icicle *form* in just one night?
  어떻게 하룻밤 만에 그렇게 큰 고드름이 생길 수 있을까?

foam
[foum]

거품(을 내다), 거품을 일으키다, 격노하다

㈜ foamy
㈜ bubble, froth

- Stir the mixture quickly to a white *foam*.
  혼합한 것을 흰 거품이 일 때까지 빠르게 휘저어 주세요.

saw ①
[sɔː]

톱, 톱과 비슷한 도구; 톱으로 자르다

- I *sawed* a small hole in the back door the day I got my cat.
  고양이를 잡은 날 뒷문에 작은 구멍을 톱으로 만들었다.

saw ②

속담, 격언

---

sow
[sou]

씨를 뿌리다, 심다

[유] plant, seed, inlay

- We have to *sow* the field with seeds before the rain comes.
  비가 내리기 전에 들에 씨를 뿌려야 한다.

sew
[sou]

꿰매다, 꿰매어 만들다

[유] stitch

- Beth said she'd *sew* the button back on for me.
  베스는 내 등에 단추를 달아 주겠다고 말했다.

---

order
[ɔ́ːrdər]

순서, 의사 진행과정, 정돈, 질서, 명령(을 하다), 주문, 종류, 등급, 집단; 처방하다, 권하다, 정리하다, 결정하다

- Waiter, please take our *order*.
  웨이터, 주문을 받으세요.

odor
[óudər]

냄새, 방향, 향내, 낌새, 명성

[파] odorant, odoriferous
[유] smell, aroma, perfume

- This car is filled with the *odor* of gasoline.
  이 차에는 가솔린 냄새가 가득 차 있다.

---

war
[wɔːr]

전쟁, 교전상태, 싸움, 군사, 전략; 전쟁하다

[파] warfare, prewar, postwar
[유] conflict, battle, fight, combat

- *War* is nothing but a killer and a graveyard filler.
  전쟁이란 인명을 빼앗고 묘지를 메우는 일에 지나지 않는다.

woe
[wou]

비통, 비애, 고뇌, 고생, 재난

- Ⓟ woeful
- Ⓨ distress, affliction, hardship

- Lester was overcome with *woe*.
  레스터는 비애에 압도되었다.

floor
[flɔːr]

마루, 층, 입회장, 의원석; 마루를 놓다, 쓰러뜨리다, 패배시키다

- You should always put up the signs after you've waxed the *floor*.
  마루에 왁스를 바르면 꼭 표시를 해야 한다.

flow
[flou]

흐르다, (전기 등을) 통하다, 넘치다; 흐름, 유출, 유입[출]률

- Ⓟ flowage
- Ⓨ gush, spout, proceed, run, current, stream

- The Saugus River *flows* east to west.
  소거스 강은 동에서 서로 흐른다.

hall
[hɔːl]

넓은 방, 집회장, 현관, 복도, 학부

- The laundry room is down at the end of *hall*.
  세탁실은 아래층 복도 끝에 있다.

hole
[houl]

구멍, 터진 구멍, 곤경, 결점[함], 웅덩이; 구멍을 뚫다

- Ⓨ aperture, opening, cavity, burrow, lair

- The carpenters are here to fix the *hole* in the roof.
  목수들은 천장의 구멍을 수리하기 위해서 왔다.

court
[kɔːrt]

사법기관, 재판소, 궁정, (테니스 등의) 코트, 저택, 경의; 비위를 맞추다, 꾀다

- Ⓨ tribunal

- You'll find Rodney out on the basketball court.
  로드니는 농구코트에 있어요.

coat
[kout]

코트, 씌운 것; 웃옷을 입히다, 덮다, 칠하다

- Sarah' s saving up to buy a new fur *coat*.
  사라는 새 모피코트를 사기 위해 돈을 모으고 있다.

quarter
[kwɔ́:rtər]

4분의 1, 25센트, 15분, 지역, 지방; 4등분하다, 숙박시키다[하다]

- There's still more than a *quarter* of a tank of gas in the car.
  차에는 탱크에 4분의 1이상의 가솔린이 아직 있다.

quoter
[kwoutər]

인용자

[파] quote, unquote, quotation, quotative

- Roland seems to enjoy being a *quoter* of famous sayings.
  로랜드는 유명한 말을 인용해서 즐거운 것 같다.

lawn ①
[lɔ:n]

잔디, 잔디밭

- May I borrow your *lawn* mower next Sunday?
  다음 일요일에 잔디 깎는 기계를 빌려주시겠습니까?

lawn ②

〈의류〉 로온 천

- Her new summer dress is made of high quality *lawn*.
  그녀의 새 여름드레스는 고급 로온 천으로 되어 있다.

loan
[loun]

대여, 대부금, 차관; (이자를 받고) 돈을 빌려주다

[유] debt

- Peter could never have bought that boat if I hadn't *loaned* him the money.
  내가 돈을 빌려주지 않았다면 피터는 그 보트를 결코 살 수 없었을 것이다.

aboard
[əbɔ́:rd]

배 안에(서), 차[버스, 비행기]를 타고

[파] board

- If everybody's *aboard* the bus, I guess we can go.
  모두 차에 타고 있다면 출발해도 좋을 것이다.

abode
[əbóud]

주소, 주거, 체재

[유] house, residence, stay

- The Eskimo *abode* is a small affair made of ice.
  에스키모의 주거는 얼음으로 된 작은 것이다.

bald
[bɔːld]

머리털이 없는, 대머리의, 단조로운; 벗겨지다

[파] baldness

- Just because Charlie found a few stands of hair on his pillow he thinks he's going *bald*.
  베개 위에 2, 3개의 머리털을 발견했던 것만으로 찰리는 자신이 대머리가 되는 것으로 생각하고 있다.

bold
[bould]

용기있는, 대담한, 창조력이 풍부한, 두드러진, (문자가) 굵은

[유] courageous, hardy, gallant, conspicuous

- Leaving that message to the teacher on his blackboard is a pretty *bold* move.
  선생님에게 그와 같은 전언을 칠판에 남겨놓는 것은 매우 불손한 행동이다.

awe
[ɔː]

경외, 두려움; 두려워하게 하다

[유] reverence, respect, solemnize

- People watched in *awe* as the tornado lifted the car into the air.
  회오리바람이 자동차를 공중에 들어올리는 것을 사람들은 두려움으로 지켜보았다.

owe
[ou]

빚지고 있다, 은혜를 입고 있다

- Martin *owes* the landlord rent for the last two months.
  마틴은 집주인에게 최근 2개월의 집세를 빚지고 있다.

chalk
[tʃɔːk]

백악, 초크, 백묵; 분필로 쓰다

- I like teaching but the *chalk* dust makes me sneeze.
  나는 가르치는 것을 좋아하지만 분필가루 때문에 재채기가 난다.

choke
[tʃouk]

질식시키다[하다], 억누르다, 말라 죽이다

㈜ choky
㈜ suffocate, smother, stifle

- He was so overcome with emotion that he *choked* trying to recount the story.
  그 이야기를 하면서 그는 감정이 격해져서 숨이 막혔다.

lust
[lʌst]

성욕, 욕망, 열의, 소망; 강한 욕정을 품다, 열망하다

㈜ lustful
㈜ desire, passion, appetite

- When Joe finally got his own sports car, it satisfied a *lust* that had been growing inside of him for years.
  조는 결국 자신의 스포츠카를 손에 넣고서 수 년 동안 마음에 품고 있었던 욕망을 만족시켰다.

rust
[rʌst]

녹, 악영향, 적갈색; 녹슬다, 무디어지다, 해치다; 적갈색의

㈜ rusty

- This motorbike is coated with a special paint that will keep it from *rusting*.
  이 오토바이는 녹슬지 않도록 특별한 도료로 도장되어 있다.

play
[plei]

극, 각본, 경기, 행동, 놀이; 역을 맡다, 상연하다, 놀다, 시합하다, 흥행하다, 활동시키다, 휘두르다, 연주하다

㈜ act, perform

- Sandra's only had the guitar a week and she can already *play* three songs.
  산드라는 기타를 손에 넣고 단지 일주일이 지났는데 벌써 노래 3곡을 연주할 수 있다.

pray
[prei]

간청하다, 간청하여 ~시키다

㈜ prayer
㈜ entreat, supplicate, implore, petition

- We were losing so bad that our coach started *praying* for rain.
  우리는 심하게 패배해 왔기 때문에 코치는 비를 기원하기 시작했다.

glow
[glou]

백열, 산뜻함, 홍조, 정열; 백열광을 발하다, 혈색이 좋다

- Is that one of those watches that *glow* in the dark?
  그것은 어두운 곳에서 빛을 발하는 시계입니까?

grow
[grou]

자라다, 성장하다, 나다, 늘어나다, ~으로 변하다

⊕ enlarge, dilate, produce, extend

- Daisies won't *grow* without lots of sunlight.
  데이지는 햇빛이 풍부하지 않으면 자라지 않는다.

load
[loud]

짐, 적하, 적재량; 짐을 싣다, 차려놓다, 장전하다, 듬뿍 싣다

⊕ burden, lade, weight, encumber
⊕ unload, disburden

- I've got a *load* of old newspapers to take to the recycling center.
  재활용센터에 가지고 갈 지난 신문이 한 무더기 있다.

road
[roud]

길, 철도, 진로, 방법

⊕ street, avenue, boulevard, way

- They opened a new restaurant on that *road* that runs behind the university.
  그들은 대학의 뒷길에 새 식당을 개점했다.

lay ①
[lei]

놓다, 준비하다, 설치하다, 부과하다, 알을 낳다, 내기하다

⊕ place, put, deposit

- No matter where we take our vacation, Lucy always *lays* herself down by the pool all day.
  어디에서 휴가를 보내든 루시는 수영장 옆에 하루종일 누워 있다.

lay ②

(성직자에 대해) 평신도의, 일반인의

ray ①
[rei]

광선, 방사선; 번쩍이다, 방사하다

⊕ emission, flash, spark

- Do these sunglasses provide protection against ultraviolet *rays*?
  이 선글라스는 자외선으로부터 보호해 줍니까?

| **ray** ② | 〈물고기〉 가오리 |

---

lie ①
[lai]

거짓말(을 하다), 속이는 것; 거짓말을 하다, 속여서 ~하게 하다

㈜ falsehood, falsify, mendacity, prevarication, prevaricate

- The rumor that Cecilia would be quitting the company turned out to be a *lie*.
  세실리아가 회사를 그만둘 것이라고 하는 소문은 거짓말로 판명되었다.

lie ②

드러눕다, 놓여 있다; 상태, 둥지

rye
[rai]

호밀

- Is this *rye* to be used in bread or whiskey?
  이 호밀은 빵에 사용됩니까, 위스키에 사용됩니까?

---

lot
[lɑt]

제비(뽑기), 몫, 운명, 부지, 한 몫, 많음, 전부; 분배하다, 제비를 뽑다, 제비를 뽑아 정하다

㈜ lottery, share, fate, site, distribute, allot

- These are the bottles that the kids found in the empty *lot*.
  이것들이 아이들이 그 공터에서 발견했던 병이다.

rot
[rɑt]

썩다, 떨어져 나가다, 침수하다, 못쓰게 되다; 부패, 부식

㈜ rotten
㈜ decompose, decay, mold, spoil, taint, corrupt

- If somebody doesn't eat these apples soon they'll *rot*.
  누군가 먹지 않으면 이 사과들은 곧 썩어버릴 것이다.

---

collect
[kəlékt]

모으다, 징수하다, 마중가다, 쌓다

㈜ collection, collective
㈜ gather, accumulate

- My brother *collects* old beer cans.
  형은 오래된 맥주캔을 수집한다.

correct
[kərékt]

정정하다, 고치다, 억제하다, 조정하다; 올바른, 적절한

㉟ correction, corrective
㊠ amend, reform, punish, adjust, precise, accurate, exact, precise, faultless
㉵ incorrect

- That's not the *correct* way to signal a left turn.
  그것은 좌회전을 표시하는 올바른 방법이 아니다.

climb
[klaim]

오르다, 출세하다, 기어오르다

㊠ mount, ascend, rise

- If we *climb* that tree, maybe we'll be able to see our campsite.
  그 나무에 오르면 우리 캠프장을 볼 수 있을 것이다.

crime
[kraim]

죄, 범죄; 군기 위반죄로 처벌하다

㉟ criminal
㊠ offense, violation, misdemeanor, felony

- It's a *crime* to park in front of a fire hydrant.
  소화전 앞에 주차하는 것은 위법이다.

flee
[fli:]

도망치다, 사라지다

㊠ escape, forsake

- The villagers *fled* as soon as they heard the troops coming up the hill.
  군대가 언덕 위로 올라오고 있다는 소식을 듣자마자 마을 사람들은 도망쳤다.

free
[fri:]

자유로운, 해방된, 구속받지 않는, 느슨한, 편한, 무료의; 해방하다

㉟ freedom
㊠ loose, generous, release, liberate, emancipate

- The animals here are *free* to wander around.
  이곳의 동물은 자유로이 돌아다닐 수 있다.

law
[lɔ:]

법, 법률(학), 법칙; 소송을 일으키다, 소송하다

㈜ lawful, lawmaker, lawyer, outlaw
㈜ sue

- According to the new *law*, all restaurants along the beach must provide free parking.
  새 법률에 의하면 해변에 연해 있는 모든 식당은 무료주차장을 설치해야 한다.

raw
[rɔ:]

날것의, 설익은, 무지한, 노골적인, 원료 그대로의; 쓰린 상처, 미가공품

㈜ rude, coarse, ignorant, candid, explicit, bare, scratch

- It's dangerous to eat *raw* beef unless it's very fresh.
  매우 신선하지 않으면 쇠고기를 날로 먹는 것은 위험하다.

cloud
[klaud]

구름, 큰 떼, 흐림, 어두운 그림자; 흐리게 하다, 구름으로 덮다, 어둡게 하다, 어두운 빛을 드리우다

㈜ cloudy
㈜ haze, vapor, host, crowd, becloud, bedim, shadow

- The radio predicted fair weather despite all the dark *clouds* in the sky.
  하늘에 저렇게 검은 구름이 있는데도 라디오는 맑은 날씨를 예보했다.

crowd
[kraud]

군중, 대중, 동료들, 관객; 떼지어 모이다, 밀어닥치다, 밀어넣다

㈜ crowded
㈜ throng, multitude, herd, assemble, pack

- A *crowd* of spectators followed Mr. Rose all the way to his car.
  한 떼의 군중이 로즈 씨를 차가 있는 곳까지 쫓아다녔다.

late
[leit]

늦은, 전의, 최근의, 고인이 된; 늦게, 전에, 최근

㈜ lately
㈜ tardy, dilatory, recent, advanced

- It's too *late* to call Karen tonight.
  오늘 밤 카렌에게 전화하기에는 너무 늦었다.

rate ①
[reit]

비율, 요금, 속도, 등급, 오차; 평가하다, 사정하다, 간주하다

㋴ ratio, fare, fee, grade, evaluate, assess

- Though the service is good, the phone company keeps raising its *rates*.
  서비스는 좋지만 전화회사는 요금을 점점 올리고 있다.

rate ②

야단치다

flight ①
[flait]

비행(중의 무리), 정기항공편, 한 줄의 계단; 떼지어 날다

㋨ fly

- Ronnie's *flight* was canceled due to bad weather.
  로니가 탈 비행편은 악천후로 결항되었다.

flight ②

도망, 탈출

fright
[frait]

공포, 경악, 추악한 사람[물건]

㋨ frighten, frightful
㋴ dismay, consternation, terror, fear

- The bear in our yard gave us a terrible *fright*.
  우리집 정원에 나타난 곰은 우리에게 무시무시한 공포감을 주었다.

flame
[fleim]

불꽃, 화염, 정열; 불꽃을 내며 타다, 불꽃처럼 빛나다, 태우다

㋨ flamy, flammable, inflammable
㋴ blaze, burn, flash, inflame

- Turn down the *flame* before you burn the pan.
  냄비를 태우기 전에 화력을 줄이시오.

frame
[freim]

구조, 조직, 액자, 골격, 체격, 기분, 구성; 구성하다,
마음에 그리다, 액자에 넣다, 맞추다, (죄 등을) 씌우다, 진행하다

㋨ framework, frame-up
㋴ edge, physique, plot

- Mr. Cecil will be wearing thick glasses with black *frames*.
  세실 씨는 검은 테의 두꺼운 안경을 끼고 있을 것이다.

clue
[kluː]

실마리, 단서; 단서를 주다

㈜ key, landmark

- The only *clue* the police have is a half-eaten candy bar that the thief left behind.
  경찰이 입수한 단서는 도둑이 남기고 간 반쯤 먹은 캔디바 정도이다.

crew
[kruː]

승무원, 한 패; 승무원이 되다

㈜ fellow, comrade

- A *crew* of scientists were sent to the meteor site.
  과학자의 일단이 운석이 떨어진 현장에 파견되었다.

leap
[liːp]

뛰다, 뛰어오르다, (마음이) 기뻐서 뛰다; 뜀, 급격한 변화

㈜ jump, vault

- My dog could get over that fence in one *leap*.
  내 개는 한번 뛰어서 그 담장을 넘을 수 있었다.

reap
[riːp]

베다, 수확하다, 획득하다

㈜ harvest, mow, gain, obtain

- Leroy joined late in the year and was able to *reap* the rewards without doing any of the work.
  연말에 들어온 리로이는 아무 일도 하지 않고 보수를 받을 수 있었다.

flank
[flæŋk]

옆구리, 측면; 측면에 위치하다, 측면을 공격하다, 측면에 접하다

- The company is being *flanked* from the left side.
  그 회사는 좌파로부터 공격을 받고 있다.

frank
[fræŋk]

솔직한, 숨김없는, 관대한; 무료로 운반하다, 면제하다

㈜ outspoken, candid, bold

- You have to be *frank* in this business even if it means being rude at times.
  때때로 무례한 것이 되더라도 그 일에 있어서는 솔직해야 한다.

fairly
[fέərli]

공평하게, 충분히, 완전히, 명백히

㉠ fairness
㉡ justly, impartially, completely

- Though it's most beautiful in the fall, Scotland is *fairly* nice all year round.
  스코틀랜드는 일년 내내 아름답지만 가장 아름다운 계절은 가을이다.

fairy
[fέəri]

요정; 요정의, 가공의

- Legend has it that at the bottom of this lake is an underwater castle inhabited by *fairies*.
  전설에 의하면 이 호수 밑에는 요정들이 사는 수중성이 있다고 한다.

loyal
[lɔ́iəl]

충성스러운, 성실한, 성의있는; 애국자

㉠ loyalty, loyalist
㉡ faithful, patriotic, devoted, patriot

- Sandra proved herself *loyal* to the firm by working late all last week without pay.
  산드라는 지난 주 늦게까지 무급으로 일해서 회사에 충성스러움을 증명했다.

royal
[rɔ́iəl]

국왕의, 왕위의, 당당한, 고귀한, 훌륭한; 왕실의 일원

㉠ royalty
㉡ regal, majestic

- Though he had never met the King or the Queen, Mr. von Shuster was a member of the *royal* family.
  왕이나 여왕은 한 번도 만난 적이 없었지만 폰 슈스터 씨는 왕족의 일원이었다.

elect
[ilékt]

선거하다, 선출하다, 결정하다; 당선된; 선민, 뽑힌 사람들

㉠ election, elective, elector, electoral, electorate
㉡ select, choose, pick

- Students who are shy about speaking before the class may *elect* to take a written test instead.
  급우들 앞에서 말하는 것을 부끄러워하는 학생은 대신에 필기시험을 선택해도 좋다.

erect
[irékt]

수직의, 직립의; 직립시키다[하다], 건축하다, 세우다, 창설하다, 건설하다

파 erection, erective
유 vertical, construct, raise, establish
반 horizontal

- A five-story apartment building is going to be *erected* on this site next month.
  5층 아파트가 내달 이 장소에 세워질 예정이다.

lap ①
[læp]

무릎, 겹쳐진 부분, 귓뿔; 싸다, 접치다, 입히다, 겹쳐지다

유 earlap, fold, wrap, wind

- Every time I see your grandmother, she has that black cat in her *lap*.
  당신의 할머니를 만날때면 항상 검은 고양이를 무릎에 안고 계신다.

lap ②

찰싹찰싹 치다, 핥아먹다

rap
[ræp]

두드리다, 가볍게 두드리다, 체포하다, 비난하다; 비난, 대화(하다)

유 knock, beat, arrest, blame

- If you *rap* on the wall, the Hansens will turn their music down.
  벽을 두드리면 한센 가족은 음악 소리를 낮출 것이다.

lid
[lid]

뚜껑, 제한, 단속

유 cap, eyelid, restriction, limit

- Put the *lid* back on the mustard before the flies get in it.
  파리가 들어가기 전에 겨자에 뚜껑을 덮으시오.

rid
[rid]

~에서 …을 제거하다, ~에서 …을 자유롭게 하다

유 remove

- The dean is trying to *rid* the school of all its out-of-date programs.
  학장은 시대에 떨어진 학습계획을 학교에서 폐지하려고 하고 있다.

limb ①
[lim]

손, 팔, 큰 가지; 사지를 자르다

㈜ leg, arm, branch, bough

- The *limbs* of that tree are too weak to support the children's tree house.
  그 나무의 큰 가지는 너무 약해서 아이들의 수상가옥을 지탱할 수 없다.

limb ②

주변, 가장자리

rim
[rim]

가장자리, 테, 해면; 가장자리를 두르다

㈜ edge, margin, brim, verge

- This glass has a small crack along the *rim*.
  이 유리는 가장자리를 따라서 작은 깨진 틈이 있다.

bloom
[blu:m]

꽃, 개화(기), 한창; 피다, 번영하다

㈏ bloomy
㈜ blossom, prime, flourish

- It's best to visit the botanical gardens when the orchids are in full *bloom*.
  식물원은 난꽃의 개화기에 방문하는 것이 제일 좋다.

broom
[bru(:)m]

비; 비로 쓸다, 청소하다

㈏ broomy
㈜ sweep, tear, break

- The floors have to be swept before the doors open, so get a *broom* and get busy.
  문이 열리기 전에 마루를 청소해야 한다. 비를 가지고 와서 시작하세요.

bleed
[bli:d]

출혈하다, 중상을 입다, 색이 번지다, 마음 아파하다

㈏ bleeding

- Eli's nose starts *bleeding* every time he rides a roller-coaster.
  엘리는 롤러 코스터를 탈 때마다 코피를 흘린다.

breed
[bri:d]

낳다, 번식시키다, 사육하다, 야기하다, 양육하다; 품종, 종류

㉺ breeding
㊀ beget, bear, conceive, raise, grow, sort, kind, race

- **My uncle Harold *breeds* chickens for a living.**
  해롤드 아저씨는 양계업을 하고 있다.

literally
[lítərəli]

사실상, 정말로, 축어적으로, 문자대로

㉺ literal, literalize
㊀ verbatim, literatim

- **Jason said he was going to throw his car away but he couldn't have meant it *literally*.**
  제이슨은 차를 버릴 것이라고 말했지만 정말로 그렇게 했을 리가 없다.

literary
[lítərèri]

문학의, 문학에 능한, 문어의

㉺ literate, literature

- **The originals of several great *literary* works are on display at the Houseman Museum of Letters.**
  몇 개의 위대한 문학작품의 원본이 하우스만 문학관에 전시되어 있다.

ply ①
[plai]

겹, 성향; 구부리다, 접다

㊀ stratum, disposition, bias, bend

- **Three *plies* of heavy paper are woven into this cardboard.**
  이 판지는 석장의 두꺼운 종이로 짜여져 있다.

ply ②

부지런히 일하다, 다니다; 서두르다

pry ①
[prai]

지레로 들어올리다; 지레를 이용한 도구

- **Nathan ran to get a crowbar so he could *pry* the trunk open.**
  네이든은 트렁크를 열기 위해 지레를 가지러 달려갔다.

pry ②

엿보다, 탐색하다; 캐기 좋아하는 사람

use
[juːs]

사용법, 사용하는 것; 쓰다, 사용하다, 이용하다

㈜ usable, useful, useless, usefulness
㈜ utility, utilize, apply, practice

- Nobody here has any *use* for the copy machine.
  여기에 있는 사람은 아무도 복사기 사용법을 모른다.

youth
[juːθ]

젊음, 청년

㈜ youthful
㈜ adolescence
㈜ maturity, adult

- The *youth* of today isn't as concerned with social problems as it 'once was.
  현대의 젊은이는 이전 만큼 사회문제에 관심이 없다.

face
[feis]

얼굴, 외관; ～에 면해 있다

㈜ countenance, features, appearance, exterior, confront, oppose

- Everyone should try to *face* their fears sooner or later.
  모두 멀지 않아 자신의 두려운 것에 정면으로 직면해야 한다.

faith
[feiθ]

신뢰, 자신, 의무

㈜ faithful
㈜ confidence, reliance, credence

- People have *faith* that the President will get us out of this mess.
  국민은 대통령이 이 혼란에서 구해줄 것이라고 믿고 있다.

pass
[pæs]

통과하다, 양도되다, 흐르다, 합격하다

㈜ passage
㈜ proceed, surpass, approve, convey, transmit

- Please take one copy and *pass* the rest back.
  한 부만 가지고 나머지는 뒤로 돌려 주십시오.

path
[pæθ]

길, 작은 길

㊦ lane, trail, route, course, track

- The *path* at the bottom of the hill leads to the bookstore.
  언덕 기슭의 작은 길은 책방으로 통하고 있다.

sin
[sin]

(도덕상의) 죄, 위반, 과거; 죄를 범하다

㊕ sinful
㊦ wrongdoing, wickedness, offend

- It would be a *sin* not to help that poor man.
  그 불쌍한 사람을 돕지 않으면 죄가 될 것이다.

thin
[θin]

가느다란, 얇은, 마른

㊕ thinness
㊦ lean, slim, slender, skinny, sparse, slight
㊫ fat, thick

- I never realized that Nancy was so *thin*.
  낸시가 그렇게 말라 있으리라고는 결코 생각지 못했다.

worse
[wəːrs]

⟨bad, ill의 비교급⟩ 보다 나쁜, 악화된

- He looks *worse* than he did a few days ago.
  그는 2, 3일 전보다 상태가 더 나빠진 것 같다.

worth
[wəːrθ]

가치가 있는; 우수한 가치

㊕ worthless, worthy
㊦ deserving, usefulness, merit, value

- The car may be pretty expensive but it's really *worth* it.
  그 차는 꽤 비싸지만 사실 그만한 가치가 있다.

sum
[sʌm]

합계, 총량, 요점; 합계가 ~이 되다, 계산하다

㊦ total, amount, calculate

- If everybody in the group were to contribute just a few dollars, it would amount to a very large *sum*.
  만약 그룹 전원이 단지 몇 달러라도 기부하면 매우 큰 금액이 될 것이다.

thumb
[θʌm]

엄지

- That boy is too old to suck his *thumb* like that.
  저 아이는 저와 같이 엄지손가락을 빨기에는 너무 나이가 들었다.

sigh
[sai]

한숨(을 쉬다)

- When the farmers heard the weather report, they all *sighed* with relief.
  일기예보를 듣고 농부들은 모두 안도의 한숨을 쉬었다.

thigh
[θai]

넓적다리, 대퇴부

- The ball bounced off the ground and hit Harold in the *thigh*.
  공이 지면을 튀어올라 해롤드의 넓적다리를 때렸다.

sunder
[sʌ́ndər]

분리[분할]하다

㊌ divide, separate

- The cabin was *sundered* by the avalanche.
  오두막은 사태로 둘로 나뉘었다.

thunder
[θʌ́ndər]

천둥, 천둥소리

㊌ lightning

- They were a day late due to the *thunder* storm.
  그들은 심한 폭풍 때문에 하루 늦었다.

save
[seiv]

구하다, (돈을) 저축하다, 아껴두다, 덜다

㊌ rescue, salvage, keep, reserve, economize

- Be sure to *save* your receipt in case something doesn't work.
  만일을 대비해서 영수증을 필히 보관해 두시오.

shave
[ʃeiv]

면도하다, 스치다

㊅ shaver, shaving

- Mr. Ellis *shaves* with an electric razor.
  엘리스 씨는 전기 면도기로 면도를 한다.

sip
[sip]

조금씩 마시다, 홀짝이다; 한 모금, 한 번 홀짝임

- Can I have just a *sip* of that milkshake?
  그 밀크쉐이크를 한 모금 마셔도 돼요?

ship
[ʃip]

배에 싣다, 수송하다

- 파 shipping, shipment
- 유 transport, carry

- Believe it or not, half the erasers in Asia are *shipped* from this little two-room factory.
  믿을지 모르겠지만 아시아에 있는 지우개의 절반은 이 작은 방 두개인 공장에서 수출되어 진다.

siege
[siːdʒ]

포위 공격, (끈질긴) 병

- 파 besiege
- 유 blockade, attack

- After the interview, the TV studio was hit with a *siege* of phone calls.
  그 인터뷰 뒤에 TV 스튜디오는 전화 공세를 받았다.

sheathe
[ʃiːð]

칼집에 넣다, 덮다

- 파 sheath
- 유 cover

- Make sure that the shed is properly *sheathed* against the rain.
  오두막이 비에 대비해서 잘 덮혀져 있는지 확인해 두시오.

cease
[siːs]

중지하다, 그만두다, 마치다

- 파 ceaseless, cease-fire
- 유 stop, desist, terminate, discontinue

- Once we called the exterminators our insect problem *ceased* to exist.
  해충 구제업자를 부르면 벌레 문제는 없어진다.

seize
[siːz]

쥐다, 파악하다, (병 등이) 엄습하다, 체포하다

- 파 seizure

ⓤ grasp, grab, clutch, capture, apprehend

- I was just sitting at home when I was suddenly *seized* with pain.
  집에서 그냥 앉아 있을 때 갑자기 고통이 엄습했다.

banish
[bǽniʃ]

추방하다, 유형에 처하다, 쫓아내다

ⓟ banishment
ⓤ exile, expel, dispel, deport

- Our-of-date customs like these should have been *banished* long ago.
  이와 같은 시대에 뒤떨어진 관습은 오래 전에 폐지해야 했다.

vanish
[vǽniʃ]

사라지다

ⓤ disappear, evanesce, fade

- The dinosaurs *vanished* long ago for no apparent reason.
  공룡은 분명한 이유없이 오래 전에 사라졌다.

rebel
[rébəl]

반역자, 항전자; 반항하다

ⓟ rebeldom, rebellion, rebellious
ⓤ insurgent, mutineer, revolt

- If you don't involve your subordinates in the decision making, they're bound to become *revels*.
  의사결정에 부하를 참가시키지 않으면 그들은 반항할 것이다.

revel
[révəl]

크게 즐기다, 흥청대다; 술잔치

ⓤ carouse

- The basketball team is still *reveling* over their recent victory.
  그 농구팀은 최근의 승리로 아직까지 취해 있다.

sturdy
[stə́:rdi]

강건한, 기운찬, 불굴의, 용감한

ⓤ robust, hardy, stout

- I'm not sure if this bridge is *sturdy* enough to support us.
  이 다리가 우리를 지탱할 수 있을 정도로 튼튼한지는 확신할 수 없다.

study [stʌ́di]

공부, 면학, 연구(업적), 서재; 조사하다, 연구하다

- There are other ways to learn about farming besides *studying* it in school.
  학교에서 공부하는 것 외에도 농사에 대해 공부하는 방법이 있다.

---

breathe [briːð]

호흡하다, 숨쉬다

[파] breath, breathing

- There's so much smoke in this room that I can hardly *breathe*.
  그 방에는 담배연기가 가득 차서 숨을 쉴 수가 없다.

breeze [briːz]

미풍; 미풍이 불다

[파] breezy
[유] wind, blow

- When you live by the shore, there' s always a *breeze*.
  해안 근처에 살면 항상 미풍이 분다.

---

owner [óunər]

소유자, 지주, 선장

[파] own
[유] possessor

- Prospective tenants should speak with the *owner*, Mrs. Smith.
  임차 희망자는 소유자인 스미스 부인과 이야기해야 한다.

honor [ɑ́nər]

명예, 신용, 도의, 존경(하다); 영예를 주다, 예배하다, (약속 등을) 지키다

[파] honorable, honorary, honorific
[유] esteem, credit, respect, homage, reverence, revere

- A party will be held to *honor* the new President next Thursday.
  다음 목요일 새 대통령을 위한 파티가 열릴 것이다.

---

career [kəríər]

생애, 경력, 직업, (직업상의) 성공, 출세; 질주하다, 〈구어〉 전문의, 본직의

[파] careerism, careerist

㈜ profession, occupation, vocation, promotion

- Renting roller skates may be profitable but you can hardly make a *career* of it.
  롤러 스케이트의 임대는 이익이 될 수는 있지만 그 곳에서 출세하는 것은 무리다.

carrier
[kǽriər]

운반인[물], 수송기, 보균자

㈜ transport

- I've been a mail *carrier* for over 20 years.
  나는 20년 이상 우편배달을 하고 있다.

impatient
[impéiʃənt]

참지 못하는, 성급한

㈜ impatience
㈜ uneasy, hasty, impetuous, vehement, irritable, testy

- The audience grew *impatient* waiting for the show to start.
  청중은 쇼의 시작을 기다리는 것에 참지 못하게 되었다.

inpatient
[ínpèiʃənt]

입원환자

- Mrs. Butler has been an *inpatient* here for the last two weeks.
  버틀러 부인은 2주 동안 여기에 입원하고 있다.

jealous
[dʒéləs]

시샘하는, 시기하는

㈜ jealousy
㈜ envious, resentful

- Marsha is never *jealous* of her friend's success.
  마사는 친구의 성공을 결코 질투하지 않는다.

zealous
[zéləs]

열심한, 열광적인

㈜ zeal
㈜ ardent, enthusiastic, eager, earnest

- We students are *zealous* about building a better world.
  우리들 학생은 보다 좋은 세상을 만들기를 열망한다.

way
[wei]

길, 거리, 방향, 진행, 방법, 관습, 점, 자유, 의지, 상태, 직업

㈜ manner, mode, custom, course, respect, direction

- It's a lot easier to find the *way* by car than it is if you take the train.
  열차로 가는 것보다도 차로 가는 것이 길을 찾기가 더 쉬울 것이다.

weigh
[wei]

중량을 재다, 무게가 있다, 평가하다, 압박하다, 중요성을 가지다, 신중하게 고려하다

㈜ weighable
㈜ consider, ponder, contemplate

- Sandra *weighs* a lot more this year than she did last year.
  산드라는 작년보다 올해 체중이 더 많이 나간다.

air
[ɛər]

공기, 대기, 유포, 외관, 선율; 방송하다

㈜ atmosphere, circulation, appearance, complexion, ventilate, broadcast

- Mathew opened the window to let in some fresh *air*.
  메튜는 신선한 공기를 들여 넣기 위해 창문을 열었다.

heir
[ɛər]

상속인, 후계자, 전승자; 상속하다

㈜ heirless, heiress
㈜ inheritor, successor, inherit, succeed

- Prince Gilbert is the sole *heir* to the throne.
  길버트 왕자는 유일한 왕의 계승자이다.

feat
[fiːt]

위업, 묘기

㈜ achievement, accomplishment, exploit

feet
[fiːt]

• The two men lifted the car over their heads- an amazing *feat*.
그 두 남자는 자동차를 머리 위에 올렸다. - 놀라운 묘기다.

〈foot의 복수형〉 발, 피트, 보행

• Be sure you wipe your *feet* before you come in.
들어오기 전에 반드시 발을 닦으시오.

---

son
[sʌn]

아들, 자손, 자녀

㈜ child, descendant

• Ben is the *son* of Mr. Nichols, the surgeon.
벤은 외과의사인 니콜스 씨의 아들이다.

sun
[sʌn]

태양, 스스로 빛을 발하는 천체, 기후, 날; 일광으로 따뜻해지다, 햇빛에 쪼이다, 일광욕을 하다

㈜ sunny, solar
㈜ climate, sunlight

• The girl was nicely *sun*-tanned and looked healthy.
소녀는 멋있게 햇빛에 그을려서 건강하게 보였다.

---

hoarse
[hɔːrs]

목소리가 쉰, 허스키한, 귀에 거슬리는 소리를 내는

㈜ hoarseness, hoarsen
㈜ husky, throaty, gruff, harsh

• Jim's voice sounds a little *hoarse* today.
짐의 목소리가 오늘은 조금 쉬어 있다.

horse
[hɔːrs]

말(의); 말을 타다, 짊어지다, 혹사하다, 놀려대다

㈜ horselike, horsy

• Just tie your *horse* to that post over there.
말을 저기 말뚝에 꼭 매시오.

---

peace
[piːs]

평화, 화해, 안심, 조용함; 조용하게

㈜ peaceable, peaceful
㈜ agreement, treaty, accord, security, calmness

- A six-month *peace* treaty was signed in Cairo.
  6개월간의 평화조약이 카이로에서 조인되었다.

piece
[pi:s]

조각, 일부분, 한 개; 헝겊을 대고 깁다, 보완하다, 완성하다, 접합하여 만들다

㊦ portion, section, segment, fragment, mend, complete

- There's only one *piece* of paper left.
  종이는 한 장밖에 남지 않았다.

morning
[mɔ́:rniŋ]

아침(의), 오전, 초기, 시작

㊦ daybreak, dawn

- Carl runs 4 miles every *morning* before work.
  칼은 매일 아침 일하기 전에 4마일을 달린다.

mourning
[mɔ́:rniŋ]

슬픔, 비탄, 애도; 비탄의, 애도의

㊕ mourn, mournful
㊦ grief, distress, condolence

- The General Assembly went into *mourning* over the death of its great speaker.
  국제연합 총회는 명연설가의 죽음을 애도해서 상을 입었다.

coarse
[kɔ:rs]

(질이) 조악한, 조잡한, 거친, 상스러운

㊕ coarseness, coarsen
㊦ impure, indelicate, uncivil
㊠ pure, refined

- I think that that story is a little too *coarse* to be told over dinner.
  그 이야기는 저녁 식탁에서 하기에는 너무 상스럽다고 생각한다.

course
[kɔ:rs]

과목, 단위, 전진, 방향, 경과, 방침, 연속; 추적하다, 통과하다, 진로를 나아가다

㊦ advance, subject, credit, direction, route, chase, pursue, process, progress

- The navigator hasn't finished plotting our *course* yet.
  항해사는 아직 항해 계획을 세우지 못했다.

weak
[wiːk]

약한, 쇠퇴한, 우둔한, 엷은

파 weaken, weakness
유 fragile, frail, inferior, delicate, feeble, dim, thin

- The tomato soup tastes like it's too *weak*.
  그 토마토 수프는 맛이 너무 약하다.

week
[wiːk]

주, 7일간; 일 주일 전[후]에

파 weekly

- I've been trying to call him all *week*.
  나는 일 주일 내내 그에게 전화를 걸고 있다.

reign
[rein]

통치기간, 치세, 지배(하다), 영향력; 군림하다, 세력을 떨치다

유 rule, dominion, sovereignty, govern

- Man has *reigned* for only a small fraction of the time he has existed.
  인류가 이 세상에 군림해 왔던 것은 그 출현 이래의 극히 짧은 기간에 지나지 않는다.

rein
[rein]

고삐, 구속, 억제, 통제권; 억제하다, 말을 다루다

유 strain, curb, restrict, check

- This board does not exist to give *rein* to its member's whims.
  이 위원회는 회원의 변덕을 맞추기 위해 존재하는 것은 아니다.

plain
[plein]

똑똑히 보이는, 명백한, 전적인, 보통의, 수수한; 명료하게, 분명하게; 평원[야]

유 apparent, distinct, lucid, obvious

- The new restaurant looks like just a *plain* old house from the outside.
  그 새 식당은 밖에서는 그저 수수한 옛집처럼 보인다.

plane ①
[plein]

비행기, 평면; 평평한, 평면의; 활주하다, 강하하다

파 planeness
유 aircraft, level, phase, flat, glide

- The no-smoking seats are always at the front of the *plane*.
  금연석은 항상 비행기의 앞쪽에 있다.

plane ②

대패(질을 하다)

---

raise
[reiz]

올리다, (건물 등을) 세우다, 재배하다, 되살리다, 화나게 하다; 올리기, 가격인상

㉴ lift, heave, hoist, awake, rise, animate, increase

- It looks like the people at Maxim's have *raised* their prices again.
  맥심의 상점은 또 값을 인상한 것 같다.

raze
[reiz]

철저하게 파괴하다, 무너뜨리다

㉴ ruin, destroy, quench

- Dynamite was used to *raze* the area so that it could be converted to farm land.
  이 지역을 헐어서 농지로 만들기 위해 다이너마이트가 사용되었다.

---

flour
[flauə*r*]

밀가루, 소맥분; 가루로 빻다, 가루를 뿌리다, 가루가 되다

㉴ powder

- Mexican tortillas are a pancake-like food made from *flour* and butter.
  멕시코의 토틸러는 밀가루와 버터로 만든 팬 케이크와 같은 음식이다.

flower
[fláuə*r*]

꽃(모양), 절정기, 최고급품; 꽃으로 장식하다, 번성하다, 꽃으로 덮다

㉣ flowery, florist

- I remember a time when it was really fashionable for a girl to have a *flower* in her hair.
  머리에 꽃을 꽂는 것이 소녀들 사이에서 매우 유행했던 시대가 생각난다.

---

pair

한 개, 한 자루, 한 쌍[켤레], 벌; 2개를 한 조로 하다,

[pɛər]

결혼시키다, 부부가 되다

- Somebody left a *pair* of gloves in the waiting room.
  대기실에 장갑을 두고 간 사람이 있다.

pear
[pɛər]

배

- This *pear* doesn't taste like it's ripe yet.
  이 배는 아직 익지 않은 것 같다.

die ①
[dai]

죽다, 말라 죽다, 쇠퇴하다, 그치다, 점점 소멸하다

- ㉠ dying
- ㉡ decease, perish, cease

- The orchids in the garden *died* from too much water.
  정원의 난은 물을 너무 많이 주어서 시들어 버렸다.

die ②

주사위, 주사위 형(의 부품)

dye
[dai]

염료, 물감; 착색하다, 물들이다

- ㉠ dyeable, dyer
- ㉡ tinge, tint

- Is there any other way to change my hair color without *dying* it?
  염색하지 않고 머리색을 바꾸는 다른 방법은 있습니까?

sail
[seil]

항해, 돛; 배로 가다, 출항하다, 항해하다, 조종하다

- ㉠ sailing, sailor
- ㉡ navigate

- Raise the *sail* and off we go.
  돛을 올리고 출항한다.

sale
[seil]

판매, 판로, 염가판매, 공매

- ㉠ saleable

- *Sale* items are not refundable.
  세일 품목은 반품할 수 없습니다.

bare
[bɛər]

벌거벗은, 노골적인, 겨우 ~한; 드러내다, 폭로하다

㈜ naked, nude, unfurnished, expose, unveil, disclose

- City health laws prohibit diners to enter in their *bare* feet.
  손님이 맨발로 식당에 들어오는 것은 시의 위생법으로 금지하고 있다.

bear
[bɛər]

산출하다, 지탱하다, 당하다, 견디다, 나르다, 전파하다, 행사하다, 마음에 품다

㈜ bearable
㈜ support, sustain, endure, stand, transmit, operate

- Arnold says he wouldn't be able to *bear* another summer without air conditioning.
  아놀드는 에어컨 없이 또 한여름을 견딜 수 없을 것이라고 말한다.

---

straight
[streit]

직선의, 솔직한, 확실한; 일직선으로, 수직으로, 솔직하게, 계속해서; 직선, 수평

㈜ straightness, straighten
㈜ straight, forward, direct, candid, correct, outspoken, consecutive

- Go *straight* down the hall and turn to your right.
  복도를 똑바로 내려가서 오른쪽으로 도세요.

strait
[streit]

해협, 곤경

㈜ straiten
㈜ crisis, distress, plight, hardship

- The Russia is separated from Alaska by the Bering *Strait*.
  러시아는 베링해협에 의해 알래스카와 나뉘어 있다.

---

brake
[breik]

제동기, 브레이크(를 걸다); 브레이크를 걸다

- The *brakes* on that bicycle squeak whenever it rains.
  비가 오면 항상 저 자전거의 브레이크는 끽끽하는 소리를 낸다.

break

타파하다, 깨뜨리다, 갑자기 ~하다; 파괴, 도망, 중단

[breik]

㉺ breakable, breakage
㉲ fracture, crush, disruption

• If you overload the dishwasher, it'll *break*.
그 그릇 세척기에 너무 많이 넣으면 망가질 것이다.

---

ware ①
[wɛər]

상품, 제품

㉺ software, hardware
㉲ product, goods, commodity

• That shop deals exclusively in imported glass *ware*.
그 상점은 수입 유리제품 전문점이다.

ware ②

주의깊은, 조심성 있는; 조심하다

wear
[wɛər]

몸에 걸치고 있다, 오래가다, 지치게 하다, 어물어물 보내다; 착용, 의류, 마모, 내구력

㉺ wearability, wearable

• I still haven't decided what I should *wear* to the party.
파티에 무엇을 입고 갈 것인지 아직 결정하지 못했다.

---

team
[tiːm]

한 패, 팀; 협력하다

㉲ fellow, comrade, company, cooperate

• Roland is organizing a softball *team*.
로랜드는 소프트볼 팀을 편성하고 있다.

teem
[tiːm]

충만하다, 풍부히 있다

㉲ abound, swarm, crawl

• Grasshoppers may not sound appetizing but they're *teeming* with vitamins.
메뚜기는 맛은 없지만 비타민이 풍부하다.

---

tail
[teil]

꼬리(를 달다), 끝, 뒷부분, 화폐의 이면, 행렬, 미행자; 뒤에서 온; 줄을 짓다, 끼워 넣다, 줄줄이 따라가다

• The lynx is a cat without a *tail*.
스라소니는 꼬리 없는 고양이이다.

tale
[teil]

이야기, 거짓말, 중상

[유] story, lie, rumor

- I've heard that *tale* before.
  나는 전에 그 이야기를 들은 적이 있다.

cite
[sait]

인용하다, 언급하다, 법정으로 소환하다, 표창하다; 언급

[파] citable, citation
[유] quote, refer, mention, adduce

- Raymond *cited* a passage from Dickens that helped prove his point.
  레이몬드는 자신의 논점을 입증하기에 도움이 되는 구절을 디킨스 작품에서 인용했다.

site
[sait]

장소, 위치, 유적; 위치시키다

[유] location, locus, spot, position, ruins

- Sydney will be the *site* of the 2000 Summer Olympics.
  시드니는 2000년 하계 올림픽 개최지가 된다.

sight
[sait]

일견, 시력, 견지, 풍경, 겨냥; 인지하다, 관측하다; 언뜻 보기에

[파] sightable
[유] view, aim

- Though he was known to everyone through his columns, very few could recognize him on *sight*.
  그는 컬럼을 통해서 모두에게 알려져 있었지만 그를 알아 본 사람은 매우 적었다.

cede
[si:d]

양도하다, 양보하다, 넘겨주다

[파] concede, surrender, relinquish, transfer, grant

- It's been over 100 years since Texas was *ceded* to the Union.
  텍사스가 미합중국에 양도되고 100년 이상이 지났다.

seed
[si:d]

씨, 종자, 근원, 자손; 씨를 뿌리다, 씨를 가려내다, 〈경기〉 시드하다

[파] seedless, seedlike, seedy

- Be sure to clean out the *seeds* before you add the green peppers.
  피망을 넣기 전에 꼭 씨를 제거하세요.

desert ①
[dizə́:rt]

버리다, 탈주하다, 없어지다, 떠나다

㈜ deserted, desertion
㈜ abandon, forsake, relinquish, renounce

- Our quarterback *deserted* us right before the biggest game of the season.
  우리의 쿼터백은 시즌 최대의 게임 직전에 팀을 떠났다

desert ②

응분의 상벌, 공적

dessert
[dizə́:rt]

디저트

- We' re having chocolate mousse for *dessert*.
  디저트로 초콜릿 무스를 먹을 것이다.

cell
[sel]

작은 방, 감방, 조직, 세포, 감금, 전지

㈜ cellar
㈜ confinement, battery

- Next week's biology lecture will be on *cell* division.
  내주의 생물학 강의는 세포분열에 관한 것이다.

sell
[sel]

팔다, 팔아넘기다, 판매하다, 납득시키다; 실망, 사기

㈜ trade, vend, barter, merchandise, retail, fraud

- Mitch is still trying to *sell* his boat.
  미치는 아직도 보트를 팔려하고 있다.

cent
[sent]

센트, 〈단위로서〉 100, 우수리 돈

- There's a 10-*cent* fee for each day late a book is returned.
  하루 연체료는 책 한 권당 10센트이다.

scent
[sent]

냄새(를 내다), 방향, 향수; 냄새맡다, 알아차리다

㈜ odor, aroma, fragrance, smell, track, detect

- Dogs identify each other largely by *scent*.
  개는 주로 냄새를 맡아서 서로를 인식한다.

sent
[sent]

send의 과거, 과거분사형

- Henry *sent* away for one of those pocket radios.
  헨리는 포켓 라디오를 하나 우편 주문했다.

capital
[kǽpitəl]

수도, 대문자, 자본(가); 필요한, 자본의

㈜ capitalism, capitalistic, capitalize
㈜ metropolis, wealth, principal, resources, assets, essential, vital, important

- Place names always begin with *capital* letters.
  지명은 항상 대문자로 시작한다.

Capitol
[kǽpitəl]

미국연방 의회 의사당, 〈c-〉 주 의회 의사당

㈜ capitoline

- Next month our class is going to visit the *Capitol* in Washington, D.C.
  다음 달 우리 학급은 워싱턴에 있는 연방의회 의사당을 방문할 예정이다.

fair ①
[fɛər]

공평한, 정당한, 상당한, 유망한, 맑은, 탁 트인, 정중한; 공정하게, 똑바르게, 공손하게

㈜ fairness
㈜ unbiased, impartial
㈜ unfair

- The radio predicted *fair* skies through the end of the week.
  라디오 예보에서는 주말에 걸쳐서 맑을 것이라고 했다.

fair ②

품평회, 전시회

fare
[fɛər]

승차요금, 승객, 식사, 상연물; 지내다, 여행하다, 식사하다

- The bus *fare* is only 50 cents if you have a valid student I.D.
  학생증을 가지고 있으면 버스요금은 단지 50센트이다.

steal
[stiːl]

훔치다, 몰래 움직이다; 훔친 물건, 절도

파 stealth
유 take, pilfer, swindle

- If you leave your bags there, somebody may *steal* them.
  그곳에 가방을 놓고 가면 누군가 그것을 훔쳐갈 지도 모른다.

steel
[stiːl]

강철, 견고; 철강의 날을 붙이다, 강철을 입히다, 마음을 견고하게 하다

파 steely
유 hardness, firmness

- This table is made of galvanized *steel*.
  이 테이블은 도금한 강철제품이다.

stair
[stɛər]

계단

유 step, staircase

- Be careful of the broken *stair* towards the top.
  계단의 위쪽이 부서져 있으니 조심하시오.

stare
[stɛər]

빤히 쳐다보다, 응시하다, 노려보아 ~하게 하다

파 staring, staringly
유 gaze, glare, gape

- For several moments Sarah just *stared* at the new car in disbelief.
  여러 달 동안 사라는 불신하여 그 새 차를 응시하고만 있었다.

principal
[prínsəpəl]

주된, 중요한, 원금의; 장, 사장, 우두머리, 주도자

파 principality, principate
유 prime, chief

- Before he became the *principal*, Mr. Hunter used to teach mathematics.
  헌터 씨는 교장이 되기 전에 수학을 가르쳤다.

principle
[prínsəpl]

원리, 법칙, 주의, 본질

유 canon, rule, doctrine

- In *principle*, unemployment should decrease as prices go up.

  원칙적으로 물가가 오르면 실업은 감소한다.

suite
[swiːt]

한 벌, 한 조, 특별실

- Dr. Rose's *suite* is on the fourteenth floor of the building.

  로스 박사의 특별실은 그 건물의 14층에 있다.

sweet
[swiːt]

단, 신선한, 기분좋은, 귀여운; 단 것, 연인, 쾌락

파 sweeten, sweetener, sweetness

- Walter likes his iced tea really *sweet*.

  월터는 매우 단 아이스 티를 좋아한다.

waist
[weist]

허리, 웨이스트, 사람의 허리를 닮은 부분

- These pants are a little tight around the *waist*.

  이 바지는 허리가 좀 낀다.

waste
[weist]

낭비하다, 잃다, 마모시키다, 쇠약하게 하다;
황폐, 파괴, 폐기물; 폐물의

파 wasteful
유 consume, diminish, dwindle, decay, desert

- Don't let that delicious chocolate pudding go to *waste*.

  그 맛있는 초콜릿 푸딩을 낭비하지 않도록 하시오.

root
[ruːt]

뿌리(를 내리다), 근본; 정착시키다, 근절시키다

파 rooty
유 establish, entrench, embed, fix

- Let's get to the *root* of the problem.

  그 문제를 뿌리까지 캐냅시다.

route
[ruːt]

길, 노선, 수단, 방법; 발송하다, 보내다, 순서를 정하다

- There's a shorter *route* to the station if you don't mind going up a hill.

dew
[dʲuː]

이슬(이 내리다), 순수한 것, 스카치 위스키

㈜ dewy

- My cousin keeps a towel in his glove compartment to wipe the *dew* off his windows every morning.
  내 사촌은 매일 아침 유리의 이슬을 닦기 위해 차의 도구함에 수건을 넣어두고 있다.

due
[djuː]

마땅히 치러야 할, 지급받아야 할, ~하게 되어 있는; 회비; 바로

- All fees are *due* the second week of the semester.
  수업료는 모두 그 학기 둘째주까지 납부하기로 되어 있다.

pain
[pein]

고통, 아픔, 비탄; 고통을 주다, 근심하게 하다

㈜ painful, painstaking
㈜ suffering, distress, anguish, afflict, torture, torment, hurt

- It *pains* me to think that Sheila might not be here next year.
  내년에 세일라가 여기에 없을지도 모른다고 생각하면 나는 마음이 아프다.

pane
[pein]

창살, 창유리, 평면

㈜ paned, panel
㈜ plane

- The construction people dropped a *pane* of glass in the street.
  건설현장의 사람들이 창유리를 길에 떨어뜨렸다.

berry
[béri]

딸기류의 과실; 딸기를 따다

- Early man is believed to have subsisted mostly on nuts and *berries*.
  원시인은 주로 나무의 열매와 과실을 먹고 살았다고 믿어진다.

bury
[béri]

묻다

㈜ burial

유 inter, entomb, inearth

- Hikers are asked to either burn or *bury* their trash.
  여행객들은 쓰레기를 태우든가 땅에 묻든가 해야 한다.

mail
[meil]

우편(물), 우편열차, 배달; 수송하다

유 post

- Has the *mail* come yet?
  우편이 아직 도착하지 않았습니까?

male
[meil]

남성(의), 수컷(의); 남자 같은

파 maleness
유 masculine, manly
반 female, feminine

- Frank Sinatra was voted top *male* vocalist two years in a row.
  프랭크 시나트라는 2년 연속으로 최고 남성 보컬리스트로 뽑혔다.

pail
[peil]

양동이

파 pailful

- The *pail* of sand under the cabinet is for use in the event of an electrical fire.
  캐비넷 밑에 있는 양동이의 모래는 누전화재 때 사용하는 것이다.

pale ①
[peil]

혈색이 없는, 창백한, 엷은, 활기없는; 창백해지다, 엷어지다

파 paleness
유 pallid, wan, dim, bleak, blanch

- Melissa turned *pale* when she heard about the shark.
  멜리사는 상어에 대해서 들었을 때 창백해졌다.

pale ②

한계, 구역; 둘러싸다

heal
[hi:l]

고치다, 조정하다, 해결하다, 치료하다

파 healable
유 cure, remedy, settle, soothe

- Eugene's arm hurt a lot when he broke it but it *healed* very quickly.
  유진은 팔이 부러졌을 때는 매우 아팠지만, 매우 빨리 치료되었다.

heel ①
[hiːl]

발뒤꿈치, 말단, 비열한 인간; 바로 뒤를 따르다, 뒤축을 달다, 뒤꿈치로 춤추다

- It's not a good idea to wear high *heel* shoes except maybe on very special occasions.
  매우 특별한 경우를 제외하고 하이힐을 신는 것은 좋은 생각이 아니다.

heel ②

(배 등이) 기우는 것

sole ①
[soul]

유일한, 독점적인, 단독의, 독신의

㉠ solely
㉡ only, single, alone, exclusive

- Money is the *sole* reason the girls are working in Singapore.
  그 소녀들이 싱가폴에서 일하는 유일한 이유는 돈이다.

sole ②

발바닥, (구두 등의) 밑바닥

soul
[soul]

혼, 정신, 핵심, 중심인물; 미국 흑인(문화) [특유]의

㉠ soulful, soulfulness, soulless
㉡ spirit, point, core

- The Rock House may be old and dirty but it has a lot of *soul*.
  록 하우스는 오래되고 더러울지는 모르지만 많은 사람들의 영혼이 깃들어 있다.

whine
[*h*wain]

구슬픈 소리(를 내다); (개가) 킹킹 울다, 투덜대다

㉠ whiningly
㉡ complain, grumble, moan, whimper

- All Kenny did during the party was *whine* about his misfortune.
  파티에서 케니가 한 것은 자신의 불운을 한탄하는 것 뿐이었다.

wine
[wain]

포도주, 과실주, 활력원; 와인색의; 포도주를 공급하다, 포도주를 마시다

- Red *wine* doesn't go well with fish.
  적포도주는 생선요리에 어울리지 않는다.

vain
[vein]

실질적인 의미[가치]가 없는, 쓸모없는, 허영심이 강한, 무익한, 비상식인

[파] vainness, vanity
[유] useless, worthless, conceited, arrogant

- Sheila tried in *vain* to make him understand that she was not interested.
  셰일라는 자신이 흥미 없는 것을 그에게 이해시키려 했지만 소용없었다.

vane
[vein]

바람개비, 날개, 변덕스런 사람

[유] caprice, whim

- Lester is fixing the wind *vane* so it won't squeak so much.
  레스터는 삐걱이는 소리가 나지 않도록 바람개비 날개를 고치고 있다.

vein
[vein]

정맥, 혈관, 엽맥, 광맥, 성격; 맥을 넣다

[파] veined, veining, veiny
[반] artery

- Whenever my brother gets angry you can see the *veins* pounding in his forehead.
  형이 노하면 항상 이마에 혈관이 뛰는 것을 볼 수 있다.

profit
[prάfit]

이익, 이윤, 득; 이익을 얻다, 이용하다, 도움을 주다

[파] profitable, profitableness
[유] revenue, gain, return, proceeds, benefit, welfare
[반] loss, lose

- Stanley doesn't work so much for *profit* as for personal satisfaction.
  스탠리는 이익을 위해서가 아니라 자신의 만족을 위해 일하고 있다.

prophet
[práfit]

예언자

ⓟ prophesy, prophecy

- Rock and roll singers have often been called modern-day *prophets*.
  록큰롤 가수는 때때로 현대의 예언자라 불리어왔다.

altar
[ɔ́:ltər]

제단, 성찬대

- It is customary to kneel before the *altar*.
  제단 앞에서는 무릎을 꿇는 것이 관습이다.

alter
[ɔ́:ltər]

바꾸다, 변경하다

ⓟ alterant, alteration, alternate, alternative, alternant
ⓨ modify, adjust, castrate, mutate, amend

- After getting fired for excessive tardiness. Walter vowed to *alter* his way of life.
  지나친 지각으로 해고된 후, 월터는 생활방식을 바꾸리라 맹세했다.

carat
[kǽrət]

캐럿, 보석류의 무게의 단위(200㎎), 금의 순도

- The diamond in Elaine's wedding ring is a 200 *carat* stone.
  일레인의 결혼반지 다이아몬드는 200캐럿이다.

carrot
[kǽrət]

당근, 붉은 머리털(의 사람)

ⓟ carroty

- Tim has a low calorie lunch everyday consisting of salad and *carrot* juice.
  팀은 매일 샐러드와 당근 쥬스로 된 저칼로리 점심을 먹는다.

cereal
[síəriəl]

곡물(의), 곡류, 곡물식, 시리얼(오트밀, 콘 프레이크 등);
곡물의, 곡물로 만든

- What would you like for breakfast, eggs or hot *cereal*?
  아침식사로 계란과 뜨거운 오트밀 중 어느 것을 드시겠습니까?

serial
[síəriəl]

연재물, 연속물; 연속물의, 연재물의, 연속의

㈘ serialize, seriate
㈊ sequel

- The last episode of Emma's favorite television *serial* will air next Saturday.
  엠마가 좋아하는 TV 연속극의 최종회는 내주 토요일에 방송될 것이다.

aisle
[ail]

(교회의) 측면 복도, (극장 등의) 통로

- Sarah specifically requested an *aisle* seat in the no-smoking section.
  사라는 특히 금연석의 통로측 좌석을 원했다.

isle
[ail]

작은 섬; 작은 섬으로 만들다, 섬에 격리하다

㈘ islet
㈊ island

- The story is set on a small *isle* in the South Pacific.
  그 이야기는 남태평양의 작은 섬에 설정되어 있다.

cession
[séʃən]

양도, 할양, 재산 인도

㈘ cede, cessionary

- The *cession* of the Panama Canal to Panama will be completed by the year 2000.
  파나마 운하의 파나마 양도는 2000년까지 완료될 것이다.

session
[séʃən]

개정 중임, 회의, 회기, (대학의) 학년

㈘ sessional
㈊ conference, term, grade

- No one will be admitted into the conference room while the meeting is in *session*.
  회의 개회 중에는 누구도 회의실에 들어갈 수 없다.

comple-ment
[kámpləmənt]

보충하다, 보완하다; 보완물

㈘ complemental, complementary, complete
㈊ supplement

- A white carnation nicely *complements* a black tuxedo.
  흰 카네이션은 검은 턱시도를 훌륭히 보완한다.

compli-ment
[kámpləmənt]

찬사, 경의의 표현, 정중한 인사; 칭찬하다, 증정하다, 찬사를 하다, 인사하다

㉠ complimentary
㉡ praise, acclaim, commendation, admiration, acclamation, tribute, congratulate, felicitate

- Marty has already received several *compliments* on his new sweater.
  마티는 벌써 새 스웨터를 몇 번 칭찬받았다.

naval
[néivəl]

군함의, 해군의, 배의

㉠ navy
㉡ marine

- Charlie Johnson graduated from the United States *Naval* Academy.
  찰리 존슨은 미해군사관학교를 졸업했다.

navel
[néivəl]

배꼽, 중심부, 중앙점

㉡ center, middle

- Sidney has a birthmark just below his *navel*.
  시드니의 배꼽 밑에는 모반이 있다.

foul
[faul]

구역질나는, 불결한, 썩은, 부정한; 싫은 것, 불결한 물건, 뒤얽힘; 더럽히다, 충돌하다, 얽히게 하다

㉡ offensive, disgusting, filthy, wicked, unfair, abominable

- The air in the family room is still *foul* from the poker game last night.
  거실의 공기는 어젯밤의 포커게임으로 아직 더럽다.

fowl
[faul]

가금, 새종류; 들새를 잡다

㉠ fowling

- Dr. Schmidt's diet restricts the eating of meat, though fish and *fowl* are, at times, permitted.
  슈미트 박사의 다이어트 법은 육류를 제한하고 있지만 때때로 가금류와 어류를 먹는 것은 허용하고 있다.

idle
[áidl]

놀고 있는, 일이 없는, 한가한, 의미 없는; 게으름 피우다, 놀고 있다; 유휴상태

㉙ idleness, idly
㊂ unemployed, indolent, sluggish, vain, ineffective

- It seems like we've *idled* away a lot of time just talking.
  잡담으로 시간을 많이 보내버린 것 같다.

idol
[áidəl]

우상, 숭배되는 사람[사물], 숭배

㉙ idolatrous, idolatry, idolize

- Isaac Asimov has been an *idol* of more than four generations of science fiction readers.
  아시모프는 4세대 이상 SF 독자의 우상이 되고 있다.

intension
[inténʃən]

강화, 증대, 긴장

㉙ intensional, intense, intensify

- Philip easily figured out the *intension* of the glass.
  필립은 이 유리의 강도를 간단히 계산했다.

intention
[inténʃən]

의도, 의지, 목적, 태도, 개념

㉙ intent, intentional, intend

- This restaurant has no *intention* of changing its menu.
  이 식당은 메뉴를 바꿀 의사가 없다.

stationary
[stéiʃənəri]

정지한, 변동 없는, 고정된, 정주의; 움직임이 없는 사람[사물]

㊂ fixed, settled, immobile

- The employees had to keep all of the machines *stationary* until the inspection was finished.
  검사가 종료될 때까지 종업원은 모든 기계를 정지해 두어야 했다.

stationery
[stéiʃənəri]

편지지, 문방구

- Betsy went to the *stationery* store to get some pens.
  벳시는 펜을 사러 문방구에 갔다.

ascent
[əsént]

오르기, 승진, 오르막

㉠ ascend, ascendant
㉡ promotion

- The road begins its long, slow *ascent* into the mountains here.
  그 산맥으로 오르는 길고 완만한 오르막은 여기에서 시작하고 있다.

assent
[əsént]

동의하다, 찬성하다; 찬성, 승인, 굴종

㉠ assentation, assentive, assentient
㉡ acquiesce, accede, agree, consent, agreement, concord, accord

- The crowd cheered its *assent* as Mr. Baker delivered his speech.
  베이커 씨가 연설했을 때, 군중은 갈채로서 동의했다.

yoke
[jouk]

멍에(를 메우다), 이음쇠, 속박; 동행이 되다, 함께 일하다

- My grandfather's plow is pulled by two horses *yoked* together.
  할아버지의 쟁기는 서로 멍에를 진 두 마리의 말에 의해서 끌어지고 있다.

yolk
[jou*l*k]

노른자위, 양털기름

㉠ yolky

- To bake a delicious cake, you first beat the egg white and then add the *yolk*.
  맛있는 케익을 만들려면 먼저 계란 흰자를 거품낸 다음 노른자를 첨가해야 한다.

maize
[meiz]

옥수수, 옥수수색, 황색

㉡ yellow

- In order to cook this dish properly you need to use *maize*.
  이 요리를 잘 조리하기 위해서는 옥수수를 사용할 필요가 있다.

maze
[meiz]

미로[궁], 당혹(하게 하다), 낭패; 헤매다

㈜ amaze
㈜ labyrinth, puzzle

- The Egyptians hid their treasures inside of elaborate *mazes*.
  이집트 사람은 보물을 정교한 미로 안에 감추었다.

marshal
[má:rʃəl]

육군 원수, 사령관, 경찰서장; 정리하다, 선도하다, 안내하다, 정렬하다

㈜ marshalcy, marshalship
㈜ chief, arrange, array, order, rank

- The *marshal* himself came to investigate the burglary.
  경찰서장이 직접 강도사건을 조사하러 왔다.

martial
[má:rʃəl]

전쟁의, 호전적인, 용감한, 육해군의

㈜ martialism

- I heard that Steve went to the Orient to study *martial* arts.
  나는 스티브가 무술을 배우러 동양에 갔다고 들었다.

indict
[indáit]

비난하다, 기소하다

㈜ indictable, indictment
㈜ blame, accuse, prosecute, charge

- Edwin was *indicted* for smuggling by the grand jury.
  에드윈은 기소배심에 의해 밀수로 기소되었다.

indite
[indáit]

(전설, 전언, 시 등을) 쓰다, 작성하다

㈜ inditement
㈜ inscribe, compose

- Did the President himself *indite* his inauguration speech?
  대통령이 직접 취임연설을 썼습니까?

ore
[ɔːr]

광석, 원광

- This rock is laced with high grade uranium *ore*.
  이 암석에는 고품질의 우라늄 광석이 섞여 있다.

oar
[ɔːr]

노, 노 젓는 사람; (노로) 젓다

㊫ row

- You need two *oars* to row a boat.
  보트를 젓기 위해 2개의 노가 필요하다.

 철자와 발음은 같지만 뜻이 다른 영단어

long ①
[lɔːŋ]

긴, 항목이 많은, 오래동안 계속되는, 강렬한,
상품을 보유하고 있는; 장시간, 대형 사이즈, 장음(의)

㈀ lengthy, stretched, overlong, tedious

- If we walk from here it's going to take a *long* time.
  여기부터 걸으면 장시간이 걸릴 것이다.

long ②

〈long for〉 ~로 갈망하다, 〈long to〉 ~로 열망하다

- How I *long* to be young again!
  다시 젊어지고 싶어!

want
[wɑnt]

필요로 하다, 바라다, 모자라다; 결핍, 부족, 필요(물), 빈궁

㈀ need, desire, wish, necessity, lack, scarcity

- I don't *want* to go to school today.
  오늘은 학교에 가고 싶지 않다.

- We call him a chef for *want* of a better word.
  우리는 더 좋은 말이 없어 그를 주방장으로 부르고 있다.

mean ①
[miːn]

의미하다, ~할 작정이다, 중요성을 가지다

㈀ intend, purpose, indicate, express

- What does it *mean* when that light starts blinking?
  저 빛이 점멸하기 시작하면 무엇을 의미하는 것입니까?

mean ②

열등한, 비열한, 가치가 없는, 초라한, 인색한, 건강상태가 나쁜

- The old man that runs the grocery store is always
  mean to the children.
  그 식료 잡화점을 경영하고 있는 노인은 항상 아이들에게 인색하다.

mean ③

수단, 재산, 평균(의)

well ①
[wel]

잘, 충분히, 적절히; 건강한, 만족한; 행복, 성공

- It'll be another week or so until Charlie's really *well* again.
  찰리가 다시 건강을 회복하기에는 아직 일 주일 정도 더 걸릴 것이다.

well ②

우물, 샘, 원천, 저장유, 변호하석; 솟아나다, 분출하다

- Toss a stone into the *well* to see how deep it is.
  그 우물이 어느 정도 깊은가를 알기 위해서 돌을 던져 봐라.

sound ①
[saund]

소리, 음, 느낌; 울리다, 인상을 주다, 관계되다, 신호를 하다

- It *sounds* as though Wendy's motorbike won't start.
  웬디의 오토바이는 엔진이 걸리지 않는 듯한 소리를 낸다.

sound ②

건전한, 안정된, 적절한, 유효한, 철저한; 충분히

- Walter is a good employee with a lot of *sound* ideas.
  월터는 건전한 사고를 가진 좋은 종업원이다.

sound ③

깊이를 재다, 조사하다

turn
[təːrn]

회전시키다[하다], 반대로 하다, (진행방향을) 바꾸다, 향하게 하다; 회전, 순번, 방향, 변화, 근무(시간)

- Stanley likes to watch sporting events on TV with the volume *turned* all the way down.
  스탠리는 음량을 모두 줄인 채로 TV 스포츠 중계를 보는 것을 좋아한다.

- Whose *turn* is it to get to the door?
  누가 문을 열 차례입니까?

last ①
[læst]

이전의, 〈the~〉 최후의[에], 가장 ~할 것 같지 않은, 개개의

㊎ final, ultimate, terminal

- Charlie was the *last* person to apply for the scholarship.
  찰리는 장학금을 신청하리라고는 생각하지 않았던 인물이었다.

last ②

(시간적으로) 계속하다, 오래가다, 견디다, 지속하다

㊫ continue, endure, remain

- These tires are guaranteed to *last* for at least three years.
  이 타이어는 적어도 3년은 지탱한다고 보증되고 있다.

school ①
[sku:l]

학교(의), (대학, 대학원의) 전문학부, 교습소, 유파, 학위시험; 가르치다, 훈련하다, 꾸짖다

- Prospective policemen are *schooled* intensely in various forms of self-defense.
  경찰관이 될 사람은 여러 가지 자기 방어 방법을 엄하게 훈련받고 있다.

school ②

(어류 등의) 무리; (어류 등이) 무리를 짓다, 함께 헤엄치다

- As Sheila and I were looking into the water, a *school* of fish appeared from beneath the bridge.
  세일라와 내가 물속을 바라보고 있었을 때 물고기의 떼가 다리 아래에서 나타났다.

point
[pɔint]

점, 첨단, 지점, 장소, 단계, 중대한 국면, 핵심, 특징; 향하다, (위치를) 가리키다, 겨누다, 강조하다, 주의를 주다

㊫ tip, dot, core, feature, locate, pin-point, direct, emphasize

- Erin made some *points* in his essay that no one else had thought of.
  에린은 에세이 중에서 누구도 생각해내지 못한 핵심에 관해서 약간의 지적을 했다.

- Be sure to *point* out your school when we pass it.
  당신의 학교 옆을 지나면 꼭 그 장소를 지적해 주세요.

story ①
[stɔ́:ri]

이야기, 구상, 설화, 전설; 역사화로 꾸미다

㊫ narrative, tale, history, plot theme, legend

- Everybody knows about how Nathan's grades started going up after he met Julie, but very few know the whole *story*.
  줄리를 만나고 나서 네이든의 성적이 오른 것은 주지의 사실이지만 그 사정을 모두 알고 있는 사람은 거의 없다.

| **story** ② | (건물의) 층, (건물의 정면 등에 만들어진) 수평인 구획 |

㈜ floor, level

- Lucy lives in that two-*story* building at the end of the street.
  루시는 저 거리의 끝의 2층 건물에 살고 있다.

| **room**
[ru:m] | 방, 하숙(하다/시키다), 장소, 공간, 여지, 기회, 능력; 동거하다, 숙박시키다 |

- For the time being Milton is renting a *room* at the YMCA.
  당분간 밀튼은 YMCA에 방을 빌리고 있다.

- There's not enough *room* in this carriage for three people.
  이 마차에는 세 사람이 탈 공간은 없다.

| **body**
[bádi] | 신체, 본문, 입체, 단체; 형태를 주다, 구체화하다 |

㈜ embody
㈜ corpse, bulk, collection, society, consistency

- Sandra has insect bites all over her *body*.
  산드라는 몸 전체를 벌레에게 물렸다.

- Rene is running for student *body* president again this year.
  르네는 올해도 다시 학생회장에 입후보하고 있다.

| **rock** ①
[rɑk] | 바위, 암초, 난관, 견고한 지주, (큰) 보석, 다이아몬드 |

- Sidney's car is so old that he has to put *rocks* under the tires to keep it from rolling away.
  시드니의 차는 낡아서 굴러내리는 것을 방지하기 위해 타이어 밑에 돌을 놓아야 한다.

| **rock** ② | 전후좌우로 흔들리다, 동요하다[시키다], 세차게 흔들다; 전후좌우의 요동 |

㈜ shake, sway, quake, tremble

- It takes a while for people to get used to the *rocking* of a boat.
  배의 요동에 적응하기에는 시간이 좀 걸린다.

ground ①
[graund]

땅, 흙, 장소, 근거, 분야, 입장; 지상에 놓다, 기초를 두다,
기초를 단단히 가르치다, 땅에 떨어지다

- I hardly think that her husband's snoring is *grounds* for a divorce.
  나는 그녀 남편의 코고는 소리가 이혼의 근거라는 것은 생각하기 어렵다.

ground ②

연마한, 가루로 빻은, 간

- That building is where the wheat is *ground* into flour.
  저 빌딩에서 밀을 가루로 빻는다.

rest ①
[rest]

휴식, 수면, 해방, 안심, 정지, 숙소; 쉬다, 자다,
(물건이 어느 장소에) 있다, 의지하다, 기초를 두다

- J.J. needs to *rest* a little before he starts his homework.
  J.J.는 숙제를 시작하기 전에 조금 쉴 필요가 있다.

rest ②

나머지, 잔류자, 준비금

- Saddie took one suitcase with her to her apartment and said she'd come back later for the *rest* of her things.
  새디는 아파트에 여행가방을 하나 가지고 왔고 나머지 것은 뒤에 가지고 올 것이라고 말했다.

game
[geim]

게임, 시합, 경기, 계략, 사냥감, 무리; 사냥감의, 투지가 있는;
도박으로 재산을 낭비하다

- Simon told the children that, if they were quiet, he'd teach them a new *game*.
  사이몬은 아이들에게 조용하고 있으면 새 게임을 가르쳐 주겠다고 말했다.

- The only *game* that can be hunted this time of year is rabbit.
  일 년의 이 기간에 사냥할 수 있는 유일한 사냥감은 토끼이다.

bill ①
[bil]

계산서(에 기입하다/로 청구하다), 증서, 지폐, 법안, 광고,
명세서; 표[목록]로 만들다

유 account, invoice, score, advertisement

bill ②

> If you don't have the money now, they'll *bill* you later.
> 만약 지금 돈이 없으면 나중에 청구서가 보내질 것이다.

부리(모양의 것); 부리를 맞대다

> Some pelicans can carry up to 10 fish in their *bills*.
> 펠리칸 중에는 부리로 10마리까지의 물고기를 나를 수 있는 것도 있다.

---

miss
[mis]

놓치다, 지키지 못하다, 피하다, 빠뜨리다,
없는 것을 섭섭하게 생각하다, 실패하다; 회피, 탈락, 유산

㊠ abort, flop, miscarry, miscarriage

> Sarah just *missed* my call by a couple of minutes.
> 사라는 꼭 2, 3분 차이로 내 전화를 받지 못했다.

> I *miss* the old days when all the kids used to hand out by the reservoir every Saturday.
> 매주 토요일에 아이들 모두와 저수지 옆에서 놀던 옛날이 그립다.

---

fine ①
[fain]

품질이 좋은, 상등의, 순수한, 당당한, 쾌청한, 예리한, 미세한,
섬세한; 충분히, 섬세하게

㊠ minute, subtle

> Rudolph's cat is a *fine* example of how pets can become grouchy.
> 루돌프의 고양이를 보면 애완동물이 어느 만큼 흉칙해지는지 잘 알 수 있다.

> It is said that there exists but a *fine* line between genius and insanity.
> 천재와 광기는 종이 한 장 차이라고 한다.

fine ②

벌금(을 부과하다)

---

arm ①
[ɑ:rm]

팔(과 비슷한 부분), 앞발, 행정부, 하구, 권력

> Whenever Kevin's brother passes me in the halls he always punches me in the *arm*.
> 케빈의 형은 복도에서 내 곁을 지날 때면 항상 팔을 때린다.

| **arm** ② | 〈복수형으로〉 병기; 무기를 잡다, 무장하다 |

⑪ armament
⑥ weapon, weaponry

- The escaped prisoner is reported to be *armed* and dangerous.
  그 탈옥수는 무장해 있고 위험스럽다고 전해지고 있다.

---

rule
[ruːl]

원칙, 규정, 지배(하다), 공식, 자, 괘선; 통치하다, 판결하다, 규정으로 지배하다, 억제하다, 지도하다

⑥ principle, law, canon, order, control, handle, lead

- There's a *rule* against riding bicycles in the park.
  공원 내에서 자전거를 타는 것을 금지하는 규정이 있다.

- King Winfrey *ruled* for less than a year before he was overthrown.
  윈프리 왕은 1년도 통치하지 않고 양위하였다.

---

reason
[ríːzən]

이유, 이성, 도리, 분별; 추론하다, 논하다, 설득하다, 결론짓다, 혐오를 느끼다

⑪ reasonable
⑥ cause, motive, rationalization, persuade

- You'd better have a good *reason* for calling me at this hour.
  이런 시간에 나에게 전화하기에는 그 나름의 이유가 없어서는 안 된다.

- The captain reportedly tried to *reason* with the hijackers for three hour before he finally gave up.
  전하는 바에 의하면 기장은 세 시간 동안 비행기 납치범들을 설득하려고 시도했지만 결국은 단념했다.

---

race ①
[reis]

경쟁(하다), 경마, 자동차 경주, 진행, 급류, 수로; 질주하다, 공전하다, 급전하다

⑥ competition, contest, course, stream, rush

- The marathon *race* was canceled this year because of bad weather.
  금년의 마라톤 경주는 악천후 때문에 취소되었다.

race ②

인종, 종족, 자손, 인류, 품종, 집단, 품격

[파] racial
[유] tribe

- Over 15 different *races* are represented in the University Student Council.
  대학 학생회는 15개 이상의 단체들을 대표하고 있다.

---

case ①
[keis]

경우, 사정, 문제, 입장, 사건, 진술, 주장

[유] instance, contingency, statement, assertion, circumstance

- You'd better take my phone number just in *case*.
  만약의 경우를 대비해서 내 전화번호를 메모해 두십시오.

case ②

용기, 상자, 집, 덮개; 상자에 넣다, 덮다

[유] box, container, vessel, frame, sheath

- Harold has a lot of political stickers on his violin *case*.
  해롤드는 바이올린집에 정치적인 스티커를 많이 붙이고 있다.

---

spell ①
[spel]

철자를 쓰다, 의미하다, 한 자씩 읽다, 판독하다

- Not only does William not know the meaning of "ectoplasm", he can't even *spell* it.
  윌리암은 "ectoplasm"의 의미를 알지 못할 뿐만 아니라 그것을 읽을 수조차 없다.

spell ②

주문, 마법, 매력

[유] charm, fascination, enchantment

- There is a *spell* that gypsies can put on you that supposedly makes you want to buy from them.
  집시는 당신에게 주문을 걸어서 물건을 사게 해버릴 수 있다.

spell ③

한바탕의 일, 휴식하다

soil ①
[sɔil]

토양, 국(토), 대지, (나쁜 일의) 온상

㊤ earth, ground

- My gardenias don't seem to be adjusting very well to the new *soil*.
  나의 치자나무는 새 토양에 적합한 것처럼 보이지 않는다.

soil ②

더럽히다, 얼룩지게 하다, 오손하다; 오루, 하수, 비료

㊤ taint, pollute, contaminate, excretion, fertilizer

- *Soiled* knives and forks should be placed in this bin.
  더러워진 나이프와 포크는 이 상자에 두어야 한다.

row ①
[rou]

열, 줄; 줄짓게 하다

㊤ rank, queue

- When Sam goes to the movies, he always tries to sit in the first *row*.
  샘은 영화를 보러 가면 항상 제일 앞줄에 앉으려 한다.

row ②

(배를) 젓다, 배를 저어가다, 보트레이스에 참가하다, (배가) 노잡이를 갖추다; 보트 젓기, 보트 젓는 거리[시간]

㊤ puddle, oar

- The wind will take us out but we'll have to *row* back.
  가는 것은 바람을 타고 가지만 돌아올 때는 노를 저어야 할 것이다.

row ③

말다툼(하다), 소란, 소동; 엄하게 질책하다

bank ①
[bæŋk]

둑(을 쌓다), 기슭, 제방; 쌓아올리다, 쌓다, 옆으로 기울이다

㊤ pile, heap, mount, embankment, shore, slope

- A river *bank* is an excellent place to look for interesting rocks.
  강둑은 흥미있는 돌을 발견할 수 있는 최고의 장소다.

- People *banked* the snow up on the sidewalks so that cars could drive past.
  사람들은 차가 지나갈 수 있도록 보도에 눈을 쌓았다.

bank ②

열, 층, 일

---

board
[bɔːrd]

널빤지, 식탁[사], 회의; 식사를 제공하다, 타다, 하숙하다, 불러내다

㊨ plank, conference

- I'll present your proposal to the *board* of directors as soon as I can.
  가능한 한 일찍 당신의 제안을 중역회의에 제출할 것이다.

- Aaron's flight will be *boarding* in another 10 minutes.
  아론이 탈 비행기는 10분 뒤에 탑승할 수 있습니다.

---

sense
[sens]

감각, 인상, 의식, 사려, 의의, 여론; (오감으로) 느끼다, 탐지하다

㊨ feeling, emotion, awareness, perception, apprehension, recognition, meaning opinion, sentiment

- He had an odd *sense* of warmth that attracted so many people to him.
  그는 많은 사람을 끄는 불가사의한 온화함을 가졌다.

- I *sensed* that something was wrong even before she said anything.
  나는 그녀가 입을 열기 전에 무엇인가 잘못된 것을 느꼈다.

---

term
[təːrm]

용어, 전문어, 기간, 학기, 기일, 조건, 관계, 만기; 이름짓다

- I'm not really familiar with the *term* "pari-mutuel."
  나는 "pari-mutuel"이라는 용어에는 전혀 친숙하지가 않다.

- Could you give me the won rate in *terms* of how many won equal one dollar?
  1불이 몇 원으로 환산되는지 원 레이트를 가르쳐 주시겠습니까?

---

tire ①
[taiər]

피곤해지다[하게 하다], 싫증나게 하다

㊟ tired, tireless, tiresome
㊨ exhaust, weary, fatigue, bore

- Skiing *tires* me out quickly.
  스키를 타면 빨리 피로해진다.

tire ②

타이어, 바퀴테; 타이어를 달다

- It's a good idea to rotate the *tires* every 6,000 miles.
  6,000마일마다 타이어를 교환하는 것은 좋은 생각이다. (1mile은 1.609km)

---

effect
[ifékt]

결과, 영향, 발효(시키다), 효과, 효력, 감명, 취지;
(결과로서) 초래하다, 낳다

㈜ effective, effectual
㈜ result, consequence, influence, validate

- Though this policy had been introduced to curb inflation, it had the *effect* of accelerating it.
  이 정책은 인플레 억제를 위해 도입되었지만 그것을 촉진하는 결과가 되었다.

- This medicine may taste awful, but it takes effect right away.
  이 약은 맛은 쓰지만 즉효성이 있다.

---

major
[méidʒər]

전공과목, 육[공]군 소령, 성년자, 〈음악〉 장조(의), 대전제; 주된, 위대한, 생명의 위험을 수반하는, 다수의, 성인의; 전공하다

㈜ majority
㈜ minor

- I've decided to *major* in political science.
  나는 정치학을 전공하기로 결정했다.

- Our *major* objection to rebuilding the dam is that it will cost too much.
  우리가 댐의 재건설에 반대하는 것은 너무 많은 비용이 든다는 점 때문이다.

---

charge
[tʃɑːrdʒ]

(요금을) 청구하다, 부과하다, 비난하다; 경비, 요금, 부담(지우다), 책임, 비난, 고발(하다)

㈜ chargeable
㈜ load, burden, blame, attack

- You can always place the call from here and *charge* it to your home phone number.
  언제라도 여기에서 전화를 걸고 그 요금을 당신의 집의 전화번호에 부과할 수 있다.

- Julie is in *charge* of the party decorations.
  줄리는 파티의 장식책임자이다.

tax
[tæks]

세금, 과중한 부담(을 주다), 회비; 세금을 과하다, 혹사하다, 비난하다, 사정하다

㈜ taxable, taxation, tax-exempt, tax-free

- There is a 6 percent *tax* on all non-food items.
  식품 이외의 전품목에 6퍼센트의 세금이 붙어 있다.

- Shoveling snow is extremely *taxing* work.
  눈을 치우는 것은 중노동이다.

article
[áːrtikl]

기사, 품목, 항목; 열거하다, 고발하다

㈜ goods, item

- I was reading an interesting *article* about fruit flies while I was in the waiting room.
  대기실에 있는 동안 과일파리에 관한 재미있는 기사를 읽고 있었다.

- The archaeologists don't know for sure but they think this was an *article* of clothing.
  확실하지는 않지만 이것이 의류의 하나라고 고고학자는 생각하고 있다.

character
[kǽriktər]

성질, 특징, 인격, 평판, 배역, 문자; 묘사하다, 새기다

㈜ characterful, characteristic, characterization, characterize
㈜ individuality, feature, trait, disposition

- Tony is playing the main *character* in the Northridge Theater's latest production.
  토니는 노스리지 극장에서 상연중인 연극에서 주연을 하고 있다.

- The Russian alphabet uses a few *characters* that do not exist in English.
  러시아어의 알파벳에는 영어에는 없는 문자를 몇 개 사용한다.

post ①
[poust]

기둥, 포스트, 푯말; (게시를) 붙이다, 공표하다

㈜ column, pillar, pole, announce, advertise

- Sidney *posted* an announcement on the bulletin board regarding the insect club's summer picnic.
  시드니는 게시판에 곤충연구회의 여름 피크닉에 관한 안내를 붙였다.

post ②

지위, 부서(를 배치하다); 위치시키다

- Sandra's brother will be *posted* to the London office for the next year or so.
  산드라의 오빠는 내년 정도에 런던사무소에 배치될 것이다.

date ①
[deit]

날짜, 기일, 연대, 만날 약속; 만날 약속을 하다,
연 월 일을 쓰다, 연대를 확정하다, 연령을 나타내다, 낡다

㈜ update, backdate
㈜ outdate, antiquate, promise, appointment, engagement

- I heard that Susan is *dating* that boy from Idaho.
  나는 수잔이 아이다호 출신의 저 소년과 데이트를 하고 있다고 들었다.

date ②

대추야자의 열매

- Margaret always has an ice cream sundae for dessert topped with nuts and *dates*.
  마가렛은 항상 후식으로 너트와 대추야자 열매가 놓인 아이스크림 선디를 먹는다.

function
[fʌ́ŋkʃən]

기능(을 다하다), 작용(하다), 의식, 축전, 상관적 요소, 함수

㈜ functional
㈜ operation, ceremony

- Even the best cars *function* poorly in cold weather.
  최고의 자동차조차도 추운 날씨 때에는 잘 작동하지 않는다.

- My cousin Willie is always involved with some useless social *functions*.
  나의 사촌 위리는 항상 쓸데없는 사교행사에 관계하고 있다.

account
[əkáunt]

기술, 변명, 이유, 평가, 예금(구좌), 보고서; 설명하다,
책임을 지다, 해명하다, 생각하다, 간주하다

㈜ accountable, accountant
㈜ narrative, explanation, explication, estimation, statement, explain

- Stanley finally decided to open a checking *account*.
  스탠리는 결국 당좌예금을 개설하기로 결정했다.

- If nobody's been in the kitchen, then how do you *account* for these dirty dishes?

만약 부엌에 아무도 없었다고 한다면 이 더러운 그릇을 어떻게 설명
할 것입니까?

lean ①
[liːn]

몸을 구부리다, 기울다, 기대다, 의지하다; 기울기, 경사

㉠ incline, repose, depend, confide

- The wall is too flimsy to *lean* against.
  그 벽은 너무 약해서 기대면 위험하다.

lean ②

여윈, 불충분한; 지방이 적은 고기, 살코기, 마른 부분

㉴ leanness
㉠ skinny, thin, sparse, deficient

- Walter occasionally eats meat, but only very *lean* beef and never pork.
  월터는 때때로 고기를 먹지만 매우 지방이 적은 쇠고기만으로, 돼지
  고기는 결코 먹지 않는다.

respect
[rispékt]

존경(하다), 존중(하다), 경의, 문안, 관계(하다)

㉴ respectful, respectable
㉠ regard, honor, admiration, relation, reference

- Though many of the students may not like our new dean, it is certain that they all *respect* him.
  학생들 대다수는 새 학장을 좋아하지 않지만 그를 존경하는 것은 확
  실하다.

- Dr. Whitney will not answer any questions you might have with *respect* to his new theory.
  휘트니 박사는 그의 새 이론에 관해 당신들의 어떤 질문에도 대답하
  지 않을 것이다.

tide ①
[taid]

조수(의 간만), 풍조, 영고성쇠, 경향; 조수처럼 흐르다,
조수를 타고 가다, 극복하다

㉴ tidal

- When the *tide* is low, you can find all kinds of shells along the shore.
  조수가 낮을 때 해안에서 여러 가지 종류의 조개들을 볼 수 있다.

- I think we have enough fuel to *tide* us over until the next delivery.
  다음 배달까지 견디기에 충분한 연료가 있다고 생각한다.

tide ②

일어나다, 생기다

---

department
[dipάːrtmənt]

과, 매장, 부, 학부[과], 성, 부문

㈜ departmental

㈜ ministry, office, school, division

- Ralph was working for the fire *department*.
  랄프는 소방서에서 근무하고 있었다.

- We sell records in the stereo *department*.
  레코드는 스테레오 매장에서 팔고 있다.

---

bound ①
[baund]

묶인, 구속된 〈be bound to〉 ～로 꼭 …하다

㈜ constrained, restricted

- Raymond is *bound* by contract to stay here until the end of the year.
  레이몬드는 연말까지 여기에 머무른다는 계약에 묶여 있다.

- If your friend doesn't put on a jacket, he's *bound* to get sick.
  당신의 친구는 윗옷을 입지 않으면 반드시 병에 걸릴 것이다.

bound ②

구역, 한정, 경계

---

pen ①
[pen]

펜촉, 만년필, 문필, 문체, 깃; 펜으로 쓰다

- Somebody left a gold fountain *pen* on a sofa.
  누군가가 소파 위에 금만년필을 두고 갔다.

pen ②

(가축의) 우리, 울타리, 잠수함 수리 도크; 울 안에 넣다, 감금하다

- Freddie has been *penned* up in his office all morning.
  프레디는 오전 내내 사무실에 갇혀 있었다.

---

port ①
[pɔːrt]

항구, 통관항, 항만

㈜ harbor, haven, quay

- Though small compared to Rio and Hong Kong, Busan is still one of the largest *ports* in the world.

리오와 홍콩에 비교하면 작지만, 부산은 그래도 세계에서는 큰 항구 가운데 하나이다.

port ②

좌현(의); 좌현에 위치하다, (키를) 왼쪽으로 돌리다

- "*Port*" refers to the left side of the ship and "star board" the right.

「좌현」은 배의 왼쪽을 말하고 「우현」은 오른쪽을 말한다.

tend ①
[tend]

경향이 있다, 도움이 되다, (어떤 방향으로) 나가다, 이바지하다

㈜ tendency

- Tropical animals are difficult to keep at the zoo as they *tend* to get sick a lot.

열대 동물은 병에 걸리기 쉽기 때문에 동물원에서 키우기 어렵다.

tend ②

돌보다, 재배하다, 간호하다, 시중들다

㈜ tendence

- I'm sure Mrs. Hoffman has more important things to *tend* to than helping us buy our roller skates.

호프만 부인에게는 우리가 롤러 스케이트를 사는 것을 돕는 것보다 더 중요한 일이 있는 것 같다.

rear ①
[riər]

배후, 후위, 수세식 화장실, 최후부; 후부의, 후위의

㈜ back, background
㈝ front, face

- The only way to get the fog off the *rear* window is to stop and clean it with a rag.

뒷 창유리의 안개를 제거하는 유일의 방법은 차를 멈추고 걸레로 닦아내는 것이다.

rear ②

(아이를) 기르다, (가족을) 양육하다, 사육하다, 세우다, 곧추서다, 우뚝 솟다

㈜ nurture, raise, lift, build, construct, erect

- There are a few species of animals where the mother hunts for food while the father *rears* the young.

동물 중에는 수컷이 새끼를 키우고 암컷이 먹이를 사냥하러 나가는 종류도 있다.

issue
[íʃuː]

논점, 논쟁, 문제, 발행(물), 자손, 배출(물), 수익, 행위;
(선언, 명령 등을) 내다, 발행되다, 결과로 생기다

파 issuable, issuance

- The *issue* of lowering the minimum wage is too sensitive to be discussed at this meeting.
  최저임금의 인하는 이 회의에서 논의하기에는 미묘한 문제다.

- Have you seen the latest *issue* of Wonder Wolf Comics?
  원더 울프 코믹스의 최신호를 보았어요?

---

regard
[rigá:rd]

~로 간주하다, 보다, 주의하다, 고려하다, 응시하다; 관계,
주의, 경의, 고려, 주시, 호의, 인사

파 regardful
유 consider, esteem, respect, value

- Professor Jacobs is *regarded* very highly by everyone in the field.
  자콥 교수는 그 분야에서는 모두에게 매우 높이 평가되고 있다.

- Please give Carol my *regards* when you see her.
  캐롤을 만나면 내가 안부를 전한다고 전해 주세요.

---

shed ①
[ʃed]

헛간, 격납고

유 barn, hangar

- The garden shears are in the back of the *shed*.
  정원용 가위는 헛간 뒤에 있다.

shed ②

(눈물, 피 등을) 흘리다, (물 들을) 튀기다, 발산하다, 벗다,
버리다, 떨어지다; 껍질, 분수령

유 pour, dump, fall, watershed

- Collies *shed* a lot of hair in the spring.
  콜리는 봄이 되면 털이 많이 빠진다.

---

pitcher ①
[pítʃər]

주전자

유 jug

- Carlos said he'd treat us all to a *pitcher* of beer.
  카를로스는 우리에게 맥주 한 피처를 대접하겠다고 말했다.

pitcher ②

던지는 사람, 투수, 7번 아이언

- I think it's time the Yankees brought in a relief *pitcher*.
  양키즈가 릴리프 투수를 낼 때라고 생각한다.

---

temple ①
[témpl]

신전, 예배당, 교회당, 전당

shrine, chapel

- Mrs. Finkelstein said that she got married at that *temple* up on the hill.
  핀켈스틴 부인은 저 언덕 위의 교회에서 결혼했다고 말했다.

temple ②

관자놀이, 안경다리

- I had such a headache that I had to sit down for a few minutes and massage my *temples*.
  수 분 동안 앉아서 관자놀이를 마사지할 정도의 두통이었다.

---

faint
[feint]

희미한, 엷은, 정신이 아찔한, 마음 내키지 않는, 마음 약한; 기절하다, 약해지다; 기절

[파] faintish, faintness
[유] indistinct, dim, faded, feeble, weak, timid, swoon, coma, blackout

- Even though the noise was very *faint*, I'm sure I heard the sound of a car.
  그 소리는 매우 희미했지만 나는 확실히 차의 소리를 들었다.
- A girl I know had been on such a strict diet that she *fainted* during gym class.
  내가 알고 있는 소녀는 체육 시간에 실신할 정도로 심한 다이어트를 하고 있었다.

---

tense ①
[tens]

팽팽한, 긴장한; 긴장시키다[하다]

[파] tenseness, tensile, tension
[유] tight, stretched, nervous
[반] lax, relaxed

- Arthur seemed to be kind of *tense* today.
  오늘 아더는 어느 정도 긴장해 있는 것 같다.

tense ②

시제, 시상(詩想)

- Why do you always talk about the school in the past *tense*?
  왜 당신은 항상 학교에 관해서 과거시제로 말하는 것입니까?

spark
[spɑːrk]

불꽃(을 내다), 활기, 광채, 불꽃 방전; 즉시 반응하다, 타오르게 하다, 자극해서 ~를 부추기다

파 sparkle
유 fuel

- Don't get too close to the drill press as it may throw *sparks*.
  불꽃이 튀길지도 모르니까 드릴 프레스에는 가까이 가지 말아 주십시오.

- When I was in high school, Mr. Newton *sparked* a whole new way of thinking for me.
  내가 고등학생일 때 뉴튼 선생은 완전히 새롭게 생각하는 방법을 북돋아 주었다.

wage
[weidʒ]

임금, 급료; 전쟁, 투쟁, 의논 등을 하다

유 reward

- What kind of *wages* do you make at the plastics plant?
  당신은 플라스틱 공장에서 어떤 임금을 받고 있습니까?

- *Waging* war seems to have been the favorite pastime of early European civilizations.
  전쟁을 행하는 것은 초기의 유럽 문명에서는 즐거운 오락이었던 것 같다.

diet ①
[dáiət]

식사, 음식물, 규정식; 규정식을 먹게 하다, 식사를 주다, 식사를 제한하다

파 dietary, dietetic
유 food, feed, nourishment

- Good *dieting* involves careful planning.
  좋은 다이어트는 주의 깊은 계획을 필요로 한다.

diet ②

의회, 국회

㊎ assembly, congress, parliament

- The Danish *Diet* will reconvene in September.
덴마크의 국회는 9월에 재소집될 것이다.

plot ①
[plɑt]

은밀한 계획, 줄거리; 은밀히 계획하다, 줄거리를 만들다,
음모를 꾸미다

㊎ scheme, intrigue, conspiracy, theme, devise

- "Chariots of Fire" was an entertaining film but I couldn't follow the *plot*.
「불의 전차」는 재미있는 영화이지만 줄거리는 이해할 수 없었다.

plot ②

작은 지면, 도면; 도면을 만들다, (토지를) 구분하다

- Willie owns a small *plot* of land out near Fort Wayne.
윌리는 포트 웨인 근교에 작은 토지를 소유하고 있다.

grave ①
[greiv]

묘, 묘석, 죽음

㊎ tomb, cemetery

- Every year thousands of music lovers go to see the *grave* of the great Elvis Presley.
매년 수천명의 음악애호가가 위대한 엘비스 플레슬리의 묘를 보러 간다.

grave ②

엄숙한, 침착한, 중대한

㊎ serious, critical, sober, solemn, crucial

- With a *grave* expression on her face, Linda told us about why her company went out of business.
심각한 얼굴로 린다는 자기 회사가 망한 이유를 말해 주었다.

grave ③

파다, 새기다

sequence
[sí:kwəns]

이어짐, 연속, 계속, 반복진행, 순번, 수열

파 sequel, sequent, sequential
유 following, succession, series, recurrence, order

- The *sequence* of events that followed the party was too long and complicated for me to even remember.
  파티에 계속되는 일련의 행사는 기억하기조차 너무 길고 복잡했었다.

- Be sure to input the numbers in the proper *sequence*.
  필히 순서대로 수를 입력해 주십시오.

capacity
[kəpǽsəti]

수용력, 용적, 지적능력, 가능성

파 capacitate, capable
유 volume, magnitude, amplitude, aptitude, competence, skill
반 incapacity, incompetence

- Carletta has the *capacity* to read an entire book in less than an hour.
  칼리타는 한 시간 이내에 책 한권을 읽어버릴 능력이 있다.

- The main auditorium has a seating *capacity* of 2,500.
  대강당은 2,500석의 수용력이 있다.

tackle
[tǽkl]

기구, 도르레 장치; 붙잡다, 달라붙다, 마구를 메우다

유 appliance, wrestle, tool, device

- Determined to improved his luck at the sport, Arnold got a new set of fishing *tackle*.
  아놀드는 고기를 못 잡는 것을 개선하기로 결심하고 새 낚시 도구를 샀다.

- I think I'd like to have dinner before we try and *tackle* that problem.
  그 문제에 달라붙기 전에 나는 저녁식사를 하고 싶다.

utter ①
[ʌ́tər]

(말을) 입밖에 내다, 표현하다, 공표하다, 유통시키다

파 utterance
유 express, pronounce, publish, circulate

- Ursula's speech was so moving that no one *uttered* a sound all the way through it.

어슐라의 말은 매우 감동적이어서 도중에 아무도 한 마디도 말할 수 없었다.

utter ②

완전한, 무조건의, 극단의

㈜ complete, absolute, unconditional

- I assure you, everything I've told you is the *utter* truth.
  내가 말한 것이 모두 사실인 것을 당신에게 보증합니다.

sovereign
[sávərin]

군주, 국왕, 주권단체, 독립국; (군주가) 주권을 가진, 독립의, 최고의, (약 등이) 잘 듣는

㈜ sovereignty
㈜ monarch, government, regal, royal, chief, autonomous, independent

- The *sovereign* of Norway will be touring the U.S. as of next Friday.
  다음 금요일 현재 노르웨이 국왕이 미국을 방문하고 있을 것이다.

- Though the American states are not *sovereign* units, they may choose their own policies.
  미국의 각주는 독립해 있지 않지만 독자의 정책을 선택할 수 있다.

facility
[fəsíləti]

설비, 편리, 재능, (문체 등이) 유창함

㈜ facile, facilitate, facilitation
㈜ equipment, talent, ability

- Students will not be able to use the kitchen *facilities* this week because of work being done on the pipes.
  금주는 파이프 공사를 위해 학생들은 부엌시설을 사용할 수 없다.

- Jorge has all the *facilities* reguired of a good engineer.
  호르게는 우수한 기술자에 요구되는 재능을 모두 갖추고 있다.

distinction
[distíŋkʃən]

구별, 식별, 특징, 우수, 탁월성, 명성

㈜ distinct, distinctive, distinguish
㈜ difference, honor, fame, superiority

- There are several obvious *distinctions* between the male and female crocodile.

악어의 암컷과 수컷 사이에는 명백한 특징이 몇 개 있다.

- Herbert Markowitz is, without question, a man of *distinction*.
허버트 마코위츠는 의문의 여지없이 탁월한 인물이다.

converse ①
[kənvə́:rs]

대화하다; 환담

㉠ conversation
㉠ talk, chat, discourse

- Go and *converse* with those exchange students to make them feel comfortable.
교환 학생이 편안함을 느끼도록 그들에게 가서 대화해 주십시오.

converse ②

정반대의, 역의; 〈the~〉 정반대

㉠ opposite, reverse

- It may seem a little *converse*, but sometimes it's better to peel the potatoes after you've cooked them.
약간 반대의 생각이지만 감자는 요리된 뒤에 껍질을 벗기는 편이 좋은 경우도 있다.

faculty
[fǽkəlti]

능력, 재능, 기능, 학부, 동업자단체, 권한

㉠ facultative
㉠ ability, capacity, knack, talent, department, authority
㉠ inability, incapacity

- Rubik's Cube is a puzzle that really puts one's mental *faculties* to the test.
루빅 큐브는 정말로 사람의 지능을 시험하는 퍼즐이다.

- In addition to their teaching responsibilities, all instructors must attend regular *faculty* meetings.
교사는 모두 교육책임과 함께 정례의 교수회의에 참가해야 한다.

chap ①
[tʃæp]

살갗이 트다, 트다; 갈라진 틈

㉠ tear, crack

- Martin's face *chaps* easily in damp weather.
마틴의 얼굴은 스산한 날씨 때에는 트기 쉽다.

chap ②

〈구어〉 놈, 녀석

㈜ fellow

- Freddie is one of the nicest *chaps* I know.
  프레디는 최고로 훌륭한 놈 중의 하나이다.

---

zest
[zest]

취향, 향미료, 강한 자극, 강한 관심, 열의

㈜ piquancy, interest, charm, spice

- A bottle of cold apple cider adds *zest* to any meal.
  한 병의 찬 사과주는 어떤 식사에도 풍미를 첨가한다.

- Mark always seems to speak with vigor and *zest*.
  마크는 항상 원기왕성한 열의로 말하는 것 같다.

PART 02

Reading & Writing
필수단어

- Reading & Writing에 강해지는 중요단어
- 헷갈리는 유의어 단숨에 휘어잡기

Unit 1 Reading & Writing에 강해지는 중요단어

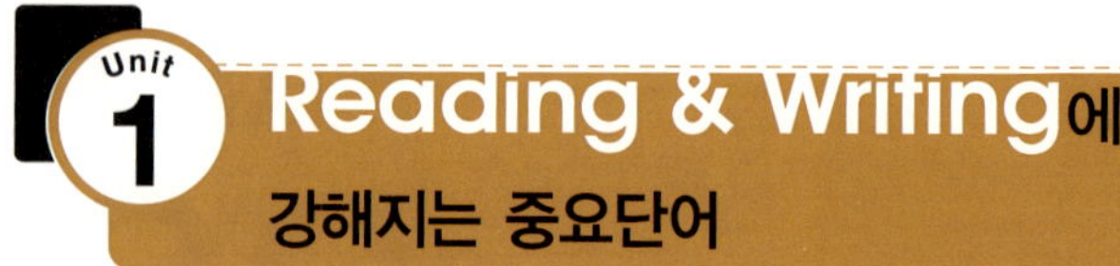

government [gʌ́vərnmənt]

통치, 정치, 행정, 정부당국, 관계관청

[파] govern, governmental, governor

- The government did not let any more foreigners into the country.
  정부는 더 이상 외국인을 국내에 입국시키지 않았다.

period [píəriəd]

기간, 시기, 일정기간, 종료시점; 어떤 시대의

[파] periodic, periodical
[유] interval, epoch, era, term

- He worked for the company for only a short period.
  그는 단지 짧은 기간만 그 회사에서 일했다.

natural [nǽtʃərəl]

자연의, 천연의, 타고난, 당연한, 꾸밈없는, 자연과학상의

[파] naturalize, nature
[유] inherent, innate, congenital, inborn, inherited, genuine
[반] acquired, artificial

- The natural solution was to spend the day in bed.
  자연적인 해결방법은 하루동안 침대에서 지내는 것이었다.

copy [kάpi]

베끼기, 복사, 인쇄원고, 1부; 본뜨다, 모방하다

[유] transcript, duplicate, simulacrum

- He spent three hours copying the list of names by hand.
  그는 손으로 명부를 베끼느라 세 시간을 허비했다.

element [éləmənt]

성분, 요소, 구성분자

[파] elemental, elementary
[유] component, constituent, ingredient, essential

- Foreign relations is an important element in good government.
  외교관계는 훌륭한 통치의 중요한 요소이다.

solid
[sɑ́lid]

고체의, 빽빽한, 입체의, 일치단결한

㈜ solidarity, solidity, solidify
㈜ cubic, dense, firm, substantial
㈜ fluid, liquid

- The solid concrete wall stopped the runaway car.
  단단한 콘크리트 벽이 도주차를 멈추게 했다.

liquid
[líkwid]

액체(의); 유동성의, 투명한, 맑은

㈜ fluid, transparent
㈜ solid, vapor

- The liquid in the tank drained out onto the floor.
  탱크 안의 액체가 마루 위에 뚝뚝 떨어졌다.

gas
[gæs]

기체, (공기 이외의) 가스 〈구어〉 가솔린; 연료를 공급하다

- She prefers to cook with gas rather than electricity.
  그녀는 전기보다는 가스로 요리하는 것을 좋아한다.

insect
[ínsekt]

곤충, 하찮은 인간; 곤충같은

㈜ bug

- The insect walked along the window and then flew away.
  그 곤충은 창에 붙어서 긴 후에 날아가 버렸다.

planet
[plǽnət]

혹성, 행성

㈜ planetary

- We all live on the planet called Earth.
  우리는 지구라 불리는 혹성에 살고 있다.

shore
[ʃɔːr]

해안, 육지

㈜ ashore, offshore

- Sometimes I spend my mornings walking along the shore.
  때때로 해안을 산책하며 아침을 보낸다.

mine
[main]

채광하다, 채굴하다; 채굴갱, 광산

㈜ miner

- He spent nine years mining for gold.
  그는 9년간 계속 금을 캤다.

service
[sə́ːrvis]

공헌, 봉사, 공급(하다), 업무, 병역, 예배; 수리하다

㈜ serve
㉮ contribution, effort, supply, worship

- The repairman came to service the equipment.
  수리공이 장치를 수리하러 왔다.

current
[kə́ːrənt]

현재의, 새로운, 일반적으로 행해지고 있는; (하천 등의) 흐름

㈜ currency
㉮ present, prevailing, prevalent, widespread
㈝ outmoded

- The river current was very strong and it pulled the boat downstream.
  하천의 흐름이 너무 강해서 보트를 하류로 흘려보냈다.

community
[kəmjúːnəti]

지역 공동체, 교단, 사회

㈜ communize
㉮ commonwealth, society, public

- Her neighborhood is a very close community where everyone knows everyone else.
  그녀의 이웃은 모든 사람이 서로 알고 있는 매우 친밀한 공동체이다.

public
[pʌ́blik]

공적인, 공공의, 공중의, 공개의, 공립의;
⟨the~⟩ 일반사람들, 대중

㈜ publicity, publicize

반 private

- He made the call from a public telephone at the train station.
그는 역의 공중전화에서 전화를 걸었다.

republic
[ripʌ́blik]

공화국, 공화제 국가

파 republican, republicanize

- The system of government in the United States is a democratic republic.
미합중국의 정치제도는 민주공화제이다.

pressure
[préʃər]

압력, 고뇌, 중압, 강제; 압력을 가하다

유 affliction, distress, force, strain, tension

- They tried to pressure him into quitting.
그들은 그에게 압력을 가해서 그만두게 하려 했다.

average
[ǽvəridʒ]

평균(의), 일반적 수준; 보통의; 평균화하다

유 mean, mediocrity, middle

- The average of 4, 6 and 35 is 15.
4, 6, 35의 평균은 15이다.

atom
[ǽtəm]

원자, 원자력, 미량

파 atomism, atomic, atomize

- Aristotle thought that atoms were the smallest possible units of matter.
원자가 물질의 최소단위라고 아리스토텔레스는 생각했다.

molecule
[mɑ́ləkjùːl]

분자, (일반적으로) 미립자, 미량

파 molecular, mole

- One molecule of water contains two atoms of hydrogen and one atom of oxygen.
물 분자 하나에는 2개의 수소원자와 1개의 산소원자가 포함되어 있다.

nuclear
[njú:kliər]

(원자) 핵의, 원자력의; 핵무기

파 nucleus

- A large nuclear war could destroy almost all animal life on earth.
  대규모의 핵전쟁은 지구상의 거의 모든 동물의 생명을 파괴할 수 있다.

particle
[pá:rtikl]

미량, 소량, 입자

유 bit, grain, fragment, hoot

- There was not a single particle of dust on the furniture.
  그 가구에는 먼지가 조금도 쌓여 있지 않았다.

oxygen
[áksidʒən]

산소

파 oxygenic

- Without oxygen to breathe, a person would die.
  호흡을 하기 위한 산소가 없으면 인간은 죽을 것이다.

hydrogen
[háidrədʒən]

수소

파 hydrogenous

- Water is made of hydrogen and oxygen.
  물은 수소와 산소로 만들어진다.
  *nitrogen[náitrədʒən] 질소

carbon
[ká:rbən]

탄소, 카본지

파 carbonate, carbonic, carbonize

- Diamonds are made of carbon atoms.
  다이아몬드는 탄소원자로 만들어진다.

brain
[brein]

뇌, 이해력, 지력, 지적인 사람

유 intelligence, sense, reason

- The brain controls the actions of the body.
  뇌는 신체의 활동을 조절한다.

combina-tion
[kɑ̀mbənéiʃən]

조립하다; 결합, 연합체

㉠ combinative, combine
㊂ conjunction, coalition, composite, consolidation, merger, amalgamation, alliance, bloc

- The English study book is a combination of practice drills and grammatical explanations.
  이 영어교과서는 연습문제와 문법설명을 조합시킨 것이다.

manufac-ture
[mæ̀njəfǽktʃər]

공장제 수공업, 제조(업), 생산, 산업; 제조하다

㉠ manufacturer, manufactory
㊂ assemble, fabricate, construct, mold, fashion, forge

- The clothes were manufactured in Italy.
  그 옷은 이태리제다.

parallel
[pǽrəlèl]

평행한[하게], 유사한; 평행(선), 유사; 평행시키다, 필적하다

㊂ corresponding, analogue, counterpart, equivalence

- Two parallel lines never meet.
  평행선은 결코 교차하지 않는다.

vote
[vout]

투표(권), 표결(권); 투표하다, 투표로 결정하다

㉠ voter
㊂ poll, ballot, suffrage

- He voted in the last election.
  그는 마지막 선거에서 투표했다.

volume
[váljuːm]

책, 서적, (전집 등의) 한 권, 체[용]적, 음량

㉠ voluminous
㊂ measure, amount, quantity

- I turn down the volume every time the DJ starts talking.
  그 DJ가 말하기 시작할 때마다 나는 볼륨을 줄인다.

yell
[jel]

(큰 소리로 날카롭게) 외치다, 고함치다; 고함

- The boy yelled to his friends across the street.
  소년은 거리의 반대쪽에 있는 친구들에게 소리쳤다.

odd
[ɑd]

기묘한, 이상한, 호젓한, 홀수의

㉠ oddity, oddment
㉡ strange, bizarre, erratic, weird
㉥ even

- The circumstances of the accident were very odd.
  그 사고의 상황은 매우 기묘했다.

orbit
[ɔ́ːrbit]

(천체의) 궤도, (인생의) 행로

㉠ orbital, orbiter
㉡ path, course

- The orbit of the satellite takes it over China four times a day.
  그 인공위성의 궤도는 중국 상공을 하루에 4번 통과한다.

fraction
[frǽkʃən]

부분, 매우 소량, 단편, 분수

㉠ fractional
㉡ fragment

- Only a small fraction of the parts could be used.
  부품의 극히 일부만이 사용될 수 있다.

equation
[i(ː)kwéiʒən]

(수치 등의) 평균화, 동일화, 방정식

㉠ equational, equate
㉡ assimilation

- The equation $E=mc^2$ is very famous, but few people actually understand it.
  E=mc²이라는 방정식은 매우 유명하지만 실제로 그것을 이해하고 있는 사람은 거의 없다.

equator
[ikwéitər]

(혹성 등의) 적도, ⟨the~⟩ (지구의) 적도

㉠ equatorial

- Quito, the capital of Ecuador, is located on the equator.
  에쿠아돌의 수도 퀴토는 적도 위에 있다.

scratch
[skrætʃ]

긁다, 지워없애다, 갈겨쓰다; 찰과상

㈲ grate, rasp, cancel, erase, scribble, scrabble

- He scratched his back with the nail.
  그는 손톱으로 등을 긁었다.

scatter
[skǽtər]

뿌리다, 흐트러뜨리다, 낭비하다

㉫ scatterbrain
㈲ sprinkle, dispel, disperse, dissipate
반 gather

- The wind scattered the leaves across the street.
  바람이 나뭇잎을 거리에 흐트러뜨렸다.

revolution
[rèvəlúːʃən]

회전, 혁명, 대변혁

㉫ revolutionary, revolve

- The U.S., China and the Russia have all had revolutions in the recent past.
  미국, 중국, 러시아는 모두 근대에 혁명이 일어났다.

loss
[lɔ(ː)s]

손실, 손해, 분실, 패배

㉫ lose
㈲ detriment, damage, defeat

- The bank suffered a large loss on the loan.
  그 은행은 대부로 큰 손해를 입었다.

production
[prədʌ́kʃən]

생산, 제품, 창작, (자연의) 산출물

㉫ product, produce, productive
㈲ output, yield, crop, turnout

- This factory was built for the production of television sets.
  이 공장은 TV수상기 제조를 위해 건설되었다.

complex
[kɑ́mpleks]

몇 개의 부품으로 완성되는, 복합의, 복잡한; 복합체, 혐오, 관념; 복잡하게 하다

㉠ complexity, complexion
㉴ complicated, involved, intricate, tangled, mingled, perplexing

- The complex problem could not even be solved by the teacher.
  그 복잡한 문제는 선생님도 결코 풀 수 없었다.

industrial
[indʌ́striəl]

산업의, 공업의; 산업근로자

㉠ industry, industrious

- The industrial structure of Korea is oriented toward exports.
  한국의 산업구조는 수출지향이다.

creek
[kri:k]

작은 하천, 지류, 하구

- The boys went fishing in the little creek.
  소년들은 작은 하천으로 낚시하러 갔다.

interior
[intíəriər]

내측(의), 인테리어; 국내의

㉴ inner, domestic
㉰ exterior, foreign

- The interior of the house is very pretty.
  그 집의 인테리어는 매우 예쁘다.

enormous
[inɔ́:rməs]

거대한, 막대한

㉴ huge, immense, vast, gigantic, titanic

- An enormous rock is blocking the road.
  거대한 바위가 길을 막고 있다.

plow
[plau]

(농경의) 쟁기; 쟁기로 갈다, 일구다

- The farmer plowed his field with the new tractor.
  그 농부는 새 트랙터로 농지를 일구었다.

universe
[júːnəvəːrs]

〈the~〉 우주, 전세계, 전인류, 세계, 분야

㈜ universal

- He often wondered if there was intelligent life elsewhere in the *universe*.
  지구 이외에도 우주의 어딘가에 지적생물이 있지 않을까 그는 때때로 생각했다.

crystal
[krístəl]

수정(제품), 결정, 크리스탈 유리; 수정의, 투명한

- A diamond is a *crystal* of carbon atoms.
  다이아몬드는 탄소원자의 결정이다.

palm
[pɑːm]

손바닥; 손바닥에 숨기다, 훔치다

㈜ palmar

- The man claimed that he could tell your future by looking at the *palm* of your hand.
  당신의 손바닥을 보면 장래를 알 수 있다고 그 남자는 주장했다.

mission
[míʃən]

사절단, (외교) 대표단, 전도구, 사명; 파견하다

㈜ missionary
㈦ envoy, delegation, calling, vocation, dispatch

- The priest at the *mission* helped the local people with their problems.
  전도구의 목사는 지역의 문제있는 사람들을 도왔다.

mosquito
[məskíːtou]

모기

- He was bitten by a *mosquito* in the bush.
  그는 덤불 속에서 모기에 물렸다.

locust
[lóukəst]

메뚜기

- The *locusts* ate all of the wheat crop.
  메뚜기가 밀을 다 먹어치웠다.

diameter
[daiǽmətər]

직경

㊨ radius

- The Earth is nearly 20,000 miles in *diameter*.
  지구는 직경이 2만마일 정도이다.

radius
[réidiəs]

(원 · 구의) 반경

㊨ diameter

- Tied securely to the pole, the dog could only move within a 4-foot *radius*.
  기둥에 확실히 묶여 있기 때문에 그 개는 반경 4피트 밖에 움직일 수 없었다.

appropri-ate
[əpróuprièit]

적낭한, 타당한, 고유의; 충당하다, 사용하다

㊙ appropriable, appropriative
㊨ applicable, apt, proper, pertinent, individual, assign, allocate, allot
㊫ inappropriate, inept

- He could not select the *appropriate* answer to the question on the test.
  그는 그 시험문제에 적당한 답을 선택할 수 없었다.

splash
[splæʃ]

(물 · 흙탕을) 튀기다, 튀다; 튀기기

㊨ spray, splatter

- The rock made a big *splash* when it dropped into the water.
  그 바위는 큰 튀김을 만들고 물 속으로 떨어졌다.

trial
[tráiəl]

재판, 심리, 공판, 시험, 시험용; 시험적인

㊙ try
㊨ hearing, court, experiment, test, proof, attempt, probation

- The company loaned the machine to him on a *trial* basis.
  그 회사는 시험적으로 그에게 기계를 빌려주었다.

religion
[rilídʒən]

종교, 종파, 신앙(심), 신조

㈜ religious, religiosity
㈜ faith, belief, creed

- The man's *religion* was Christianity.
  그 사람의 종교는 기독교였다.

Catholic
[kǽθəlik]

가톨릭(교도의), 〈소문자로〉 보편적인, 마음이 넓은

㈜ Catholicism, catholicity, catholicize

- The *Catholic* Church is very popular in France and Italy.
  프랑스와 이태리에서는 가톨릭 교회가 많다.

Christian
[krístʃən]

그리스도교의, 〈구어〉 훌륭한 (사람); 그리스도교도

㈜ Christianism, Christianity

- He is a devout *Christian* and reads the Bible every day.
  그는 신심 깊은 그리스도 교도로 매일 성서를 읽고 있다.

harvest
[háːrvist]

수확(하다), 채취, 거두어 들임

㈜ harvesttime
㈜ crop, yield, output, reap

- They plan to *harvest* the wheat in September.
  그들은 9월에 밀을 수확하려고 계획하고 있다.

gravity
[grǽvəti]

중력, (지구의) 인력, 중량, 엄숙, 위엄, 중대함

㈜ gravitate, gravitation, gravitative, grave

- *Gravity* had pulled the two planets together.
  인력이 2개의 혹성을 서로 끌고 있었다.

arithmetic
[əríθmətìk]

산수(의), 계산

㈜ arithmetical

- He was very bad at *arithmetic* and could not even add two numbers together.
  그는 산수가 매우 약해서 덧셈조차도 할 수 없었다.

thermom -eter
[θə/rmɑmitər]

온도계, 체온계

- The *thermometer* showed his temperature to be 36.5 degrees.

  체온계로 그의 체온은 36.5도였다.

meadow
[médou]

초지, 초원, 저습지

- The children ran through the *meadow*, picking wild-flowers.

  아이들은 들꽃을 따며 초원을 뛰어다녔다.

remarkable
[rimɑ́ːrkəbl]

현저한, 예외적인, 진귀한, 주목을 끄는, 눈에 띄는

㈜ remark

㈜ outstanding, noticeable, notable, conspicuous, extraordinary, striking, prominent

- She has a *remarkable* ability to see through buildings.

  그녀에게는 건물을 투시한다고 하는 놀라운 재능이 있다.

resemble
[rizémbl]

~와 닮다

㈜ resemblance

- He greatly *resembles* his sister in appearance.

  그는 생김새가 그의 여동생과 매우 닮았다.

tissue
[tíʃuː]

조직, 연속, 얇은 직물

㈜ tissular

- The present was wrapped in *tissue* paper before being put in the box.

  그 선물은 얇은 종이에 싸여 상자에 넣어져 있었다.

statue
[stǽtʃuː]

상, 조상(彫像)

㈜ statuary, statuesque

- Everyone came to see the *statue* of Abraham Lincoln.

  모두가 아브라함 링컨의 조상을 보러 왔다.

proportion
[prəpɔ́:rʃən]

할당, 비율, 비례; 비례시키다

- ㉠ proportional, proportionate
- ㉮ ratio, balance, adjust

- The *proportions* of the human figures in the painting are all wrong.
  그 그림 가운데의 인물상의 비율은 완전히 이상하다.

solar
[sóulər]

태양의, 태양에 의한

- ㉮ lunar

- The calculator ran on *solar* cells and did not need batteries.
  그 계산기는 태양전지로 움직여서 건전지를 필요로 하지 않는다.

sphere
[sfiər]

구(체), 천체(구), 존재 범위

- ㉠ spheric, hemisphere, hemispheric
- ㉮ globe, realm, domain, terrain, territory

- Eastern Europe used to be in the Soviet Union's *sphere* of influence.
  동구는 소련의 영향 하에 있었다.

trust
[trʌst]

신뢰, 신용, 확신, 바램; 믿다, 확신하다

- ㉠ trustful, trustee
- ㉮ reliance, confidence, assurance, credit
- ㉫ mistrust, distrust

- *Trust* is needed in every human relationship.
  신뢰는 모든 인간관계에서 필요하다.

vibration
[vaibréiʃən]

진동

- ㉠ vibrate, vibrant, vibratile
- ㉮ oscillation, shake, trembling, quiver, shiver, tremor

- The *vibration* from the trucks shook the house.
  트럭의 진동이 집을 흔들었다.

rage
[reidʒ]

격노, 분노, 격심함; 격노하다

ⓟ rageful, enrage
ⓨ fury, frenzy, wrath, raving, turbulence, indignation

- The child went into a fit of *rage* when he couldn't have the toy.
  그 아이는 장난감을 가질 수 없자 매우 화냈다.

launch
[lɔ:ntʃ]

(사업을) 시작하다, (급히) 시작하다, (미사일 등을) 발사하다

ⓨ commence, embark, initiate

- The rocket was *launched* last week.
  그 로켓은 지난 주 발사되었다.

numerous
[njúːmərəs]

매우 많은, 무수한

ⓟ numerosity

- The reasons for canceling this project are too *numerous* to go into.
  그 프로젝트를 단념하는 이유는 많기 때문에 하나하나 언급할 수 없다.

accompany
[əkʌ́mpəni]

동행하다, 반두하다, 더하다

ⓟ accompaniment
ⓨ attend, join, escort

- The guide *accompanied* the tour group everywhere they went.
  그 가이드는 단체관광객이 가는 모든 곳에 동행했다.

stalk
[stɔ:k]

몰래 다가가다, 활보하다

- The hunter *stalked* the deer until he could get close enough to shoot.
  사냥꾼은 사정거리가 되기까지 사슴에 몰래 다가갔다.

mechanical
[məkǽnikəl]

기계의, 개성이 없는, 자주성이 없는; 기계구조

ⓟ mechanic(s), mechanism
ⓨ perfunctory, dependent, reliant

• He used to make various *mechanical* gadgets in his free time.
그는 여가에 여러 가지 기계장치를 만들곤 했다.

contract
[kάntrækt]

계약(서), 수축; [kəntrǽkt] 계약을 맺다, 체결하다, 수축하다, 병에 걸리다

[파] contractor, contractual, contraction
[유] agreement, bargain, covenant, treaty, pact

• The company signed a *contract* to buy the satellite.
그 회사는 인공위성의 구매계약서에 사인했다.

segment
[ségmənt]

구분, 부분, 단편; [segmάnt] 분할하다, 구분시키다

[파] segmentation, segmental
[유] portion, fragment

• He finished the first *segment* of the race ahead of the others.
그는 다른 사람들보다 일찍 레이스의 제1구간을 마쳤다.

plunge
[plʌndʒ]

빠뜨리다, 찌르다, 뛰어들다, 잠기다; 돌입

[유] dip, stab, dive

• The murderer *plunged* the knife into his victim.
그 살인자는 피해자를 칼로 찔렀다.

agriculture
[ǽgrəkʌ̀ltʃər]

농업, 농학

[파] agricultural

• California is famous for its *agriculture* and supplies food to the entire country.
캘리포니아 주는 농업으로 유명하고 전국에 식량을 공급하고 있다.

aluminum
[əlúːmənəm]

알루미늄; 알루미늄 제품의

[파] aluminize

• The *aluminum* frying pan is much lighter than the iron one.
알루미늄 제품의 후라이팬은 철제보다 훨씬 가볍다.

cluster
[klʌ́stər]

(꽃, 과일, 털 등의) 다발, 집단, 송이; 송이를 짓다, 군생하다

㉠ clustery
㉡ bunch, batch, bundle

- A *cluster* of people blocked the door to the train.
  사람의 무리가 열차의 문을 가로막았다.

convert
[kənvə́:rt]

변환시키다, 개종시키다, 개조하다, 환산하다, 거꾸로 하다, 변형하다, 개심하다; 전향자, 개종자

㉠ convertible, conversion

- The power station *converts* the energy from oil into electrical power.
  발전소는 석유 에너지를 전기로 변환시킨다.

policy
[pálisi]

방책, 방침, 정책, 신중

㉡ procedure, tactic

- The government's *policy* is not to interfere in such matters.
  이와 같은 사태에는 간섭하지 않는 것이 정부의 방침이다.

peninsula
[pənínsjulə]

반도

㉠ peninsular

- The Italian *Peninsula* is very long and narrow.
  이태리 반도는 매우 좁고 길쭉하다.

formal
[fɔ́:rməl]

형식을 갖춘, 정[공]식의, 예의바른, 형식상의

㉠ formality, formalize
㉡ conventional, ceremonial, ritual

- He wore a tuxedo to the *formal* dinner party.
  그는 저녁 만찬회에 턱시도를 입고 갔다.

vacuum
[vǽkjuəm]

진공(상태), 공백; 진공(의)

㉠ vacuous

- Outer space is mostly a *vacuum*.
  우주공간은 대부분 진공상태다.

protein
[próuti:n]

단백질; 단백질의

- Muscles are made of *protein*.
  근육은 단백질로 되어 있다.

adopt
[ədάpt]

[파] adoption, adoptive, adoptee
[유] accept, introduce, embrace, espouse

채택하다, 양자로 삼다

- Some industries are taking a great economical risk to *adopt* highly computerized technological innovations.
  고도로 전산화시킨 기술혁명을 채용하기 위해 경제적인 위험을 감수하는 기업도 있다.

adjust
[ədʒʌ́st]

맞추다, 조절하다, 순응하다, 적응하다

[파] adjustable, adjustment
[유] alter, tune, adapt, rectify, reconcile

- She *adjusted* the TV set so that the picture was clearer.
  그녀는 화면이 잘 나오도록 TV를 맞추었다.

secretary
[sékrətèri]

비서, 서기, 간사

[파] secretarial, secret

- The *secretary* typed the letter for her manager.
  비서는 상사를 위해 편지를 타이프했다.

swell
[swel]

부풀다, 팽창하다, 증대하다

[유] expand, dilate, bugle, heave

- His hand *swelled* from the insect bite.
  그의 손은 벌레에 물려서 부풀어 올랐다.

medium
[míːdiəm]

중간(의), 매체, 수단

- 윤 average, mean, mediocre

- He tried to find a *medium* between the opposing parties.
  그는 대립하는 당들 사이에 타협점을 찾으려 했다.

efficient
[ifíʃənt]

유능한, 능률적인

- 파 efficiency
- 윤 effective, competent, adept, qualified
- 반 inefficiency

- She was very *efficient* and finished the job earlier than expected.
  그녀는 매우 유능해서 예상보다 일찍 그 일을 마쳤다.

assemble
[əsémbl]

모으다, 집합시키다, 회합하다

- 파 assemblage, assembly
- 윤 gather, congregate, collect, accumulate

- The father worked all night to *assemble* the Christmas presents for his children.
  아버지는 아이들의 크리스마스 선물을 조립하려고 밤새 일했다.

assure
[əʃúər]

보증하다, 단언하다, 확실한 것으로 하다, 보험에 들다

- 파 assurance
- 윤 guarantee, warrant, insure, ensure, secure

- The manager *assured* us that the project would not fail.
  과장은 그 계획의 성공을 우리에게 확신시켰다.

smash
[smæʃ]

산산히 부수다, 격파하다; 분쇄하는 것, 강타

- 윤 break, shatter, crush, defeat, ruin, crash

- He *smashed* the window with a rock.
  그는 돌로 창문을 부수었다.

axis
[ǽksis]

축

㈜ axial
㈜ axle, pivot

- The earth spins daily on its *axis* that runs through the North and South Poles.
지구는 북극과 남극을 연결하는 축을 중심으로 매일 회전하고 있다.

suspect
[sʌ́spekt]

용의자; 억측하다, 의심하다, 수상히 여기다

㈜ suspicion, suspicious
㈜ distrust, doubt, surmise, suppose, guess

- He was a *suspect* in the murder investigation.
그는 살인사건 수사의 용의자였다.

sniff
[snif]

냄새 맡다, 코를 훌쩍이다, 코로 들여마시다

- The dog *sniffed* all around the tree.
개는 그 나무의 주위를 냄새 맡으며 돌아다녔다.

internal
[intə́ːrnəl]

내부의, 국내의, 내면의, 정신적인; 본질

㈜ internality
㈜ external

- The government tried to handle the scandal via an *internal* investigation.
정부는 그 스캔들을 내부 수사로 처리하려고 했다.

terror
[térər]

무서움, 공포

㈜ terrorism, terrorize
㈜ horror, fear, fright, consternation

- They fled in *terror* at the sight of the ghost.
그들은 유령을 보고 무서워서 도망쳤다.

density
[dénsəti]

밀도, 밀집 상태

㈜ dense

- The *density* of water is 1 gram per cubic centimeter.
물의 밀도는 1㎤당 1g이다.

curiosity
[kjùəriάsəti]

호기심, 캐기 좋아함

[파] curious, curiousness

- *Curiosity* killed the cat.
  호기심도 정도껏.

hurricane
[hə́:rəkèin]

허리케인

[유] typhoon, cyclone

- The *hurricane* brought heavy rain and strong winds to New York.
  그 허리케인은 뉴욕에 호우와 강풍을 가져왔다.

intelligence
[intélədʒəns]

지력, 이지, 이해력, 이해, 정보

[파] intelligent, intellect

- The spies gathered *intelligence* about the enemy.
  스파이들은 적에 관한 정보를 수집했다.

impulse
[ímpʌls]

충동, 충격, 추진력, 자극

[파] impulsion, impulsive

- On a sudden *impulse*, he decided to go the beach.
  갑자기 그는 해변에 가기로 결정했다.

oyster
[ɔ́istər]

굴; 굴을 따다

- *Oysters* are often eaten raw directly from their shells.
  굴은 직접 날 것으로 먹기도 한다.

debt
[det]

빚, 부채, 채무, 은혜

[파] debtor
[유] liability, obligation, duty, due, debit

- He finally paid off his *debt* to the bank.
  그는 결국 은행에 빌린 돈을 갚았다.

magnifi -cent
[mægnífəsənt]

장대한, 당당한, 고상한, 방대한

㉠ magnificence, magnify

㊌ splendid, superb, majestic, sumptuous, lavish, excellent

- The king lived in a *magnificent* palace.
  왕은 웅장한 궁전에 살고 있었다.

output
[áutpùt]

생산(고/량), 산출(량), 〈전산〉 출력

㊌ yield, harvest, turnout

㉐ input

- The *output* of the generator is 100 kilowatts.
  그 발전기의 발전량은 100kw이다.

riddle
[rídl]

수수께끼, 난제; 수수께끼 같은 말을 하다

- He was never good at solving *riddle.*
  그는 수수께끼를 푸는 데에 능숙하지 않다.

rectangle
[réktæŋgl]

직사각형(정방형, 장방형)

㉠ rectangular

- The strings gathered in the small *rectangle* in the center of the court.
  현악주자들은 코트의 한가운데에 작은 장방형을 만들어 모였다.

welfare
[wélfɛər]

행복(한 생활), 번영, 복지

㊌ well-being, prosperity

- His parents are worried about his *welfare* while he's in college.
  그의 양친은 그가 쾌적한 대학생활을 보낼 수 있을지 걱정하고 있다.

calculate
[kǽlkjulèit]

계산하다, 결정하다, 의도되고 있다, 평가하다

㉠ calculation, calculative

㊌ figure, reckon, estimate, deliberate, compute

- He *calculated* the amount of the bill.
  그는 청구서의 총액을 계산했다.

judgment
[dʒʌ́dʒmənt]

판단, 재판, 판결, 의견

[파] judgmental, judge, judicial, judiciary
[유] verdict, decree, discretion

- The *judgment* of the court was for the defendant.
  법정의 판결은 피고인에게 유리했다.

geometry
[dʒiάmətri]

기하학

[파] geometric, geometrical, geometrician

- He calculated the size of the triangle using simple *geometry*.
  그는 단순한 기하학을 이용해서 삼각형의 크기를 계산했다.

alternate
[ɔ́:ltərnit]

교호의, 상호의, 대리의; 번갈아 일어나다

[파] alternateness, alternative, alter
[유] reciprocate, substitute

- Since there was a train strike, everyone had to find an *alternate* way to get to work.
  열차 파업이 있었기 때문에 모든 사람이 대체 출근수단을 찾아야 했다.

granite
[grǽnit]

화강암, 단단함, 견고함, 완고함

- *Granite* is a very common rock in New England.
  화강암은 뉴잉글랜드에서는 매우 흔한 암석이다.

logical
[lάdʒikəl]

논리적인, 이치에 맞는

[파] logic, logician
[반] illogical

- He did not think the argument was very *logical*.
  그는 그 이론이 매우 논리적이라고는 생각하지 않았다.

legal
[lí:gəl]

합법적인, 법적인

[파] legality, legalize
[유] legitimate, valid, lawful, licit
[반] illegal

- The *legal* work for the contract took several months.
  계약의 법적 처리에 수 개월이 걸렸다.

dimension
[diménʃən]

치수, 〈수학〉 차원, 용[면]적, 규모, 범위

파 dimensional

- Objects have three *dimensions*: length, width and height.
  물체는 3개의 차원 즉 길이, 폭, 높이를 가진다.

recognition
[rèkəgníʃən]

승인, 용인, 인정, 평가

파 recognize

유 acknowledgment, approval, authorization, identification, evaluation

- He was never given the appropriate *recognition* for his 27 years of hard work.
  그의 27년 동안의 노력은 결코 적절한 평가를 얻지 못했다.

halt
[hɔːlt]

(행동을) 중지하다, 멈추다; 중지, 휴지

유 cease, desist, hesitate, waver

- The troops *halted* at the border of the country.
  군대는 국경에서 정지했다.

spray
[sprei]

물보라(를 내뿜다), 물안개

파 splash

- People sitting on the street were *sprayed* with water from the hose.
  노상에 앉아 있는 사람들은 호스로부터 물을 뒤집어 썼다.

democracy
[dimάkrəsi]

민주주의, 민주정치, 정치적 평등, 평민계급

파 democrat, democratic, democratize

- The people of the U.S. believe in *democracy*.
  미국인들은 민주주의를 신봉하고 있다.

chemistry
[kémistri]

화학(적 성질)

㈘ chemist, chemical

- He spent many hours in the *chemistry* lab performing experiments.
  그는 화학실험실에서 수시간 이상 실험을 하고 지냈다.

guarantee
[gæ̀rəntí:]

보증(하다), 보증서[인], 담보, 개런티

㈘ guarantor, guaranty
㈙ warrant, pledge, assurance, security, secure, ensure, insure

- The automobile was *guaranteed* for five years.
  그 차는 5년간 보증이 유효했다.

gauge
[geidʒ]

표준 치수, 규격, 용량, 계기; 측정하다, 평가하다

㈙ scale, measure

- The fuel *gauge* showed that he had a full tank of gasoline.
  연료계는 가솔린 탱크가 꽉 찼음을 나타내었다.

potential
[pəténʃəl]

가능성 있는, 잠재적인; 가능성, 잠재성

㈘ potentiality, potent
㈙ capable, probable, plausible, latent

- There are several *potential* problems with the plan.
  그 계획에는 몇 개의 잠재적인 문제가 있다.

neutral
[njú:trəl]

중립의, 확실치 않은

㈘ neutralism, neutrality, neutralize

- The *neutral* observer made sure that both sides followed the rules.
  그 중립입회인은 양자에게 규칙을 따르도록 다짐했다.

reform
[rifɔ́:rm]

개량(하다), 개선(하다), 개혁(하다)

㈘ reformation, reformative, reformatory
㈙ improvement, amendment, amelioration, rectify, amend, ameliorate, improve

- He is trying to *reform* his bad habits.
  그는 나쁜 습관을 고치려 하고 있다.

den
[den]

(야수의) 굴, 우리(에 살다), 누추한 집, 빈민굴

㈜ cave, hideout, retreat

- The bear slept all winter in his *den*.
  곰은 굴 속에서 겨우내 동면했다.

analysis
[ənǽlisis]

분석(결과), 분해

㈎ analyst, analyzer, analytic, analyze

- The *analysis* of the medical tests confirmed that he had cancer.
  의료검사의 결과 그가 암에 걸렸다는 것이 확인됐다.

radiation
[rèidiéiʃən]

방사(작용), 방사물

㈎ radiate, radiative, radiant

- The doctor treated the cancer with *radiation*.
  의사가 방사선으로 암을 치료했다.

decay
[dikéi]

쇠약해지다, 퇴화하다, 썩다, 부식하다, 저하하다; 부식

㈜ rot, deteriorate, degenerate, aggravate, decline
㈝ flourish, grow

- The wood in the floor was *decayed* and falling apart.
  마루바닥이 썩어서 조각조각 떨어졌다.

galaxy
[gǽləksi]

성운, 은하계, 화려한 집단, 무리

- There are many *galaxies* of stars in the universe.
  우주에는 많은 성운이 있다.

reef
[riːf]

암초

- There is a long coral *reef* off the East coast of Australia.
  호주의 동해안에는 긴 산호초가 있다.

ratio
[réiʃou]

비, 비율, 비례

㈜ ration, rate
㈜ proportion

- The *ratio* of 6 to 3 is equal to that of 2 to 1.
  6과 3의 비율은 2와 1의 비율과 같다.

willow
[wílou]

버드나무, 버드나무 목재

- The *willow* tree has a very pleasant shape.
  그 버드나무는 매우 좋은 모양을 하고 있다.

conscience
[kánʃəns]

양심, 자제심, 분별

㈜ conscientious

- His *conscience* bothered him every time he lied.
  거짓말을 할 때마다 양심이 그를 괴롭혔다.

dedicate
[dédikèit]

(시간과 정력을) 헌신하다, 전념하다, 헌납하다,
~에게 헌사를 쓰다

㈜ dedication
㈜ offer, devote

- The author *dedicated* the book to his teacher.
  작가는 스승에게 그 책을 헌정했다.

blessing
[blésiŋ]

(신의) 은혜, 축복, 가호

㈜ bless, blessed, blessdness

- The priest gave the *blessing* to the church congregation.
  그 목사는 교회의 집회에 축복을 주었다.

fatal
[féitəl]

생명이 걸린, 치명적인, 파멸적인

㈜ fatality, fate
㈜ deadly, mortal, lethal, ruinous, catastrophic, devastating

- He died from *fatal* wounds suffered in the automobile accident.
  그는 교통사고에 의한 치명적인 상처가 원인이 되어 죽었다.

snarl
[snɑːrl]

이빨을 드러내고 으르렁대다, 딱딱거리다, 호통치다; 고함소리

[유] murmur, growl, grumble, complain

- The lion let out a frightening *snarl*.
  그 사자는 무섭게 으르렁거리는 소리를 냈다.

---

coopera-tion
[kouɑ́pərèiʃən]

협력, 원조, 협동조합

[파] cooperate, cooperative
[유] collaboration, aid

- Both countries hoped they could solve the trade problems through mutual *cooperation*.
  양국 모두 상호협력에 의해 무역문제를 해결할 수 있기를 희망하고 있었다.

---

quiver
[kwívər]

흔들리다; 진동(하다), 떨림

[파] quivery
[유] shake, tremble, shiver, shudder, quake

- She *quivered* with fright after seeing the murderer.
  그녀는 살인자를 보고 공포에 떨었다.

---

stray
[strei]

헤매다, 길을 잃다, 나쁜 길로 빠지다; 길 잃은, 고립된

[파] astray
[유] wander, roam, rumble, drift

- The cat never would *stray* very far from home.
  그 고양이는 집에서 멀리 떨어져도 결코 길을 잃지 않을 것이다.

---

astronomy
[əstrɑ́nəmi]

천문학(교과서)

[파] astronomer, astronomical, astronaut

- He was fond of *astronomy* and spent many nights looking at the stars through his telescope.
  그는 천문학을 좋아해서 많은 밤을 망원경을 통해서 별을 관찰하며 지냈다.

  * astrology [əstrɑ́lədʒi] 점성술

renaissance
[rènəsάːns]

부활 〈the R-〉 문예부흥(기), 르네상스(양식/의);
〈R-〉 문예부흥(기)의

- His idea is undergoing a *renaissance* of popularity.
  그의 아이디어는 인기를 다시 얻어가고 있다.

accuse
[əkjúːz]

고발하다, 고소하다, 비난하다

㉠ accusation
㉡ charge, indict, impeach, blame

- The woman *accused* the boy of stealing her money.
  부인은 그 소년이 돈을 훔쳤다고 고발했다.

confederate
[kənfédərit]

동맹[연합]한, 공모한; 동맹재[국], 공모[범]자; 동맹시키다[하다]

㉠ confederation, confederative
㉡ alliance, league, accomplice

- They were *confederates* in crime and robbed many stores together.
  그들은 공모해서 많은 상점을 강탈했다.

funeral
[fjúːnərəl]

장례(의), 장례 행렬; 〈구어〉 장례식의

㉠ funereal

- His *funeral* was held three days after he died.
  그의 장례식은 죽은 뒤 3일 후에 거행되었다.

circulation
[sèːrkjuléiʃən]

회전, 순환, 유동

㉠ circulate, circulative, circulatory, circulator
㉡ rotation, gyration

- The *circulation* of blood in our bodies keeps us alive.
  몸 안의 혈액순환이 인간의 생명을 유지시킨다.

reproduc-tion
[rìːprədʌ́kʃən]

재생(산), 재발행, 재건, 복사, 복제

㉠ reproduce, reproductive
㉡ copy, duplicate, replication

- This poster is a *reproduction* of a famous painting.
  이 포스터는 유명한 그림의 복제이다.

petition
[pətíʃən]

청원(서), 탄원(서); 청원하다, 청원서를 내다

㊒ entreaty, supplication, solicitation, entreat, solicit, plead

- They sent a *petition* with their signatures to the government.
  그들은 서명을 한 청원서를 정부에 보냈다.

crisp
[krisp]

(음식물이) 바삭바삭한, (태도가) 기운찬, 단단하고 싱싱한; 바삭바삭해지다, 오그라들다

㊙ crispy, crispation

- The lettuce was very *crisp* and tasty.
  그 상치는 매우 싱싱하고 맛이 좋았다.

energetic
[ènərdʒétik]

정력적인, 원기있는, 강력한, 효과적인

㊙ energy, energize
㊒ vigorous, forcible, potent, effective

- He is most *energetic* in the morning.
  그는 오전 중에 가장 활기 있다.

frantic
[fræntik]

(흥분으로) 미친 듯한, 광란한

㊙ frantically
㊒ confused, furious

- He was *frantic* with grief over the death of his parents.
  그는 양친을 잃은 슬픔으로 제정신이 아니었다.

dignified
[dígnəfàid]

위엄있는, 당당한, 품위있는

㊙ dignity, dignify
㊒ magnificent, imposing, stately

- The Queen looked very *dignified* at the ceremony in honor of the new bridge.
  여왕은 새 다리의 기념행사에서 매우 위엄이 있어 보였다.

finance
[fáinæns]

재무, 금융, 〈복수형으로〉 재원, 세입; 출자하다, 재무를 처리하다

파 financial
유 treasury, funds, revenue, invest

- The bank has decided to *finance* the building of the new port.
그 은행은 새 항구의 건설에 출자할 것을 결정했다.

privilege
[prívəlidʒ]

특권[특전](을 주다); 인가하다, 면제하다

파 privileged
유 immunity, prerogative, perquisite, authorize, exempt, indemnify

- The policeman told him that a driving license was a *privilege*, not a right.
경찰관은 그에게 운전면허는 특권이고 당연의 권리는 아니라고 말했다.

dazzle
[dǽzl]

눈을 부시게 하다, 압도하다, 현혹되다

파 dazzling, daze
유 giddy, flash, shine, sparkle, glare

- She was *dazzled* by the bright lights of the big city.
그녀는 대도시의 화려함에 압도되었다.

bruise
[bruːz]

타박상을 입히다, 상하게 하다; 타박상, 멍

- He had a *bruise* on his leg from kicking the chair.
그는 의자를 차서 다리에 멍이 들었다.

suspense
[səspéns]

걱정, 불안, 불안정

파 suspend
유 uncertainty, unsureness, indecision, hesitation

- The *suspense* of waiting for the results of the test was difficult for the students.
시험 결과 기다릴 때의 불안은 학생들에게는 힘든 것이었다.

intricate
[íntrəkit]

뒤얽힌, 난해한, 복잡한

파 intricacy
유 complex, complicated, composite, elaborate

- He had difficulty understanding all of the *intricate* details of the proposal.

  그는 그 제안의 복잡한 세부를 모두 이해하려고 애썼다.

delegate
[déləgèit]

대리인, 대표자; 대표로 파견하다, 대표로 임명하다, 위임하다

㉙ delegation
㉾ representative, deputy, envoy, legate, mandate

- The manager *delegated* the matter to his assistant.

  과장은 그 문제를 보좌관에게 위임했다.

irrigate
[írəgèit]

관개하다, (토지에) 물을 대다, 비옥하게 하다

㉙ irrigation, irrigable, irrigative

- They need to *irrigate* the fields because there has been no rain for weeks.

  몇 주간 동안 비가 오지 않아서 그들은 논에 물을 댈 필요가 있다.

accumulate
[əkjúːmjəlèit]

쌓다, 축적하다, 쌓이다, 모이다

㉙ accumulative, accumulation
㉾ pile, assemble, amass

- He only wanted to *accumulate* more money and cared about nothing else.

  그는 단지 돈을 모으기만 바랄 뿐 다른 것에는 마음쓰지 않는다.

ultimate
[ʌ́ltəmit]

가장 먼, 최후의, 궁극의; 최종수단

㉙ ultimatum
㉾ final, decisive, extreme

- He did not understand the *ultimate* aim of the project.

  그는 그 계획의 궁극적인 목적을 이해할 수 없었다.

designate
[dézignèit]

지적하다, 나타내다, 의미하다, 지명[임명]하다

㉙ designation, designative
㉾ intend, mean, specify, denote, appoint, nominate, pick

- She was *designated* to represent her company in the negotiation.

  그녀는 그 협상에서 회사의 대표로 임명되었다.

evaporate
[ivǽpərèit]

증발하다, 기화하다, 증기가 되어 없어지다, 소멸되다

파 vaporize, vapor
유 dehydrate, dry, fade, vanish
반 condense, sublimate

- The water had *evaporated* from the dish.
  물이 접시에서 증발해 버렸다.

salute
[səlú:t]

인사(하다), 경례(하다); (사람을) 맞이하다

파 salutation, salutatorian, salutatory
반 greet

- The soldiers *saluted* their general.
  병사들은 장군에게 경례했다.

conceive
[kənsí:v]

마음에 품다, 표현하다, 상상하다

파 conceit, concept, conception
유 ideate, apprehend, comprehend, fancy, gather

- He could not *conceive* an answer to such a complicated problem.
  그는 이와 같은 복잡한 문제의 대답을 상상할 수 없었다.

haze
[heiz]

아지랑이, 안개, 몽롱

파 hazy
유 vapor, mist, obscurity

- We can't see the mountains because of the *haze*.
  안개 때문에 산맥을 볼 수 없다.

bluff
[blʌf]

허세를 부리다, (위협해서) 시키다; 허세, 엄포, 속임수

유 deceive, cheat, mislead, defraud, dissemble, fake

- He *bluffed* his opponent into thinking he had a good hand.
  그는 경쟁자에게 그가 좋은 기량을 가지고 있는 듯이 허세를 부렸다.

brisk
[brisk]

원기있는, 활발한; 발랄하게 하다

파 briskness
유 agile, active, acute, spirited

반 lethargic, dull, flat

- Try to take a *brisk* morning walk at least three times a week.
  최소한 주에 세 번은 활발한 아침 산책을 하십시오.

radical
[rǽdikəl]

근원적인, 철저한, 급진적인, 과민한; 급진주의자

파 radicalism, radicalize
유 fundamental, essential, innate, basal, thorough-going, in-depth

- Such a *radical* approach to the problem has not been tried before.
  그 문제에 그 정도 급진적인 접근은 전에는 시도된 적이 없었다.

congress -man
[kάŋgrəsmən]

미국 의회의원, 하원의원

파 congress, congressional
유 representative
반 senator

- The *congressman* is going to introduce a bill to lower taxes.
  그 하원의원은 감세법안을 의회에 제출할 것이다.

depression
[dipréʃən]

의기소침, 우울, 저하, 불황, 불경기, 움푹 파인 곳

파 depress, depressed, depressive
유 uneasy, melancholy, sink, recession

- The rain water filled up the *depression* in the road.
  빗물이 도로의 패인 곳에 가득 차 있었다.

respiration
[rèspəréiʃən]

호흡

파 respire, respiratory
유 breath

- His *respiration* rate was very low and he was near death.
  그의 호흡수는 너무 적어서 사망에 가까웠다.

reduction
[ridʌkʃən]

축소, 감소, 할인

㈜ reduce, reductive
㈜ curtailment, cut, diminution, discount

- A price *reduction* is expected on all domestic goods.
  내수용품은 모두 가격인하가 기대된다.

stagger
[stǽgər]

비틀거리다, 주저하다, 무너지기 시작하다; 비틀거림, 흔들거림

㈜ staggering
㈜ sway, reel, totter, waver, falter, vacillate, shock, astonish, amaze

- He *staggered* home from the bar late at night.
  그는 밤 늦게 주점에서 비틀거리며 집에 왔다.

exploit
[iksplɔ́it]

(이익을 위해) 이용하다, 부당하게 사용하다, (시장을) 개발하다

㈜ exploitation, exploitative
㈜ use, utilize, abuse

- The company *exploited* the workers and paid them very low salaries.
  그 회사는 종업원을 착취해서 매우 적은 급료만을 지불했다.

tragedy
[trǽdʒidi]

비극적 이야기, 비극(적 요소)

㈜ tragic
㈜ mishap, disaster, misfortune

- The death of the child's parents in the accident was a terrible *tragedy*.
  그 아이의 양친이 사고로 죽은 것은 엄청난 비극이었다.

algebra
[ǽldʒəbrə]

대수학, 대수 교과서

㈜ algebraic

- He used *algebra* to solve problems and find the right percentage.
  그는 대수를 사용해서 문제를 풀고 바른 백분율을 알았다.

absurd
[əbsə́:rd]

도리에 맞지 않는, 불합리한; 부조리

㈜ absurdness

⊕ idiotic, ridiculous, preposterous, irrational, unreasonable, irrational

- This plan is *absurd* and completely unusable.
  그 계획은 불합리해서 전혀 도움이 안 된다.

episode
[épəsòud]

삽화, 에피소드

㉕ episodic, episodical
⊕ occurrence, event, incident

- He had watched every *episode* of the TV series.
  그는 그 연재 TV프로를 한 번도 빼놓지 않고 시청했었다.

spike
[spaik]

대못(을 박다), 스파이크(하다)

- The volleyball player *spiked* the ball into the opponent's court.
  그 배구선수는 공을 상대 코트에 스파이크했다.

destine
[déstin]

~할 운명에 있다, (차, 배 등이) ~행(行)이다

㉕ predestine, destiny, destination
⊕ fate, doom, bound

- He is *destined* to be a success some day.
  그는 언젠가 성공할 운명이다.

sculpture
[skʌ́lptʃər]

조각술, 조각(품); 조각하다

㉕ sculptor, sculpturesque

- That *sculpture* by Henry Moore is very famous.
  헨리 무어의 저 조각은 매우 유명하다.

nominate
[námənèit]

(후보자로) 추천[지명]하다, 임명하다

㉕ nomination, nominee
⊕ designate, appoint, name, recommend

- The candidate was *nominated* at the Democratic Party convention.
  민주당 전당대회에서 후보자가 지명되었다.

generate
[dʒénərèit]

(전기, 열 등을) 발생시키다, (감정 등을) 야기하다

[파] generation, generative
[유] produce, emit, arouse

- The stove *generates* a great deal of heat.
  그 스토브는 많은 열을 발생시킨다.

---

pollute
[pəlúːt]

오염하다, 추락시키다

[파] pollution, pollutive
[유] contaminate, befoul, taint, tarnish, corrupt

- The company had *polluted* the river with chemical waste.
  그 회사는 화학폐기물로 하천을 오염시켰다.

---

detach
[ditǽtʃ]

분리하다, 파견하다

[파] detachable, detached
[유] part, separate, disconnect
[반] attach

- The attendant at the counter *detached* our coupouns from our ticket books.
  카운터의 안내원은 우리의 티켓북에서 쿠폰을 떼어냈다.

---

monk
[mʌŋk]

수도자, 중

[파] monkery
[유] brother
[반] nun, sister

- The *monk* walked down the street asking for donations to build a church.
  그 수도자는 교회를 세우기 위한 기부를 요구하며 길을 내려갔다.

---

dismal
[dízməl]

음산한, 무서운; 〈the ~s〉 우울

[유] deserted, lonely, forlorn

- He lived in a *dismal* shack on the edge of town.
  그는 도시 주변의 음산한 오두막에 살고 있었다.

slogan
[slóugən]

슬로건, 표어, 모토

㉠ sloganeer, sloganize

- Our *slogan* is "Never say never".
  우리의 슬로건은 「네버 세이 네버(결코라고 결코 말하지 말라)」이다.

ken
[ken]

이해(의 범위), 지식, 인식

㊀ range, horizon

- Understanding this problem was beyond his *ken*.
  이 문제는 그에게는 이해 밖의 것이었다.

superstition
[sùːpərstíʃən]

미신, 맹적

㉠ superstitious
㊀ jinx

- They laughed at him for having so many old *superstitions*.
  그가 그렇게 오래된 미신을 믿고 있는 것에 그들은 조소했다.

assumption
[əsʌ́mpʃən]

가정, 전제, 수임, 방만

㉠ assume, assumptive
㊀ supposion, hypothesis, postulate, premise, presumption, arrogance, insolence

- There were so many incorrect *assumptions* in the report that the results had to be invalidated.
  보고서에 부정확한 가정이 많기 때문에 결과는 무효가 되어야 했다.

summon
[sʌ́mən]

호출하다, 소환하다, 출두를 명하다, (회의 등을) 소집하다

㉠ summons, summoner
㊀ bid, invite, convene, convoke, incite

- He was *summoned* to the president's office on important business.
  그는 중대한 일로 사장실에 소환당했다.

lagoon
[ləgúːn]

석호, 초호

㊀ marsh, swamp

- The *lagoon* around the island is full of sharks.
  섬 주위의 초호에는 많은 상어가 있다.

render
[réndər]

~로 하다, 주다, 행하다, 표현[묘사]하다, 번역하다

㊌ make, perform, furnish, exhibit, show, demonstrate

- He *rendered* her likeness perfectly in the painting.
  그는 그녀의 완벽한 초상을 묘사했다.

tactics
[tǽktiks]

전법, 작전, 책략, 술책

㊌ tactical, tactician
㊌ strategy, operations, maneuvers, plot

- He described the *tatics* behind the plan.
  그는 계획 이면의 전략을 설명했다.

conspicu-ous
[kənspíkjuəs]

잘 보이는, 돋보이는, 도를 넘는

㊌ manifest, apparent, discernible, noticeable, eminent, excessive

- The big American car was quite *conspicuous* driving through Seoul.
  그 큰 미제 차는 서울에서 운행할 때 눈에 잘 띄었다.

abstract
[æbstrǽkt]

추상적인, 이론적인; 발췌, 요약; 분리하다

㊌ abstraction, abstractive
㊌ theoretical, summary, digest, abridgment
㊌ concrete

- His plans are always too *abstract* and don't contain concrete proposals.
  그의 계획은 너무 추상적이어서 구체적인 제안이 들어있지 않다.

vault
[vɔːlt]

아치형의 천정, 지하 저장실, 금고

㊌ basement, safe

- They kept their money in a *vault*.
  그들은 돈을 금고에 보관했다.

employ -ment [emplɔ́imənt]	사용, 고용, 직업, 일 ㉠ employee, employer, employ, employable ㉪ unemployment • He applied at the *employment* office for a job. 그는 직업 안내소에 직업을 의뢰했다.
nationality [næ̀ʃənǽləti]	국민성, 애국심, 국적, 국가, 국민 ㉠ nationalize, nationalistic ㉨ citizenship, patriotism • When entering a country, everyone is asked about their *nationality*. 입국시에는 모두 국적에 관해 질문받는다.
academic [æ̀kədémik]	대학의, 이론적인, 문과계의, 일반교양의; 대학생, 학자 ㉠ academy, academician • His research is too *academic* to be of any use to industry. 그의 연구는 매우 학문적이어서 산업에는 조금도 도움이 안 된다.
renowned [rináund]	유명한, 이름 높은, 명성 있는 ㉠ renown ㉨ famous, notable, eminent, prominent, distinguished, celebrated • He is *renowned* for his large vocabulary. 그는 어휘를 많이 알고 있는 것으로 유명하다.
eminent [émənənt]	저명한, 걸출한, 지위 높은 ㉠ eminence ㉨ distinguished, renowned, outstanding, notable, reputable, prominent, conspicuous, illustrious ㉪ ordinary • He is an *eminent* scientist and winner of the Nobel Prize. 그는 노벨상을 수상한 저명한 과학자이다.

placid
[plǽsid]

잔잔한, 조용한

파 placidity

유 calm, serene, tranquil

- His *placid* expression did not reveal whether he was interested in the proposal or not.
  그의 잔잔한 표정에서는 그가 그 제안에 흥미가 있었는지를 알 수 없었다.

beverage
[bévəridʒ]

(물 이외의) 음료

유 drink

- They were thirsty and got *beverages* to drink at the store.
  그들은 목이 말라서 그 상점에서 음료를 샀다.

gorge
[gɔːrdʒ]

협곡, 폭식; 게걸스럽게 먹다

- The river *gorge* was very deep.
  그 강의 협곡은 매우 깊었다.

edible
[édəbl]

식용의; 〈복수형으로〉 식료품

유 groceries, provisions

- The food was rotten and not *edible*.
  그 음식물은 썩어서 먹을 수 없었다.

accommo-date
[əkámədèit]

친절히 하다, 돈을 융통하다, (숙소를) 제공하다, 수용력이 있다, 적합하다

파 accommodation

유 provide, furnish, entertain

반 incommode

- The hotel can *accommodate* 200 people.
  그 호텔은 200명을 수용할 수 있다.

liberate
[líbərèit]

자유롭게 하다, 해방하다

파 liberty, liberation

유 free, discharge, release, emancipate

- The army *liberated* the town from the rebels.
  군은 그 도시를 반란군으로부터 해방했다.

accelerate
[əksélərèit]

촉진하다, 가속하다, 진급시키다, 빠르게 하다

- 파 accelerator

- The car *accelerated* as it rolled down the hill out of control.
  그 차는 조절불능이 되어 언덕을 내려갈 때 가속되었다.

precipitate
[prisípətèit]

재촉하다, 응결시키다, 촉진하다, 강구하다, 거꾸로 떨어지다

- 파 precipitation
- 유 hasten, accelerate, rush
- 반 retard

- It's only a matter of time before this moisture begins to *precipitate*.
  이 습도이면 비가 내리는 것은 시간문제에 지나지 않는다.

baroque
[bəróuk]

바로크 양식(의 작품); 기이한

- The old buildings in Paris have quite a bit of fancy, *baroque* decoration.
  파리의 오래된 건물에는 꽤 기묘한 바로크 양식의 장식이 있다.

discrimin-ation
[diskrìmənéiʃən]

구별, 차별, 인종차별

- 파 discriminate, discriminative
- 유 distinction, differentiation, segregation, racism

- There is much *discrimination* against foreigners in Japan.
  일본에는 외국인에 대한 많은 차별이 있다.

jurisdiction
[dʒùərisdíkʃən]

사법[통괄]권, (사법)관할구

- 파 jurisdictionary
- 유 judicature

- The state courts in the U.S. have no *jurisdiction* over international matters.
  미국의 주법정은 국제사건에 관해서는 사법권을 가지지 않는다.

proposition
[pràpəzíʃən]

제안, 발의, 주장, 신조; 제안하다

- 파 propose, proposal
- 유 suggestion, motion, request

- He believed *proposition* voting was an inherent right.
  그는 선거권이 고유의 권리라고 하는 주장을 믿었다.

merit
[mérit]

우수함, 가치, 공적, 장점; (상벌을) 받을 만하다

- 파 meritorious
- 유 excellence, value, deserve
- 반 demerit

- She felt that the ideas were without *merit*.
  그녀는 그 아이디어에는 장점이 없다고 느꼈다.

recruit
[rikrúːt]

신병, 신입생, 풋내기; 새 회원을 모집하다, 징병하다, 보충하다

- 파 recruitment
- 유 newcomer, freshman, enlist

- A company representative has come to the university to try to *recruit* new employees.
  회사의 대표가 신입사원을 채용하려고 대학에 왔다.

torment
[tɔ́ːrment]

고통을 주다, 괴롭히다; 고통, 고뇌

- 유 afflict, harass, torture, annoy, agonize

- He *tormented* them with constant questioning.
  그는 질문공세로 그들을 괴롭혔다.

annex
[ənéks]

부가물, 부록, 별관; 부가하다, 첨부하다

- 파 annexable, annexation
- 유 append, affix, augment, additive, appendix

- The school needed more space, so they built an *annex*.
  그 학교는 공간이 더 필요해서 별관을 지었다.

diplomacy
[diplóuməsi]

외교(술), 외교적 수완

㉙ diplomat, diplomatic, diploma

- He used a great deal of *diplomacy* and did not reveal that he was very angry.
  그는 큰 외교적 수완을 발휘해서 자신의 분노를 드러내지 않았다.

testimony
[téstəmòuni]

증언, 증명, 증거

㉙ testimonial, testify
㉨ evidence, deposition, attestation, declaration, witness

- His *testimony* gave more details about what the suspect had done.
  그의 증언에 의해 용의자의 행위가 상세히 드러났다.

heredity
[hərédəti]

유전[형질], 세습, 선조, 전통

㉙ hereditary, hereditament, hereditarian, hereditism
㉨ transmission, ancestor, tradition

- I bought some dye to make up for the blond hair that my *heredity* had deprived me of.
  유전 때문에 사라진 금발을 보충하기 위해 모발염색약을 샀다.

archaic
[ɑ́ːrkéiik]

고풍의, 고대의, 시대에 뒤진

㉙ archaically, archaism, archaist, archaize
㉨ antiquated, ancient, old-fashioned, out-of-date, dated
㉫ up-to-date, updated

- There are many out-of-date, *archaic* laws that still exist in Britain.
  영국에는 시대에 뒤진 오래된 법률이 아직 많이 존재하고 있다.

sustenance
[sʌ́stənəns]

생명을 유지하는 것, 생계수단, 음식물, 영양

㉙ sustain
㉨ life, food, provisions, nutrition, nutrient

- They gave him the *sustenance* his body required.
  그들은 그의 몸에 필요한 영양을 주었다.

eloquence
[éləkwəns]

웅변, 능변

- 파 eloquent, elocution
- 유 fluency

- They were impressed with his *eloquence* in English.
  그들은 그의 영어웅변에 감명받았다.

elude
[ilú:d]

(위험 등을) 피하다, 속이다, 숨기다; 이해할 수 없는

- 파 elusion, elusive
- 유 escape, evade, dodge, duck

- The criminal *eluded* the police for three weeks before he was caught.
  그 범인은 체포되기 전까지 3주 동안 경찰로부터 도망다니고 있었다.

delude
[dilú:d]

혼란시키다, 속이다, 실망시키다

- 파 delusion, delusive
- 유 deceive, cheat, cozen, dupe, illude

- The customer was *deluded* into thinking that the parts were better than they actually were.
  그 고객은 속아서 그 부품이 실제보다 우수하다고 생각하고 있었다.

suffrage
[sʌ́fridʒ]

선거권, 참정권, 찬성(표), 동의

- 유 vote, ballot, agreement, approval, support, assent

- The goal of the women's *suffrage* movement was to get the right to vote.
  여성 참정권 운동의 목적은 투표권을 얻는 것이었다.

diverge
[divə́:rdʒ]

갈라지다, 분기하다, 다르다

- 파 divergence, divergency, divergent
- 유 branch
- 반 converge

- The two roads *diverged* in the forest.
  숲 속에서 두 갈래의 길이 갈라지고 있었다.

rebuke
[ribjú:k]

비난하다, 질책하다; 심한 비난, 징계

- 유 reprove, reprimand, censure, reprehend, reproach, discipline, admonish

• He was *rebuked* for writing such a sloppy report.
그는 그런 엉터리 보고서를 썼기 때문에 질책당했다.

sociable
[sóuʃəbl]

사교적인

[파] sociability, social
[유] gregarious

• The *sociable* young man is very good at polite conversation.
그 사교적인 젊은이는 공손한 대화에 매우 익숙하다.

permissible
[pərmísəbl]

허용된

[파] permit, permission, permissive

• Such behavior is not *permissible*.
그런 행위는 허용되지 않는다.

reconcile
[rékənsàil]

화해시키다, 만족시키다, 중재하다, 조화시키다

[파] reconciliation, reconciliatory
[유] settle, mediate, harmonize

• The fighting parties were *reconciled* at last.
적대하는 당파들은 결국 화해했다.

aspire
[əspáiər]

열망하다, 몹시 바라다, 높이 솟다

[파] aspiration, aspirant
[유] desire, long, yearn

• She has *aspired* to become President of the United States some day.
그녀는 언젠가 미국 대통령이 되고 싶다고 열망하고 있다.

satire
[sǽtaiər]

비꼼, 풍자

[파] satirical, satirize
[유] irony, sarcasm, exposure, denunciation

• They laughed at the funny *satire* of the Prime Minster.
그들은 수상의 재미있는 풍자에 웃었다.

allure
[əlúər]

꾀다, 유혹하다; 매력, 매혹

㈜ allurement
㈜ tempt, induce, entice, lure, enchant, seduce

- The *allure* of her smile was not easily forgotten.
  그녀의 매력적인 미소는 쉽게 잊을 것이 아니었다.

revenue
[révənjùː]

(세금에 의한) 세입, 수입원, 정기소득

㈜ revenual
㈜ income
㈜ expenditure, spending

- The government increases its *revenue* with taxes.
  정부는 세금으로 세입을 증가시키고 있다.

expendi -ture
[ikspénditʃər]

지불, 지출, (힘의) 소비

㈜ expense, expendable, expend
㈜ spending, outlay, consumption
㈜ income, revenue

- His daily food *expenditure* was about 5,000 won.
  그의 하루 식비는 5천원이었다.

Scripture
[skríptʃər]

〈the~〉 성서

㈜ Bible

- The priest read a selection from the holy *Scripture*.
  그 목사는 성서의 발췌를 읽었다.

implicate
[ímpləkèit]

내포하다, 관련시키다, 합의하다

㈜ implication, implicative, implicit
㈜ involve, entangle, embroil, imply, connote

- One of the criminals confessed and *implicated* the others.
  범인 중 한 명이 자백해서 다른 범인들을 관련시켰다.

propagate
[prápəgèit]

전하다, 보급시키다, 증식시키다, 번식하다

㈜ propagation
㈜ communicate, introduce

- He spent his life *propagating* new ideas about human relations.
그는 인간관계에 관한 신사고를 보급시키며 일생을 보냈다.

obviate
[ábvièit]

예방하다, 제거하다

㉠ preclude, prevent, avert, deter, remove, eliminate

- He hopes to *obviate* any problems with thorough planning.
그는 철저한 계획으로 어떠한 문제도 미연에 방지하고 싶어한다.

annihilate
[ənáiəlèit]

파괴하다, 전멸시키다, 무효로 하다

㉣ annihilative, annihilation, annihilator
㉠ abate, abolish, eradicate, extinguish, ruin, exterminate, crush, devastate, invalidate

- The bombing of the city *annihilated* all the buildings.
폭격으로 도시의 모든 건물은 파괴됐다.

legislate
[lédʒislèit]

법률을 제정하다, 금지하다

㉣ legislation, legislator, legislature, legislative
㉠ enact, establish

- The Congress *legislated* changes in the immigration laws. 의회는 이민법을 개정했다.

manipulate
[mənípjəlèit]

(기계 등을) 능숙하게 조작하다, (여론 등을) 조작하다, 속이다, 조종하다

㉣ manipulation
㉠ handle, ply, dispense

- The politicians *manipulated* the crowd into rioting.
정치가들은 군중을 조종해서 폭동을 일으켰다.

denominate
[dinámənèit]

칭하다, 명명하다, ~라 부르다

㉣ denomination
㉠ call, name

- People *denominated* his survival a miracle.
사람들은 그의 생존을 기적이라 불렀다.

assassinate
[əsǽsənèit]

암살하다, (비열한 수단으로) 손상시키다

파 assassin, assassination

- President Kennedy was *assassinated* in 1963.
  케네디 대통령은 1963년에 암살당했다.

tolerate
[tálərèit]

묵인하다, 용인하다, 견디다

파 toleration, tolerant, tolerance

- They *tolerated* his strange behavior for a long time.
  그들은 오랫동안 그의 기묘한 행동을 묵인했다.

adulterate
[ədʎltərèit]

섞다, 품질을 떨어뜨리다, 불순하게 하다

파 adulteration, adultery

- The food was *adulterated* with contaminants and could not be eaten.
  그 음식물은 오염물질이 섞여 있어서 먹을 수 없었다.

meditate
[médətèit]

꾀하다, 기도하다, 숙고하다, 묵상하다

파 meditation, meditative
유 scheme, contrive, ponder, contemplate

- He would *meditate* to calm himself down.
  그는 마음을 가라앉히기 위해 묵상하곤 했다.

captivate
[kǽptivèit]

매혹하다, 마음을 빼앗다

파 captivation, captivity, captive
유 attract, charm, fascinate, enamor

- The pretty girl *captivated* the attention of all the boys in the class.
  그 귀여운 소녀는 학급에서 모든 소년들의 관심을 빼앗았다.

gazette
[gəzét]

신문, 정기 간행물

유 periodical, bulletin

- The news *gazette* was published every two weeks.
  그 신문은 격주로 발행되었다.

cohesive
[kouhíːsiv]

점착성의, 밀착한, 〈물리〉 응축력이 있는

㈜ cohere, coherent, cohesion, cohesiveness
㈜ adhesive

- This glue is very *cohesive* and will stick to anything.
  이 접착제는 점착력이 강해서 어느 것에도 잘 붙을 것이다.

incentive
[inséntiv]

유인, 동기, 보상금[물]; 자극적인

㈜ motive, inducement, enticement, spur, stimulus

- They promised him many *incentives* if he could finish the project early.
  그가 그 프로젝트를 일찍 마치면 그들은 많은 보상금을 준다고 약속했다.

synchro-nize
[síŋkrənàiz]

동시에 진행하다, 동시성을 갖다

㈜ synchronous
㈜ coincide

- He couldn't *synchronize* his steps with the beat of the music.
  그는 음악의 박자에 맞추어서 스텝을 밟을 수 없었다.

temporize
[témpəràiz]

우물쭈물하다, 사태를 관망하다, 임시변통하다

- He tried to *temporize* his failure with weak excuses.
  그는 설득력 없는 변명으로 자신의 실수를 임시변통하려 했다.

cynical
[sínikəl]

냉소하는, 까다로운, 남을 믿지 않는

㈜ cynicism, cynic
㈜ distrustful, ironic, sarcastic, satirical, sneering

- He is very conservative and *cynical* about any new ideas.
  그는 어떤 신사고에 대해서도 냉소적이고 보수적이었다.

theoretical
[θì(:)ərétikəl]

이론(상)의, 이론을 좋아하는

파 theory, theorize
반 practical

- These ideas are too *theoretical* and difficult to apply to actual situations.
  이 아이디어들은 매우 이론적이어서 실제 상황에 적용하기 어렵다.

disarm
[disá:rm]

(무기를) 빼앗다, 무장을 해제하다, 무기를 줄이다

파 disarmament
유 snatch, deprive, confiscate, demilitarize

- The soldier *disarmed* the bomb so it could be moved.
  병사는 이동할 수 있도록 폭탄의 뇌관을 뽑았다.

sarcasm
[sá:rkæzm]

비꼼, 풍자, 야유

파 sarcastic
유 irony, derision, ridicule

- He was always using bitter *sarcasm* since he was not happy with his life.
  그는 자신의 인생에 만족하지 못했기 때문에 항상 통렬한 야유를 사용하고 있었다.

feudalism
[fjú:dəlìzm]

봉건제, 봉건주의

파 feudal, feudality

- *Feudalism* existed in Europe in the middle ages.
  봉건제는 유럽에서는 중세에 존재했다.

abstain
[əbstéin]

삼가다, 기권하다, 금주하다

파 abstemious, abstainer, abstention
유 refrain, withhold

- He *abstained* from voting on the new tax bill.
  그는 새 세제법안에의 투표를 기권했다.

submission
[səbmíʃən]

복종, 굴복, 의뢰, 제출

㈜ submit, submissive
㈜ obedience, yield, bow, request, present

• The *submission* of his resignation surprised everyone.
그의 사표제출은 모두를 놀라게 했다.

inflation
[infléːʃən]

통화팽창, 인플레이션, 물가폭등, 〈구어〉 물가 상승률

㈜ inflate, inflationary, disinflation
㈜ distention, expansion, hike
㈜ deflation

• *Inflation* is one of the most serious economic problems since World War Ⅱ.
제2차 세계대전 이래 인플레는 가장 중요한 경제문제의 하나이다.

arbitration
[áːrbitréiʃən]

조정, 중재

㈜ arbitrational, arbitrate, arbitrator
㈜ mediation, intervention

• The labor union and the company agreed to *arbitration* to settle their differences of opinion.
노동조합과 회사는 의견 차이를 해소하기 위한 조정에 동의했다.

defection
[difékʃən]

탈퇴, 배신, 망명, 결핍, 상실

㈜ defect, defective
㈜ betrayal, deficiency, destitute

• The *defection* of a Russian government official to the U.S. caused much discussion in the newspapers.
러시아 정부관리의 미국 망명은 신문에서 많은 논의를 일으켰다.

extinction
[ikstíŋkʃən]

소등, 소화, (종족, 생물 등의) 멸종

㈜ extinct, extinguish
㈜ extermination, termination

• Many animals are threatened with *extinction* by changes in their environment.
많은 동물들이 환경의 변화에 의해 멸종의 위기에 처해 있다.

prosecution
[prɑ̀səkjúːʃən]

소추, (계획의) 실행, 수행, 기소, 검찰당국

파 prosecute
유 execution, performance

- The company was very thorough in the *prosecution* of those who went against its policies.
  그 회사는 자사의 방침에 따르지 않는 자를 철저히 소추했다.

barter
[bɑ́ːrtər]

(물건을) 교환하다, 팔아넘기다; 물물교환

파 trade, exchange, traffic, bargain, swap

- It is not wise to *barter* gold for food.
  금을 식량과 교환하는 것은 현명하지 않다.

believer
[bilíːvər]

믿는 사람, 신봉자

파 believer, belief

- He was a *believer* in Christianity.
  그는 그리스도교 신자였다.

rigor
[rígər]

엄격함, 가혹함, 엄밀함

파 rigorous
유 severity, hardship, exactness, precision

- The *rigor* of the religious life was difficult for him.
  엄격한 신앙생활은 그에게 어려웠다.

censor
[sénsər]

검열관, 〈심리〉 검열작용; 검열하다

파 censorial, censorious, censorship
유 blackout

- The government *censored* the news about the war.
  정부는 전쟁에 관한 뉴스를 검열했다.

auspices
[ɔ́ːspisiz]

비호, 보호, 원조, 후원

유 aid, assist, protection, patronage

- The bankers visited Brazil under the *auspices* of the International Monetary Fund.
  은행가들은 국제통화기금의 후원하에 브라질을 방문했다.

capricious
[kəpríʃəs]

변덕스러운, 바람기 있는

- 파 capriciousness
- 유 arbitrary, whimsical

- He was *capricious* and would not study anything long enough to get good at it.
  그는 변덕스러워서 어떤 것도 능숙할만큼 공부하지 못했다.

factious
[fǽkʃəs]

당파의, 당파적인

- 파 factiousness, faction, factional, factionary
- 유 partisan
- 반 bipartisan

- They were very *factious* and any peace could be only temporary.
  그들은 매우 당파적이어서 어떤 평화도 일시적일 뿐이었다.

ambiguous
[æmbígjuəs]

두 가지 뜻이 있는, 모호한

- 파 ambiguousness, ambiguity
- 유 obscure, vague, equivocal, anomalous, murky
- 반 explicit

- Some sentences are *ambiguous* and have more than one meaning.
  어떤 문장은 모호해서 한 가지 뜻 이상을 가진 것도 있다.

defiant
[difáiənt]

도전적인, 반항적인, 대담한, 교만한

- 파 defiance
- 유 antagonistic, resistant, refractory, insolent

- The *defiant* boy refused to cooperate with the police in any way.
  그 반항적인 소년은 어떤 방법으로도 경찰에 협력하는 것을 거절했다.

extant
[ekstǽnt]

(문서, 기록, 건물 등이) 존재하고 있는

- 반 extinct

- He wondered if the old records were still *extant*.
  그는 그 오래된 기록이 아직 남아 있을지 우려했다.

dent
[dent]

움푹 들어간 곳, 맞은 자국; 자국을 내다, 움푹 들어가게 하다

[유] hollow, sink, yield

- The boy kicked the car and made a *dent*.
  그 소년은 차를 차서 자국을 내었다.

---

imprison-ment
[imprízənmənt]

투옥, 금고, 억류

[파] imprison, imprisoner
[유] detention, custody, confinement

- They were convicted and sentenced to three years' *imprisonment*.
  그들은 유죄로 3년형에 처해졌다.

---

intimacy
[íntəməsi]

친밀, 친교, 숙지

[파] intimate
[유] acquaintance, familiarity

- The *intimacy* between husband and wife grows with time.
  부부의 친밀함은 시간과 함께 증대한다.

---

analogy
[ənǽlədʒi]

유사(성), 공통점, 유추

[파] analogue, analogous, analogize
[유] resemblance, affinity, similarity, similitude

- The teacher often made *analogies* when explaining new ideas.
  그 교사는 유추로 새로운 사상을 설명하곤 했다.

---

ideology
[àidiάlədʒi]

이데올로기, 관념형태, 공론

[파] ideologic, ideological, ideologist, ideologize

- His daily practices do not always agree with his *ideology*.
  그의 일상생활이 그의 이데올로기와 항상 일치하는 것은 아니다.

---

brutally
[brú:təli]

잔혹하게, 야만스럽게, 짐승같이

[파] brutal, brutality, brutalization, brutalize
[유] cruelly, mercilessly

- The soldiers *brutally* killed all of the people in the village.

  병사들은 마을 사람 전원을 잔혹하게 학살했다.

autonomy
[ɔːtánəmi]

자율, 자주성, 자치, 자립

파 autonomist, autonomic, autonomous
유 independence, self-support, self-help

- He wanted *autonomy* from his parents, so he left home and moved into his own apartment.

  그는 양친으로부터 자립하고 싶어서 집을 나와 아파트로 이사했다.

evolution -ary
[èvəlúːʃənèri]

발전[진화]의, 진화론적인

파 evolution, evolutionist, evolutionarism, evolutive
유 developmental

- The Korean government believes in slow, *evolutionary* change.

  한국 정부는 완만한 발전적 변화를 믿고 있다.

contradic -tory
[kàntrədíktəri]

모순[상반]된, 정반대의, 반항적인

파 contradict, contradiction, contradictive
유 contrary, opposite, paradoxical, inconsistent, discrepant

- The officer received *contradictory* reports from witnesses of the traffic accident and didn't know which were correct.

  경관은 교통사고의 목격자들로부터 상반된 보고를 듣고 어느 것이 바른 것인가를 알지 못했다.

elasticity
[ilǽstísəti]

탄력[신축](성), 순응성, 융통성

파 elastic
유 flexibility, versatility

- The *elasticity* was gone from his socks and they kept falling down.

  그의 양말은 신축성을 잃어서 계속 흘러내렸다.

gentry
[dʒéntri]

〈보통 the~〉 상류계급(사람), 귀족, 〈경멸적으로〉 무리

- He was very rich and one of the landed *gentry* in England.
  그는 영국의 매우 부유한 지주귀족이었다.

casualty
[kǽʒjuəlti]

재해, 사상자(수), 희생자

㉠ casual
㉮ victim, prey, fatality

- The *casualties* from the automobile accident were taken to the hospital.
  자동차 사고의 사상자는 병원으로 옮겨졌다.

make
[meik]

만들다

㈜ form, shape, fashion, forge, manufacture, fabricate, mold, create

- It's not so difficult to *make* a cake as long as you follow the recipe.
  조리법을 따르면 케이크를 만드는 것은 그렇게 어렵지 않다.

get
[get]

얻다

㈜ obtain, attain, acquire, gain, earn, win, accept, procure, secure

- I just *got* a letter from my old friend.
  옛 친구로부터 편지를 받았다.

only
[óunli]

유일의

㈜ sole, single, unique, distinct, exclusive

- Andrew is Mr. Jones' *only* son.
  앤드류는 존스씨의 독자이다.

part
[pɑːrt]

부분

㈜ partial
㈜ piece, portion, division, segment, fraction, section, fragment

- Eddy finished only a *part* of his thesis.
  에디는 그의 논문의 단지 일부만을 마쳤을 뿐이다.

work
[wə:rk]

일

㊫ business, employment, profession, trade, vocation, occupation

• Joy found *work* in the bakery but it only lasted a week.
조이는 빵집에서 일을 찾았지만 불과 일주일밖에 지탱하지 못했다.

take
[teik]

가지다, 쥐다

㊫ seize, snatch, grab, grasp, catch, capture, acquire, procure, obtain

• I *took* a pen and started to write the letter.
나는 펜을 잡고 편지를 쓰기 시작했다.

same
[seim]

같은

㊫ identical, similar, equal, equivalent

• Please come again tomorrow at the *same* time.
내일도 같은 시간에 와 주십시오.

think
[θiŋk]

생각하다

㊫ consider, contemplate, deliberate, reason, speculate, suppose, study, cogitate, ponder, conceive

• I'm *thinking* of going to law school next year.
나는 내년에 법과에 진학하려고 생각하고 있다.

show
[ʃou]

보이다

㊫ display, demonstrate, exhibit, parade, flaunt

• The young soldier *showed* me a picture of his fiance.
젊은 병사는 나에게 약혼녀의 사진을 보여주었다.

live
[liv]

살다

㊫ reside, dwell, abide, inhabit

• My family's been *living* in Seoul since I was born.
나의 가족은 내가 태어난 이래 서울에서 살고 있다.

give
[giv]

주다

㊀ present, bestow, confer, grant, furnish, provide, award

- Bob *gave* her a gorgeous ring with diamonds and emeralds, but what she wanted was his true love.
  밥은 다이아몬드와 에메랄드의 호화스러운 반지를 주었지만 그녀가 원했던 것은 그의 진실한 사랑이었다.

different
[dífərənt]

틀린, 다른

㊀ distinct, diverse, divergent, separate, various
㊀ similar, identical

- His opinion was so *different* from the others that no one could understand him.
  그의 의견은 다른 사람들과 달랐기 때문에 아무도 그를 이해할 수 없었다.

try
[trai]

해보다

㉮ trial
㊀ attempt, endeavor, strive, essay

- Anita *tried* to study, but she could not concentrate.
  아니타는 공부하려고 했지만 집중할 수 없었다.

ask ①
[æsk]

묻다, 질문하다

㊀ inquire, query, question, interrogate

- Linda *asked* him the reason why he was late.
  린다는 그에게 지각한 이유를 물었다.

ask ②

부탁하다

㊀ request, beg, entreat, implore, beseech, importune, petition

- May I *ask* a favor of you?
  한 가지 부탁이 있는데요.

kind
[kaind]

종류

㈜ sort, type, class, category, species

- Marsha is not the *kind* of girl I used to date.
  마사는 지금까지 내가 데이트하던 여자들과는 다르다.

change
[tʃeindʒ]

바꾸다

㈜ alter, vary, convert, modify, switch

- I *changed* my mind and decided to go to the picnic.
  나는 생각을 바꾸어 피크닉을 가기로 결정했다.

keep
[kiːp]

보유하다

㈜ retain, reserve, maintain, hold

- Terry *kept* the secret for over 30 years.
  테리는 그 비밀을 30년 이상 지키고 있었다.

example
[igzǽmpl]

예

㈜ case, illustration, sample, specimen, model, pattern

- Give me an *example* to explain your hypothesis.
  예를 들어서 당신의 가설을 설명해 주십시오.

enough
[inʌf]

충분한, 만족한

㈜ sufficient, adequate

- The party has *enough* food to survive at least a week.
  그 일행에게는 적어도 일 주일 간은 생존할 수 있는 충분한 식량이 있다.

stop
[stɑp]

그만두다, 중지하다

㈜ cease, halt, pause, quit, discontinue, interrupt, restrain, intermit, terminate

- He *stopped* working and retired to the countryside at the age of 65.
  그는 65세로 일을 그만두고 시골로 은퇴했다.

young
[jʌŋ]

젊은

㉠ youth
㉮ youthful, juvenile, adolescent, immature

- Tom thought he was still *young*, but his parents did not.
  톰은 아직 자신이 젊다고 생각했지만 그의 부모는 그렇지 않았다.

idea
[aidí(:)ə]

생각, 사고

㉮ thought, concept, conception, notion, consideration, apprehension, view

- A good *idea* came to mind.
  좋은 생각이 떠올랐다.

state
[steit]

상태

㉮ condition, situation, status, circumstances

- Many people are very sorry about the present *state* of Korean domestic politics.
  한국의 국내정치 상황에 대해서는 많은 사람이 안타까워하고 있다.

sure
[ʃuər]

확신하고 있는

㉮ certain, confident, positive, assured, convinced

- I'm quite *sure* that the present cabinet will resign in the near future.
  현재의 내각은 가까운 장래에 총사퇴하리라고 확신한다.

whole
[houl]

전부의, 전체의

㉮ entire, total, gross, all, integral

- The *whole* world is paying attention to the summit.
  전세계가 정상회담을 주시하고 있다.

wind
[wind]

바람

㉮ blast, breeze, gale, air, gust

- "When the *Wind* Blows" is a very impressive book.
  「바람이 불어올 때」는 매우 감동적인 책이다.

remember
[rimémbər]

생각해내다

㉠ remembrance
㊠ recall, recollect, reminisce

- I'm awfully sorry, but I don't *remember* your name.
대단히 죄송합니다만 당신의 이름을 생각해낼 수 없습니다.

pull
[pul]

끌다

㊠ draw, drag, haul, tow, trail, tug

- Please *pull* the door open for me.
문을 당겨서 열어 주십시오.

begin
[bigin]

시작하다[되다]

㊠ start, commence, initiate, inaugurate

- Anthony *began* to smoke when he was 21.
안토니는 21살 때 담배를 피우기 시작했다.

travel
[trǽvəl]

여행

㊠ trip, tour, journey, excursion, cruise, voyage

- Though he had finished Europe, Johnny's *travels* had just begun.
유럽을 마쳤지만 조니의 여행은 이제 시작이었다.

notice
[nóutis]

주의

㊠ note, remark, observe, perceive, discern

- I *noticed* Sheila waving to me from the building across the street.
거리 건너편의 빌딩에서 실라가 나에게 손을 흔드는 것을 보았다.

plan
[plæn]

계획

㊠ design, project, plot, scheme, contrivance

- My *plan* is to work during the summer to pay the tuition.
수업료를 내기 위해 여름 동안 일하는 것이 내 계획이다.

cry ①
[krai]

울다

㊨ weep, sob, wail, moan, lament, grieve

- The baby *cried* whenever she was hungry.
  아기는 배가 고프면 울었다.

cry ②

외치다

- The mother *cried* to her boy "Watch out!"
  어머니는 그 아들에게 "조심해!"라고 외쳤다.

explain
[ikspléin]

설명하다

㊟ explanation
㊨ expound, explicate, elucidate, clarify, interpret

- He *explained* very carefully to me how to use the video player, but I still don't understand it.
  그는 비디오의 사용법을 자세히 설명해 주었지만 나는 아직 이해할 수 없다.

contain
[kəntéin]

포함하다

㊨ include, comprise, embrace, accomodate, involve

- The pitcher she held *contained* enough lemonade for everybody.
  그녀의 손에 있는 주전자에는 모두에게 충분히 줄 수 있는 레모네이드가 들어 있었다.

force
[fɔːrs]

강제하다

㊨ compel, oblige, constrain, coerce, impel, bulldoze

- I wanted to stay home and study, but Karen *forced* me to go out with her.
  나는 집에서 공부하고 싶었지만 카렌이 함께 외출할 것을 강요했다.

mind
[maind]

마음, 정신

㊨ heart, brains, soul, spirit, geist

- His *mind* and body are both in an unhealthy state.
  그는 심신 모두 병든 상태이다.

strong
[strɔ(:)ŋ]

강한

[파] strength, strengthen
[유] robust, stalwart, stout, tough, sturdy, vigorous

- Patrick is a man of *strong* will, destined to follow through with whatever he' s started.
  패트릭은 의지가 강한 남자이므로 시작한 일은 무엇이든지 끝까지 노력한다.

---

common ①
[kɑ́mən]

보통의, 평범한

[유] general, average, ordinary, normal, usual, familiar, widespread, prevalent

- The exhibition is composed of pictures of *common* scenes from all over Korea.
  그 전시회는 한국 각지의 평범한 풍경 사진을 모은 것이다.

common ②
[kɑ́mən]

공통의, 상호의

[유] mutual, reciprocal

- English is the *common* language of British, American and Australian people.
  영어는 영국, 미국, 호주 사람들의 공통어이다.

---

meaning
[mí:niŋ]

의미, 의의

[유] sense, denotation, connotation, interpretation, significance, signification, purport, import

- What is the *meaning* of the word "roman-fleuve"?
  "roman-fleuve"라는 말은 무슨 의미입니까?

---

understand
[ʌndərstǽnd]

이해하다

[유] comprehend, appreciate, apprehend, learn, see, perceive, grasp, realize, discover

- I could not *understand* what was going on in the class.
  나는 학급에서 무슨 일이 일어나고 있었는지 이해할 수 없었다.

sign
[sain]

부호, 표시; 서명하다

㊌ mark, signal, symbol, token, indication

- I didn't notice the *sign* on the dormitory and went back and forth around the campus.
  기숙사의 표지가 보이지 않아서 나는 캠퍼스의 주위를 서성거렸다.

laugh
[læf]

웃다

㊌ smile, chuckle, grin, giggle, sneer

- Vicky *laughed* at the story which was rather a tragedy.
  비키는 다소 비극적인 이야기를 듣고 웃었다.

describe
[diskráib]

(말로) 묘사하다

㊌ description, descriptive
㊌ rehearse, recite, recount, narrate, relate, say, depict, account, delineate, portray

- John could not *describe* well what had happened to him.
  자신에게 일어난 것을 존은 잘 설명할 수 없었다.

main
[mein]

주된

㊌ chief, principal, major, capital, prime, primary

- The *main* office of this company is located in New York.
  이 회사의 본사는 뉴욕에 있다.

jump
[dʒʌmp]

뛰다, 뛰어오르다

㊌ leap, hop, bound, skip, spring, vault

- The little boy *jumped* into his bed when his mother came to see whether he was sleeping.
  자고 있는지를 어머니가 보러 오자 어린 소년은 침대 위로 뛰어올랐다.

moment
[móumənt]

순간

㊀ minute, second, instant, flash

- Please wait for a *moment*, I'll connect you with his office.
  그의 사무실에 연결해 드리겠습니다. 잠깐만 기다려 주십시오.

continue
[kəntínjuː]

계속하다, 연속하다

㊅ continuous
㊀ last, endure, persist, persevere

- The ceremony had *continued* for more than three hours and all the participants were tired of it.
  행사는 3시간 이상 계속됐고 참석자 모두는 지루해졌다.

burn
[bəːɾn]

타오르다, 타다

㊀ flame, bake, roast, broil, grill

- It smells like something is *burning* in the kitchen.
  부엌에서 무엇인가 타고 있는 냄새가 난다.

skin
[skin]

피부

㊀ hide, pelt, fur, leather, rind, bark, peel, integument

- Laura has very delicate *skin*, so she never goes outside without her hat.
  로라는 피부가 매우 약해서 외출할 때는 꼭 모자를 쓴다.

choose
[tʃuːz]

선택하다

㊅ choice
㊀ select, elect, prefer, pick

- Fred *chose* to become a lawyer because he was a good speaker.
  프레드는 웅변을 잘해서 변호사가 될 길을 선택했다.

kill
[kil]

죽이다

㊀ slay, murder, assassinate, slaughter, butcher, massacre, execute

- The kidnapper *killed* the little girl and buried her under the tree.
유괴범은 소녀를 죽이고 나무 밑에 묻었다.

strange
[streindʒ]

미지의, 기묘한

㊌ odd, curious, peculiar, queer, eccentric, unconventional, anomalous

- A *strange* looking man is walking around your house.
수상한 사람이 당신의 집 주위를 배회하고 있다.

speak
[spi:k]

말하다

㊌ talk, converse, say, tell, state, utter, articulate

- When making an oral report, you should stand up straight and *speak* loudly.
구두 보고를 할 때 똑바로 서서 크게 말해야 한다.

famous
[féiməs]

유명한

㊌ famed, renowned, celebrated, distinguished, eminent, noted, well-known

- The little village is very *famous* for its beautiful scenery.
그 작은 마을은 아름다운 경치로 매우 유명하다.

position
[pəzíʃən]

직업, 지위, 위치

㊌ post, office, place, situation

- He had a good *position* in that company, but was recently dismissed.
그는 그 회사에서 높은 지위에 있었지만 최근에 해고되었다.

increase
[inkrí:s]

늘리다, 증대시키다

㊌ augment, enlarge, multiply, dilate
㊌ decrease

- Pro-wrestles are forced to *increase* their weight.
프로 레슬러는 체중을 늘릴 것을 요구받는다.

decrease
[diːkríːs]

줄다

㈜ lessen, diminish, reduce, abate, dwindle, shrink, wane, subside, ebb

㈝ increase

- The population of this country *decreased* remarkably as a result of the war.
  이 나라의 인구는 전쟁에 의해 현저히 감소했다.

lead
[liːd]

이끌다, 안내하다

㈜ conduct, direct, guide, show, induce, entice

- Please *lead* the next guest in.
  다음 손님을 안내해 주세요.

beat ①
[biːt]

치다, 두드리다

㈜ strike, hit, pound, trash, knock, punch, slap

- The child was *beaten* by his mother for telling her a lie.
  그 아이는 어머니에게 거짓말을 해서 매를 맞았다.

beat ②

패배시키다, 무찌르다

㈜ defeat, conquer, overcome, overthrow

- Edbery *beat* Lendl and won the championship.
  에드베리는 랜들을 패배시키고 우승했다.

lift
[lift]

들어올리다, 올리다

㈜ raise, rear, hoist, heave, boost

- The young man *lifted* the wheelchair and carried it up the stairs.
  젊은이는 휠체어를 들어올려서 계단 위까지 옮겨갔다.

huge
[hjuːdʒ]

거대한, 막대한

㈜ vast, enormous, immense, tremendous, colossal, gigantic, bulky

- The new campus is so *huge* that I always get lost.
  새 캠퍼스는 매우 커서 나는 항상 길을 잃는다.

dead
[ded]

죽은, 죽어 있는

㊀ deceased, late, lifeless, extinct

- The *dead* man had left behind a great fortune, but there was no one to succeed him.
  죽은 남자는 막대한 재산을 남겼지만 뒤를 이을 사람이 없었다.

process
[práses]

진행, 경과

㊀ procedure, course, proceeding

- Please look into the ceremonial *process* before it actually starts.
  행사의 진행을 시작하기 전에 체크해 주십시오.

hurry
[hə́:ri]

서두르다, 빨리하다

㊀ hasten, speed, rush, dash, urge, accelerate

- *Hurry* up, or we'll be late for the show.
  서두르지 않으면 쇼에 늦겠어요.

oppose
[əpóuz]

반대하다

㊀ object, protest, resist, withstand, thwart, confront

- Most of the students *opposed* the rescheduling of the exam.
  시험 일정의 변경에 대다수의 학생이 반대했다.

opposite
[ápəzit]

반대의, 역의

㊀ contrary, reverse, contradictory

- The witness was standing on the *opposite* side of the street when the car crashed into the house.
  차가 집에 충돌했을 때 목격자는 길의 반대쪽에 서 있었다.

fear
[fiər]

두려움, 공포

㊀ dread, fright, terror, horror, panic

- Peter is studying very hard for *fear* that he'll be scolded by his mother.
  피터는 어머니의 꾸짖음을 두려워해서 매우 열심히 공부하고 있다.

fight
[fait]

싸움

⊛ war, battle, combat, action, engagement, conflict

- His *fight* against cancer ended with his death.
  암과의 싸움은 그의 사망으로 끝났다.

gather
[gǽðər]

모으다

⊛ collect, assemble, congregate, aggregate

- My mother *gathered* enough feathers to make a new pillow.
  어머니는 새 베개를 만들기 위해 충분한 깃털을 모았다.

quiet
[kwáiət]

조용한

⊛ still, calm, silent, noiseless, hushed, tranquil, serene

- The room was full of people but still very *quiet*.
  방은 사람들로 가득 찼지만 매우 조용했다.

support
[səpɔ́:rt]

지탱하다, 지지하다

⊛ back, maintain, sponsor, sustain, uphold, advocate, endorse

- The revolutionary movement was *supported* by people all over the country.
  혁명운동은 국민 모두의 지지를 받았다.

noise
[nɔiz]

소음

⊛ hubbub, din, racket, clatter, rattle, uproar

- Nobody can sleep for the *noise* of these airplanes landing and taking off all the time.
  종일 이착륙하는 이 비행기들의 소음 때문에 모두가 잠들 수 없다.

purpose
[pə́:rpəs]

목적

⊛ aim, end, goal, object, objective, intent, intention

- His *purpose* in life is to become rich.
  그의 인생의 목표는 부자가 되는 것이다.

event
[ivént]

행사, 사건

[유] incident, happening, occurrence, accident, episode

- What was the most impressive *event* of the year?
  금년에 최고 인상적인 사건은 무엇입니까?

smell
[smel]

냄새

[유] odor, scent, fragrance, perfume, aroma

- The sweet *smell* of roses filled the room.
  방 안은 장미의 향기로운 냄새로 가득 차 있었다.

shine
[ʃain]

빛나다, 비추다

[유] beam, flash, glare, gleam, glisten, glitter, glow, sparkle, twinkle

- The sun *shining* and the wind lightly blowing, it' s a great day to spend at the beach.
  태양은 비추고 바람은 가볍게 불고 해변에서 지내기 매우 좋은 날이다.

enemy
[énəmi]

적

[유] foe, opponent, adversary, antagonist

- He is a very unkind person and has many *enemies*.
  그는 매우 불친절해서 많은 적을 가지고 있다.

provide
[prəváid]

공급하다

[파] provision
[유] supply, furnish, equip, afford

- The boss *provided* his new secretary with a word processor.
  상사는 새 비서에게 워드 프로세서를 주었다.

throw
[θrou]

던지다

[유] cast, fling, hurl, pitch, toss

- He *threw* the ball to me but I couldn' t catch it.
  그는 나에게 공을 던졌지만 받을 수 없었다.

quickly
[kwíkli]

빨리, 신속히, 급히

㊌ fast, rapidly, swiftly, speedily, hastily, promptly, readily, immediately

- He walked away so *quickly* that I didn't even have time to say "hi."
  그는 매우 빨리 걸어갔기 때문에 나는 「안녕」이라고 인사할 시간조차 없었다.

danger
[déindʒər]

위험

㊂ endanger, dangerous
㊌ hazard, jeopardy, peril, risk, menace, liability
㊐ security, safety

- After examining his symptoms carefully, the doctor assured the patient that he wasn't in any *danger*.
  그의 증상을 주의 깊게 조사한 후 의사는 환자에게 더 이상은 위험하지 않다고 확신시켰다.

replace
[ripléis]

대신하다

㊂ replacement
㊌ displace, supersede, succeed, substitute

- The Vice President *replaced* the President only a few hours after latter's death.
  대통령의 사후 수 시간만에 부통령이 대통령을 대신했다.

surprise
[sərpráiz]

놀라게 하다

㊌ astonish, amaze, astound

- I was *surprised* to hear that Kate had dropped out from school.
  케이트가 퇴학당했다는 소식을 듣고 매우 놀랐다.

empty
[émpti]

비어 있는

㊌ vacant, blank, void, vacuous, unoccupied

- People heard a scream from the *empty* house.
  빈 집에서 비명소리가 들려왔다.

worry ①
[wə́:ri]

근심시키다, 걱정하다

유 annoy, bother, vex, harass, plague, poster, tantalize, hector, molest, persecute

- The continuous siren *worried* her.
  사이렌이 계속 울려서 그녀는 걱정했다.

worry ②

심려, 불안

유 concern, anxiety, care, apprehension, solicitude

- The old man looked worn out from *worry* over his wife's disappearance.
  노인은 부인의 실종을 염려해서 지쳐 보였다.

height
[hait]

높이, 고도

유 altitude, elevation, stature
반 depth, abyss

- No one has ever measured the *height* of that mountain.
  저 산의 높이를 측정한 사람은 아무도 없다.

escape
[iskéip]

달아나다, 도망하다

유 flee, avoid, elude, evade

- The murderer *escaped* from the prison just a few days before his execution.
  살인범은 사형집행 꼭 수일 전에 탈옥했다.

view
[vju:]

보기

유 sight, scene, scenery, prospect, vista, panorama

- I want to live in an apartment house with an ocean *view*. 나는 바다가 보이는 아파트에 살고 싶다.

hungry
[hʌ́ŋgri]

배고픈

[파] hunger
[유] famished, starved, starving

- I didn' t have time to eat breakfast this morning and I' m so *hungry*.
  오늘 아침식사를 할 시간이 없었기 때문에 배가 매우 고프다.

---

price
[prais]

가격

[유] cost, charge, fare, fee

- The *price* of the car was not as high as he had expected.
  그 자동차의 가격은 그가 생각했던 것만큼 비싸지 않았다.

---

manner
[mǽnər]

태도

[유] air, attitude, bearing, deportment, pose, posture, behavior

- Though Albert had behaved in an erratic *manner*, he was actually a very calm person.
  괴팍한 태도를 취했을 지라도 알버트는 매우 조용한 사람이다.

---

connect
[kənékt]

연결되다

[유] combine, join, conjoin, link, unite, associate, relate
[반] disconnect, disjoin

- The factory was *connected* directly to the port by a railway.
  그 공장은 철도로 항구와 직접 연결되어 있다.

---

appear-ance
[əpíərəns]

외견, 출현

[파] appear, apparent
[유] look, aspect, semblance, emergence

- You can never tell about person' s personality just by looking at his *appearance.*
  외견을 보는 것만으로는 사람의 성격을 결코 알 수 없다.

disappear
[dìsəpíə*r*]

사라지다

㋴ fade, vanish

㋫ appear

- Without saying good-bye, she *disappeared* into the crowd.
  그녀는 안녕이라는 말도 없이 군중 속으로 사라졌다.

effort
[éfə*r*t]

노력

㋴ endeavor, application, exertion, attempt, struggle

- The student made very *effort* to pass the exam.
  그 학생은 시험에 합격하기 위해 많은 노력을 했다.

affect
[əfékt]

영향을 미치다, 마음을 움직이다

㋐ affection, affectionate

㋴ effect, influence

- Strict regulations at school definitely *affect* the children's independence.
  엄한 교칙은 확실히 학생들의 자립심에 영향을 미친다.

disease
[dizí:z]

질병

㋴ sickness, illness, disorder, ailment, malady, epidemic

- Asthma is a *disease* that has run in my family for three generations.
  천식은 우리 가족 3대에 걸친 질병이다.

quality
[kwáləti]

질, 성질

㋴ property, character, characteristic, nature, attribute, feature, trait

- It's not how much you've studied, but how well you've studied; in other words, *quality* is more important than quantity.
  얼마나 많이 공부하는가가 아니라 얼마나 열심히 공부하는가가 다시 말하면, 질이 양보다 중요하다.

series
[síəriːz]

일련, 한 벌

㊌ sequence, succession, chain, string, streak

- You must win a *series* of seven games before playing in the championship.
  결승전에 진출하기 위해서는 7게임을 연속해서 이겨야 한다.

sad
[sæd]

슬픈

㊌ sorrowful, gloomy, melancholy, despondent

- He had a *sad* look on his face.
  그는 슬픈 표정을 하고 있었다.

shake
[ʃcik]

흔들다

㊌ tremble, quake, quiver, shiver, shudder, vibrate, sway

- You'd better go see a doctor; you're practically *shaking*.
  의사에게 진찰받으러 가는 것이 좋아요. 실제로 흔들리고 있으니까요.

meeting
[míːtiŋ]

모임, 회합

㊌ assembly, gathering, party, rally, conference, convention, get-to-together

- We decided to hold our first club *meeting* in the first week of March.
  3월 첫째 주에 우리 클럽의 제1회 모임을 갖기로 결정했다.

fat
[fæt]

뚱뚱한

㊌ fleshy, stout, plump, chubby, corpulent

- Diana only eats vegetable, but she's still *fat*.
  다이아나는 야채만 먹지만 아직 뚱뚱하다.

demand
[dimǽnd]

요구하다

㊌ claim, require, ask

- The police *demanded* the dissolution of the anti-war rally.
  경찰은 반전집회의 해산을 요구했다.

prevent
[privént]

막다

㉺ preventive, prevention
㊨ hamper, hinder, impede, thwart, obstruct

- The administration of the college tried to *prevent* students from attending political rallies.
  대학 당국은 학생들이 정치집회에 참가하는 것을 막으려 했다.

brave
[breiv]

용감한, 용기있는

㉺ bravery
㊨ courageous, bold, fearless, gallant, chivalrous

- The *brave* young man jumped into the freezing pond and rescued the child.
  용감한 젊은이가 얼어붙은 연못을 뚫고 뛰어들어 아이를 구조했다.

mistake
[mistéik]

잘못

㊨ error, blunder, slip, fallacy, fiasco

- I made three *mistakes* in today's test.
  나는 오늘 시험에서 3개를 틀렸다.

perfect
[pə́:rfikt]

완전한, 완벽한

㊨ complete, intact, entire, whole, total, gross, faultless, unblemished, consummate
㉪ imperfect

- I'm very proud of you. You've done almost *perfect* work.
  당신을 매우 자랑스럽게 생각합니다. 거의 완벽한 일을 해 주셨습니다.

expand
[ikspǽnd]

확장하다, 늘리다

㉺ expansion
㊨ swell, dilate, distend, inflate, extend, enlarge

- The annual budget of the nation is *expanding* year after year.
  국가의 일년 예산은 매년 늘어나고 있다.

custom
[kʌ́stəm]

습관

㉔ customary
㉔ habit, practice, manners, convention

- The Joneses make it a *custom* to have supper at 6:00 p.m. every day.
  존슨가의 사람들은 매일 저녁 6시에 식사를 하는 것이 습관이다.

refuse
[rifjú:z]

물리치다, 거절하다

㉔ refusal
㉔ decline, reject, spurn, rebuff

- Andy *refused* to sign a new contract and started to work as a free-lancer.
  앤디는 새 계약에 서명하는 것을 거절하고 사유계약자로 일을 시작했다.

pretend
[priténd]

가장하다

㉔ pretense, pretentious
㉔ affect, assume, feign, simulate, fake

- I *pretended* to be working very hard though actually didn't feel like doing anything.
  나는 열심히 근무하는 체하고 있지만 사실 아무것도 할 기분이 아니었다.

attract
[ətrǽkt]

끌다, 매료하다

㉔ attractive
㉔ charm, fascinate, enchant, allure

- Her new dress *attracted* everyone at the party.
  그녀의 새 드레스는 파티 참가자 모두의 눈을 끌었다.

teach
[ti:tʃ]

가르치다

㉔ instruct, educate, train, tutor, enlighten, discipline, drill

- Professor Phillips has *taught* French at this college for 20 years.
  필립스 교수는 이 대학에서 20년간 프랑스어를 가르치고 있다.

border
[bɔ́ːrdər]

경계, 가장자리

⑨ edge, brim, rim, margin, periphery, verge, brink

- The big old house stood on the *border* of the forest.
  그 옛집은 숲가에 있었다.

opportunity
[ɑ̀pərtjúːnəti]

기회

㉪ opportune
⑨ chance, occasion

- I was very glad that Professor Adams gave me the *opportunity* to give an oral report.
  아담스 교수가 구두로 레포트를 할 기회를 주어서 매우 기뻤다.

advantage
[ədvǽntidʒ]

유리, 이익, 이점

㉪ advantageous
⑨ benefit, profit, vantage, convenience
㉫ disadvantage

- What are the *advantages* of studying abroad?
  해외에서 공부하는 이점은 무엇입니까?

discussion
[diskʌ́ʃən]

논의, 토의

㉪ discuss
⑨ argument, debate, controversy, dispute

- The chairperson avoided further *discussion* on the matter by adjourning the committee.
  의장은 위원회를 휴회해서 그 건에 관하여 더 이상의 논의를 피했다.

reveal
[rivíːl]

폭로하다

㉪ revelation
⑨ disclose, divulge, expose, unveil

- The politician had to retire for his scandal was *revealed*.
  스캔들이 폭로되어서 그 정치가는 은퇴해야 했다.

eager
[í:gər]

열망하는, 열심한

㊀ anxious, keen, intent, ardent, fervent, enthusiastic, zealous

- Judy was very *eager* to visit her father after her parents got divorced.
쥬디는 양친이 이혼한 후 아버지를 매우 만나고 싶어했다.

succeed
[səksí:d]

성공하다

㊀ flourish, prosper, thrive

- Rodger somehow *succeeded* in passing the final exam.
로저는 어떻든 기말시험에 합격했다.

repair
[ripέər]

고치다, 수리하다, 보상하다

㊁ reparation
㊀ mend, patch, fix, restore, renovate, amend

- I had my watch *repaired* at the department store, but they charged me more than what I had paid for it.
백화점에서 시계를 수리했지만 산 가격보다 높은 가격의 청구서를 받았다.

admit
[ədmít]

인정하다

㊁ admission, admittance
㊀ confess, allow, permit, acknowledge, grant

- Eddy never *admits* his mistakes under any circumstances.
에디는 어떤 상황에 처해서도 자신의 실수를 인정하지 않는다.

essential ①
[isénʃəl]

본질적인

㊀ inherent, intrinsic

- The President avoided discussing the *essential* problems and embellished his speech with all sorts of flowery words.
대통령은 본질적인 문제의 논의를 회피하고 연설을 미사여구로 장식했다.

essential ②

필수적인

㊤ needful, necessary, indispensable, requisite, vita.

- Electricity is *essential* in our lives today.
  전기는 오늘날 우리의 생활에 필수적이다.

---

intend
[inténd]

~할 작정이다, ~하려고 생각하다

㊟ intention
㊤ mean, design, propose, purpose, contemplate

- The Premier had *intended* to increase the military budget and he was successful.
  수상은 국방예산을 증가시킬 의향이었고 그것에 성공했다.

---

clever
[klévər]

영리한, 현명한

㊤ wise, bright, smart, intelligent, intellectual, ingenious

- Steve was *clever* enough to pay the bill only after he had received the goods from the mail-order firm.
  스티브는 통신판매회사에서 상품을 받은 후에 지불을 할 정도의 분별은 있었다.

---

healthy
[hélθi]

건강한, 건강에 좋은

㊤ well, sound, wholesome, sanitary, hygienic, nutritious, nourishing, salutary

- What makes you look so *healthy* and happy?
  어떻게 그렇게 건강하고 행복해 보이십니까?

---

confuse
[kənfjúːz]

당황케 하다, 혼란시키다

㊤ bewilder, confound, embarrass, disconcert, dismay, puzzle, perplex, mingle, abash

- I was *confused* by his order for us not to move.
  움직이지 말라는 그의 명령은 나를 당황케 했다.

---

peaceful
[píːsfəl]

평화적인

㊤ peaceable, pacific, placid

- He wanted a *peaceful* life and nothing else.
  우리는 평화스러운 생활 이외에 아무것도 원치 않았다.

confusion
[kənfjúːʒən]

혼란, 난잡

㊌ disorder, mess, chaos, muddle, perplexity, turmoil

- After the new evidence was presented, the court fell into a state of *confusion.*
  새로운 증거가 제시된 후 법정은 혼란상태가 되었다.

belief
[bilíːf]

믿음, 신념

㊉ believe
㊌ faith, trust, confidence, conviction

- It has long been Nancy's *belief* that good dreams never come true.
  좋은 꿈은 결코 실현되지 않는다는 낸시의 믿음은 오랜 것이다.

threaten
[θrétən]

위협하다

㊌ menace, intimidate, endanger

- Professor Morris *threatened* to give me an "F" if I don't attend his class.
  모리스 교수는 강의에 출석하지 않으면 낙제점을 줄 것이라고 나를 위협했다.

complain
[kəmpléin]

불평을 말하다

㊉ complaint
㊌ grumble, growl, murmur, whine, lament

- Don't just *complain* about the situation, try to find a solution.
  상황에 대해 불평하지 말고 무엇인가 해결방법을 찾으시오.

delighted
[diláitid]

기뻐하는, 즐거워하는

㊌ glad, pleased, cheerful, joyful

- I'm very *delighted* that you've come back again.
  당신이 다시 돌아와 주어서 나는 매우 기쁘다.

splendid
[spléndid]

훌륭한, 화려한

- 㕼 gorgeous, glorious, sublime, superb, magnificent, dazzling, imposing

- The surprise party was a *splendid* idea, but somebody forgot to invite Nathan.
  깜짝파티는 훌륭한 아이디어였지만 네이든을 초청하는 것을 잊었다.

---

defend
[difénd]

지키다

- 파 defense, defensive
- 㕼 guard, preserve, protect, secure, shield, shelter
- 반 offend, attack

- It's impossible to *defend* your country by armed forces alone.
  군대만으로 나라를 지키는 것은 불가능하다.

---

severe
[sivíər]

엄한

- 㕼 stern, strict, stringent, harsh, trenchant, keen, rigid

- When evaluating his students, Professor Foster is very *severe*.
  학생의 성적평가에 관해서 포스터 교수는 매우 엄격하다.

---

outstand-ing
[àutstǽndiŋ]

눈에 띄는, 현저한

- 㕼 conspicuous, noticeable, prominent, eminent, remarkable

- Jeff was an *outstanding* student, not only in classes but also in the field.
  제프는 학업만이 아니고 운동에서도 뛰어난 학생이었다.

---

abandon
[əbǽndən]

버리다, 단념하다

- 㕼 desert, forsake, renounce, relinquish

- The company *abandoned* its plan to build a new factory in this area.
  그 회사는 이 지역에 새로운 공장을 세우는 계획을 단념했다.

anger
[ǽŋgər]

노여움; 화나게 하다

파 angry

유 indignation, resentment, rage, fury, wrath, infuriate, enrage

- When Sheila came home after spending the night at Johnny's place, her father was red with anger.
  실러가 죠니와 함께 하룻밤을 보내고 집에 돌아오자 그녀의 아버지는 화냈다.

hesitate
[hézətèit]

망설이다

유 waver, falter, vacillate

- The student *hesitated* to speak up as his opinion contradicted the professor's viewpoint.
  의견이 교수의 견해와 모순되어서 그 학생은 순간 입을 여는 것을 망설였다.

distinguish
[distíŋgwiʃ]

구별하다, 분별하다

파 distinction, distinct

유 differentiate, discriminate, classify, categorize

- Joy's eyesight is so remarkable she can *distinguish* her boy friend even if he's 500 meters away.
  죠이의 시력은 매우 뛰어나서 500m 떨어져 있어도 남자친구를 분별할 수 있다.

govern
[gʌ́vərn]

다스리다, 관리하다

파 government

유 rule, reign, control, administer, supervise, superintend

- The small school in the village is *governed* by the representatives of the villagers.
  마을의 작은 학교는 마을 사람들의 대표에 의해 관리된다.

obvious
[ábviəs]

뚜렷한, 명백한

유 plain, distinct, evident, apparent, clear, manifest, patent

- It was *obvious* that the politician had accepted a bribe.
  그 정치가가 뇌물을 받은 것은 명백했다.

hint
[hint]

힌트, 넌지시 알림; 넌지시 알려주다

㊙ intimate, insinuate, imply, suggest

- Irene has *hinted* to me that she doesn't want to go out with me any more.
  아이린은 더 이상 나와 외출하고 싶지 않다고 넌지시 알려주었다.

disturb
[distə́:rb]

방해하다

㊵ disturbance
㊙ agitate, discompose, interrupt

- I was *disturbed* by the noise outside.
  나는 밖에서 나는 소음에 방해받았다.

roam
[roum]

배회하다, 방랑하다

㊙ ramble, rove, stray, wander, stroll

- Ellis has finally reached the West Coast after *roaming* all over the U.S. for the past 10 months.
  엘리스는 과거 10개월 동안 미국을 방랑하고 결국 서해안에 도착했다.

injure
[índʒər]

상처입히다

㊵ injury, injurious
㊙ hurt, wound, harm, damage, impair, mar, spoil, ruin

- Ned was seriously *injured* in the train accident.
  네드는 열차사고로 중상을 입었다.

poison
[pɔ́izən]

독

㊵ poisonous
㊙ toxin, venom, bane

- The child was killed by *poison* mixed into the milk.
  아이는 우유에 탄 독으로 살해됐다.

surrender
[səréndər]

항복하다

㊙ submit, succumb, yield, capitulate

- Japan *surrendered* unconditionally to the Allied Forces in the summer of 1945.
  일본은 1945년 여름 연합군에 무조건 항복했다.

polite
[pəláit]

예의바른, 정중한

㉔ civil, courteous, courtly, genteel, urbane
㉰ impolite

- Kate was very *polite* but didn't accept the proposal.
  케이트는 매우 정중했지만 결코 그 제안을 받아들이지 않았다.

inform
[infɔ́:rm]

알리다, 통지하다

㉕ informative
㉔ acquaint, notify, advise

- Please *inform* me whenever you hear anything about Charles.
  찰스에 관해서 무엇인가 들으면 나에게 알려주세요.

stupid
[stjú:pid]

어리석은

㉕ stupidity
㉔ silly, foolish, dull, fatuous, absurd, ridiculous, ludicrous, preposterous, dumb, idiotic

- How *stupid* of you to neglect her proposal!
  그녀의 제안을 거절하다니 너 정말 바보같구나!

patience
[péiʃəns]

인내, 참을성

㉕ patient, impatient
㉔ endurance, fortitude, forbearance

- Gayle had the *patience* to take care of the baby all night.
  게일은 밤새 아기를 돌보는 수고를 했다.

distribute
[distríbju:t]

나누다, 분배하다

㉔ dispense, divide, deliver, allot, assign

- The teacher *distributed* the materials to all the students present.
  교사는 출석한 학생 모두에게 자료를 배포했다.

emergency
[imə́ːrdʒənsii]

긴급(사태)

㉠ emergence, emergent
㉡ crisis, pinch, straits, urgency

- The hotel had several *emergency* exits but no one knew where they were.
  그 호텔에는 어디엔가 비상구가 있었지만 아무도 그곳을 알지 못했다.

similarity
[sìmələ́rəti]

비슷한 것, 유사

㉠ similar
㉡ likeness, resemblance, analogy, similitude

- The two girls have so many *similarities* aside from just appearance and accents.
  두 소녀는 외견과 액센트 외에도 많은 닮은 점이 있다.

phase
[feiz]

면, 국면

㉡ aspect, side, facet, angle

- If you're majoring in social anthropology, it's necessary to study every *phase* of man's social life.
  사회인류학을 전공하고 있다면 인간의 사회생활의 모든 면에 관하여 연구가 필요하다.

approve
[əprúːv]

승인하다, 허가하다

㉡ endorse, uphold, authorize, confirm, sanction, certify, ratify, validate
㉢ disapprove

- Despite the President's strong opposition, the bill was *approved* by the Congress.
  대통령의 강력한 반대에도 불구하고 그 법안은 의회에서 가결되었다.

moral
[mɔ́(ː)rəl]

도덕적인

㉡ ethical, virtuous, righteous, upright
㉢ immoral

- Man is said to be a *moral* animal, but then most politicians are not men.
  인간은 도덕적인 동물이라 일컫는다. 그렇다면 대부분의 정치가는 인간이 아니다.

possession
[pəzéʃən]

소유물, 〈복수형으로〉 재산

㊤ property, belongings, effects, estate, assets

- The landlady had a great many *possessions* which were of no value to other people.
  여지주는 많은 재산을 가지고 있었지만 타인에게는 가치가 없는 것이었다.

---

migrate
[máigreit]

이주하다

㊤ emigrate, immigrate, resettle

- Tony's grandfather *migrated* from Italy to the U.S. in 1910.
  토니의 할아버지는 1910년에 이태리에서 미국으로 이주했다.

---

innocent
[ínəsnt]

죄없는

㊤ blameless, guiltless

- Naturally, the accused claimed that he was *innocent*.
  피고는 당연히 자신의 무죄를 주장했다.

---

tendency
[téndənsi]

경향

㊤ direction, trend, drift, tone, inclination, disposition

- There exists a *tendency* toward political apathy among college students.
  정치에 대하여 관심을 나타내지 않는 경향이 대학생들 사이에 있다.

---

inclination
[ìnklənéiʃən]

경향, ~하고 싶은 기분

㊤ leaning, bent, propensity, proclivity

- Martha married the rich old man against her *inclination*.
  마사는 마음내키지 않는 나이 많은 부자와 결혼했다.

---

sympathy
[símpəθi]

동정, 연민

㊏ sympathize
㊤ compassion, pity, commiseration
㊦ apathy, antipathy

• Jenny felt much sympathy for the starving children in Africa.
제니는 아프리카의 기아상태에 있는 아이들에게 많은 동정을 느꼈다.

regret
[rigrét]

후회8, 유감

[유] penitence, repentance, remorse

• The prime minister expressed regret for the scandal.
수상은 스캔들에 유감의 뜻을 나타냈다.

disgust
[disgʌ́st]

혐오(하다)

[유] dislike, detestation, antipathy, aversion, loathing, repugnance, abhorrence

• Dorothy felt *disgust* at Tom' s terrible behavior.
도로시는 톰의 지독한 행위에 혐오를 느꼈다.

rely
[rilái]

신뢰하다, 믿다

[파] reliance, reliant
[유] depend, trust, count, reckon

• After entering college, you should not *rely* financially on your parents.
대학에 입학한 후에는 재정면에서 양친에게 의존하지 말아야 한다.

weird
[wiərd]

무시무시한, 불가사의한

[유] eerie, unearthly, uncanny, supernatural, strange

• Many villagers heard *weird* sounds from the old castle on stormy nights.
많은 마을 사람들이 폭풍우 치는 밤에 고성에서 들려오는 무시무시한 소리를 들었다.

rude
[ru:d]

무례한

[유] impolite, discourteous, uncivil, coarse, vulgar

• As Professor Briggs is your supervisor, don' t be *rude* to him.
브릭스 교수는 당신의 지도교수이기 때문에 그에게 무례해서는 안 된다.

hostile
[hάstail]

적의있는, 적대하는

㊀ unfriendly, inimical, antagonistic, opposed, adverse, averse

- I don't know why but Fred is always *hostile* to me.
  왠지는 모르지만 프레드는 나를 적대한다.

stimulate
[stímjəlèit]

자극하다, 장려하다, 권하여 ～시키다

㊀ stimulative, stimulant, stimulus
㊀ excite, provoke, stir, activate, incite, spur, motivate, instigate

- What *stimulates* students to study hard nowadays?
  요즈음에는 무엇이 학생들을 열심히 공부하도록 자극하는가?

stubborn
[stʌ́bərn]

완고한

㊀ dogged, obstinate, persistent, perseverant, tenacious, perverse, intractable, stiff, die-hard

- My neighbor is so *stubborn* that he never listens to what other poeple say.
  이웃 사람은 너무 완고해서 타인이 말하는 것에 귀를 기울이지 않는다.

insult
[ínsʌlt]

모욕하다

㊀ affront, offend, outrage

- Pat *insulted* the old lady by not going to her house on the appointed day.
  약속일에 집을 방문하지 않음으로 패트는 그 노부인을 모욕했다.

ignorant
[ígnərənt]

무지의, 무학의

㊀ illiterate, uneducated, unlettered

- Harry is an *ignorant* man, but he knows how to make a living.
  해리는 무지한 남자이지만 생활하는 방법은 알고 있다.

apt
[æpt]

～하기 쉬운, ～의 경향이 있는

㊀ liable, prone, subject, susceptible, inclined, likely, disposed

- The old lady is *apt* to think of only bad things.
  그 노부인은 나쁜 일만 생각하는 경향이 있다.

obstacle
[ǽbstəkl]

장애, 방해

㊠ obstruction, hindrance, impediment, barrier, interference

- His lack of education has always stood as an *obstacle* to his success.
  교육을 받지 못한 것이 그의 성공을 항상 가로막았다.

criticize
[krítisàiz]

비평하다, 비판하다

㊐ criticism, critical, critic
㊠ blame, censure, condemn, denounce

- The new play was *criticized* terribly by all the critics.
  그 새 연극은 모든 비평가에게 혹평을 받았다.

dismiss
[dismís]

가게 하다, 해고하다, 포기하다, 각하하다

㊠ discharge, fire, release, discard, reject

- I think the new secretary will be *dismissed* soon, because she doesn't even know how to type.
  타자 칠 수 없기 때문에 새 비서는 곧 해고되리라고 생각한다.

forbid
[fərbíd]

금지하다

㊠ prohibit, inhibit, ban, taboo
㊤ allow, permit

- We are *forbidden* to take tape recorders to Professor Hallow's classes.
  해로우 교수의 강의에는 녹음기를 가지고 들어가는 것을 금지하고 있다.

irritate
[írətèit]

짜증나게 하다, 화나게 하다

㊠ exasperate, provoke, aggravate, vex

- Sandy was *irritated* by his indecision.
  샌디는 그의 우유부단에 짜증이 났다.

compute
[kəmpjúːt]

계산하다, 산출하다

㈜ calculate, estimate, reckon, figure

- The treasurer of our club *computed* last year's annual expenses.
  우리 클럽의 회계는 작년의 연간 경비를 계산했다.

excessive
[iksésiv]

과도한

㈜ excess
㈜ immoderate, extravagant, exorbitant, inordinate, disproportionate

- The driver of the taxi I took from the airport asked for an *excessive* amount.
  공항에서 탄 택시운전수는 지나친 요금을 청구했다.

accidental
[æ̀ksidéntəl]

우연의, 우발적인

㈜ accident
㈜ casual, incidental, fortuitous, contingent

- I had an *accidental* meeting with Sandy the other day.
  나는 전에 샌디와 우연히 만났다.

reluctant
[rilʌ́ktənt]

싫어하는, 꺼리는

㈜ reluctance
㈜ unwilling, hesitant, disinclined, indisposed, loath, averse

- Dan was *reluctant* to speak, because he had a sore throat.
  댄은 목이 아파서 말하기를 꺼렸다.

obedient
[oubíːdiənt]

순종하는

㈜ obey, obedience
㈜ compliant, docile, amenable, acquiescent

- Wendy is always very *obedient* to her parents.
  웬디는 항상 양친에게 순종하고 있다.

allude [əlúːd]	언급하다, 암시하다 ㊉ allusion, allusive ㊌ refer, mention, hint • The Congress only *alluded* to the problem of tax reduction. 감세문제에 관해서 의회는 단지 암시만 했다.
foretell [fɔːrtél]	예언하다 ㊌ prophesy, predict, foresee, forecast, anticipate • Marianne can *foretell* your future just by looking at your face. 메리안은 당신의 얼굴을 보는 것만으로 미래를 예언할 수 있다.
predica -ment [pridíkəmənt]	곤경 ㊌ plight, quandary, jam, dilemma • The man was in a *predicament;* his wife disappeared, his son was in jail and his company went bankrupt. 그 남자는 부인의 실종, 자식의 투옥, 회사의 파산으로 곤경에 처해 있었다.
fluent [flúːənt]	유창한 ㊉ fluency ㊌ eloquent, glib, voluble • The man spoke such *fluent* English that everybody thought he was a native American. 그 남자는 실제 유창한 영어를 하고 있기 때문에 모두 그를 현지 미국인으로 생각했다.

angle
[ǽŋgl]

각(도), 입장; 기울이다

㈜ angular
㈜ standpoint, viewpoint

- Which *angle* do you think we should take the picture from?
  어느 각도가 사진을 찍기에 좋다고 생각합니까?

composi -tion
[kàmpəzíʃən]

조립, 조직, 혼합물, 작문, 타협

㈜ compositional, composite, compose
㈜ compound, structure, mixture, essay, compromise

- The subject of my *composition* will be the role of machines in Indian society.
  나의 작문 주제는 인디언 사회에서 기계의 역할이 될 것이다.

exist
[igzíst]

존재하다, 존속하다, 생존하다, 살아가다

㈜ existence, existent, existential, existentialism

- Wild bears do not *exist* in this area.
  이 지역에 야생 곰은 존재하지 않는다.

pine
[pain]

그리워하다, 갈망하다, 사모하다, 초췌해지다, 슬퍼하다

- He just sat in the corner and *pined* away after his mother died.
  모친의 사후에 그는 구석에 앉아서 슬퍼하고만 있었다.

flood
[flʌd]

홍수, 대범람; 범람시키다[하다], 쇄도하다

㈜ deluge, inundation, overflow, flash, torrent

- The *flood* drowned many people in Bangladesh.
  그 홍수로 방글라데시에서는 많은 사람이 물에 빠져 죽었다.

turkey
[tə́:*r*ki]

칠면조(고기), 매력없는 사람[사물]

- At Thanksgiving we eat *turkey* for dinners.
  추수감사절에 우리는 저녁식사로 칠면조를 먹는다.

robin
[rɑ́bin]

울새, 개똥지바귀

- The *robin* hopped across the lawn before flying away.
  울새는 잔디 위를 깡충깡충 뛰어건너서 날아갔다.

owl
[aul]

올빼미, 밤잠 안자는 사람, 점잔빼는 사람; 야간영업을 하는

- The *owl* hunted mice in the forest at night.
  올빼미는 밤에 숲 속에서 쥐를 사냥했다.

turtle
[tə́:*r*tl]

(수생의) 거북, 바다거북

- Some of these *turtles* are more than 75 years old.
  이 거북 중에는 75년 이상을 사는 것도 있다.

tortoise
[tɔ́:*r*təs]

(육생의) 거북, 동작이 느린 사람

- The *tortoise* moved very slowly across the yard.
  거북이 정원을 매우 천천히 횡단하고 있었다.

squirrel
[skwə́:rəl]

다람쥐, 다람쥐의 모피[고기]

- The *squirrel* saved the nuts in its hole for the winter.
  다람쥐는 겨울에 대비해서 나무열매를 구멍에 저장했다.

reptile
[répt*i*l]

파충류[양서]동물; 기어다니는, 파충류의, 하등의

파 reptilian
유 crawl, lower

- Snakes, lizards, and other *reptiles* are kept in the big green pavilion in the northernmost corner of the zoo.
  뱀, 도마뱀, 기타 파충류는 동물원의 제일 북쪽 큰 녹색의 전시관에 있다.

mammal
[mǽməl]

포유동물

㈜ mammalia, mammalian

- With very few exceptions, all *mammals* are born living and do not have to be incubated.
  약간의 예외를 제외하고 모든 포유동물은 태생이기 때문에 알이 필요 없다.

steep
[sti:p]

담그다, 몰두하다, 자욱하게 끼다

㈜ dip, soak, drench

- Harold's model rockets are made from cardboard *steeped* in a fireresistant solution.
  해롤드의 모형 로켓은 내화용액에 적신 판지로 만들어져 있다.

empire
[émpaiər]

제국, 제왕의 통치

㈜ emperor, empress

- The British *Empire* was once spread around the world.
  한때 대영제국은 세계의 패권을 잡았다.

primitive
[prímətiv]

원시(시대)의, 원시적인, 뿌리의, 근본의;
(문예부흥 이전의) 화가, 원시인

㈜ primitiveness
㈜ prehistoric, archaic, undeveloped

- The house was very *primitive* and only had a dirt floor.
  그 집은 매우 원시적이어서 더러운 마루만 있다.

saddle
[sǽdl]

안장(을 놓다), (자전거 등의) 안장; 부담을 지우다, 부과하다

- He put the *saddle* on the horse, so he could ride it.
  그는 안장을 얹고 말 등에 탈 수 있었다.

volcano
[vɑlkéinou]

화산, 분화구

㈜ volcanic, volcanology, volcanism, volcanize

- The *volcano* erupted covering the town with ash.
  화산이 폭발해서 마을을 재로 덮었다.

marble
[mɑ́:rbl]

대리석, 대리석 모양

㈜ marbled, marbleize, marbling

- The table was made of *marble* and was very heavy.
  그 테이블은 대리석으로 되어 있어서 매우 무겁다.

cone
[koun]

원추(형/모양의 것), (솔방울 등의) 둥근 열매

- When digging a hole in the road, place traffic *cones* in the street to warn cars of danger.
  도로를 팔 때에는 차에 위험을 경고하기 위해 원뿔 표식을 설치하세요.

mathemat -ics
[mæ̀θəmǽtiks]

수학, 계산

㈜ mathematical, mathematician

- *Mathematics* is the study of numbers and their operations.
  수학은 숫자와 그 연산에 관한 학문이다.

haul
[hɔ:l]

끌어당기다, 끌어내다, 차로 나르다, (수고해서) 가다, 체포하다, 풍향이 바뀌다; 획득

㈜ haulage, hauler
㈜ draw, drag, transport, arrest, apprehend, shift

- Trucks *hauled* the boxes to California.
  트럭이 그 상자를 캘리포니아로 수송했다.

toad
[toud]

두꺼비, 보기 싫은 놈[것]

- The *toad* sat on the rock eating flies.
  두꺼비가 바위 위에 앉아서 파리를 먹고 있었다.

thrust
[θrʌst]

세게 밀다, 찌르다, 떠맡기다, 밀고 들어가다, 강제로 하다; 돌격, 혹평, 목적

㈜ thruster
㈜ push, force, shove, stab, butt, pierce, puncture, penetrate

- I *thrust* a pointed stick into the ice to see how deep it was.
  나는 얼음에 지시봉을 찔러서 얼마나 두꺼운가를 조사했다.

oak
[ouk]

오크나무, 오크제품, 떡갈나무, 참나무 종류

- An *oak* has strong, hard wood.
  오크나무는 강하고, 단단한 재질을 가졌다.

slant
[slænt]

경사지게 하다, 경향이 있다, 왜곡하다; 경사, 편향, 기운

㊀ slope, tilt, lean, incline, heel, prejudice, bias

- The floor was *slanted* so that water would drain off.
  물이 밖으로 흘러나가도록 바닥이 기울어져 있었다.

hawk
[hɔːk]

매, 강경론자, 사기꾼; 매처럼 날다, 매파로 행동하다

㊀ hard-liner
㊁ dove

- The *hawk* is soaring in the sky looking for mice to eat.
  매가 먹이가 될 쥐를 찾느라 하늘을 날고 있다.

colt
[koult]

(수컷) 망아지, 미숙한 사람

- It is fun to watch the *colts* in the spring playing around the other horses.
  봄에 망아지가 다른 말들 주위에서 놀고 있는 것을 보는 것은 재미 있다.

literature
[lítərətʃər]

문학, 문헌, 문필

㊂ literary, literate

- Evidence of frequent wars among states is found in the historical chronicles of the Greeks as well as in their *literature*.
  국가간의 빈번한 전쟁의 증거는 그리스의 문학뿐 아니라 역사 연대기에서도 볼 수 있다.

uranium
[juəréiniəm]

우라늄

㊂ uranic

- *Uranium* is used to make nuclear bombs.
  우라늄은 핵폭탄의 제조 때 사용된다.

longitude
[lándʒətjùːd]

경도

㉠ longitudinal
㉡ latitude

- Nevada residents may view the solar eclipse between 5 and 6 o' clock depending on the *longitude* of their individual towns.
  네바다 주민은 사는 도시의 경도에 따라 5시부터 6시 사이에 일식을 볼 수 있을지도 모른다.

latitude
[lǽtətjùːd]

위도, 지방, 범위, 자유, 여유

㉠ latitudinal, latitudinarian
㉡ longitude

- He was told exactly what to do by his manager and given no *latitude* of freedom.
  그는 과장으로부터 무엇을 해야 하는가를 정확히 지시받고 자유재량은 없었다.

bacteria
[bæktíəriə]

박테리아, 세균(단수형은 bacterium)

㉠ bacterial

- The *bacteria* in the food we eat rarely survives the digestion process.
  우리가 먹고 있는 음식 속의 박테리아는 소화과정에서 대부분 죽는다.

decimal
[désəməl]

소수의, 십진법의

㉠ decimalize

- A *decimal* point separates the first two digits from the last three in the number 12.345.
  소수점은 12.345라는 숫자에서 처음 두 단위와 뒤의 세 단위를 나누고 있다.

subtract
[səbtrǽkt]

빼다, 공제하다, 뺄셈을 하다

㉠ subtraction, subtractive
㉢ withdraw, deduct, diminish, detract

- *Subtracting* 3 from 5 yields 2.
  5에서 3을 빼면 2이다.

zone
[zoun]

지대, 지구(로 나누다); 띠로 둘러싸다, 띠 모양으로 선을 긋다

㈜ zonal, zonate
㈜ area, region, district, territory, encircle

- The *zone* around the station is dangerous at night.
  역 주변의 지역은 밤이 되면 위험하다.

streak
[striːk]

줄, 결, 성질, 〈구어〉 단기간, 연속; 줄무늬를 넣다, 질주하다

㈜ streaky
㈜ line, stripe, stratum, spell, series

- The drops of rain left *streaks* on the window.
  빗방울이 창문 위에 줄을 그으며 떨어졌다.

pilgrim
[pílgrim]

(성지) 순례자, 여행인; 순례여행을 하나, 유랑하나

㈜ pilgrimage
㈜ crusader, wanderer

- The *pilgrims* traveled to Mecca to pray.
  순례자들은 기도를 바치기 위해 메카로 여행했다.

glacier
[gléiʃər]

빙하

㈜ glacial, glaciate, glaciology

- These icebergs are all parts of *glaciers* that have fallen into the sea.
  이 빙산들은 모두 바다로 떨어진 빙하의 일부이다.

plateau
[plætóu]

고원, 평원, (학습, 스포츠 등의) 안정기(에 들어가다)

- The Indians looked down from the *plateau* at the soldiers crossing the plain.
  인디언들은 병사들이 평원을 횡단해 오는 것을 고지대 위에서 내려다보고 있었다.

crab
[kræb]

게, 까다로운 사람, 비스듬이 비행하기(하다),
〈복수형으로〉 이목; 〈구어〉 손을 끌다

㈜ crabber, crabwise

- This restaurant serves only freshly caught *crab*.
  이 식당은 신선하게 잡은 게만을 제공한다.

sponge
[spʌndʒ]

해면(동물), 스폰지, 카스테라; 해면으로 닦다,
(해면 등으로) 빨아들이다

- He washed the walls with a *sponge* and water.
  그는 물과 스폰지로 벽을 씻었다.

twig
[twig]

작은 가지, 가는 가지, 점치는 막대기

㈜ twiggy

- The gardener cut the dead *twigs* from the tree.
  정원사는 나무에서 죽은 가지를 잘라냈다.

howl
[haul]

길게 짖는 소리; 소리쳐 말하다, 울부짖다

- The dogs kept *howling* for hours and bothered everyone in the neighborhood.
  개들이 수 시간 동안 짖어서 이웃을 성가시게 했다.

skim
[skim]

걷어내다, 스치듯 날아가다, 대충 훑어보다; 엷은 막, 박빙

㈜ skimmer, skimming

- The little birds *skimmed* across the water eating mosquitoes.
  작은 새들이 모기를 먹느라 강을 스쳐 날아갔다.

scrape
[skreip]

문지르다, 긁어내다, 닦아내다, 고생해서 생활하다; 문지르기,
긁은 자국, 곤경, 의견차이

㈜ rub, scrub, grate

- They *scraped* off the old paint from the walls of the building.
  그들은 빌딩 벽의 오래된 페인트를 긁어냈다.

strap
[stræp]

가죽끈(으로 묶다), 혁대; 혁대로 때리다

㈜ strapper

- The *strap* on the bag broke and it fell into the water.
  가방의 끈이 끊어져서 물 속에 떨어졌다.

geography
[dʒiːɑ́grəfi]

지리학, 지형, 지리서

[파] geographical

- *Geography* is the study of the natural features of the earth.
  지리학은 지구의 자연지형에 관한 학문이다.

ford
[fɔːrd]

얕은 여울(을 건너다), 걸어서 건널 수 있는 곳

- They *forded* the river on horseback.
  그들은 말을 타고 여울을 건넜다.

kite
[kait]

연, 솔개; 빨리 날다

- He flew his *kite* only when there was no one else around.
  그는 주위에 아무도 없을 때에만 연을 날렸다.

clam
[klæm]

대합조개(를 잡다), 〈구어〉 말 없는 사람

- *Clams* open their shells when steamed.
  대합조개는 삶아졌을 때 껍질을 연다.

grassho-pper
[grǽshɑ̀pər]

메뚜기, 여치류, 소형 정찰기

- The children often chase *grasshoppers* with their hands in the field near the school.
  아이들은 종종 학교 근처의 들에서 양손으로 메뚜기를 잡으러 다닌다.

beetle
[bíːtl]

풍뎅이, 딱정벌레, 어리석은 사람

- The *beetle* walking up her arm frightened her.
  풍뎅이가 팔에 기어올라서 그녀는 놀랐다.

dune
[djuːn]

사구(沙丘)

- The sand *dunes* at the beach are very tiring to walk up.
  해변의 사구는 걸어서 오르면 매우 피곤하다.

tug
[tʌg]

세게 끌어당기다, 예인선으로 끌다, 분투노력하다, 싸우다; 노력, 끄는 도구, 예인선

⊕ tow, draw, pull, drag

- The *tug* pulled the barge up the river.
  예인선이 유람선을 끌고 강을 올라갔다.

stall
[stɔːl]

마굿간, 구실, 속임; 교묘하게 지연시키다, 발뺌하다

⊕ excuse, pretext, plea, apology

- He was *stalling* for time hoping the police would come.
  그는 경찰이 오기를 기대하면서 잠시 시간을 끌었다.

physics
[fíziks]

물리학, 물리적 현상

㈜ physical, physicist

- *Physics* is the study of the physical reactions of non-living matter.
  물리학은 무생물의 물리적 반응에 관한 학문이다.

crude
[kruːd]

천연 그대로의, 미가공의, 미숙한, 무조작의; 미정제품, 원유

㈜ crudity

⊕ coarse, raw, unripe, immature, bare

- He didn't know how to draw and could only make *crude* outlines of things.
  그는 그림을 그리는 방법을 몰라서 단지 윤곽만 그릴 수 있었다.

cultivate
[kʌ́ltəvèit]

경작하다, 개척하다, 재배하다, 기르다, 장려하다, 몰두하다

㈜ cultivatable, cultivation, cultivator

- The farmer is planting rice in the *cultivated* field.
  농부는 개척한 농지에서 벼를 재배하고 있다.

clutch
[klʌtʃ]

꽉 쥐다, 매달리다; 꽉 쥐기, 〈구어〉 위기

- He *clutched* tightly to the rope as he was lifted up the cliff.
  절벽 위로 끌어올려질 때 그는 로프에 꼭 매달려 있었다.

transform
[trænsfɔ́ːrm]

형[상태]을 바꾸다, 변압[변환]하다; 변형, 변환

[파] transformable, transformative, transformation
[유] change, alter, metamorphose, convert, transfigure, transmute, transpose

- The development of air *transportation* has transformed international relations.
  항공 운송의 발전은 국제관계를 변화시켰다.

---

transition
[trænzíʃən]

이행, 변천, 장면 전환

[파] transitional, transitionary
[유] change, shift, transit, vicissitude

- When ice is heated, it goes through the *transition* from solid to liquid.
  얼음은 열을 받으면 고체에서 액체로 변한다.

---

clip
[klip]

자르다, 잘라내다, 오려내다; 민첩한 동작

[파] clipper

- He *clipped* the hair away from the dog' s face.
  그는 개의 얼굴에서 털을 잘라냈다.

---

commerce
[kɑ́məːrs]

상업, 통상, 교역

[파] commercial, commercialized
[유] trade, business

- It is important to lower tariffs and other barriers to international *commerce*.
  관세의 인하와 기타 장벽을 낮추는 것이 국제교역에서 중요하다.

---

crane
[krein]

두루미, 기중기(로 올리다); 주저하다

- The *crane* lifted the boxes off the truck.
  기중기가 트럭에서 상자를 들어올렸다.

---

spine
[spain]

척추, 등뼈, 가시, 등성이

[유] backbone, thorn

- The operation took a long time as several fragments of glass were lodged very close to the *spine*.

바로 등뼈 근처에 몇 개의 유리 파편이 박혀 있어서 그 수술은 매우 시간이 걸렸다.

chore
[tʃɔːr]

(일상의 정기적인) 허드렛일, 자질구레한 일

- Her son hates doing his household *chores*.
  그녀의 아들은 집안 일을 하는 것을 싫어한다.

architecture
[ɑ́ːrkətèktʃər]

건축, 건축 양식

[파] architectonic, architectural, architect

- You' ll know when you' ve reached Vista del Rey by the conspicuous Spanish *architecture*.
  훌륭한 스페인풍의 건축물에 의해 비스타 델 레이에 도착한 것을 알 수 있을 겁니다.

pluck
[plʌk]

(털 등을) 잡아 뜯다, 잡아 뽑다, (용기 등을) 불러일으키다; 용기, 결단

[파] plucky
[유] pull, jerk, snatch, rip, courage, bravery

- He *plucked* the feathers from the chicken before cooking it.
  그는 요리하기 전에 닭털을 뽑았다.

windmill
[wíndmìl]

풍차, 상상의 적

- Holland is famous for its flour-producing *windmills*.
  네덜란드는 밀가루를 만드는데 사용하는 풍차로 유명하다.

meridian
[mərídiən]

자오선(의), 경선, 절정; 정오의, 최성기의

[파] meridional
[유] peak, climax, crest, heyday

- He believes that he has passed the *meridian* of life.
  그는 인생의 절정을 지내버렸다고 믿고 있다.

slap
[slæp]

찰싹 치기(는 듯한 소리); 찰싹 치다

- He *slapped* his old friend on the back when he finally saw him again.
  그는 옛 친구를 결국 다시 만났을 때 그의 등을 찰싹 때렸다.

worship
[wə́:rʃip]

숭배(하다), 예배, 존경(하다)

㉠ worshipful
㉦ reverence, homage, adoration, respect, adore

- The church is a place of *worship* and not a forum for airing political views.
  교회는 예배하는 곳이지 정치적 견해를 발표하는 집회장소는 아니다.

politics
[pálitiks]

정치, 정치활동, 행정

㉠ politic, political, politician

- Anyone who has been studying this nation's *politics* should be aware of the trend toward a more conservative foreign policy.
  이 나라의 정치에 관해서 연구하는 사람이라면 보수화하는 외교정책의 흐름에 주의해야 한다.

dart
[dɑ:rt]

(던지는) 화살, (곤충 등의) 침, 급격한 동작; 날아가다, 돌진하다

㉦ arrow, barb, spring, dash, bolt, rush, shoot

- He drove fast and *darted* in and out of traffic.
  그는 스피드를 내서 차와 차 사이를 누비듯이 운전했다.

contemp -orary
[kəntémpərèri]

동시대에 존재한, 현대의; 동시대 사람

㉠ contemporize, contemporaneous

- It's an old story but it has a *contemporary* feeling.
  그것은 오래된 이야기지만 현대의 이야기인 듯한 느낌이 있다.

scrub
[skrʌb]

북북 문지르다, 세정하다, 제거하다

㉦ rub, scour

- He *scrubbed* the floor until it was clean.
  그는 마루가 깨끗해질 때까지 북북 문질렀다.

cubic
[kjúːbik]

3차원의, 입방체(의), 체적의, 3제곱의; 3차식

㈜ cubical

- The volume of the box is 3 *cubic* meters.
  그 상자의 체적은 3m³이다.

squash
[skwɑʃ]

눌러 으깨다, 우겨넣다, 진압하다; 눌러 으깸

㈜ squashy
㈜ crush, suppress

- Jerry accidentally stepped on Norman's clay doll and *squashed* it.
  제리는 노만이 점토로 만든 인형을 실수로 밟아서 으깼다.

rational
[rǽʃənəl]

합리적인, 도리에 맞는, 이성적인, 추리력의

㈜ rationalism, rationality, rationale, rationalize
㈜ reasonable, judicious, discreet, lucid, logical
㈜ irrational

- We should deal with the problem in a *rational* way and think of a solution.
  그 문제에는 합리적으로 대처해서 해결 방법을 생각해내야 한다.

basin
[béisən]

대야, 세면기, 작은 연못, 분지

- Please put the dishes that need washing into the *basin*.
  세척해야 할 그릇들을 대야 속에 넣어 주세요.

rusty
[rʌ́sti]

녹슨, 무디어진, 빛이 바랜, 게을러진

- The knife is *rusty* and should be cleaned.
  그 나이프는 녹이 슬어서 갈아야 한다.

shrimp
[ʃrimp]

작은 새우(를 잡다)

- Sidney picked the *shrimp* out of the stew and put them in the ashtray.
  시드니는 스튜에서 작은 새우를 집어내어 재떨이 속에 넣었다.

lobster
[lábstər]

바닷가재, 왕새우, 갑각류의 총칭

- The *lobster* pinched his finger when he tried to lift it from the tank.
  그는 탱크에서 왕새우를 집어내려 했을 때 손가락을 물렸다.

trout
[traut]

송어

- The fisherman caught a *trout* in the river.
  낚시꾼이 강에서 송어를 잡았다.

clumsy
[klʌ́mzi]

어색한, 서투른, 얼빠진

㈜ clumsiness
㈜ unskillful, unhandy, inept, lousy, awkward

- Though they are often considered elegant, the penguin is actually a dull and *clumsy* animal.
  펭귄은 우아한 동물이라고 생각되지만 실제는 명청하고 얼빠진 동물이다.

zinc
[ziŋk]

아연(막대); 아연으로 도금하다

㈜ zinc(k)y, zincify

- Steel is plated with *zinc* to prevent rusting.
  강철은 녹을 방지하기 위해 아연으로 도금되어 있다.

circumfer -ence
[sərkʌ́mfərəns]

원주, 주변, 주위

㈜ circumferential

- The *circumference* of a circle is about 3.14 times the diameter.
  원주는 직경의 약 3.14배이다.

originate
[ərídʒənèit]

일어나다, 시작되다, 발명하다

㈜ origination, originative, origin
㈜ arise, emanate, flow, initiate, invent, proceed

- These goods *originated* in Korea and were sent to Europe.
  이 상품들은 한국에서 발명되어 유럽으로 전해졌다.

swarm
[swɔːrm]

벌떼, 대군; 떼지어 움직이다, 떼를 짓다, 집단 이동하다, 가득 차다

㉠ swarmer

- The *swarm* of locusts flew across the field eating all the crops.
  매뚜기의 떼가 곡식을 먹어 치우면서 들을 가로질러 날고 있었다.

erosion
[iróuʒən]

부식, 좀먹음

㉠ erosive, erose, erode

- Torrential rain has caused severe *erosion* of dirt on the hill.
  집중호우 때문에 언덕의 토양은 많이 침식당했다.

erode
[iróud]

서서히 파괴하다, 침식하다[당하다], 마멸하다

㉠ erosion, erosive, erodent
㉀ wear

- The vase has been buried for so long that most of it has already *eroded*.
  그 꽃병은 장기간 땅 속에 묻혀 있어서 거의 부식되어 있다.

thump
[θʌmp]

때리기[는 소리]; 강하게 때리다, (악기 등을) 쾅쾅 크게 울리다

㉀ pound, beat, strike, rap, tap

- The shoe fell to the floor with a *thump*.
  구두가 쾅 소리를 내며 마루에 떨어졌다.

statistics
[stətístiks]

통계학[론], 통계 자료

㉠ statistical, statistician

- *Statistics* indicate that the majority of accidents are caused by drivers under the age of 25.
  사고의 대부분은 25세 이하의 운전수가 일으키고 있는 것이 통계에 나타나 있다.

| **hippopot -amus** [hìpəpátəməs] | 하마

• The *hippopotamus* walked slowly through the river.
하마가 강을 천천히 걷고 있었다. |

| **compact** [kəmpǽkt] | 빽빽한, 꽉 채운, 간소한; 구성하다; 콤팩트, 〈구어〉 소형 자동차

㊀ dense, condensed, solid

• He squeezed the paper into a *compact* ball.
그는 신문지를 눌러 뭉쳐서 작은 공으로 만들었다. |

| **slit** [slit] | 베어 가르다, 가느다랗다; 가늘고 길게 째진 곳,
코트의 째진 곳, (공중전화 등의) 요금 넣는 곳, 찢어진 곳

㊀ chink, crack

• They peered through the *slit* in the door to see who was outside.
그들은 문의 가는 틈으로 누가 밖에 있는가를 엿보았다. |

| **panic** [pǽnik] | 공황(상태), 공포; 당황한; 당황케 하다, 공황을 일으키다

㊀ terror, horror, fright, terrorize, frighten

• The idea of another test caused him to *panic* and run away.
그는 재시험을 본다는 생각에 당황해서 도망갔다. |

| **classic** [klǽsik] | 제1급의, 규범적인; 고전(적)인, 〈the~〉 고전문학, 전통적 행사

㊌ classical, classicism

• If you want to major in world literature, you'll have to start by reading the *classics*.
세계문학을 전공하고 싶다면 고전을 읽는 것부터 시작해야 한다. |

| **chuckle** [tʃʌ́kl] | 낄낄 웃다; 낄낄 웃음

㊀ giggle, titter

• The crowd *chuckled* when they saw the dog perform its tricks.
군중은 개가 묘기를 하는 것을 보고 낄낄 웃었다. |

2nd DAY 2일째 끝내는 중요단어

flare
[flɛər]

(불꽃이) 너울거리다, 타오르다, 격발하다, 과시하다;
너울거리는 불꽃, 조명 장식, (감정의) 격발, 스커트의 플레어

- He lit a *flare* so that people could see where he was.
  그 자신이 어디에 있는가를 사람들이 알 수 있도록 그는 불을 지폈다.

---

jug
[dʒʌg]

주전자(에 넣다)

[파] jugful

- They passed the *jug* of wine around the group and everyone drank some.
  그들은 와인을 넣은 주전자를 돌려가며 조금씩 마셨다.

---

sleek
[sli:k]

(모발, 모피 등이) 매끄러운, 윤기있는, 미끈한; 부드럽게 하다

[파] sleeky
[유] smoothly, nutritious

- The body of an Olympic swimmer has to be *sleek* as well as muscular.
  올림픽 수영선수의 몸은 근육뿐만 아니라 신체도 부드러워야 한다.

---

conventi-onal
[kənvénʃənəl]

인습에 사로잡힌, 재래의, 형식적인, 협정상의, 회의의

[파] convention, conventionalism, conventionalize
[유] traditional, habitual, customary
[반] unconventional, unusual

- He was always very conventional and behaved according to expectations.
  그는 언제나 인습에 사로잡힌 사람으로 항상 기대한 대로 행동하였다.

wail
[weil]

울부짖다, 크게 비탄하다; 통곡, 슬픈 소리

파 wailful, wailsome
유 weep, deplore, regret, bemoan, lament

- The old woman *wailed* all night after hearing of the death of her son.
  자식의 죽음을 듣고 노부인은 밤새 울부짖었다.

fertilizer
[fə́:rtəlàizər]

(화학)비료

파 fertile, fertility, fertilization

- The farmer spread *fertilizer* on the plants to get them to grow faster.
  농부는 식물의 성장을 촉진하기 위해 비료를 뿌렸다.

manure
[mənjúər]

(유기질)비료(를 주다)

유 fertilizer

- The farmer spread the horse *manure* on the crops.
  농부는 농작물에 말의 거름을 뿌렸다.

philoso -phy
[filásəfi]

철학(서/전공 코스), 냉정함

파 philosophical, philosophize
유 calmness, coolness

- My *philosophy* is that money has to be earned in order to bring happiness.
  돈은 행복을 얻기 위해 벌어야 한다는 것이 나의 철학이다.

wedge
[wedʒ]

쐐기(형 문자), 분할; 쐐기로 가르다, 억지로 밀어넣다

파 wedgewise, wedgy
유 division, squeeze

- It was a good thing that Carol had the foresight to slip that *wedge* under the door.
  캐롤이 문 밑에 쐐기를 넣어둔 선견지명은 좋은 일이었다.

evoke
[ivóuk]

되살려내다, 환기하다, 불러내다, 재현하다

파 evocative, evocation
유 provoke, elicit, educe

- That song always *evokes* memories of my childhood.
  저 노래를 들으면 항상 어린 시절이 생각난다.

gem
[dʒem]

보석(으로 장식하다), 일품; 최고급의

파 gemlike
유 jewel, jewelry, valuables

- The ring contained several beautiful *gems*.
  그 반지에는 아름다운 보석이 몇 개 붙어 있다.

phenome-non
[finámənàn]

현상, 사상, 특이한 일

파 phenomenal, phenomenology
유 fact, occurrence, event, prodigy, marvel, miracle

- Alvin's contempt for seafood is a purely psychological *phenomenon*.
  엘빈의 해산물에 대한 경멸은 순전히 심리적인 현상이다.

peep
[piːp]

엿보다; 엿보기, 훔쳐보기

파 peeper

- He *peeped* through the hole in the fence to see what they were building.
  그는 벽의 구멍을 통해서 그들이 무엇을 짓고 있는지를 엿보았다.

contour
[kántuər]

윤곽(을 보이다), 외형, 개략; 등고선을 표기하다, 등고를 나타내다

유 outline, delineation

- Judging from the *contours* of her cheekbone. I'd say she is either Italian or Greek.
  광대뼈의 윤곽으로 판단컨대 그녀는 이탈리아 사람이나 그리스 사람이라고 생각된다.

tow
[tou]

(맘, 줄 등으로) 끌다; 끌려가는 배

㈜ towage
㈜ draw, pull, tug

- The boat *towed* the barge through the water.
  보트가 강으로 여객선을 끌고 갔다.

poultry
[póultri]

가금, 식용 사육 조류

㈜ poulterer

- They bought the chickens at the *poultry* section of the supermarket.
  그들은 슈퍼마켓의 식용 조류 매장에서 닭을 샀다.

discard
[diskά:rd]

버리다, 포기하다, 해고히다; 버림받은 것

㈜ dump, litter, abandon, cast

- Don't *discard* your ticket stub as there will be a drawing later.
  뒤에 추첨이 있으니까 표 쪽지를 버리지 마세요.

dodge
[dɑdʒ]

잽싸게 몸을 비키다, 숨기다, (책임 등을) 발뺌하다; 교묘한 방책

㈜ dodger, dodgy
㈜ equivocate, quibble, evade, elude, duck, sidestep

- He *dodged* the cars as he ran across the street through the traffic.
  그는 차를 피해서 도로를 건넜다.

pike
[paik]

창, 짧은 창; 찌르다

- He hooked the fish with a *pike* to bring it onto the boat.
  그는 그 고기를 창으로 찔러서 배 위에 올렸다.

dangle
[dǽŋgl]

흔들흔들하다, 따라다니다, 암시하다

㈜ hang

- They *dangled* the baited hook in front of the fish and hoped for a bite.
  그들은 고기의 앞에 낚시를 드리워놓고 물기를 기다렸다.

tadpole
[tǽdpòul]

올챙이

- The *tadpoles* are swimming through the water near the parent frogs.
  올챙이가 어미 개구리 근처에서 물속을 헤엄치고 있다.

vulture
[vʌ́ltʃər]

독수리, 콘돌, 탐욕스러운 사람

㈜ vulturine, vulturous

- The *vultures* circled in the sky over the dead cow.
  독수리가 죽은 소의 상공을 선회했다.

heave
[hiːv]

들어올리다, 부풀리다, 움직이다, 헐떡이다, 토하다;
파도의 굽이침, 부품

㈜ raise, hoist, exhale, vomit, nausea

- The strong men *heaved* the heavy box into the truck.
  장사들이 트럭 위로 상자를 들어올렸다.

lash
[læʃ]

묶다, 매다

㈜ tie, bind

- They *lashed* the logs together to make a raft.
  그들은 통나무를 서로 묶어서 뗏목을 만들었다.

cherish
[tʃériʃ]

소중히 하다, 귀여워하다, 마음에 품다, 간직하다

㈜ foster, harbor, nurse, nurture, nourish, treasure

- The robbers stole her most *cherished* possession, her grandfather's pocketwatch.
  강도는 그녀가 가장 소중히 하는 소유물인 할아버지의 주머니 시계를 훔쳐갔다.

smack
[smæk]

입맛을 다시다, 혀를 차다, 찰싹 때리다; 입맛 다시기

㈜ smacker

- The fighter *smacked* his opponent on the chin and knocked him over.
  그 선수는 상대방의 턱을 한방 때려서 그를 눕혔다.

sneak
[sni:k]

몰래 움직이다, 배회하다, 비겁한 행동을 하다;
살그머니 하는 사람; 내밀의

- ㉠ sneaker
- ㉡ slink, lurk, skulk, steal, secret, covert

- Finally, he could *sneak* into the old house where his friend was captured.
  마침내 그는 친구가 잡혀 있는 오래된 집에 몰래 들어갈 수 있었다.

cardinal
[káːrdinəl]

기본적인, 주요한, 진홍색의; 추기경

- ㉠ cardinalate

- The *cardinals* gathered in Rome to elect a new Pope.
  교황을 선출하려고 추기경들이 로마에 모였다.

cathedral
[kəθíːdrəl]

대성당

- She always wanted to see the Notre Dame *Cathedral* in Paris.
  그녀는 항상 파리의 노틀담 대성당을 구경하고 싶어했다.

compel
[kəmpél]

무리하게 ~시키다, 강제하다, 굴복시키다

- ㉠ compulsion, compulsive, compulsory
- ㉡ oblige, coerce, impel

- I don't like costume parties, but I was so *compelled* by Nancy's clever invitation that I had to attend.
  파티는 좋아하지 않지만 낸시의 교묘한 유혹에 굴복하여 참석해야만 했다.

toll
[toul]

사용료, 운임

- ㉠ tollage, toller
- ㉡ rent, expense, fare, fee, casualties

- The *toll* to use the bridge is 50 cents.
  다리의 통행료는 50센트이다.

auditorium
[ɔːditɔ́ːriəm]

청중석, 대강의실, 강당

- ㉠ audit, auditor, auditory
- ㉡ theater

- I wanted to attend the panel discussion, but the *auditorium* was just too crowded.

  패널 토론에 참석하고 싶었지만 강당은 매우 복잡했다.

eruption
[irʌpʃən]

돌발, 발생, 분출, 폭발

파 erupt, eruptive

유 outbreak, outburst, emergence, explosion

- There have been a series of small earthquakes all week and residents of the island fear a volcanic *eruption*.

  금주 내내 미진이 계속되어 왔기 때문에 섬 주민은 화산의 폭발을 두려워한다.

evolution
[èvəlúːʃən]

발전, 진화, 선회

파 evolutional, evolutionary, evolutive, evolve

유 progress, advance, development

- During the five brief years I've been with the firm, I've witnessed the *evolution* of a major corporation.

  이 회사에 와서 짧은 5년 동안 나는 대기업의 발전을 보아 왔다.

slaughter
[slɔ́ːtər]

(대)학살, 도살; 도살하다, 참살하다

파 slaughterous

유 massacre, carnage, murder, genocide, butcher, sly, kill

- Some 40 sheep that had begun to show symptoms of an infectious disease were *slaughtered* to protect the rest of the herd.

  전염병의 증상이 나타나기 시작한 40마리의 양이 나머지들을 보호하기 위해 도살되었다.

sunflower
[sʌ́nflàuər]

해바라기

- The large yellow *sunflowers* in the garden look very cheerful.

  정원의 큰 노란 해바라기가 매우 생기있어 보인다.

meteor
[mí:tiər]

유성, 운석, 일시적으로 반짝이는 사람

[파] meteoric, meteorite, meteoritics, meteorology, meteorological

- The *meteors* made streaks of light in the night sky as they fell to earth.
  운석은 지구에 떨어질 때 밤하늘에 몇 줄기의 빛을 만들었다.

blur
[blə:r]

더럽히다, 오손하다, 흐리게 하다; 더러움, 오점, 불선명

[파] blurredness, blurry
[유] haze, dirt, stain, blemish, spot, stigma

- Simon said he had the copy machine serviced last Friday but all of these papers came out *blurred*.
  지난 주 금요일에 복사기를 수리 받았다고 사이몬은 말했지만 복사해 나온 용지는 선명하지 않았다.

economics
[ì:kənámiks]

경제학

[파] economic, economical, economy, economist, economize

- Sidney majored in *economics* in college, but he is not successful in his career as a banker.
  시드니는 대학에서 경제학을 전공했지만 은행가로서의 경력에서는 성공적이지 못했다.

electronics
[ilèktrániks]

전자공학

[파] electronic, electron

- *Electronics* is the study of energy in the form of electricity and its utilization.
  전자공학은 전기에너지와 그 이용에 관한 학문이다.

photosyn-thesis
[fòutəsínθəsis]

광합성

[파] photosynthesize, photosynthetic

- *Photosynthesis* is the process through which plants use light energy to form carbohydrate.
  광합성이란 식물이 빛 에너지를 사용해서 탄수화물을 만드는 작용이다.

ultraviolet
[ʌ̀ltrəváiəlit]

자외선(의)

반 infrared

- This glass is made to protect the eyes from *ultraviolet* as well as visible light.
  이 안경은 가시광선뿐만 아니라 자외선으로부터도 눈을 보호할 수 있다.

persistent
[pə:rsístənt]

고집하는, 집요한, 끈기 있는, 영속적인

파 persist, persistence
유 dogged, lasting, stubborn, die-hard

- If a person is *persistent* enough, they can usually get a job at the cafeteria.
  끈기 있는 사람이라면 대개 간이식당에서 일할 수 있다.

biology
[baiálədʒi]

생물학

파 biological, biologist, biologism

- If you study *biology* you will understand exactly why plants won't grow in soil like this.
  생물학을 공부하면 왜 이와 같은 토양에서 식물이 성장하지 않는가를 알 수 있다.

cavity
[kǽvəti]

구멍, 움푹 팬 곳

파 cave, encave
유 hollow, void

- There is a small *cavity* in the fence where birds build nests every spring.
  담에는 매년 봄이 되면 새가 둥지를 짓는 작은 구멍이 있다.

cozy
[kóuzi]

편안한, 아늑한, 신중한, 편리한; 보온 카바, 2인용 의자; 달래다

파 coziness
유 comfortable, convenient

- This house is very warm and *cozy* in the winter.
  이 집은 겨울에 매우 따뜻하고 아늑하다.

flea
[fli:]

벼룩

- The dog kept scratching at the *fleas* that were biting him.
  개는 깨물고 있는 벼룩 때문에 계속 긁어댔다.

reverence
[révərəns]

외경, 경의, 존경; 공경하다

㉙ revere, reverent, reverential, reverend
㉾ worship, veneration, homage, salute

- He always shows great *reverence* to his elders.
  그는 항상 손윗 사람에게 대단한 존경을 나타낸다.

reverend
[révərənd]

신부, 목사; 존경할만한, 성직의[자]

㉙ reverence, reverent, reverential, revere
㉾ respectable, clergyman, priest, preacher

- *Reverend* Wilson will deliver a sermon on discipline next Tuesday.
  윌슨 목사는 내주 화요일에 교리에 관해서 설교할 것이다.

innumer -able
[injú:mərəbl]

헤아릴 수 없는, 무수한

㉾ multitudinous, numerous

- He could never repay his parents for the *innumerable* things they had done for him.
  부모가 그에게 해준 수많은 것들에 대하여 그는 결코 보답할 수 없었다.

feeble
[fí:bl]

체력이 약한, (소리, 빛 등이) 약한, 희미한

㉙ feeblish
㉾ weak, frail, declining
㉠ strong, effective, clear

- He only made a *feeble* attempt to finish the job on time.
  그는 시간에 맞춰서 그 일을 마치기 위한 노력을 거의 하지 않았다.

grumble
[grʌmbl]

불평(을 말하다), 푸념; 투덜거리다, 으르렁대다

㉾ complain, croak, grouch

- He is always *grumbling* about the past.
  그는 항상 지난 일에 대하여 불평을 한다.

puddle
[pʌ́dl]

웅덩이, 진흙, 반죽; 물에 빠지다

- Though there are still a few *puddles*, I think the court is dry enough to play on.
  아직 웅덩이는 몇 개 있지만 코트는 플레이 할 수 있을 만큼 말라 있다고 생각한다.

staple
[stéipl]

꺽쇠, 호치키스 판; 호치키스로 고정시키다

㉠ stapler

- He *stapled* the pieces of paper together.
  그는 용지 몇 장을 호치키스로 묶었다.

ample
[ǽmpl]

넓은, 충분한

㉠ amplify, amplification, amplitude
㊫ large, spacious, roomy, capacious, vast
㊐ scanty, sparse

- There will be *ample* time to learn the rest of the words later.
  나머지 단어를 외울 시간은 뒤에 충분히 있다.

amplify
[ǽmpləfài]

확대[전개]하다, 과장하다, 상세히 논하다

㉠ amplification, amplificatory, amplifier, amplitude, ample
㊫ dilate, swell, expand, develop, exasperate, detail
㊐ abridge, abbreviate

- He used to *amplify* on the sin of Adam.
  그는 자주 원죄에 관하여 상세히 논하곤 했다.

wag
[wæg]

(꼬리 등을) 흔들다, 쉴 새 없이 움직이다, (사태가) 진행하다; 익살꾸러기

㉠ waggle, waggly

- The dog *wagged* its tail with excitement.
  개는 기뻐서 꼬리를 흔들었다.

trash
[træʃ]

쓰레기, 잡동사니, 시시한 이야기, 졸작; 가지를 치다, 쓰레기 취급을 하다

- 파 trashy, trashery
- 유 waste, refuse, rubbish, junk, scraps, riffraff

- Please throw away your *trash* in the garbage can.
  쓰레기는 쓰레기통에 버려 주십시오.

sardine
[saːrdíːn]

정어리; 빽빽하게 들어차게 하다

- I don't like *sardines* on toast.
  나는 토스트에 정어리를 넣어 먹는 것을 좋아하지 않는다.

herring
[hériŋ]

청어

- Who ate the rest of the smoked *herring*?
  누가 훈제 청어의 나머지를 먹었습니까?

antelope
[ǽntəlòup]

영양

- He often goes to the mountains to hunt *antelope*.
  그는 자주 산에서 영양 사냥을 한다.

peacock
[píːkàk]

수컷 공작, 허영꾼; 허세를 부리다, 과시하다

- The *peacock* flew down from the tree and strutted around the garden with its tail feathers raised.
  공작은 나무에서 내려와 꼬리의 깃털을 펴고 정원을 뽐내며 걸었다.

swan
[swɑn]

백조, 매우 아름다운[우수한, 수수한] 사람

- The *swan* glided peacefully across the water.
  백조가 평화롭게 호수를 미끄러져 건너갔다.

cuckoo
[kú(ː)kuː]

뻐꾸기(울음소리), 흉내; 뻐꾹뻐꾹 울다, 단조롭게 되풀이하다

- Every hour he could hear the *cuckoo* clock in the hall.
  매 시간 그는 복도에 있는 뻐꾸기 시계 소리를 들을 수 있었다.

shriek
[ʃriːk]

(공포, 고통의) 외침소리, 비명(을 지르다);

날카로운 소리로 웃다[울다]

㉠ cry, scream, screech, yell, shrill, squeal

- When she saw the rat, she let out a *shriek* and ran away.
  그녀는 쥐를 보고 비명을 지르며 도망쳤다.

rascal
[rǽskəl]

불량배, 악당, 장난꾸러기; 비천한

㉣ rascality
㉠ rogue, scamp, villain, scoundrel, miscreant

- They thought him a *rascal* for always flirting with the girls.
  항상 여자들과 히히덕거리기 때문에 모두 그를 불량배로 생각했다.

brim
[brim]

넘치도록 차다, 가득 채우다; 가장자리, 챙

㉣ brimful
㉠ rim, edge, brink, fringe, perimeter, periphery

- They filled his glass to the *brim* with whiskey.
  그들은 그의 잔에 위스키를 가득 채웠다.

pendulum
[péndʒələm]

추, 흔들리는 사람

- A grandfather clock operates by the steady swinging of a *pendulum*.
  대형 벽시계는 추의 일정한 움직임으로 작동된다.

constella -tion
[kɑ̀nstəléiʃən]

성좌(의 위치), 기라성 같은 모임, 화려한 무리, 형, 배열

㉣ constellate, constellatory

- I thought I saw a shooting star somewhere in that Northern *constellation*.
  저 북쪽 성좌에서 유성을 보았다고 생각했다.

sermon
[sə́:*r*mən]

(교회의) 설교, 교훈, 지루한 이야기

파 sermonic, sermonize, sermonet
유 preaching, lecture, scolding, rebuke

- The minister delivered a *sermon* every Sunday morning.
  사제는 매주 일요일 아침 설교했다.

chirp
[tʃə́:*r*p]

짹짹 울다, 떠들썩하게 이야기하다

- The birds were *chirping* happily in the woods.
  새는 숲 속에서 기쁜 듯이 짹짹 울었다.

elm
[elm]

느릅나무

파 elmy

- The *elm* trees along the street protect the cars from the hot sun.
  느릅나무 가로수는 뜨거운 태양으로부터 차를 보호해 준다.

cucumber
[kjú:kəmbə*r*]

오이

- Don' t forget to put the sliced *cucumber* in the salad.
  샐러드에 얇게 썬 오이를 얹는 것을 잊지 마세요.

panther
[pǽnθə*r*]

표범; 흉폭한

파 pantheress

- The *panther* leaped from the rock onto the dog and ate it.
  표범은 바위 위에서 개에 달려들어 그것을 먹어 치웠다.

pheasant
[fézənt]

꿩의 총칭

- The *pheasant* ran through the bushes before flying away from the hunter.
  꿩은 덤불을 지나서 사냥꾼으로부터 도망쳐 날아갔다.

plunder
[plʌ́ndər]

약탈[강탈](하다), 약탈품; 훔치다

- 파 plunderage
- 유 rob, despoil, ravage, strip, loot, steal

- The pirates *plundered* the captured town.
  해적은 점령한 도시에서 약탈을 했다.

maneuver
[mənúːvər]

작전 행동, 교묘한 수단; 이동시키다, 연습시키다, 계획하다

- 파 maneuverable
- 유 procedure, move, scheme, plot, manipulate, intrigue

- Navin will have to be a very good driver to *maneuver* us out of this alley without hitting a car.
  내빈은 차를 부딪치지 않고 이 골목길을 나올 수 있도록 능숙한 운전수가 되어야 할 것이다.

comet
[kámit]

혜성

- *Comets* can be seen only when they pass near the sun and start to heat up.
  태양 가까이를 통과하고 온도가 오르기 시작할 때만 혜성을 볼 수 있다.

emit
[imít]

내뿜다, 방출하다, 발포하다, 말하다

- 파 emission, emissive
- 유 vent, exhale

- Wear goggles whenever you use the drill as it may *emit* sparks.
  드릴을 사용할 때는 불꽃이 일어날지 모르니 안경을 끼세요.

filament
[fíləmənt]

가는 실, 섬유, 실 같은 물체

- 파 filamentary, filamentous
- 유 fiber

- You could observe the *filament* as the electric bulb was transparent.
  전구가 투명해서 필라멘트를 볼 수 있었다.

garment
[gáːrmənt]

의류 (한 벌), 외관; 의복을 입히다

(유) clothing, wear

- He took his dirty *garments* to the laundry to have them cleaned.
  그는 더러운 옷을 세탁하기 위해 세탁소에 가지고 갔다.

constituent
[kənstítʃuənt]

구성의, 선거권이 있는; 구성물질[요소], 선거권자

(파) constitute, constitution, constitutional
(유) element

- Hydrogen and oxygen are the major *constituents* of water.
  수소와 산소는 물의 주요한 구성요소이다.

invert
[invə́ːrt]

반대로 하다; 전화한; 성도착자

(파) inverse, inversion, inversive
(유) reverse, revert

- When you *invert* a glass of water over your head, you will get wet.
  머리 위에서 물을 넣은 컵을 거꾸로 하면 물을 뒤집어 쓸 것이다.

escort
[éskɔːrt]

호위하다; 호위단[병], 수행원, (여성을) 바래다주는 남자

convoy, protection, accompany, usher

- The police *escorted* the politician through the crowd of reporters.
  경찰은 그 정치가를 호위해서 기자들의 무리를 통과했다.

butt
[bʌt]

표적, 대상

(유) target

- He was tired of being the *butt* of their jokes and vowed revenge.
  그들의 농담의 표적이 되는 것에 싫증이 나서 그는 복수를 결심했다.

geology
[dʒiːálədʒi]

지질학(적 특징), 지질학서

(파) geologize, geological, geologist

• *Geology* is the study of the earth's physical history.
지질학은 지구의 물리적인 역사에 관한 학문이다.

biography
[baiǽgrəfi]

전기, 일대기

㈜ biographical, autobiography

• After the presentation, Arthur went home and read the main speaker's *biography* in Who's Who.
발표 후에 아더는 집에 돌아와서 주요 연설자의 전기를 명사록으로 읽었다.

autobiogr-aphy
[ɔ̀:təbaiǽgrəfi]

자서전

㈜ autobiographical, biography, biographical

• If you don't experience a few near-miss adventures, nobody will want to read your *autobiography*.
모험에 가까운 경험이 없으면 아무도 당신의 자서전을 읽고 싶어하지 않을 것이다.

holly
[háli]

호랑가시나무

• The leaves of *holly* trees have many sharp thorns around the edges.
호랑가시나무 잎 주위에는 많은 날카로운 가시가 있다.

humanity
[*h*ju:mǽnəti]

인종, 인간성, 인문과학

㈜ human, humanist, humanize

• *Humanities* refers to the study of artistic creation including literature, music and crafts.
인문과학이란 문학, 음악, 공예 등을 포함하는 예술적 창작에 관한 학문을 가리킨다.

whiz(z)
[*h*wiz]

윙하는 소리를 내다[하는 소리], 원심 탈수하다

㈜ whizzer

• The first two taxies we tried to stop just *whizzed* by without even slowing down.
우리가 세우려 했던 처음 두 택시는 속도를 늦추지도 않고 윙하며 지나갔다.

ebb
[eb]

썰물, 쇠퇴기; (조수가) 끌다, 기울다

[유] reflux, regress, decline, wane, subside, abate, recede

- His interest in studying began to ebb after he passed the examinations.
  시험에 합격한 후 공부에 대한 그의 열의는 기울었다.

numb
[nʌ́m]

마비되어 있는, 둔한, 감각을 잃은, 저린; 감각을 잃다

- His fingers were *numb* from the cold.
  그의 손가락은 추위로 감각을 잃었다.

squad
[skwɑd]

분대, 단, 팀; 분대로 편성하다

[유] detachment, division

- The *squad* of troops searched the village.
  분대가 그 마을을 수색했다.

hybrid
[háibrid]

잡종(의), 합성물

[파] hybridity, hybridize
[유] mixture, mongrel, crossbreed

- The space shuttle is a *hybrid* of a plane and a spacecraft.
  우주왕복선은 비행기와 우주선의 합성물이다.

crossbreed
[krɔ́:sbrì:d]

교배시키다[하다]; 교배종, 잡종

[파] crossbred
[유] hybrid

- Actually, this variety is a *crossbreed* of both the North American and North Indian tobacco plants.
  사실상 이 변종은 북미와 북인도 담배 묘목을 교배시킨 것이다.

foliage
[fóuliidʒ]

〈집합적〉 잎

[파] foliaceous, foliaged

- I love to go look at the *foliage* when the leaves change colors in the fall.
  나뭇잎이 변하는 가을에 단풍 보러 가기를 좋아한다.

enrage
[enréidʒ]

격분시키다, 화나게 하다

파 enragement, rage
유 infuriate, anger, aggravate

- He was *enraged* at the insult and vowed revenge.
  그는 그 모욕에 격분해서 복수를 맹세했다.

hinge
[hindʒ]

돌쩌귀(로 움직이다/달다), 경첩, 요점

- The gate swings on its *hinges* when opened.
  그 문은 열면 경첩을 중심으로 회전한다.

jumble
[dʒʌmbl]

난잡하게 하다, 혼란시키다; 혼란, 뒤범벅

파 jumbly
유 mess, muddle, confuse, disorder

- He left all of his clothes *jumbled* by the door after taking them off.
  그는 옷을 벗은 뒤 그것을 문 가까이에 난잡하게 두었다.

waddle
[wɑ́dl]

어기적 어기적 걷다, 비척비척 걷다

파 waddlingly
유 totter

- Don't *waddle* back and forth like that, or you'll make the bridge rock.
  저렇게 앞뒤로 어기적 어기적 걷지 마세요. 그러면 다리가 흔들려 버립니다.

dwindle
[dwíndl]

차츰 작아지다, 감소하다, 야위다, 줄다

㈜ diminish, decline, decrease, wane, shrink, abate, drain

- The population here in this city has been *dwindling* ever since the mill was closed.
  공장이 폐쇄된 이후 그 마을 인구는 차츰 줄어들고 있다.

wrangle
[rǽŋgl]

논쟁(하다), 입씨름(하다)

㈜ controversy, dispute, argue, quarrel

- The buyer and seller spent two days *wrangling* over the price.
  구매자와 판매자는 가격에 대해 2일간 입씨름했다.

juvenile
[dʒúːvənəl]

유치한; 연소자(의), 소년소녀

㈜ juvenilia, juvenility
㈜ young, child, kid, infant, bud

- Though many consider it to be too *juvenile*, jumping rope is an excellent form of exercise.
  대부분의 사람이 유치하다고 생각하지만 줄넘기는 매우 좋은 운동이다.

throttle
[θrátl]

조리개, 조절판; 교살하다, 억압하다, 감속[압]하다, 속도를 변화시키다

- He pushed the *throttle* with his foot and the car went faster.
  그가 발로 조절판을 눌러서 차는 점점 가속됐다.

chrome
[kroum]

크롬 합금; 크롬 화합물로 처리하다

- He paused to look at his reflection in the shiny *chrome* of the car.
  그는 멈춰서서 차의 크롬 도금을 입혀서 빛나는 금속 부분에 자신의 모습을 비춰보았다.

resume
[rézumèi]

요약, 이력서

㈌ summary, digest, abstract

- Those interested in working for our corporation are asked to bring in a typed *resume* of their education and work experience.
  이 회사에서 근무하고 싶은 사람은 학력과 경력을 쓴 이력서를 타이프해서 지참해 주십시오.

serene
[sirí:n]

잔잔한, 조용한, 맑은, 차분한

㈍ serenity
㈌ calm, tranquil, placid, fair, clear

- He maintained a *serene* appearance despite the problems going on around him.
  주위에서 문제가 일어나고 있는데도 불구하고 그는 평정을 유지했다.

convene
[kənví:n]

소집하다, 소환하다, 화합하다

㈍ convention

- The chairman *convened* the meeting to discuss the sales plan.
  회장은 판매 계획을 검토하기 위해 회의를 소집했다.

xylophone
[záiləfòun]

실로폰

㈍ xylophonist

- The *xylophone* makes a beautiful sound when struck.
  실로폰은 두드리면 아름다운 소리가 난다.

traverse
[trǽvə:rs]

가로지르다, 넘다, 주의깊게 고찰하다, 반대하다; 방해

㈍ traversable, traversal
㈌ thwart, contravene, contradict, deny

- The climbers *traversed* the face of the mountain to go up the other side.
  등산가들은 산의 뒷면을 오르기 위해 사면을 가로질렀다.

advocate
[ǽdvəkeit]

변호하다, 주장하다; 지지자, 주장자

㉣ advocacy
㉥ support, urge, defender, upholder

- I don't *advocate* taking pain pills unless you really feel you need to.
  정말로 먹을 필요를 느끼지 못하면 진통제는 먹으라고 하고 싶지 않다.

contemp -late
[kántəmplèit]

응시하다, 의도하다, 예기하다

㉣ contemplation
㉥ view, observe, meditate, ponder, deliberate, intend, mean, anticipate

- He spent all to his free time *contemplating* the future.
  그는 장래에 관하여 숙고하면서 자유시간을 모두 보냈다.

anticipate
[æntísəpèit]

예상[기]하다, 기대하다, 사전에 처리하다

㉣ anticipation, anticipative, anticipatory, anticipant
㉥ expect, preclude, obviate, prevent

- If the deficit is not reduced, we *anticipate* problems in the future.
  적자가 감소되지 않으면 앞으로 문제가 예상된다.

ignite
[ignáit]

불을 붙이다, 태우다

㉣ ignition
㉥ kindle

- They used matches to *ignite* the fire.
  그들은 불을 피우기 위해 성냥을 사용했다.

exquisite
[ikskwízit]

매우 아름다운, 정교한, 완벽한, 우아한

㉥ dainty, consummate, excellent, keen

- Her *exquisite* jewelry attracted everyone's attention at the party.
  그녀의 우아한 보석은 파티에서 모든 사람의 주의를 끌었다.

intrigue
[intríːg]

호기심을 자극하다, 음모를 꾸미다; 음모, 복잡한 줄거리

ⓟ intriguant
ⓨ interesting, plot, conspire

- We were all *intrigued* by the interesting post cards that Martha sent from India.
  마사가 인도에서 보내준 재미있는 엽서는 우리의 호기심을 자극했다.

antique
[æntíːk]

고대의, 고풍의

ⓟ antiquity, antiquate
ⓨ archaic, bygone, obsolete, obsolescent, belated, dated

- He bought a 100-year-old *antique* table.
  그는 100년된 골동품 테이블을 샀다.

doze
[douz]

선잠(자다); 졸다

- He was very tired and *dozed* on the train going home.
  그는 매우 피곤해서 집으로 오는 기차 안에서 졸았다.

scoff
[skɔːf]

조소(당하는 것[사람]), 웃음감; 비웃다

ⓨ mock, sneer, taunt, ridicule

- They *scoffed* at his ideas and would not help him.
  그들은 그의 생각을 비웃으며 돕지 않았다.

teeming
[tíːmiŋ]

풍부한, 충만한, 다산의

ⓟ teem
ⓨ sufficient, ample

- The station is *teeming* with people waiting for trains.
  역은 기차를 기다리는 사람들로 가득 찼다.

wring
[riŋ]

짜다, 비틀다, 괴롭히다, 억지로 ~시키다

ⓨ squeeze, wrench, tweak, twirl, twist

- He was *wringing* the water out of the towel so that it would dry faster.
  그는 수건을 좀더 빨리 말리려고 물을 짜냈다.

jog
[dʒɑg]

살짝 밀다, 흔들리며 가다, 천천히 진행되다, 조깅하다, 살짝 찌르다; 흔들기, 느릿한 걸음걸이

파 joggle

- He never fails to go *jogging* in the park each day.
  그는 공원에서 매일 꼭 조깅한다.

parch
[pɑːrtʃ]

바싹 마르게 하다, 갈증나게 하다, 시들게 하다, 바싹 말리다

- The hot desert air *parched* his skin.
  사막의 뜨거운 공기는 그의 피부를 마르게 했다.

dispatch
[dispǽtʃ]

(심부름꾼 등을) 급파[파견]하다, 급송하다, 처분하다; 파견, 급송, 지급(전)보, 신속한 처리

파 dispatcher

- We should *dispatch* the letters immediately so that they will arrive in time for the meeting.
  회의에 맞추어 도착할 수 있도록 지금 곧 이 편지를 그들에게 발송해야 한다.

ambush
[ǽmbuʃ]

매복(장소); 매복 기습하다

파 ambuscade

- The men carrying the money were *ambushed* by robbers.
  돈을 운반하는 사람은 강도들에게 매복 습격당했다.

celestial
[siléstʃəl]

하늘의, 천체의, 천국같은

유 terrestrial

- He looked up toward the stars and marveled at the *celestial* beauty.
  그는 별을 올려보고 하늘의 아름다움에 경탄했다.

laurel
[lɔ́ːrəl]

월계수, 〈복수형으로〉 영예, 명예; 영예를 주다

유 honor

- The *laurel* trees protected the garden from the wind.
  월계수 나무가 정원을 바람으로부터 보호했다.

daffodil
[dǽfədìl]

나팔수선화, 선황색, 카나리아색

- He was proud of the *daffodil* flowers in his garden.
그는 정원의 나팔 수선화를 자랑하고 있었다.

flounder
[fláundər]

가자미과의 어류

㊠ flatfish

- While Roscoe was in Alaska, he ate nothing but *flounder* for two weeks.
알래스카에 있었던 2주간 동안 로스코는 가자미만 먹었다.

heron
[hérən]

왜가리(과의 총칭)

- The slender white *heron* is standing in the rice field.
날씬한 흰 왜가리가 논에 서 있다.

turmoil
[tə́:rmɔil]

소란, 동요, 혼란

㊠ commotion, disturbance, turbulence, upheaval
㊎ quiet, serenity, order

- After the earthquake, the village was in a great state of *turmoil*.
지진 후에 마을은 큰 혼란 속에 있었다.

appall
[əpɔ́:l]

소름끼치게 하다, 섬뜩하게 하다

㊋ appalling
㊠ dismay, frighten, horrify, terrify

- She was *appalled* at his bad manners.
그녀는 그의 못된 태도에 소름이 끼쳤다.

scroll
[skroul]

두루마리(위에 쓰다), 짧은 편지; 두루마리가 되다

- They unrolled the *scroll* painting to look at it.
그들은 두루마리를 펴서 그림을 보았다.

cram
[kræm]

억지로 밀어넣다, 게걸스럽게 배불리 먹다; 채워넣기, 벼락공부

㉙ cram-full, crammer
㈀ stuff, compress, squeeze, gorge, jam

- He is always trying to *cram* more into his bag than it will carry.
  그는 항상 들어가지 않을 정도로 가방 가득 채워 넣으려 한다.

legion
[líːdʒən]

군대, 재향 군인, 다수

㉙ legionary, legionnaire
㈀ army, force, veteran, multitude

- The *legion* of soldiers marched across the country.
  군대가 국토를 횡단하여 행진했다.

fusion
[fjúːʒən]

융해, (핵)융합, 통합, 연합

- A *fusion* of the two approaches seems to work best on this problem.
  그 두 가지 방법을 융합하면 그 문제를 해결하는 최선의 방법이 될 것이다.

deviation
[dìːviéiʃən]

탈선, 이탈, 벗어남, 편함

㉙ deviationism, deviational, deviatory, deviate
㈀ diversion, aberration, deflection

- We should tell the head office about the *deviation* from the sales plan.
  판매 계획에서 이탈하고 있는 것을 본사에 보고해야 한다.

shear
[ʃiər]

깎다, 베어내다; 큰 가위, 절단

㈀ cut, trim, sever

- I heard that Raymond *sheared* away his sideburns last week.
  레이몬드는 지난 주에 구렛나루를 깎아버렸다고 한다.

sneer
[sniər]

조소하다, 비웃다, 조소하여 ~시키다; 냉소, 경멸

㈀ scorn, jeer, disdain, deride, ridicule

- The wicked landlord *sneered* as he threw the poor

people out of the house.
고약한 지주는 가난한 사람들을 집에서 내쫓으며 비웃었다.

improper
[imprάpər]

그릇된, 버릇없는, 적절치 못한

㉠ inappropriate, unfit, rude
㉰ proper

- It is *improper* to wear your shoes in a room with hypocaust.
  온돌방에서 신을 신고 있는 것은 그릇된 것이다.

genetics
[dʒinétiks]

유전학, 유전적 특징

㉣ genetic, geneticist

- *Genetics* is the study of heredity from a biological standpoint.
  유전학은 생물학적 견지에서 유전을 연구하는 학문이다.

linguistics
[liŋgwístiks]

언어학

㉣ linguistic, linguist, linguistical

- *Linguistics* is the scientific study of the phenomenon of language.
  언어학은 언어현상에 관한 과학적 학문이다.

carcass
[kάːrkəs]

(동물의) 시체, 〈경멸적으로〉 사람의 시체, 형체, 골조

㉠ corpse

- They moved the *carcass* of beef from the truck.
  그들은 트럭에서 소의 시체를 내렸다.

distract
[distrǽkt]

딴데로 돌리다, 흩어지게 하다, 즐겁게 하다, 어지럽히다, 분열시키다

㉣ distraction, distractible, distractive, distracter
㉠ divert, perplex, confuse

- He was *distracted* from his studying by the sounds of the party next door.
  이웃에서 들려오는 파티의 소음 때문에 그는 공부에 집중할 수 없었다.

igneous
[ígniəs]

불같은, 화성의

- As these islands were at one time volcanic, they are rich with *igneous* rock.
  이 섬은 한 때 화산이 있었기 때문에 화성암이 풍부하다.

afflict
[əflíkt]

괴롭히다, 들볶다

㈜ affliction, afflictive
㈜ inflict, worry, trouble, annoy, distress
㈜ relieve

- The injury in his leg did not heal properly and badly *afflicted* his walk.
  다리의 상처가 낫지 않아서 보행을 몹시 괴롭혔다.

fret
[fret]

괴롭히다, 애태우다, 해치다, 부식하다; 초조, 고민, 부식

㈜ fretful
㈜ tease, irritate, torment, erode, corrode

- He is always worried and *fretting* about the future.
  그는 항상 불안하고 미래에 관해 애태우고 있다.

alight
[əláit]

(말, 탈 것에서) 내리다, (새 등이) 내려앉다, 착륙하다

㈜ perch, settle, sit

- A fly had *alighted* itself on Seymour's head.
  시모어의 머리에 파리가 내려앉았다.

gait
[geit]

걸음걸이, (말의) 보조, 생산률

- The horse increased its *gait* when it saw the food ahead.
  말은 먹이가 앞에 있는 것을 보고 보조를 빨리 했다.

jolt
[dʒoult]

흔들다, 동요를 일으키다, 간섭하다; 덜컹임, 동요

㈜ jolty
㈜ rock, sway

- The truck *jolted* and some of its load fell off.
  트럭이 매우 흔들려서 짐이 몇 개 떨어졌다.

serpent
[sə́:rpənt]

큰 뱀, 악마, 음험한 사람; 구불구불 굽다

㊀ serpentine
㊂ snake, Satan, demon

- The *serpent* slithered across the floor and bit the old man.

  뱀은 마루를 건너 미끄러져 가서 노인을 물었다.

firefly
[fáiərflài]

개똥벌레

- It's fun to watch *fireflies* glowing in the dark in summer.

  여름 밤 개똥벌레가 빛나고 있는 것을 보는 것은 재미있다.

cicada
[sikéidə]

매미

㊂ locust

- On summer evenings the *cicadas* make such a beautiful sound.

  여름날 저녁 매미는 매우 아름다운 소리를 낸다.

abreast
[əbrést]

나란히, 〈keep[stay] a breast of[with]〉 ～로 …과 병행해서, ～와 어깨를 나란히 하여

- I try to read the newspapers every day to keep *abreast* of what's happening.

  나는 세상사에 뒤떨어지지 않도록 신문을 매일 읽으려 하고 있다.

enlist
[inlíst]

병적에 들다, 입대하다, 적극참가하다, (병으로) 징집하다

㊀ enlistee, enlister, enlistment
㊂ enroll, draft

- During the war, many people *enlisted* in the army rather than waiting to be drafted.

  전시(戰時)에 대부분의 사람들은 징집되기 보다는 자진해서 입대했다.

flaw
[flɔː]

상처, 결점[함], 틈; 무효로 하다, 금가게 하다

유 defect, blemish, fault, crack, crevice, fracture

- This cup has a *flaw* in the finish and a replacement is needed.
  이 컵은 마무리에서 금이 갔기 때문에 교체해야 한다.

fray
[frei]

(의류 등이) 닳아빠지다, 풀리다, 문지르다; 닳아서 해진 부분

- The rope was *frayed* and worn out.
  로프가 닳아서 끊어져 버렸다.

intensify
[inténsəfài]

강하게 하다, 도를 더하다, 심하게 하다

파 intension, intense, intensity, intensive

- As the date of the test drew nearer, the pressure *intensified*.
  시험일이 가까워져서 긴장이 높아졌다.

psychology
[saikálədʒi]

심리학, 심리상태

파 psychological, psychologist

- *Psychology* is the study of the human mental processes.
  심리학은 인간의 정신작용에 관한 학문이다.

glassy
[glǽsi]

유리 모양의, 투명한, 매끄러운, 무표정한; 유리구슬

파 glass, glassiness

- His eyes took on a *glassy* look just before he fainted.
  기절하기 전에 그의 눈은 생기를 잃었다.

impurity
[impjúərəti]

불결, 불순(행위), 혼합물

파 impure

유 pure

- The water contains many *impurities* and is not safe to drink.
  그 물은 많은 불순물을 포함하고 있어서 식수로는 안전하지 않다.

hydrangea
[haidréindʒə]

수국

- The blue *hydrangea* is the most beautiful bush in the garden.
  푸른색 수국은 정원내에서 가장 아름다운 나무이다.

---

lilac
[láilək]

라일락, 라일락 색, 엷은 자색

[파] liliaceous

- The blossom of the *lilac* bush smell very nice in the spring.
  라일락 꽃은 봄에 매우 좋은 향기를 낸다.

---

nostalgia
[nastǽldʒiə]

향수

[파] nostlagic, nostalgical

- It was *nostalgia* that compelled me to take that drive through the old neighborhood.
  옛날 살던 주변을 드라이브했던 것이 향수를 불러 일으켰다.

---

insomnia
[insámniə]

불면, 불면증

[파] insomniac
[유] sleeplessness

- I tend to suffer from *insomnia* more in summer months than in the winter.
  나는 겨울보다는 여름에 불면증으로 고생을 하는 경향이 있다.

---

amnesia
[æmní:ʒə]

기억상실, 건망증

[파] amnesiac, amnestic

- He got *amnesia* in the accident and could not remember his own name.
  그는 그 사고로 기억상실증에 걸려서 자신의 이름을 기억할 수 없었다.

enigma
[inígmə]

수수께끼(의 사람), 불가해한 것

㈜ enigmatic, enigmatical
㈜ puzzle, riddle

- The politicians kept hoping to find a solution to the *enigma* of peace in the Middle East.
  정치가들은 중동평화라는 난제를 해결하는 방법을 찾기를 희망하고 있었다.

dilemma
[dilémə]

딜레마, 난국

㈜ dilemmatic
㈜ predicament, problem

- He found himself in a *dilemma* and could not decide which way to go.
  그는 자신이 궁지에 빠져 있는 것을 알고 어찌하면 좋을지 결정할수 없었다.

perturb
[pərtə́:rb]

낭패당하다, 불안하게 하다, 당황케 하다

㈜ perturbation
㈜ confuse, puzzle, perplex, disturb, fluster, discompose

- He was *perturbed* at the idea of taking the test again.
  그는 재시험을 치를 생각에 불안해했다.

hubbub
[hʌ́bʌb]

소음, 소동

㈜ uproar

- After a long absence, even the *hubbub* of the city seems vivid and fresh to me.
  오랜 부재 후, 도시의 소음조차도 신선하고 생기있는 듯했다.

relic
[rélik]

유물, 유적, 자취, 유품

㈜ remains, artifact

- This is a *relic* from the Stone Ages.
  이것은 석기시대의 유물이다.

phlegmatic
[flegmǽtik]

점액질의, 무기력한, 냉담한, 무관심한

㈜ phlegm, phlegmy

- He always had some *phlegmatic* comment to make.
  그는 냉담한 의견만을 말했다.

apathetic
[ǽpəθétik]

무감정의, 냉담한

㈜ apathy
㈜ indifferent, impassive, phlegmatic, cold-blooded, insensible

- After he was fired from his job, he became *apathetic* about life.
  해고되고 나서 그는 인생에 대해 의욕을 잃었다.

hectic
[héktik]

열이 있는, 매우 흥분한, 매우 바쁜

㈜ hectically

- Seoul Station is always very *hectic*.
  서울역은 언제나 매우 복잡하다.

idiotic
[ìdiátik]

천치의, 바보의

㈜ idiot, idiotism
㈜ stupid, fatuous

- He thought that the plan to build a tunnel across the Atlantic Ocean was *idiotic*.
  그는 대서양 횡단 터널을 만든다는 계획이 바보스럽다고 생각했다.

patriotic
[pèitriátik]

애국적인, 애국심이 강한

㈜ patriot, patriotically, patriotism

- It's not very *patriotic* to scratch yourself while the national anthem is being played.
  국가가 연주되는 동안 몸을 긁는 것은 애국적 행동이 아니다.

atavistic
[ætəvístik]

격세 유전의

㈜ atavism

- Primitive tribes are known for their *atavistic* rites where animals are killed.
  미개 부족은 동물을 살해하는 격세 유전의 의식으로 알려져 있다.

drastic
[drǽstik]

강렬한, 철저한, 대담한; 극약

파 drastically
유 thorough, dramatic

- If payment is not made by the end of the month, we will take *drastic* legal action.
  만일 월말까지 지불이 되지 않는 경우에는 우리는 강력한 법적 수단을 취할 것이다.

confounded
[kənfáundid]

〈구어〉 혼란한, 당황한

유 disgusting, extraordinary, absurd, ridiculous

- That *confounded* problem has come back again.
  복잡한 문제가 또 일어났다.

shred
[ʃred]

끄트러기, 단편, 〈부정문에서 a ~로〉 조금;
갈기갈기 찢다[자르다]

파 shredder
유 scraps, fragment, tear

- The jet engine *shred* the bird into tiny pieces.
  제트 엔진이 새를 작은 조각으로 갈기갈기 찢었다.

dejected
[didʒéktid]

낙담한, 풀죽은

파 dejection
유 depressed, dispirited, disappointed, despondent

- He became *dejected* after he failed in the entrance examination.
  그는 입학시험에 떨어진 후 풀이 죽었다.

unprece
-dented
[ʌnprésədèntid]

전례 없는, 신기한

파 precedent, precedence, precede, preceding
유 novel

- The committee's decision to tax food items in order to cover construction costs was entirely *unprecedented*.
  건설비용을 조달하기 위해 식품에 과세한다고 하는 위원회의 결정은 전혀 전례가 없는 것이었다.

morbid
[mɔ́:rbid]

병적인, 불건전한, 병에 걸린, 음울한

㈜ morbidity

- He had a *morbid* fear of snakes and trembled at the sight of them.
  그는 병적일 정도로 뱀을 무서워해서 그것을 보는 것만으로도 떨었다.

devoid
[divɔ́id]

빠진, 전혀 없는

㈜ lacking, destitute

- The manager felt the plan was *devoid* of merit and would not approve it.
  과장은 그 계획은 가치가 없다고 생각하고 동의하지 않았다.

uphold
[ʌphóuld]

들어올리다, 지지[후원]하다

㈜ raise, support, sustain, countenance

- The policeman's job is to *uphold* the laws, not to create them.
  경관의 업무는 법률을 만드는 것이 아니라 법을 지키는 것이다.

disband
[disbǽnd]

해체[산]하다

㈜ disorganize, demobilize, dissolve, disperse

- Due to a lack of interest, the club intends to *disband* later in the year.
  관심 부족으로 그 클럽은 연말에 해체될 예정이다.

transcend
[trænsénd]

(경험, 이성, 이해 등의 한계를) 넘다, 초월하다, 능가하다

㈜ transcendence, transcendent, transcendental, transcendentalize
㈜ exceed, excel

- He is hoping to find a way to *transcend* his current difficulties.
  그는 현재의 난국을 넘을 방법을 찾기를 희망하고 있다.

hoard
[hɔːrd]

저장(하다), 축적; 비축하다, 저장하다

㊀ storage, store, preserve, accumulate, save

- Eli bought up all the peanut butter and *hoarded* it in his room until the price went up.
  엘리는 땅콩 버터를 모두 사서 가격이 오를 때까지 그것을 방에 저장했다.

defraud
[difrɔ́ːd]

속여서 빼앗다, 사취하다

㊂ defraudation, fraud
㊀ rob, pilfer

- The bank was afraid he would try to *defraud* them and checked his references carefully.
  은행은 그가 사기를 칠까 두려워서 그의 신원 보증서를 신중히 조사했다.

circums -cribe
[sə́ːrkəmskràib]

제한하다, 테두리 속에 넣다, 가두다, 외접시키다

㊂ circumscription
㊀ suppress, subdue, divide, partition
㊁ inscribe

- His behavior was *circumscribed* by the wishes of his father.
  그의 행동은 아버지의 바램에 의해 제한당했다.

proscribe
[prouskráib]

금지하다, 법률의 보호권 밖에 두다

㊂ proscription
㊀ prohibit, forbid, outlow

- The committee *proscribed* the use of diving masks during the competition.
  위원회는 경기 중 물안경의 사용을 금지했다.

efface
[iféis]

지우다, 삭제하다, 존재를 희미하게 만들다, 눈에 띄지 않게 하다

㊀ erase, remove, eliminate, disappear

- He was very self-*effacing* and humble when he talked to the policeman.

  그는 경관과 이야기할 때에는 소극적이고 겸허했다.

---

accomplice
[əkámplis]

공범자

㊌ partner, confederate, associate

- He stole the money while his *accomplice* held everyone in the bank hostage.

  공범자가 은행 안의 모든 사람을 인질로 잡고 있는 사이에 그는 현금을 훔쳤다.

4일째 끝내는 중요단어

avarice
[ǽvəris]

욕심, 탐욕

- He had lived a life of greed and *avarice*.
  그는 탐욕으로 인생을 보냈다.

entice
[intáis]

유혹하다, 유인하다, 꾀어서 ~시키다

(파) enticement, enticing
(유) allure, lure, seduce, coax

- The man in front of the club tried to *entice* people to come in.
  클럽 앞에 있던 남자는 들어오도록 사람들을 유인하려고 했다.

novice
[návis]

미숙자, 초심자, 신참

(파) novitiate
(유) apprentice, beginner

- The *novice* worker made many errors on the job.
  그 신참은 미숙해서 일에서 많은 실수를 했다.

arrogance
[ǽrəgəns]

거만, 방만, 자만

(파) arrogant, arrogate
(유) insolence, disdain, self-confidence
(반) humility, humbleness

- His *arrogance* caused him to ignore the advice.
  그는 거만해서 충고를 들으려 하지 않았다.

semblance
[sémbləns]

외형, 외양, 유사, 겉보기

(파) semblable
(유) appearance, aspect, exterior, likeness, resemblance, similarity

  - Despite the difficulties, he tried to maintain a semblance of order.
    많은 어려움에도 불구하고 그는 표면적으로는 평정을 유지했다.

cognizance
[kágnizəns]

인식(범위), 지각, 지식, 법정의 확인, 문장

파 cognizant, cognition, cognitive, cognize
유 understanding, notice, recognition

  - The court ruled that he had no *cognizance* of his actions and therefore could not be prosecuted.
    법정은 그에게는 자신의 행위에 대한 인식이 없기 때문에 기소할 수 없다고 판결했다.

decadence
[dékədəns]

추락, 퇴폐, 쇠퇴, 쇠퇴기

파 decadency, decadent
유 decline, retrogression, decay, downfall

  - He was appalled at the *decadence* of the local nightclubs.
    그는 지방 나이트 클럽의 퇴폐에 놀랐다.

turbulence
[tə́:rbjələns]

대혼란, 동요

파 turbulent
유 upheaval, disturbance

  - John's new jacket was ruined when the plane ran into *turbulence* just as he was drinking his coffee.
    커피를 마실 때 비행기가 흔들려서 존은 새 자켓을 더럽혔다.

mince
[mins]

(고기, 야채 등을) 잘게 썰다, 세분화하다, 뽐내며 말하다; 잘게 썬 것

파 mincer
유 cut, slice, subdivide, reserve, despise

  - His eyes are always filled with tears when he *minces* onions.
    양파를 썰 때 그의 눈은 항상 눈물로 가득 찬다.

renounce
[rináuns]

단념하다, 관계를 끊다

㉠ renouncement
㉡ abandon, relinquish, reject

- The dictator *renounced* the peace treaty and started fighting again.
  독재자는 평화 조약을 파기하고 다시 전쟁을 시작했다.

farce
[fɑːrs]

소극, 광대극; 위트있는 내용을 첨부하다

㉠ farcical

- Each of us paid six dollars for what was supposed to be an organized athletics competition but it turned out to be a *farce*.
  우리는 제계적인 육상 경기대회라고 생각하고 6달러를 지불했지만 결국은 웃음거리로 끝났다.

barricade
[bǽrəkèid]

바리케이드(를 세우다), 방책; 방해물로 막다

㉠ barrier
㉡ obstruction, bar, block

- The students built a *barricade* at the entrance to the university to keep the police away.
  학생들은 경찰이 가까이 오지 못하도록 바리케이드를 세웠다.

cascade
[kæskéid]

작은 폭포; 파상 레이스를 달다, 폭포가 되어 떨어지다

- The water *cascaded* down the waterfall.
  물이 폭포가 되어 떨어졌다.

supersede
[sùːpərsíːd]

파기하다, 무효로 하다, ～에 대신하다

㉡ remove, abandon, replace, substitute

- The new procedures *supersede* the old ones.
  새 절차가 발효되면 옛것은 무효로 된다.

homicide
[háməsàid]

살인(죄/범)

㉠ homicidal
㉡ murder, manslaughter

- The murder is being investigated by the *homicide* department.

  그 살인 사건은 살인과에서 조사 중이다.

patricide
[pǽtrəsàid]

부친 살해, 부친을 죽인 사람

파 patricidal
반 matricide

- Oedipus committed *patricide* and then married his mother.

  오이디푸스는 아버지를 죽인 뒤 어머니와 결혼했다.

chide
[tʃaid]

꾸짖다, 비난하다

유 scold, censure, upbraid, reprimand

- The teacher always *chided* him for his bad handwriting.

  교사는 그를 나쁜 필적때문에 항상 꾸짖었다.

deride
[diráid]

비웃다, 바보 취급하다

파 derision, derisive
유 mock

- The young boys always *derided* him because of his strange behavior.

  소년은 그의 기묘한 행동을 항상 비웃었다.

preclude
[priklú:d]

방해하다, 가로막다, 불가능하게 하다, 배제하다

파 preclusion, preclusive
유 prevent, disturb, interfere, hinder, hamper, obstruct

- He tried to *preclude* a thorough discussion of the question by asking for a quick vote.

  그는 표결을 일찍 할 것을 요구해서 그 문제에 관한 철저한 토의를 막았다.

interlude
[íntərlù:d]

사이, 막간(의 여흥), 간주(곡)

- Simon will play his trombone during the *interlude* between the first and second act.

  사이몬은 1막과 2막 사이에 트럼본 연주를 할 것이다.

obtrude
[əbtrú:d]

억지로 맡기다, 강요하다, 주제넘게 나서다, 내밀다, 밀고 들어가다

[파] obtrusion, obtrusive

• The parked car *obtruded* into the street and was hit by the passing truck.
주차장의 차가 차도로 밀고 들어가서 지나가던 트럭과 충돌했다.

protrude
[proutrú:d]

내밀다, 튀어나오다

[파] protrusion, protrusive
[유] jut, project, swell

• The bruise on his forehead *protruded* 1centimeter.
그의 앞 이마의 혹은 1cm 튀어나왔다.

extrude
[ikstrú:d]

밀어내다, 쫓아내다, 추방하다

[파] extrusion, extrusive

• That poor innocent man has been *extruded* from society for more than 10 years.
저 불쌍한 무지한 남자는 10년 이상 사회에서 격리되어 있었다.

intrude
[intrú:d]

억지로 밀어넣다, 침입하다, 강요하다

[파] intrusion, intrusive
[유] invade, trespass, impose

• The neighbors are always *intruding* into our family affairs.
이웃들은 항상 우리 가족의 일에 개입하고 있다.

exude
[igzú:d]

스며나오다, 발산하다

[유] emit, release

• As he walked, blood *exuded* from heavy bandages around his thigh.
그가 걷자 허벅지를 싸맨 두꺼운 붕대에서 피가 스며나왔다.

ravage
[rǽvidʒ]

파괴행위, 〈복수형으로〉 파괴흔적, 황폐, 참화; 파괴하다, 약탈하다

㊡ devastation, ruin, desolation, vandalism, destroy, despoil, vandalize

- The troops *ravaged* the town after they had conquered it.
  군대는 마을을 점령한 후 약탈했다.

abridge
[əbrídʒ]

요약하다, 단축하다, 빼앗다

㊕ abridgment
㊡ shorten, condense, digenst, abstract, reduce, curtail, diminish, deprive
㊩ expand, extend

- This book has been *abridged* from the original and is much easier to read.
  이 책은 원본으로부터 요약되어 있어서 매우 읽기 쉽다.

besiege
[bisí:dʒ]

포위하다, 밀어닥치다

㊕ besiegement
㊡ beset, encircle

- The army *besieged* the castle until the enemy surrendered.
  군은 적이 항복할 때까지 성을 포위했다.

divulge
[divʌ́ldʒ]

누설하다, 폭로하다

㊕ divulgence
㊡ disclose, reveal, impart

- He was told that the information was secret and to *divulge* it to no one.
  그는 그 정보는 비밀이므로 타인에게 누설해서는 안 된다고 들었다.

purge
[pə:rdʒ]

추방(하다), 정화(하다), 하제; 깨끗이하다

㊕ purgation, purgative, purgatorial, purgatory
㊡ purify, cleanse, clear, clarify, laxativ

- They *purged* all the water from the pipes.
  그들은 파이프에서 물을 모두 뽑아냈다.

catastrophe
[kətǽstrəfi]

돌연한 대변동, 대재앙, 파멸, (비극적) 결말

- 파 catastrophic
- 유 disaster, mishap, calamity

- The 1984 earthquake was a major *catastrophe*.
  1984년의 지진은 대재앙이었다.

invoke
[invóuk]

기원하다, 발동하다, 호소하다

- 파 invocation
- 유 exercise

- The chairman of the committee *invoked* his right to cast the deciding vote.
  위원회의 의장이 의장 권한을 발동해서 결정표를 던졌다.

convoke
[kənvóuk]

(회의 등을) 소집하다

- 파 convocation, convocational, convocant
- 유 call, convene, summon, assemble
- 반 dissolve

- The Congress was *convoked* only a week after the general election.
  총선거 후 일 주일간 의회가 소집되었다.

seethe
[si:ð]

(고기를) 굽다, 들끓다, 삶다, 데치다; 비등, 흥분상태

- 유 boil, simmer, stew, surge, foam, soak, steep

- The river is *seething* with migrating fish.
  강은 산란하러 돌아오는 고기로 들끓고 있다.

pliable
[pláiəbl]

휘기 쉬운, 유연한, 유순한

- 파 ply, pliant
- 유 flexible, compliant, ductile, supple

- This new plastic is nearly as hard as glass and still *pliable* enough to drive a nail through.
  이 새 플라스틱은 유리만큼 강하지만 못을 뚫을 정도로 유연하다.

amenable
[əmí:nəbl]

순종의, 순종할 의무가 있는

- 유 obedient, gentle

- He is *amenable* to giving a discount for paying with cash.

  그는 현금 지불에는 할인을 해 줄 의무가 있다.

sable
[séibl]

검은 담비(의 모피); 흑색의, 음울한

- The coat is made of *sable* fur.

  그 코트는 검은 담비의 모피로 만든 것이다.

disposable
[dispóuzəbl]

처분할 수 있는, 자유로이 사용할 수 있는; 사용 후에 버리는 것

- 파 dispose, disposal
- 유 throw away

- Don't worry about washing the dishes; they're all *disposable*.

  그릇을 씻을 필요는 없어요. 사용한 후에 버리는 것이니까.

inscrutable
[inskrú:təbl]

수수께끼같은, 헤아려 알 수 없는

- 파 inscrutability
- 유 incomprehensible, mysterious, inexplicable, unaccountable

- *Inscrutable* as it is, "2001: A Space Odyssey" is one of my favorite movies.

  「2001년 우주여행」은 난해하지만 내가 가장 좋아하는 영화의 하나이다.

babble
[bǽbl]

수다(떨다); 재잘거리다

- 파 babbling
- 유 chatter

- The old woman *babbles* to herself on the train.

  그 노부인은 열차 안에서 혼자 떠들었다.

gabble
[gǽbl]

빠르게 지껄이다, 재잘거리다; 빨라서 알아들을 수 없는 말

- 유 chatter

- The *gabble* of people in the office made it difficult for him to concentrate.

  사무실 내의 사람들이 지껄여대서 그는 집중할 수 없었다.

scribble
[skríbl]

휘갈겨 쓰다, 낙서하다; 휘갈겨 쓰기, 난필

파 scribbler

- He couldn't read the quickly *scribbled* note.
  그는 그 갈겨 쓴 글을 읽을 수 없었다.

illegible
[ilédʒəbl]

읽기 어려운, 판독하기 어려운

파 illegibility
반 legible

- His handwriting is completely *illegible*, and only he could read it.
  그의 필적은 판독불능이어서 오직 그만이 읽을 수 있다.

forcible
[fɔ́ːrsəbl]

강제적인, 힘이 센, 효과적인, 설득력 있는

파 force, forceful, forceless
유 compulsory, obligatory, binding, powerful, efficient, persuasive

- The lawyer made a *forcible* argument on behalf of his client.
  변호사는 그의 의뢰인을 대신해서 설득력 있는 논쟁을 했다.

intangible
[intǽndʒəbl]

만질 수 없는 (것), 막연한, 불가해한; 실체가 없는 것

유 imperceptible, obscure

- "Peace" is too *intangible* a concept to argue for or against.
  「평화」라는 것은 찬반을 초월한 모호한 개념이다.

pinnacle
[pínəkl]

고봉, 정점; 높은 곳에 두다

파 pinnacled
유 crest, eminence, summit, apex, zenith
반 base

- He climbed the wrong *pinnacle* of the mountain and so never reached the top.
  그는 그 산봉우리를 잘못 올랐기 때문에 정상에는 도달할 수 없었다.

oracle
[ɔ́(:)rəkl]

신탁, 신의 말, 계시, 현인

[파] oracular
[유] prophecy

- They consulted the *oracle* to see what would happen in the future.
  그들은 미래에 일어날 일들을 알려고 그 예언자에게 계시를 구했다.

chronicle
[kránikl]

연대기(에 싣다), 기록, 편년사

[파] chronological, chronology, chronologist

- He kept a *chronicle* of everything that happened to him in the country.
  그는 그 나라에서 자신에게 일어난 것을 모두 기록해 나갔다.

muddle
[mʌ́dl]

뒤섞다, 혼란시키다, 흐려지게 하다, 낭비하다
〈~through〉 벗어나다

[파] muddler

- He *muddled* his way through another problem.
  그는 또다른 문제를 그럭저럭 넘겼다.

immobile
[imóubəl]

움직일 수 없는, 고정된, 정지한

[파] immobilism, immobilize
[유] fixed, immovable, stable
[반] mobile

- They tried to push the car off the road but the accident had rendered it *immobile*.
  그들은 차를 도로 밖으로 밀어내려 했지만 사고 때문에 움직일 수 없었다.

guile
[gail]

엉큼한 꾀, 교활, 배신

[파] guileful, guileless
[유] cheat, cunning, deceit, artifice, duplicity

- It took all his *guile* to work his way out of the difficult situation.
  난국에서 벗어나기 위해 그는 모든 꾀를 썼다.

beguile
[bigáil]

현혹시키다, 기만하다, 위로하다

㈜ beguilement
㈌ delude, cheat, deceive, divert, amuse

- Her *beguiling* smile lingered in his memory long after she was gone.
  유혹하는 듯한 그녀의 미소는 그녀가 간 후에도 그의 기억에 남아 있었다.

revile
[riváil]

욕하다, 비방하다

㈜ revilement
㈌ abuse, denounce, vilify, vituperate, berate

- They *reviled* him for failing the test.
  그들은 그가 시험에 떨어진 것을 비방했다.

shackle
[ʃǽkl]

수갑, 쇠고랑, 족쇄; 속박하다, 구속하다

㈌ fetter, handcuff, manacle, impediment, obstacle, obstruction, confine, restrain, hamper

- He broke the *shackles* on his legs and escaped.
  그는 다리의 족쇄를 부수고 도망갔다.

fetter
[fétər]

〈보통 복수형으로〉 족쇄, 속박(하다); 족쇄를 채우다

㈌ shackle, restriction, trammels

- He was *fettered* by troubles and couldn't finish the task.
  그는 어려움에 속박되어 그 일을 마칠 수 없었다.

fickle
[fíkl]

변하기 쉬운, 불안정한, 변덕스러운

㈜ fickleness
㈌ capricious, whimsical, crotchety, lubricious, inconstant

- The *fickle* student kept changing his mind about what he wanted to do.
  그 변덕스러운 학생은 그가 원했던 것에 대한 생각을 계속 바꾸었다.

scruple
[skrú:pl]

의심, 〈복수형으로〉 양심의 가책, 조금, 미량

㈌ hesitation, reluctance, conscience, restraint, hesitate, waver

- He had no *scruples* about accepting bribes.
  그는 뇌물을 받은 것에 대해 조금도 양심의 가책을 느끼지 않았다.

drizzle
[drízl]

이슬비(가 내리다)

- It did nothing but *drizzle* every day last June.
  지난 6월은 매일 이슬비가 내릴 뿐이었다.

profane
[prəféin]

신성을 더럽히는, 불경스런, 세속적인, 이교의; 모독하다,
신성을 더럽히다

파 profanation, profanity

- The drunken man yelled *profane* expressions at the crowd.
  그 술 취한 사람은 군중을 향해서 불경스런 말을 외쳤다.

grope
[group]

손으로 더듬다, 손으로 더듬어 찾다, 모색하다; 탐색

- He *groped* his way along the dark corridor looking for a light switch.
  전등 스위치를 찾으려 그는 어두운 복도를 더듬었다.

mediocre
[mìːdióukər]

보통의, 평범한, 2류의

파 mediocrity, mediocritize,
유 ordinary, common, average, mean, routine

- His work is *mediocre* and uninteresting.
  그의 일은 평범해서 흥미가 없다.

adhere
[ædhíər]

달라붙다, 집착하다

파 adherence, adhesion, adherent, adhesive
유 stick, glue, cohere
반 separate

- This glue is so strong that it will *adhere* to any surface.
  이 접착제는 매우 강력해서 어떤 표면에도 붙는다.

cohere
[kouhíər]

응집하다, 끝까지 일관하다, 질서정연하다; 일치하다

㈜ coherence, cohesion, coherent, cohesive
㈜ stick, connect, correspond

- The cold noodles *cohered* together.
  찬 국수가 서로 붙어 있었다.

incoherent
[ìnkouhíərənt]

일관되지 않는, 모순된, 서로 용납되지 않는

㈜ incoherence, incohesive
㈜ contradict
㈜ coherent

- His argument for the plan was completely *incoherent* and could not be understood by anyone else.
  그 계획에 관한 그의 주장은 완전히 모순되어서 누구도 이해할 수 없었다.

cumber-some
[kʌ́mbərsəm]

방해가 되는, 성가신, 다루기 어려운

㈜ troublesome, complicated

- It may be *cumbersome*, but all passengers are required by law to wear a life vest.
  귀찮은 일이지만 승객 전원이 구명복을 착용하는 것이 법률에 의해 의무로 되어 있다.

genre
[ʒɑ́:nrə]

종류, 유형, 양식, 풍속화(의)

㈜ kind, sort, variety, category

- Ivan McCully is one of the few authors that has received recognition for work outside of his established literary *genre*.
  이반 맥컬리는 자신이 확립한 문학 양식 이외의 작품에도 인정을 받았던 많지 않은 작가 가운데 한 명이었다.

bizarre
[bizɑ́:r]

괴이한, 이상한

㈜ bizarreness
㈜ odd, erratic, grotesque, weird, eccentric

- As soon as Tom showed up in that gorilla suit, events took a turn for the very *bizarre*.

톰이 고릴라 복장을 하고 나타나자 행사는 매우 이상하게 변해 버렸다.

conjure [kάndʒər]

마법으로 ~하다, 기원하다, 불러내다

- He spent all night *conjuring* up reasons that the plan wouldn' t work.
  그 계획이 실행되지 못할 여러 가지 이유를 생각하며 그는 밤을 지샜다.

floriculture [flɔ́:rəkʌ̀ltʃər]

화초 재배(법)

[파] floricultural, floriculturist
[유] horticulture

- *Floriculture* is the study of plants and plant life.
  화초 재배법이라는 것은 식물과 그 재배에 관한 연구이다.

rapture [rǽptʃər]

환희, 황홀

[파] rapt, rapturous
[유] delight, exultation, ecstasy

- He was lost in *rapture* at the sight of the beautiful woman.
  그는 그 미녀를 보고 황홀하게 되었다.

rupture [rʌ́ptʃər]

파열(하다), 균형, 불화, 헤르니아(를 일으키다); 파멸시키다, 단절하다

[유] breach, fracture, split, disruption

- If this pipe *ruptures*, the house will get flooded with water.
  만약 이 파이프가 파열되면 집 안은 온통 물로 가득 찰 것이다.

nurture [nə́:rtʃər]

영양을 주다, 키우다, 양성하다; 양육, 교육

[파] nurturance, nurturant
[유] nurse, nourish, feed, foster, cherish

- The boy *nurtured* the sick bird back to health.
  소년은 새의 건강이 회복될 때까지 돌보아 주었다.

azure
[ǽʒər]

하늘색(의), 청색(의), 감색(의)

- They took a trip to Hawaii because they loved the *azure* sea there.
  그들은 그 푸른 바다를 좋아해서 하와이로 여행을 갔다.

lease
[liːs]

임대차 계약, 임대기간; 임대하다

㊠ rent, hire, charter

- He *leased* the car for three years from the rental company.
  그는 렌터 회사에서 차를 3년간 임대했다.

premise
[prémis]

전제(로서 말하다), 〈복수형으로〉 기술 사항, 부동산; 가정하다

㊠ assumption, hypothesis, thesis, assume, presume

- The diet that Martha developed is based on the *premise* that the creation of fat requires more calories in the morning.
  마사가 고안한 다이어트는 아침에 다량의 칼로리를 섭취하면 지방이 생긴다는 전제에 기초하고 있다.

surmise
[sərmáiz]

추량하다; 예측, 추측

㊠ infer, conjecture, guess, gather

- Might I *surmise* from your reactions that you all know the material?
  여러분의 반응으로 모두가 그 재료를 알고 있다고 생각해도 좋을까?

comprise
[kəmpráiz]

포함하다, 의미하다, ~으로 성립되다

㊠ include, contain, comprehend, embrace, constitute

- The problem is *comprised* of three separate parts.
  그 문제는 3개의 독립된 부분으로 구성되어 있다.

guise
[gaiz]

복장, 외관, 가장, 구실; 의복을 입히다

㊘ disguise
㊠ costume, appearance, semblance, excuse, pretext

- Under the *guise* of maintaining order, the officers harassed the immigrants into leaving.
  질서를 보호한다는 구실로 관료는 이민자들을 강제적으로 떠나도록 했다.

depose
[dipóuz]

(특히 고위에서) 물러나게 하다, 퇴위시키다, 선서 증언하다

㉙ deposal
㉕ oust

- The President was *deposed* by the revolutionaries.
  혁명가들에 의해 대통령은 퇴위당했다.

primrose
[prímròuz]

앵초꽃(의), 프리뮬러; 담황색의, 앵초가 많은

- The *primrose* bush grew in the corner of the garden.
  정원의 구석에서는 앵초풀이 무성해 있었다.

elapse
[ilǽps]

(시간이) 경과(하다)

㉕ lapse, pass

- Many years *elapsed* since the last time he saw her.
  그가 마지막으로 그녀를 만난 뒤로 수년이 경과했다.

diverse
[divə́:rs]

별개의, 다른, 다양한

㉙ diversity, diversify, diversification
㉕ different, various, varied

- The members are so numerous and so *diverse* that I don't know what we could do to please everybody.
  구성원은 수가 매우 많고 다양하기 때문에 무엇을 해서 모든 사람들을 기쁘게 해야 할지 모르겠다.

endorse
[endɔ́:rs]

시인[지지]하다, 보증[주장]하다, (수표 등을) 이서하다

㉙ endorsee, endorsement
㉕ guarantee, assure, warrant, accredit

- The baseball player *endorsed* the product in television commercials.
  그 야구선수는 TV 광고에서 그 상품을 보증했다.

reimburse
[rìːimbə́ːrs]

변상하다, 배상하다

[파] reimbursable, reimbursement
[유] compensate, recompense, remunerate, refund

- He wants to be *reimbursed* for his business expenses.
  그는 사업상의 경비를 배상받고 싶어한다.

recourse
[ríːkɔːrs]

의지, 의지하기

- You should only take a conflict to court as a last *recourse*.
  마지막 의지의 수단으로 재판을 받아야 한다.

effuse
[ifjúːz]

(액체, 빛 등을) 방출[발산]하다, 흘러나오다

[파] effusion, effusive
[유] emit, radiate

- The victory *effused* the crowd with excitement.
  승리는 군중을 흥분의 소용돌이로 휘몰았다.

suffuse
[səfjúːz]

(액체, 빛, 색 등으로) 덮다

[파] suffusion, suffusive
[유] infuse

- Her face is *suffused* with affection for her baby.
  그녀의 얼굴은 아기에 대한 애정으로 덮혀 있다.

imprecate
[ímprikèit]

(불행 등을) 빌다

[파] imprecatory, imprecation

- Are you trying to *imprecate* that I stole the money?
  당신은 내가 그 돈을 훔치도록 빌고 있지?

eradicate
[irǽdəkèit]

전멸시키다, 근절하다

[파] eradication, eradicative
[유] annihilate, extinguish, exterminate, obliterate, uproot

- It' s almost impossible to *eradicate* all the weeds from your garden.
  당신의 정원에서 잡초를 근절하는 것은 거의 불가능하다.

vindicate
[víndəkèit]

비난[오명/혐의/의혹]을 씻다, 정당화하다, 옹호[변호]하다, 지키다

[파] vindicative, vindicatory, vindication
[유] clear, exculpate, acquit, exonerate, justify, defend, assert, support

- The decision of the court *vindicated* him of any crime.
  판결은 그의 범죄에 관하여 무죄임을 밝혔다.

fabricate
[fǽbrikèit]

제작하다, 만들어내다, 짜맞추다

[파] fabric, fabrication, fabricative
[유] construct, frame, manufacture, fashion, forge, coin, fake

- He likes to watch the workers *fabricate* parts in the factory.
  그는 종업원들이 공장에서 부품을 제작해 가는 것을 보고 싶어 한다.

extricate
[èkstrəkèit]

(난국 등에서) 구해내다, 해방하다, 구별하다

[파] extrication, extricable
[유] release, save, rescue

- He tried to *extricate* himself from the problem.
  그는 그 문제에서 벗어나려고 노력했다.

inculcate
[inkʌ́lkeit]

되풀이하여 가르쳐주다, 끈덕지게 설명하여 믿게 하다

- His parents tried to *inculcate* in him a sense of responsibility.
  부모님은 그에게 책임감을 가르쳐 주려고 노력했다.

allocate
[ǽləkèit]

할당하다, 배치하다

[파] allocation
[유] appropriate, allot

- The teacher will *allocate* two books to every student.
  교사는 학생들 각자에게 책을 2권씩 할당할 것이다.

inundate

[ínəndèit]

범람하다, 침수시키다, 범람시키다

㉠ inundation, inundatory
㉡ flood, deluge, overflow

- The entire garden was *inundated* when the dam broke.
  댐이 무너졌을 때 정원 전체가 침수되었다.

segregate
[ségrəgèit]

분리하다, 격리하다, (인종)차별하다, 나누다;
분리[구별/차별]당하는 사람[것/집단]

유 isolate, separate, discriminate

- In South Africa, the races are *segregated*.
  남아프리카에서는 인종차별이 행해지고 있다.

castigate
[kǽstəgèit]

징벌하다, 혹평하다, 비난하다, 첨삭하다

파 castigation
유 criticize, charge, scrutinize, discipline

- The newspapers *castigated* the politicians for their failure to take action.
  신문들은 정치가들이 행동하지 않은 것을 혹평을 했다.

elongate
[ilɔ́:ŋgeit]

연장하다, 잡아 늘이다, 늘어나다

파 elongative
유 extend, lengthen, prolong

- The rollercoaster is scheduled to reopen in its new *elongated* version some time next June.
  그 청룡열차의 연장된 새 모델이 내년 6월쯤 재개될 예정이다.

mediate
[mí:dièit]

(중개를) 성립시키다, (전언을) 전하다, 조정하다,
중간에 위치하다; 중개의

파 mediation, mediative, mediatize, mediator, mediatorial, mediatory
유 intercede, interpose, arbitrate, settle, reconcile

- The manager tried to *mediate* the conflict between the two departments, but failed.
  과장은 두 부서간의 분쟁을 조정하려 했지만 실패했다.

satiate
[séiʃièit]

물리게 하다, 신물나게 하다, 만족시키다

㉠ satiety
㊅ cloy, glut, stuff, sate, gorge

- He drank a quart of water to *satiate* his thirst.
  그는 갈증을 해소하기 위해 1쿼트의 물을 마셨다.
  (1쿼트는 0.95리터)

propitiate
[prəpíʃièit]

비위를 맞추다, 화해시키다, 달래다

㉠ propitiation, propitiative, propitiatory, propitious
㊅ appease, conciliate, pacify

- The father *propitiated* his little daughter by giving her anything she wanted.
  아버지는 어린 딸을 달래기 위해 원하는 것이면 무엇이나 주었다.

dilate
[dailéit]

넓히다, 팽창하다, 상술하다

㉠ dilatant, dilative, dilatation, dilatometer
㊅ expand, engross, extend, swell, amplify

- In the dark, the pupil of your eye *dilates* to let more light in.
  어둠 속에서 동공은 보다 많은 빛을 받기 위해 커진다.

assimilate
[əsíməlèit]

(지식, 문화 등을) 흡수하다, 일치하다, 동화하다

㉠ assimilative, assimilatory
㊅ absorb, insorb

- The first week in the new country was spent *assimilating* all the new sights and sounds.
  새로운 나라에서의 첫 주간은 새로운 경치나 소리에 적응하는데 소비하였다.

emulate
[émjəlèit]

경쟁하다, 겨루다, 본뜨다

㉠ emulator, emulation, emulative, emulous
㊅ compete, rival, simulate

- He wishes to *emulate* his father and become an engineer.
  그는 부친을 따라서 기술자가 되려고 생각하고 있다.

alienate
[éiliənèit]

멀리하다, 양도하다

- (파) alienation
- (유) avoid, transfer

- He *alienated* his friends by being self-centered all the time.
  그는 항상 자기 중심적이어서 친구를 멀리해 버렸다.

fulminate
[fʌ́lmənèit]

(큰 소리를 내며) 폭발하다, 호통치다, 격렬히 비난하다

- (파) fulmination, fulminant, fulminic, fulminous
- (유) burst, explode, flash

- The airplane *fulminated* just before landing and the air field was appalling.
  비행기는 착륙 직전에 대폭발을 일으켜서 활주로는 처참했다.

germinate
[dʒə́ːrmənèit]

발아하다[시키다], 성장하다, 발생하다

- (파) germinative, germinator
- (유) sprout, grow

- The seeds began to *germinate* in the spring.
  봄이 되어서 씨가 발아하기 시작했다.

terminate
[tə́ːrmənèit]

끝내다, 종결시키다, 해약하다; 유한의

- (파) termination, terminator, terminative, terminatory
- (유) finish, conclude, complete, close, bound, limit

- The train *terminates* at New York.
  그 열차는 뉴욕이 종점이다.

extermina -tion
[ikstə́ːrmənéiʃən]

근절, 점멸

- (파) exterminate
- (유) extinction

- You should come to the lecture on the *extermination* of dinosaurs.
  공룡의 전멸에 관한 강의에는 참석해야 한다.

consecrate
[kánsəkrèit]

신성하게 하다, 바치다, 전념하다

㈜ consecratory

- The priest *consecrated* the new church altar.
  사제는 새 교회의 제단을 신성하게 했다.

reverberate
[rivə́:rbərèit]

방향하다, 울려퍼지다, 반사하다, 굴절하다

㈜ reverberation, reverb, reverberant, reverberatory
㈜ echo, resound, reflect

- The sound of the drums *reverberated* throughout the house.
  드럼 소리가 집안에 울려퍼졌다.

enumerate
[injú:mərèit]

열거하다, 세다

㈜ enumeration
㈜ itemize

- The report *enumerated* all the activities planned for the future.
  그 보고서에는 예정되어 있는 활동이 모두 열거되어 있다.

degenerate
[didʒénərèit]

저해[악화]하다, 퇴화하다, 쇠하게 하다; 저하한, 퇴폐적인;
추락자, 성도착자

㈜ degeneracy, degeneration, degenerative

- His self-confidence began to *degenerate* after he was fired from his job.
  직장에서 해고된 후 그는 자신을 잃기 시작했다.

obliterate
[əblítərèit]

말소하다, 제거하다, 지우다, 소인을 찍다

㈜ obliteration
㈜ erase, delete, remove

- The bomb *obliterated* the house when it exploded.
  폭탄의 폭발에 의해 그 집은 없어졌다.

saturate
[sǽtʃərèit]

흠뻑 적시다, 몰두시키다, 포화시키다

㈜ saturated, saturation
㈜ soak, impregnate, imbue

- The clothes are *saturated* with salt water and need to be washed and dried.
  옷이 소금물에 흠뻑 젖어서 세탁과 건조가 필요하다.

debilitate
[dibílətèit]

약하게 하다, 쇠약하게 하다

㊙ debility
㊠ weaken

- His broken leg *debilitated* him in jogging.
  그는 다리가 부러져서 조깅을 할 수 없었다.

devastate
[dévəstèit]

황폐시키다, 압도하다

㊙ devastation
㊠ ravage, desolate, plunder, havoc

- The 1923 earthquake *devastated* Tokyo.
  1923년의 지진은 동경을 황폐화시켰다.

insinuate
[insínjuèit]

돌려 말하다, 암시하다

㊙ insinuation
㊠ hint, suggest

- Are you *insinuating* that I did something wrong?
  내가 무엇인가 틀린 것이 있다고 말하고 있는 겁니까?

accentuate
[ækséntʃuèit]

강조[역설]하다, 악화시키다

㊙ accentual, accentuation

- Wear a skirt that's tight in the waist to *accentuate* the shape of your hips.
  허리가 꼭 맞는 치마를 입어서 히프 모양을 강조하세요.

aggravate
[ǽgrəvèit]

악화시키다, 괴롭히다

㊙ aggravative
㊠ worsen, severe, complicate, annoy

- Walter gets *aggravated* every time he has to drive in rush-hour traffic.
  월터는 러시 아워에 운전을 하지 않으면 안 되는 것이 매번 괴로웠다.

prorogue
[prouróug]

(외회를) 폐회하다

㈜ prorogation
㈜ suspend, adjourn

- The conference was *prorogued* after several heated discussions on nuclear arms reduction.
  핵무기 삭감에 관한 몇 번의 격렬한 의논 뒤 회담은 폐회했다.

critique
[kritíːk]

비평(하다), 평론(하다)

㈜ critic, critical, criticism, criticize

- At the pre-panel rehearsal, Mr. Bradley will *critique* the points made by each speaker.
  토론 전의 리허설에서 브래들리씨가 여러 연설자의 요점을 논평할 것이다.

construe
[kənstrúː]

설명하다, 해석하다, 번역하다; 직역

㈜ construable, construer
㈜ explain, explicate, interpret

- Given these facts, what do you *construe* the answers to be?
  이들 사실을 고려하면 어떤 답이 될 것으로 생각하는가?

cleave
[kliːv]

쪼개다, 찢다, 힘차게 나아가다

㈜ cleavage, cleavable
㈜ split, chop, tear

- He was able to *cleave* the log into two pieces with one swing of the axe.
  그는 도끼를 한 번 휘둘러서 그 통나무를 두 쪽으로 나눌 수 있었다.

bereave
[biríːv]

(희망 등을) 빼앗다, (죽음, 병 등이) 앗아가다, 잃다

㈜ bereavement
㈜ deprive, strip

- He spent the rest of his life *bereaved* of his son.
  그는 자식을 잃고 여생을 쓸쓸히 보냈다.

pervasive
[pərvéisiv]

넘치는, 세력있는

파 pervade, pervasion
유 popular, prevalent

- News like this is so *pervasive* that if you don't know about it yet, you will hear by tomorrow.
  이와 같은 뉴스는 매우 퍼지기 쉬워서 만약 알지 못했을 지라도 내일에는 듣게 될 것이다.

quantify
[kwántəfài]

양을 재다[정하다]

파 quantification, quantity

- It is almost impossible to *quantify* the amount of oil produced from this oil well.
  이 유전에서 산출되는 석유량을 재는 것은 거의 불가능하다.

quantita -tive
[kwántətèitiv]

양의, 양적인

파 quantity, quantify
반 qualitative

- *Quantitative* analysis is the key to modern science.
  양적 분석이 근대과학을 이해하는 열쇠이다.

tentative
[téntətiv]

시험적인, 암시의, 불확실한; 가설, 시안

파 tentativeness
유 experimental, temporary, probationary, provisional

- A *tentative* agreement has been reached, but the final one will take one more month.
  임시적인 합의에는 이르렀지만 최종결정에는 1개월이 더 걸릴 것이다.

deceptive
[diséptiv]

속이는, 믿을 수 없는

파 deceptiveness, deception, deceive
유 delusive, fallacious

- The analogy between socialism and small village politics may have its uses but on the whole it's a *deceptive* one.
  사회주의와 마을 정치를 비유하는 것은 유익할지 모르지만 대체적으로 적당치 않다.

diminutive
[dimínjətiv]

작은 것[사람], 지소사; 작은, 소형의

파 diminution, diminish
유 tiny, minute, microscopic, dwarf

- The jewelry box has many *diminutive* roses engraved on its cover.
  그 보석상자 뚜껑에는 작은 장미가 많이 조각되어 있다.

glaze
[gleiz]

유리를 끼우다, 유약을 바르다, 윤을 내다, 투명한 겉칠을 하다

파 glazy, glazier

- The *glaze* on this bowl is chipped.
  이 그릇은 표면의 광택이 깨져 있다.

craze
[kreiz]

발광시키나[하다], 열광시키다; 광기, (열광적) 대유행

파 crazy
유 insanity, fashion, fad, trend

- Disco dancing was a big *craze* in the seventies.
  디스코 댄싱은 70년대에 열광적으로 대유행했다.

fossilize
[fásəlàiz]

화석화하다, 형식화하다, 시대에 뒤떨어지다

파 fossilization, fossil, fossiliferous

- A lot of these trees became *fossilized* owing to the unusually high mineral content of the soil.
  이 많은 나무들은 토양에 함유된 비정상적인 광물질 때문에 화석화했다.

agonize
[ǽgənàiz]

고심시키다, 괴롭히다

파 agony

- He *agonized* all night over the answers to the homework.
  숙제의 답을 생각하느라 그는 하룻밤을 고생했다.

hypnotize
[hípnətàiz]

최면술을 걸다[행하다], 매료하다, 주력하게 하다

파 hypnotic, hypnotism
유 charm, fascinate

- After being *hypnotized* by a professional, Sheila was able to recall where she left her ring.
  전문가의 최면술에 도움을 받아서 세일라는 반지를 잃어버린 장소를 생각해 낼 수 있었다.

plaintiff
[pléintif]

원고

㈜ defendant

- The *plaintiff* was awarded $3,000 in damages by the state courts.
  원고는 주법정에서 3,000불의 손해배상을 받았다.

gruff
[grʌf]

목소리가 거칠은, 목쉰, 거친; 거칠게 말하다, 목쉰 소리를 하다

㈜ gruffness, gruffish
㈜ hoarse

- The *gruff* old man yelled at the children for playing on his lawn.
  목소리 거친 노인이 그의 잔디 위에서 놀고 있는 아이들에게 소리쳤다.

gag
[gæg]

재갈, 언론탄압; 언론의 자유를 억압하다, 재갈을 물리다

㈜ suppress, oppress

- The kidnappers put a *gag* in his mouth to keep him quiet.
  유괴범들은 그에게 재갈을 물려서 조용히 하게 했다.

degrading
[digréidiŋ]

품위를 떨어뜨리다, 체면[자존심]을 손상시키다

㈜ degrade, degradation, degraded

- Some soldiers find the idea of surrender *degrading* and will fight until they die.
  항복은 굴욕이라고 해서 죽을 때까지 싸움을 계속하려는 병사들도 있다.

clog
[klɑg]

방해하다, 막히게 하다, 굳어지다; 고장, 나막신

- She would always let her hair fall into the sink and *clog* it.
  그녀는 항상 머리카락을 싱크대에 떨어뜨려서 막히게 했다.

misgiving
[misgíviŋ]

〈복수형으로〉 의혹, 염려, 걱정

(파) misgive
(유) apprehension, distrust, suspicion, mistrust, hesitation
(반) trust

- He had *misgivings* about the plan, but decided to go ahead with it anyway.
  그는 그 계획을 염려하고 있었지만 어쨌든 진행시키기로 결정했다.

tantalizing
[tǽntəlàiziŋ]

애타게 하는, 감질나게 하는, 안타깝게 하는

(파) tantalization, tantalize
(유) teasing, provocative

- The food was so *tantalizing* that they stopped for lunch.
  그 음식물이 매우 감질나서 그들은 점심을 먹기 위해 멈추었다.

clinch
[klintʃ]

구부리다, 고정시키다, 최종적으로 결말짓다; 고정시키기

(파) clincher

- The winning of this game *clinches* the championship for the team even though there are four more games in the season.
  시즌은 아직 4경기가 남아있지만 이 시합에서 승리한 팀에게 우승이 결정된다.

lithograph
[líθəgrǽf]

석판(화); 석판인쇄하다

(파) lithographic

- There are many *lithographs* by Picasso in the art museum.
  그 미술관에는 피카소의 석판화가 많이 있다.

lithograp -hically
[líθəgrǽfikəli]

석판[평판]인쇄(술)에 의한

(파) lithograph, lithographic

- These images were all printed *lithographically* using that metal plate.
  이들 그림은 저 금속판을 사용해서 평판 인쇄로 인쇄했다.

gash
[gæʃ]

깊게 베인 상처, 깊은 상처(를 입히다)

[유] injury, hurt, wound

- He had a *gash* on his arm where he was cut by the knife.
  그의 팔에는 칼로 베인 깊은 상처가 있었다.

---

brandish
[brǽndiʃ]

(칼 등을) 휘두르다

- The pirates *brandished* their swords as they boarded the captured boat.
  해적들은 칼을 휘두르며 나포한 배에 올라탔다.

---

sluggish
[slʌ́giʃ]

게으른, 나태한, 둔한, 불경기의

[유] inactive, lethargic, indolent, dull, inert, dronish

- He didn' t sleep well that night and was feeling *sluggish*.
  그는 그날 밤 잘 자지 못해서 나른한 기분이었다.

---

relish
[réliʃ]

맛, 풍미, 식욕, 흥미; 맛을 즐기다

[유] taste, enjoyment, flavor, savor

- As it was his last big meal before the 10-day training program. Arthur tried to eat slowly and *relish* every bite.
  10일간의 트레이닝에 들어가기 전의 마지막 굉장한 식사이어서 아더는 천천히 먹으며 한입 한입 맛을 즐겼다.

---

savor
[séivə*r*]

맛, 풍미, 특성, 흥미; 맛이 나다, 음미하다

[파] savorous, savory
[유] taste, flavor, relish, oder, scent, fragrance, season

- He *savored* the wine in his mouth before swallowing.
  그는 와인을 마시기 전에 입안에서 충분히 맛을 음미했다.

garnish
[gáːrniʃ]

장식을 하다, (요리에) 고명을 곁들이다; 요리의 고명, 장식물, 미사여구

- 파 garniture
- 유 decorate, ornament, adorn, embellish

- The steak was *garnished* with fried potatoes and stewed carrots.
  스테이크는 튀긴 감자와 익힌 홍당무가 곁들여져 있다.

fetish
[fétiʃ]

맹목적 숭배물, 미신의 대상, (병적인) 집착

- 파 fetishism, fetishist

- He had a *fetish* for sports cars.
  그는 스포츠카에 열중해 있다.

languish
[læŋgwiʃ]

약해지다, 시들다, 절망하다

- 파 languishment, languor, languid, languorous
- 유 faint, exhaust, debilitate

- He *languished* for six months on the desert island hoping to be rescued.
  그는 6개월간 그 무인도에서 구조를 고대하며 견뎠다.

zenith
[zíːniθ]

천정, 정점, 극치

- 파 zenithal
- 유 peak, summit, apex

- The sun is at its *zenith* at noon.
  태양은 정오에는 천정에 있다.

labyrinth
[lǽbərìnθ]

미궁, 미로, 복잡한 사정

- 파 labyrinthine
- 유 maze

- He always got lost in the *labyrinth* of little streets around the train station.
  그는 역 주변의 작은 길들의 미로에서 항상 길을 잃는다.

alkali
[ǽlkəlài]

알칼리; 알칼리성의

㉐ alkalify, alkaline, alkalinity
㉑ acid

- If the mixture is too *alkali*, you can add some acid to neutralize it.
  만약 화합물이 알칼리성이 너무 많으면 산을 첨가해서 중화시키는 것이 좋다.

reek
[ri:k]

강한 악취(를 내다), 증기(를 내다); 악취를 풍기다, 그을리다

㉐ reeky

- The fisherman's hands *reeked* of fish.
  어부의 손은 비린내가 난다.

nook
[nuk]

(방의) 구석, 외딴 곳, 피난처

- He looked in every *nook* and cranny for the papers, but couldn't find them.
  그는 방을 하나하나 조사해서 그 서류를 찾았지만 찾을 수 없었다.

skylark
[skáilà:rk]

종달새; 법석을 떨다, 떠들며 장난치다

- The *skylark* flew along the cliffs and landed in a tree.
  종달새는 절벽을 따라 날아가서 나무에 앉았다.

bask
[bæsk]

(햇볕, 불 등을) 쬐다, 몸을 녹이다

- They spent their summer days on the beach, *basking* in the sun.
  그들은 여름 내내 해변에서 일광욕을 하며 지냈다.

biochemi -cal
[bàioukémikəl]

생물학적인

㉐ biochemist, biochemistry

- When people smoke marijuana, certain *biochemical* reactions take place in the brain which still aren't understood.
  마리화나를 흡입하면 아직까지 밝혀지지 않은 생화학적인 반응이 뇌에 일어난다.

biophysics
[bàioufíziks]

생물리학

㈜ biophysical, biophysicist

- The effect of beta particles on certain viruses will be discussed in today's forum on *biophysics*.
  생물리학에 관한 오늘의 토론회에서 어떤 종의 바이러스에 대한 베타 입자의 작용이 논의될 것이다.

empirical
[empírikəl]

경험에 의한, 경험[실험]에 의해 증명할 수 있는

㈜ empiric

㈌ experiential, experimental

- The *empirical* phenomenon has finally been explained mathematically.
  실험에 의해 증명할 수 있는 현상이 결국 수학적으로 설명되었다.

theatrical
[θiǽtrikəl]

연극의, 연극적인, 연극같은; 〈복수형으로〉 연극공연 배우

㈜ theatricality, theatricalness, theatricalize

- Having been an actor, a president would use many *theatrical* gestures.
  배우였기 때문에 대통령은 연극적인 제스처를 잘 쓴다.

aeronauti-cal
[ɛ̀ərənɔ́:tikəl]

항공(술/학)의

㈜ aeronautic, aeronautics

- Martin is studying about wind resistance because he wants to be an *aeronautical* engineer.
  마틴은 항공기사가 되고 싶어서 바람의 저항에 대한 공부를 하고 있다.

scandal
[skǽndəl]

추문, 치욕, 반감, 중상(하다)

㈜ scandalize, scandalous

㈌ disgrace, discredit, dishonor, offense

- The insider-trading *scandal* shocked the stock market.
  내부 거래 추문이 증권시장에 충격을 주었다.

brachial
[bréikiəl]

앞 다리의, 손목의

㈜ brachiate, brachiation

- Simon committed suicide by cutting his left *brachial* artery.
  사이몬은 왼쪽 손목의 동맥을 끊고 자살을 기도했다.

---

perennial
[pəréniəl]

연중 계속되는, 영속하는, 영구의, 다년생의; 다년생 식물, 재발하는 것

㈜ enduring, perpetual, eternal, immortal
㉠ temporary

- These are *perennial* flowers which bloom every spring.
  이것들은 다년생 식물로 매년 봄에 꽃을 피운다.

---

impartial
[impá:rʃəl]

편견없는, 공명정대한

㈜ impartiality
㈜ unbiased, unprejudiced, equitable
㉠ partial

- The judge tried to be *impartial* despite his relationship with the defendant.
  재판관은 피고의 연고자이지만 공명정대하려고 노력했다.

---

congrega -tional
[kàŋgrigéiʃənəl]

집합의, 집회의

㈜ congregate, congregation

- A *congregational* worship will not be held this Sunday.
  금주 일요일 예배는 거행되지 않는다.

---

carnal
[ká:rnəl]

육체의, 육욕[관능]적인, 물질적인, 세속적인

㈜ carnalism
㈜ human, sensual, bodily, lustful
㉠ spiritual

- Never talk about your *carnal* ambitions in front of him.
  그 앞에서 당신의 세속적인 야심에 관해서 이야기하지 마세요.

nocturnal
[nɑktə́:rnəl]

밤의, 야행성의; 밤에 활동하는 사람, 밤을 다룬 작품

파 nocturne
반 diurnal

- The owl is a *nocturnal* animal and is active at night.
올빼미는 야행성 동물이어서 밤이 되면 활동적이다.

dorsal
[dɔ́:rsəl]

등쪽에 있는, 등쪽의

유 ventral

- The *dorsal* fin of the shark can be seen above the water.
상어의 등지느러미는 수면 위에서도 볼 수 있다.

detrimental
[dètrəméntəl]

유해한, 불이익한; 방해자[물]

파 detriment
유 harmful, nocuous, disadvantageous

- A budget which depends on borrowing large amounts of money will no doubt prove *detrimental* in the long run.
다액의 차입금에 의존하는 예산은 결국 불이익을 가져올 것이다.

perceptual
[pə:rséptjuəl]

기각(력)이 (있는)

파 perceptible, perceptional, perceptive, perception, perceive

- The teachin material should be *perceptual* as children this young will have difficulty handling ideas that are too abstract.
이렇게 어린 아이들은 너무 추상적인 개념을 다룰 수 없기 때문에 교재는 지각적인 것이어야 한다.

upheaval
[ʌphí:vəl]

들어올리기, 대변동, 동란

파 upheave
유 turbulence, disturbance, commotion, clamor

- The impact that the recent political *upheaval* in Chile will have on world affairs remains to be seen.
칠레에서 최근 일어난 정치적 변동이 세계 정세에 주는 영향에 관해서는 아직 알 수 없다.

entail
[intéil]

수반하다, 필요로 하다, 일어나다, 부과하다; 숙명적 유전, 상속, 필연적 결과

㉙ entailment ㉮ require

- The study of a foreign language *entails* a lot of hard work.
  외국어를 배우는 데에는 큰 노력을 필요로 한다.

curtail
[kəːrtéil]

단축하다, 축약하다, 박탈하다

㉙ curtailment
㉮ lessen, diminish, shorten, abridge
㉚ extend, expand, prolong, protract

- The company *curtailed* its operations in the town and moved all the workers to another town.
  그 기업은 그 도시에서의 조업을 단축하고 전 종업원을 다른 도시로 이주시켰다.

squall
[skwɔːl]

질풍, 스콜, 돌풍, 소동

- They were caught in a *squall* while walking and got soaked.
  그들은 걷고 있을 때에 스콜을 만나서 흠뻑 젖어버렸다.

knell
[nel]

조종(이 울리다); 불길한 소리를 내다, 죽음을 예고하다

- They heard the *knell* of the bell at the prison which announced that the execution had taken place.
  그들은 사형집행을 알리는 교도소의 조종 소리를 들었다.

quell
[kwel]

가라앉히다, 진압하다, 억누르다

㉙ quellable, queller
㉮ press, stifle, subdue, allay

- The president used the army to *quell* the riots.
  대통령은 폭동을 진압하기 위해 군대를 출동시켰다.

droll
[droul]

우스운, 익살맞은; 어릿광대

파 drollery

- This essay is too *droll* to be distributed as it is.
  이 에세이는 너무 우스꽝스러워서 그대로는 배포할 수 없다.

logarithm
[lɔ́:gərìðm]

〈수학〉 대수

파 logarithmic, logarithmical

- A good calculator and a slide rule or table of *logarithms* are essential tools for the student of calculus.
  좋은 계산기나 계산자, 대수표는 미적분학을 배우는 학생들에게 필수적이다.

algorithm
[ǽlgərìðm]

〈수학〉 알고리즘, 계산법, (어떤 문제를 풀기 위한) 특정의 연산방식

파 algorithmic

- An *algorithm* is a procedure for solving problems involving repetition.
  알고리즘이란 반복을 포함하는 문제의 해법이다.

maim
[meim]

불구로 만들다, 손상시키다, 쓸모없게 만들다

유 cripple, amputate, mutilate, lacerate, disable, impair

- The man walked with a limp after being *maimed* in the traffic accident.
  그 남자는 교통사고로 다리가 불구가 되어 절룩거리며 걷고 있었다.

maxim
[mǽksim]

격[금]언, 행동원리, 주의

유 proverb, aphorism, principle

- He would quote the *maxim*, "A stitch in time saves nine."
  「적시의 한 번 꿰맴이 10번의 수고를 던다」는 격언을 그는 흔히 인용하고 있었다.

venom
[vénəm]

(뱀, 거미, 전갈 등의) 독액, 악의(로 채우다)

㉨ venomous
㉦ poison, malice, animosity, malignity

- The snake injected *venom* into the mouse to kill it.
  뱀은 쥐를 죽이기 위해 독액을 뿜어 넣었다.

ransom
[rǽnsəm]

몸값, 배상금; 몸값을 치루고 배상하기

㉦ redemption, deliverance, liberation, release, restore

- The parents paid a *ransom* to get their son back from the kidnapper.
  부모들은 자식을 유괴범으로부터 구하기 위해 몸값을 지불했다.

6일째 끝내는 중요단어

---

embosom
[embú(:)zəm]

둘러싸다, 소중히 하다, 품에 껴안다

㉮ encircle, surround

- The old shrine was *embosomed* in a grove.
  그 오래된 신전은 숲으로 둘러싸여 있다.

---

deform
[difɔ́:rm]

불구로 만들다, 변형시키다, 훼손시키다

㉯ deformation, deformity
㉮ misshape, disfigure, distort, spoil, ruin

- The boy *deformed* the rod into the shape of a curve.
  그 소년은 작은 가지를 활 모양으로 변형시켰다.

---

chasm
[kǽzm]

갈라진 틈, 소협곡, 결함, 불화

㉮ crevice

- The rope footbridge is the only way across the *chasm*.
  구름다리가 소협곡을 건너는 유일한 길이다.

---

schism
[sízm]

분열, 분파

㉯ schismatic
㉮ heresy, heterrodoxy, dissidence

- This *schism* divided the church into two opposing factions.
  이 분열에 의해 교회에는 2개의 대립하는 분파가 생겼다.

---

metabolism
[mətǽbəlìzm]

물질교대, 신진대사

㉯ metaboic, metabolite, metabolize
㉮ anabolism

• Mice need to eat often because they have such a high *metabolism*.
쥐는 신진대사가 매우 활발해서 자주 먹어야 한다.

egoism
[íːgouìzm]

이기주의, 자기중심

[파] ego, egocentric, egoist, egoistic, egomania, egotism, egotist, egotistic, ego-trip
[유] self-centeredness
[반] altruism

• His self-centered *egoism* aroused everyone' s hatred.
그의 자기중심적 이기주의는 모든 이들의 증오를 일으켰다.

jingoism
[dʒíŋgouìzm]

호전적인, 애국주의, 대외 강경주의, 주전론

[파] jingo

• It is hoped that the world has seen the last of U.S. and Soviet *jingoism*.
미소 양국이 대외 강경주의를 그만둘 것을 전세계가 희망하고 있다.

mannerism
[mǽnərìzm]

매너리즘, 틀에 박힌 작품, 일부러 꾸밈

[파] manneristic, manneristical

• I could tell by her speech and *mannerisms* that she was from the southwest.
말투와 그 매너리즘으로 보아 그녀가 남서부 출신이라는 것을 알 수 있다.

chum
[tʃʌm]

친구, 벗, 옛친구, 동료, 같은 방 친구들

[파] chummy
[유] company, companion, pal, co-worker, roommate

• He went everywhere with his best friend and *chum*, Tom.
그는 친구이자 동료인 톰과 모든 곳에 함께 갔다.

curriculum
[kəríkjələm]

커리큘럼, 수학 과정

• You should look over the *curriculum* before applying to a college.
대학에 원서를 내기 전에 교과 과정을 조사해 보아야 한다.

moisten
[mɔ́isən]

축축하게 하다, 적시다

㉠ moist, moisture
㉡ damp, humidify, wet

- Stamps must be *moistened* to get them to stick to the envelope.
  우표를 봉투에 붙이기 전에 적셔야 한다.

arraign
[əréin]

(법정으로) 소환하여 심문하다, 고발하다

㉠ arraignment

- The criminal was *arraigned* before a judge after his arrest.
  범인은 체포된 뒤 법정에 소환당했다.

feign
[fein]

가장하다, ~인 체하다, 꾸며대다, 위조하다

㉡ assume, pretend, fabricate, emulate, simulate, forge, counterfeit

- He was always *feigning* heart trouble in the hope he would get sympathy.
  그는 동정 받을 것을 바라며 항상 마음의 고뇌가 있는 듯이 가장하였다.

consign
[kənsáin]

교부하다, 넘겨주다, 위탁하다, 탁송하다

㉠ consignee, consignor, consignment

- He took the packages to the airport to consign them to the *customer*.
  그는 고객에게 탁송하기 위해 소포를 공항에 가지고 갔다.

detain
[ditéin]

기다리게 하다, 지체하게 하다, 구류[유치]하다

㉠ detainee, detainer, detainment, detention
㉡ delay, confine, arrest, retard, restrain

- The police *detained* the suspect until they finished their investigation.
  경찰은 조사를 마칠 때까지 그 용의자를 구속했다.

evasion
[ivéiʒən]

(추적 등을) 피하는 것, 회피, 도피, 탈세

- 파 evasive, evade
- 유 avoidance, dodge

- The police arrested him for tax *evasion*.
  경찰은 그를 탈세로 체포했다.

dissension
[disénʃən]

의견차이, 불화, 분쟁

- 파 dissent, dissentient
- 유 dissidence, disagreement, discordance

- There was much *dissension* to the plan at the meeting and it was withdrawn.
  회의에서 많은 의견차이가 있었기 때문에 그 계획은 철회되었다.

corrosion
[kəróuʒən]

부식(작용/상태), (활력, 힘 등이) 약해짐

- 파 corrosive, corrode
- 유 erosion, deterioration

- You can even let this bicycle get wet because it resists *corrosion*.
  이 자전거는 부식을 막을 수 있어서 물에 젖어도 된다.

seclusion
[siklúʒən]

격리, 은둔[거], 격리된 장소

- 파 seclude, seclusive
- 유 isolation, retreat

- He has lived in *seclusion* in his house in the mountains.
  그는 산속의 집에서 은둔하여 살고 있다.

allusion
[əlú:ʒən]

암시, 은유

- 파 allusive, allude
- 유 suggestion, hint, implication, connotation

- She made an *allusion* to the trade deficit in her speech to the visiting government leaders.
  방문 중인 정부 지도자에 대한 연설 중에 그녀는 무역적자에 관해서 암시했다.

stratification [strӕtəfikéiʃən]

층, 계층

[파] stratify, stratiform, stratum

- The unusual *stratification* of minerals in this region suggests that a meteor might have once fallen into the water covering it.
  이 지역에 특이한 광물의 층이 있는 것은 한때 이 지역을 덮고 있던 바다에 운석이 떨어졌다는 것을 나타내고 있다.

convocation [kὰnvəkéiʃən]

소집, 집회, 주교회의

[파] convocational, convoke
[유] call, convene, assembly

- The members of the *convocation* will decide the church's view on welfare for the homeless later this week.
  주교회의 위원들은 금주말 집없는 사람들을 위한 복지에 관하여 교회의 생각을 결정할 것이다.

depredation [dèprədéiʃən]

약탈, 침식, 〈복수형으로〉 파괴의 흔적

[파] depredate
[유] plunder, loot, vandalism

- The *depredations* of the city's sewer system is bound to create problems.
  도시의 하수설비의 파괴는 반드시 문제를 일으킬 것이다.

delineation [dilìniéiʃən]

윤곽묘사, 개요설명, 도표[식/형]

[파] delineate, delineative

- He tried to give a fair *delineation* of his policies and those of his opponents.
  그는 자신과 자신에게 반대하는 사람과의 정책의 차이를 확실히 하려고 했다.

reconciliation [rèkənsìliéiʃən]

화해, 조화, 일치

[파] reconcile, reconciliatory
[유] settlement, adjustment, rapprochement

- The father sought a *reconciliation* between the feuding sons.
  부친은 반목하고 있는 아들들을 화해시키려 했다.

ventilation
[vèntəlèiʃən]

환기, 통풍(장치), (자유)토의

파 ventilate, ventilator, ventilative, ventilatory

- Please open a window to improve the *ventilation* in the room.
  방의 환기를 좋게 하기 위해 창문을 열어주세요.

vacillation
[væsəlèiʃən]

동요, 변동, 우유부단

파 vacillate, vacillating

유 sway, stagger, fluctuation, hesitation

- She got tired of his *vacillation* and made the decision herself.
  그녀는 그의 우유부단에 싫증이 나서 스스로 결정을 내렸다.

distillation
[dìstəléiʃən]

증류(액/법), 추출물

파 distillate, distillery, distilland, distillatory

- They purified the water through *distillation*.
  그들은 증류를 해서 순수한 물을 얻었다.

tribulation
[trìbjuléiʃən]

시련

유 trial, ordeal

- He suffered many trials and *tribulations* before finally succeeding.
  그는 많은 고난과 시련을 맛본 뒤 결국 성공했다.

matricula-tion
[mətrìkjuléiʃən]

입학, 허가, 입학식

파 matriculate, matriculant

- As all *matriculation* is done by computer, a complete list of the student body is usually available by the second week of classes.
  대학의 입학수속은 모두 전산화되어 있기 때문에 전학생의 명단은 대개 둘째 주의 수업까지는 이용할 수 있다.

deforma -tion
[dìːfɔːrméiʃən]

모양 손상, 기형, 불구

ⓟ deform, deformed, deformity

- The heavy bookcase left a *deformation* of the carpet.
책장이 매우 무거워서 카페트의 모양을 손상시켜 놓았다.

contamina -tion
[kəntǽmənéiʃən]

오염, 타락

ⓟ contaminate, contaminant
ⓨ pollution, stain, taint

- Fearing *contamination* of some sort, Sidney politely refused all beef and pork while we were on the island.
무언가에 오염되는 것을 두려워해서 시드니는 우리가 섬에 있는 동안 쇠고기와 돼지고기를 먹는 것을 정중히 거절했다.

culmina -tion
[kʌlmənéiʃən]

최고점에 달하는 것, 성취, 완성, 전성

ⓟ culminant, culminate
ⓑ peak, heyday, achievement

- The new law was the *culmination* of many years of persistent campaigning by Mr. Kim.
김선생의 오랜 끈질긴 운동의 결과 새 규정이 성립됐다.

rehabilita -tion
[rìːhəbìlətéiʃən]

사회복귀, 재건, 복직

ⓟ rehabilitate, rehabilitative

- He went to Hawaii for two weeks' rest and *rehabilitation*.
그는 2주간의 휴양과 건강 회복을 위해 하와이로 갔다.

excavation
[èkskəvéiʃən]

구멍, 구멍 파기, 발굴(물)

ⓟ excavate
ⓨ hole, hollow, digging

- Dr. Carl, who is in charge of the *excavation*, is confident that the lost city will be found.
발굴의 책임자인 칼 박사는 잃어버린 도시가 발견될 것을 확신하고 있다.

transac-tion
[trænsǽkʃən]

〈the~〉처리, 거래, 집행, 〈a~〉회보

㈜ transact
㈜ disposition, management, disposal

- After each sale, notes were made of the details of the *transactions*.
  판매 뒤에 거래의 세부 장부가 만들어졌다.

subjection
[səbdʒékʃən]

정복, 종속, 복종

㈜ subjective
㈜ submission, obedience, domination, superintendence

- The *subjection* of young children to such brutal ideas cannot be justified.
  어린아이들이 이런 야만적인 사상에 복종하는 것은 정당화될 수 없다.

recollec-tion
[rèkəlékʃən]

회상, 환상, 회고

㈜ recollect
㈜ remembrance

- According to my *recollection*, the battle occurred on this very spot.
  나의 기억에 의하면 그 전쟁은 바로 이 장소에서 일어났다.

secretion
[sikríːʃən]

분비작용[액]

㈜ secrete

- The *secretion* of tears serves the organism in cleaning and moistening the eyes.
  눈물의 분비작용은 눈을 깨끗이 하고 축축하게 하는 것을 돕는다.

intuition
[ìntjuíʃən]

직관(력), 통찰력

㈜ intuitional, intuitive

- His *intuition* told him that there was something wrong with the proposal.
  그 제안에는 어떤 틀린 것이 있다고 그는 직관했다.

misconcep-tion
[mìskənsépʃən]

오해, 착각

㈜ misconceive
㈜ mistake, misunderstanding

- A common *misconception* is that secondary smoke is less harmful than what the smoker actually inhales.
  일반적으로 오해되고 있는 것은 2차적인 흡연은 실제 흡연보다 덜 유해하다고 생각하는 것이다.

presump-tion
[prizʌ́mpʃən]

추정(하는 것), 용인

㈜ presume, presumable, presumptuous, presumptive
㈜ assumption, supposition

- He kept making false *presumptions* about what she wanted to do.
  그녀가 원했던 것에 대해 그는 틀린 추정만 하고 있었다.

exertion
[igzə́:rʃən]

노력, 뼈를 깎는 일, (능력 등의) 발휘

㈜ exert, exertive
㈜ effort, endeavor, struggle, exercise

- The *exertion* of physical energy is not always necessary in handling large animals.
  큰 동물을 다루는 데에 항상 물리적 힘의 발휘가 필요한 것은 아니다.

sojourn
[sóudʒə:rn]

체류하다, (사람이) 집에 체재하다; (일시적인) 체재

- He took a brief *sojourn* in the park to rest.
  그는 몸을 쉬려고 잠깐 공원에 머물렀다.

shun
[ʃʌn]

피하다, 도망하다

㈜ elude, avoid, evade

- The community *shunned* him because of his criminal past.
  그에게는 전과가 있어서 그 지역사람들은 그를 피했다.

embargo
[embá:rgou]

출입항의 금지명령, 통상정지, 화물 적재 금지명령;

출입항을 금지하다

- The Taiwanese government has placed an *embargo* on all Soviet-produced goods.
  대만 정부는 모든 소련제품을 통상정지 처분했다.

ghetto
[gétou]

게토, 유태인가, 슬럼가

파 ghettoize
유 inner-city

- Though it was once a beautiful part of the city, rich with culture, today Harlem is nothing but a *ghetto*.
  할렘은 한때 아름다운 문화지역이었지만 지금은 슬럼가에 지나지 않는다.

mishap
[míshæp]

불행한 일, 재난

유 misfortune, disaster, accident

- He had a *mishap* on his way to the meeting and will be one hour late.
  회의하러 가는 도중에 재난을 당해서 그는 한 시간 늦을 것이다.

nip
[nip]

집다, 꼬집다, 물다, 얼게 하다; 심한 추위

유 pinch, freeze

- The gardeners *nipped* away all the stems that extended beyond the fence.
  정원사는 울타리를 넘어서 퍼지고 있던 줄기를 잘라냈다.

yelp
[jelp]

날카롭게 짖다, 외치다; 짖는 소리

- The dog *yelped* when the boy stepped on its tail.
  소년이 꼬리를 밟자 개가 날카롭게 짖었다.

carp
[kɑ:rp]

잉어(과의 어류)

- The *carp* swimming in the garden pond looked very large.
  정원의 연못에서 헤엄치고 있는 잉어는 매우 크게 보였다.

smear
[smiər]

(기름 등을) 바르다, 도포하다, 손상하다; 유성

- She *smeared* her lipstick all over the mirror.
  그녀는 거울 표면에 립스틱을 발랐다.

caliber
[kǽləbər]

(총포의) 구경, 내경, 역량, 가치, 우수성

㈜ calibrate, calibration, calibrator

- His work is always of the highest *caliber* and received many awards.
  그의 작품은 항상 최고의 우수성으로 많은 상을 받았다.

encumber
[enkʌ́mbər]

방해하다, 훼방놓다, 짐이 되다

㈜ encumbrance
㈜ impede, hamper, obstruct, entangle, load, burden
㈜ disencumber

- This plan is *encumbered* with many problems and should be improved.
  이 계획은 많은 문제점을 포함하고 있어서 개선되야 한다.

gender
[dʒéndər]

〈문법〉 성, (남녀의) 성

㈜ sex, sexuality

- Insurance rates vary depending on age and *gender*.
  보험률은 연령과 성별에 따라 다르다.

jeer
[dʒiər]

조소하다, 야유하다; 조롱, 조소

㈜ hoot, boo, catcall, deride, ridicule

- The crowd *jeered* the unpopular contestant when he won.
  인기 없는 선수가 승리하자 관중은 그에게 야유를 했다.

badger
[bǽdʒər]

괴롭히다, 집적대다; 오소리(의 모피)

㈜ annoy, bother, puzzle, persecute, molest

- Don't *badger* the teacher with such simple problems.
  그 단순한 문제로 교사를 괴롭히지 마세요.

wither
[wíðər]

(식물이) 시들다, 말라죽다, (색이) 바래다

㈜ shrink, wrinkle, droop, wilt, discolor, collapse, shrivel

- The plants *withered* from the heat and lack of water.
  더위와 물 부족으로 식물이 시들었다.

falter
[fɔ́ːltər]

움찔하다, 망설이다, 비틀거리다, 우물거리다; 움찔하기, 말더듬기

- 파 falterer
- 유 totter, vacillate, waver, stammer, hesitate

- His walk began to *falter* because he was so tired.
  그는 매우 피곤했었기 때문에 비틀대기 시작했다.

canter
[kǽntər]

느린 구보; 천천히 구보하다

- The pony *cantered* happily in the summer morning breeze.
  망아지는 여름 아침의 미풍 속에서 행복하게 구보했다.

fester
[féstər]

곪다, 부패하다, 괴롭히다

- The injury *festered* and became badly infected.
  상처가 곪아서 심한 염증을 일으켰다.

filibuster
[fíləbʌ̀stər]

의사 방해, 불법 입국자, 해적; 의사 진행을 방해하다

- 파 filibusterism
- 유 disturbance, block, interruption, pirate

- Longman's long speech was nothing but a *filibuster* to delay the vote.
  롱맨의 긴 연설은 투표를 지연시키는 방해 전술에 불과했다.

fluster
[flʌ́stər]

혼란(시키다/하다), 낭패; 흥분시키다

- 유 confuse, flurry, dismay, panic

- He always got *flustered* around pretty girls.
  예쁜 여자들 가까이에서 그는 항상 혼란스러웠다.

impair
[impɛ́ər]

약화시키다, 손상시키다; 손상

- 유 injure, deteriorate, aggravate

- The rain *impaired* his vision and he didn't see the tree lying in the road ahead.
  비로 시계가 나빠서 그는 도로 전방에 나무가 누워있는 것을 알 수 없었다.

valor
[vǽlər]

무용, 용기, 대담

㊌ courage, bravery, intrepidity

- The soldier was awarded a medal for his *valor* in the battle.
  그 병사는 전투에서의 무용으로 훈장을 수여받았다.

clamor
[klǽmər]

절규, 아우성, 소동

㊋ clamorous, clamorousness
㊌ uproar, outcry, vociferation, rout

- Outside the window we could hear the *clamor* of the crowd.
  창밖에서 군중의 아우성이 들렸다.

orator
[ɔ́(ː)rətər]

연설자, 변사, 웅변가

- He is a great *orator* and can talk before crowds on any topic.
  그는 훌륭한 웅변가여서 많은 사람들 앞에서 어떤 화제에 대해서도 이야기할 수 있다.

progenitor
[prouʤénətər]

선조, 창시자

㊋ progenitorial, progeniture

- Adam Smith was the *progenitor* of capitalism.
  아담 스미스는 자본주의의 창시자였다.

concur
[kənkə́ːr]

일치하다, 동의하다, 동시에 일어나다, 협력하다

㊋ concurrence, concurrent
㊌ agree, consent, coincide, cooperate, conspire

- We *concur* with the proposed plan and approved it as presented.
  제안된 계획에 찬성하고 그대로 승인합니다.

ethics
[éθiks]

윤리(학), 도덕

㊋ ethicness, ethicies, ethicist, ethical
㊌ morals

- It has gotten to the point where these debates are less a question of policy as they are of *ethics*.
  이 논쟁은 정책이라기보다는 윤리의 문제가 되어버렸다.

aesthetics
[esθétiks]

미학

(파) aesthetic, aesthetician, aestheticism, aestheticize

- If you're concerned about the *aesthetics* of your lawn, I suggest you hire a professional gardener.
  만약 잔디밭의 아름다움에 걱정이 된다면 직업 정원사를 고용하는 것은 어떤가?

semantics
[simǽntiks]

의미론, 의미체계

(파) semantic, semanticist

- *Semantics* is the study of word meanings and their history.
  의미론이란 말의 의미와 그 역사에 관한 학문이다.

syntax
[síntæks]

구문(법)

(파) syntactic, syntactics

- If the *syntax* is too complicated, some people won't be able to follow the logic of the sentence.
  만약 구문이 너무 복잡하면 문장 논리에 따를 수 없는 사람도 있을 것이다.

diabetes
[dàiəbí:tis]

당뇨병

(파) diabetic

- There are artificial sweeteners for people suffering from *diabetes*.
  당뇨병 환자를 위해 인공 감미료가 있다.

harass
[hǽrəs]

(적을) 괴롭히다, 곤란하게 하다

(파) harassment
(유) molest, distress, plague, vex, torment

- The dog *harassed* the mailman by barking at him.
  개가 짖어대서 우편 배달부를 괴롭혔다.

eyewitness
[áiwìtnis]

목격자; 목격하다

㊌ witness

- *Eyewitnesses* to the crime were questioned by the police.
  그 범인을 목격한 사람들은 경찰의 질문을 받았다.

caress
[kərés]

애무(하다), 존경; 가볍게 스치다, 친절히 하다

㊊ caressive
㊌ fondle, respect

- You should always *caress* your skin to relax it before applying the medicated ointment.
  약용 연고를 바르기 전에 항상 피부를 부드럽게 하기 위해 피부를 문질러야 한다.

calculus
[kælkjuləs]

계산법, 〈의학〉 결석

㊊ calculate, calculation, calculative

- Only through differential *calculus* could the exact speed of the meteor one second before impact be determined.
  미분해 보는 것만으로도 충돌 1초 전의 운석의 정확한 속도를 알 수 있다.

erroneous
[iróuniəs]

잘못이 있는, 잘못된

㊊ error, err, erroneousness
㊌ incorrect, inaccurate, false

- The *erroneous* answer by the student was corrected by the teacher.
  그 학생의 잘못된 답을 교사가 정정했다.

audacious
[ɔːdéiʃəs]

대담한, 거만한, 뻔뻔스러운

㊊ audacity
㊌ brave, bold, adventurous, intrepid, undaunted

- He is so *audacious* that he wears a bright yellow suit to the symphony concert.
  그는 매우 대담해서 교향악단의 연주회에 밝은 노란 양복을 입고 간다.

sagacious
[səgéiʃəs]

현명한, 기민한

파 sagacity
유 wise, sage, shrewd, discerning

- The *sagacious* old man helps them with their problem.
  현명한 노인이 그들의 문제 해결을 돕고 있다.

capacious
[kəpéiʃəs]

관대한, 포용력이 있는

파 capacity, capacitate, capable
유 spacious, ample, receptive, comprehensive

- We reserved a *capacious* hall for the concert since we're expecting more than 1,000 people to be present.
  천명 이상의 참석이 예상되어서 콘서트를 위해 큰 홀을 예약했다.

insidious
[insídiəs]

방심할 수 없는, 음흉한, 잠행성의

파 insidiousness

- His *insidious* smile made everyone suspicious of his intentions.
  그의 교활한 미소를 보고 모든 사람이 그의 목적에 대해 의심을 가졌다.

copious
[kóupiəs]

다량[수]의, 풍부한

유 abundant, ample, multitudinous

- The professor told me that the library at Smith College has *copious* literature on the subject.
  교수는 스미스 대학의 도서관에 이 문제에 관한 풍부한 문헌이 있다고 나에게 가르쳐 주었다.

hilarious
[hiléəriəs]

들떠서 법석대는, 즐거운

- Everyone thought his jokes were *hilarious* and could not stop laughing.
  모두 그의 농담이 즐거워서 웃음을 멈출 수 없었다.

anomalous
[ənámələs]

변칙의, 이례적인, 변태적인

(유) irregular, abnormal, deviant

- It would be *anomalous* to have a farm in the Myung-dong district of Seoul.
  서울의 명동에 농장을 만드는 것은 비정상적인 것일 것이다.

arduous
[á:rdʒuəs]

힘드는, 곤란한, 정력적인, 험준한

(파) arduousness
(유) laborious, troublesome, steep, severe

- He made an *arduous* effort to conquer that mountain in the midst of winter.
  한 겨울에 그 산을 정복하려고 그는 불굴의 노력을 했다.

superfluous
[su:pərfluəs]

불필요한, 여분의

(파) superfluousness, superfluity
(유) unnecessary, needless, excessive, surplus

- The hiker that had fainted was surrounded by doctors and given a *superfluous* treatment.
  기절한 여행자는 의사들에 둘러싸여 과도한 치료를 받았다.

impetuous
[impétʃuəs]

충동적인, 격렬한

(파) impetus
(유) impulsive, abrupt, precipitate, furious

- He is very *impetuous* and will try anything that tickles his fancy.
  그는 매우 충동적이어서 재미있다고 생각하는 것이면 무엇이나 하려 할 것이다.

versus
[və́:rsəs]

~대, 대비해서

(유) against, contrast

- It's a problem of the need for better educational facilities *versus* the public's unwillingness to pay higher taxes.
  그것은 더 좋은 교육시설이 필요하다는 것에 대해 더 이상의 세금은 지불하지 않으려 하는 문제다.

artifact
[ɑ́ːrtəfæ̀kt]

인공(유)물, 가공품, 공예품

㉠ artifactual, artifice, artificial

- You'll find many sea food *artifacts* in Korea.
  한국에는 많은 해산물 가공품이 있다.

enact
[enǽkt]

(법률 등을) 제정하다, 성립시키다, 역을 맡아 하다

㉠ enactive, enactory, enactment
㉮ legislate, establish, perform

- The Diet *enacted* a new law.
  국회는 새로운 법률을 제정했다.

detract
[ditrǽkt]

빗나가게 하다, 떨어뜨리다, 줄이다, 비난하다

㉠ detraction, detractive
㉮ divert, disparage, vilify

- The noise of the crowd *detracted* greatly from the quality of the concert.
  관객의 소음으로 음악회의 질이 크게 떨어졌다.

7일째 끝내는 중요단어

protract
[proutrǽkt]

연장하다, 제도하다

㈜ protractive, protraction
㈜ lengthen, extend, prolong

- The buyer *protracted* negotiations so long that the seller gave up.
  구매자가 협상을 너무 지연시켜서 판매자는 단념했다.

abject
[ǽbdʒek]

비열한, 야비한, 비참한

㈜ abjection
㈜ humiliating, disheartening

- They stood in *abject* terror as the car came down the street toward them.
  차가 돌진해 왔을 때 그들은 어쩔 수 없는 공포에 직면했다.

eject
[idʒékt]

쫓아내다, 추방하다, 해고하다, 분출하다, 탈출하다

㈜ ejecta, ejection, ejectment
㈜ expel, repel, evict, displace, dismiss, escape

- The toaster *ejected* the bread when it was done.
  빵이 구워져서 토스터에서 튀어나왔다.

deflect
[diflékt]

비끼게 하다, 편향시키다, 빗나가게 하다

㈜ deflective, deflector

- The arrow was *deflected* by a small tree and missed the target.
  작은 나무에 튕겨서 화살은 표적을 빗나갔다.

dissect
[disékt]

(인체, 동식물을) 절단하다, 해부하다, 분석하다

㈜ dissectible, dissection
㈜ amputate, analyze

- The students *dissected* the frogs in biology class.
  학생들은 생물 수업시간에 개구리를 해부했다.

depict
[dipíkt]

표현하다, 묘사하다, 서술하다

🅟 depicture, depitcion, depictive
🅨 represent, portray, sketch

- The photographs *depicted* scenes from daily life in the city.
  그 사진은 도시의 일상 생활 장면을 묘사한다.

concoct
[kankákt]

혼합해서 만들다, 조합하다, 조제하다, 꾸미다

- He was always *concocting* some strange excuse for his late arrival.
  그는 항상 지각에 대해서 이상한 변명을 꾸미고 있었다.

beget
[bigét]

낳다, 초래하다, (아버지가 자식을) 돌보다

🅨 cause, produce

- I believe that evil deeds always *beget* evil results.
  나쁜 행위는 항상 나쁜 결과를 낳는다고 나는 믿는다.

beset
[bisét]

에워싸다, 포위하다, 습격하다, 괴롭히다, 장악하다

🅟 besetment
🅨 surround, besiege, encompass, harass

- He was continuously *beset* with problems when he lived in New York City.
  뉴욕에 살고 있을 때 그는 여러 가지 문제에 계속 싸여 있었다.

hatchet
[hǽtʃit]

손도끼, 전투용 도끼

🅨 tomahawk

- The boy chopped down the tree with his *hatchet*.
  소년은 손도끼로 나무를 잘라냈다.

covet
[kʌ́vit]

탐내다, 갈망하다

㉠ covetous
㉡ desire, envy

- Harold is a respectable reporter and three-time winner of the much *coveted* Silver Mike Award.
해롤드는 존경받는 보도기자로 사람들이 탐내는 실버 마이크 상의 3회 수상자이다.

acquit
[əkwít]

무죄로 하다, 방면하다

㉠ acquittal
㉡ pardon, liberate, release, absolve, excuse
㉰ convict

- He only served four years in jail before he was *acquitted*.
그는 4년간 교도소에서 복역하고서 석방되었다.

default
[difɔ́:lt]

불이행, 태만, 결석(하다); 약속[의무]를 태만하다, 채무를 이행하지 않다

㉠ defaulter
㉡ neglect, negligence

- He *defaulted* on the loan and did not pay it back.
그는 채무 이행을 태만히 해서 빌린 돈을 갚지 않았다.

dormant
[dɔ́:rmənt]

자고 있는, 활발하지 않은, 동면 중의

㉠ dormancy
㉡ asleep, inactive, latent, abeyant, quiescent, quiescent awake, active

- Bears become *dormant* in the winter and sleep until spring.
곰은 겨울에 동면해서 봄까지 계속 잠을 잔다.

malignant
[məlígnənt]

유해한, 악의로 가득찬, 〈의학〉 악성의

㉠ malign, malignancy, malignity
㉡ toxic, perilous, spiteful, malevolent, cancerous
㉰ benevolent, benign

- The tumor in his arm is *malignant* and has to be removed.

  그의 팔에 난 증상은 악성이기 때문에 제거해야 한다.

rampant
[rǽmpənt]

맹렬한, 격노한, 만연하는, 뒷 다리로 서 있는

㈜ intense, heavy, violent

- The *rampant* spread of the influenza virus was largely due to the scarcity of doctors and pharmacists during the winter vacation.

  인플루엔자 바이러스가 만연한 것은 겨울휴가 동안 의사와 약제사가 부족했기 때문이다.

flagrant
[fléigrənt]

눈꼴 사나운, 언어도단의, 악명 높은, 극악한

- The policeman was angry at the boy's *flagrant* disrespect for authority.

  경관은 권위를 명백히 무시한 소년에게 격노했다.

depressant
[diprésənt]

진정효과가 있는, 가치를 저하시키는; 진정제

㈜ depress, depressed, depressive, depression

- Remember, though at first it may appear to stimulate, alcohol is a *depressant*.

  알콜은 처음에는 진정 효과가 있을지 모르지만 신체의 기능을 저하시킨다는 것을 기억하시오.

exultant
[igzʌ́ltənt]

환희하는, 크게 기뻐하는, 승리에 도취한

㈜ exult, exultation
㈜ exuberant, triumphant

- The politician is *exultant* at his victory in the election.

  그 정치가는 선거에 승리해서 의기양양해 있다.

indent
[indént]

들쭉날쭉 굽어들다, 들어가게 하다,
(인쇄 등에서) 첫 행을 한 자 들여 조판하다; 톱니꼴,
한 자 들여 쓰기

파 indentation, indention, indenture

- The first line of each paragraph should be *indented* three spaces.
  각 단락의 첫 행은 세 자가 들어가야 한다.

expedient
[ikspí:diənt]

형편이 좋은, 합당한, 편의적인, 정략적인; 수단, 방책

파 expediential, expediency
유 advantageous, suitable, profitable, desirable

- The most *expedient* way to travel to distant places is by airplane.
  멀리 여행하는데 가장 편리한 교통수단은 비행기이다.

recipient
[risípiənt]

수취인, 용기; 받아들이는, 감수성이 있는

파 recipience, receive

- He is the sole *recipient* of her affection.
  그는 그녀의 애정을 한 몸에 받고 있다.

vehement
[ví:əmənt]

열렬한, 격렬한

파 vehemence
유 eager, impetuous, ardent, avid, fervid, devoted

- His *vehement* denial of bribery did not convince the public.
  그는 수뢰에 관해 강하게 부정했지만 대중들은 믿지 않았다.

tenement
[ténəmənt]

가옥, 주택, 임차가옥, 보유재산

유 apartment

- Most of the people living in the old *tenement* building are poor.
  오래된 공동주택에 살고 있는 사람들은 거의 가난하다.

figment
[fígmənt]

상상의 산물, 공상, 허구

유 invention, fiction, fabrication, fable

- The lake in the desert turned out to be just a *figment* of his imagination.
  사막에 있는 호수는 그의 상상 속의 산물에 지나지 않았음이 판명되었다.

impedi -ment
[impédəmənt]

방해, (신체적) 장애, 혼인장애

파 impede, impedimental, impedimentary, impeditive, impedimenta

- Louisa suffers from a speech *impediment* that makes it difficult for her to pronounce certain words.
  루이자는 언어장애에 걸려서 특정의 말을 발음할 수 없다.

ferment
ⓝ [fə́ːrment]
ⓥ [fəːrmént]

발효시키다, 자극하다, 동요하다; 발효, 효모, 효소, 동란, 흥분

파 fermentation
유 strengthen, encourage

- "Calpis" is an oriental soft drink made from *fermented* milk.
  칼피스는 발효된 우유로 만든 동양의 탄산음료이다.

assess -ment
[əsésmənt]

과세(액), 사정(액), 평가

파 assess
유 taxation, estimation, rating

- After listening to Nancy's *assessment* of the situation, I realized it wasn't as bad as it seemed.
  낸시의 평가를 들어보고 나서 상황이 생각했던 만큼 나쁘지 않다는 것을 알았다.

indictment
[indáitmənt]

기소(장), 고발

파 indict, indictable, indictee
유 charge, accuse, impeach

- The grand jury handed down an *indictment* and he was brought to trial.
  기소배심이 기소장을 제출해서 그는 재판에 걸렸다.

impertinent
[impə́ːrtənənt]

주제넘은, 건방진, 무례한

파 impertinence
유 intrusive, impudent, insolent, irrelevant

- He kept interrupting the teacher with *impertinent* questions.
  그는 주제넘은 질문을 해서 교사의 말을 방해하고 있었다.

belligerent
[bəlídʒərənt]

교전 중의, 호전적인, 잘 싸우는; 교전국(의)

파 belligerence
유 bellicose

- The *belligerent* young man pushed his way to the front of the line.
  호전적인 젊은이가 무리하게 열의 앞으로 나아갔다.

circumvent
[sə̀ːrkəmvént]

포위하다, 우회하다, 책략에 빠뜨리다

파 circumvention, circumventive
유 avert, entrap, frame

- Only proper preparation can *circumvent* the reoccurance of this problem.
  이러한 문제의 재발을 막기 위해서는 적합한 준비를 해야 한다.

fervent
[fə́ːrvənt]

열의있는, 열렬한, 뜨거운

파 fervency, fervor, fervid
유 avid, ardent, zealous, impassioned

- He is a *fervent* believer in world peace.
  그는 세계평화의 열렬한 신봉자다.

daunt
[dɔːnt]

위압하다, 기죽이다

파 dauntless
유 intimidate, overawe, dismay, frighten, discourage, dispirit

- He was *daunted* by the idea of mountain climbing, but tried anyway.
  그는 등산한다는 생각에 기가 죽었지만 어쨌든 도전해 보기로 했다.

disconcert
[dìskənsə́ːrt]

침착성을 잃게 하다, 어쩔 줄 모르게 하다

파 disconcertedness, disconcertion
유 embarrass, abash, perturb, bewilder

- The bad news *disconcerted* him.
  나쁜 뉴스가 그를 어쩔 줄 모르게 했다.

consort
[kánsɔːrt]

(악인과) 사귀다, 조화하다; (특히 왕족의) 배우자, 동료, 요함, 합창단

파 consortium
유 spouse, colleague, fellow, associate

- His father told him not to *consort* with such bad people.
  그의 아버지는 그런 나쁜 사람들과는 사귀지 말라고 그에게 말했다.

steadfast
[stédfæst]

확고한, 불변의

파 steadfastness
유 fixed, firm, stable, immobile

- Walter is *steadfast* in his devotion to Russian ballet.
  월터는 항상 러시안 발레에 열중해 있다.

detest
[ditést]

증오하다, 몹시 싫어하다, 미워하다

파 detestable, detestation
유 abhor, loathe, abominate, execrate

- He *detested* having to study all the time and wanted to play baseball instead.
  그는 항상 공부하는 것을 싫어하고 대신에 야구를 하고 싶어 했다.

holocaust
[hάləkɔ̀ːst]

대학살, 대참변, 전멸

유 massacre, genocide, slaughter

- Many people died in the nuclear *holocaust* at Hiroshima in 1945.
  1945년 히로시마에 원폭에 의한 대참사로 많은 사람이 사망했다.

rebut
[ribʌ́t]

반박하다, 항변하다, 반증을 들다

㈜ rebutment, rebuttal, rebutter, rebuttable
㈜ rebuff, refute, repulse, countercharge, challenge

- He could not *rebut* her arguments and had to give in.
  그는 그녀의 주장에 반박할 수 없어서 굴복해야만 했었다.

devout
[diváut]

경건한, 신앙심이 깊은, 성실한

㈜ devoutness
㈜ pious, faithful, religious, earnest, ardent

- He is a *devout* believer in Christ.
  그는 성실한 기독교 신자다.

fallow
[fǽlou]

토지가 놀고 있는, 경작하지 않는; 휴경(지); (밭을) 묵히다

- These fields have been *fallow* and unused for many years.
  이 밭은 휴경지로 되어 수 년간 사용되지 않았다.

harrow
[hǽrou]

써레; 개척하다, (감정을) 상하게 하다, 괴롭히다

㈜ harrowing
㈜ afflict, excruciate

- Sandy always *harrows* his friends by not coming to appointment on time.
  샌디는 항상 약속시간에 정확히 오지 않기 때문에 친구들의 감정을 상하게 한다.

vex
[veks]

초조하게 하다, 성가시게 굴다, 활발히 논하다

㈜ vexation, vexatious
㈜ irritate, annoy, pester, torment, plague, persecute, debate

- He was *vexed* with many problems.
  그는 성가신 많은 문제가 있었다.

paradox
[pǽrədɑ̀ks]

역설, 모순된 말, 파라독스

파 paradoxical
유 quibble

- The *paradox* is that, even though Article XIV saved our club from going under, nobody knows what it means.
  14조가 우리 클럽이 파산하는 것을 구했지만 누구도 그 의미를 모른다는 것은 모순이다.

flux
[flʌks]

(물의) 흐름, 범람, 융해; 녹다, 유출하다, 변화하다

파 fluxion, fluxional

- The world economies are in a constant state of *flux*.
  세계경제는 항상 유동상태이다.

allay
[əléi]

가라앉히다, 완화하다

유 soothe, relieve, quell, abate, alleviate

- Her suspicions were not *allayed* by his promises.
  그의 약속에도 그녀의 의심은 가라앉지 않았다.

efficacy
[éfəkəsi]

유효성, (약 등의) 효능

파 efficacious, efficiency
유 validity

- I am worried about the *efficacy* of this plan and do not think it will work.
  나는 이 계획의 유효성에 불안을 품고 있어서 잘 되리라고 생각지 않는다.

conspiracy
[kənspírəsi]

공모, 음모(단), 동시발생

파 conspirator, conspire

- People often think that there is a *conspiracy* among companies to keep prices high.
  높은 가격을 유지하기 위해 기업이 서로 공모하고 있다고 사람들은 흔히 생각한다.

<table>
<tr><td>

**delinque
-ncy**
[dilíŋkwənsi]

</td><td>

불이행, 태만, 과실, 비행

㉠ delinquent
㉴ negligence, fault

- Students prone to alcohol abuse should be warned that this university will not tolerate that kind of *delinquency*.
  알콜을 남용하기 쉬운 학생들에 대해서 이 대학에서는 그러한 과실은 용인되지 않는다는 것을 경고해야 한다.

</td></tr>
<tr><td>

bankruptcy
[bǽŋkrʌptsi]

</td><td>

파산, 도산, 실추

㉠ bankrupt

- It may seem easy to buy things on credit but every year thousands of families fall into *bankruptcy* because of it.
  카드로 물건을 사는 것은 쉽지만 그 때문에 매년 수천의 가정이 파산하고 있다.

</td></tr>
<tr><td>

malady
[mǽlədi]

</td><td>

(만성의) 병, 악폐, 폐해

㉴ disease, epidemic, affliction, disorder, ailment, syndrome

- He was always sick with some strange *malady*.
  어떤 이상한 병으로 그는 항상 몸이 좋지 않았다.

</td></tr>
<tr><td>

attorney
[ətə́ːrni]

</td><td>

대리인, 변호사, 검사

㉴ agent, representative, substitute, lawyer

- The *attorneys* worked out the details of the contract.
  변호사들이 계약의 세부를 작성했다.

</td></tr>
<tr><td>

liquefy
[líkwəfài]

</td><td>

액화[융해]하다[시키다]

㉠ linquefaction, liquefacient, liquid
㉴ melt, flux

- When the water vapor in this tank *liquefied*, it will be free of contaminants.
  이 탱크의 수증기가 액화하면 정제수가 된다.

</td></tr>
</table>

edify
[édəfài]

덕성을 기르다, 교화하다, 지식을 높이다, 향상시키다

㈜ cultivate, improve, enlighten, illuminate

- Many junior-high school students in Korea are being *edified* by EBS's superior educational programming.
  많은 한국 중학생들은 EBS의 우수한 교육방송으로 지식을 얻고 있다.

petrify
[pétrəfài]

(식물 등을) 석화하다, 굳게 하다, 무감각하게 하다, 마비시키다

㈜ petrifaction

- The *petrified* tree felt like a rock but looked like wood.
  석화한 나무는 느낌으로는 돌처럼 단단하지만 나무처럼 보인다.

detoxify
[di:táksifài]

해독하다, 독성을 제거하다

㈜ detoxification, detoxicate

- It's important to *detoxify* the water in this area before drinking with a little bit of bleach.
  이 지역의 물은 마시기 전에 소량의 해독제로 해독하는 것이 중요하다.

mineralogy
[mìnərálədʒi]

광물학

㈜ mineralogical, mineralogist

- He was interested in *mineralogy* and had rocks all over his room.
  그는 광물학에 흥미를 가지고 있어서 방은 암석으로 가득 차 있었다.

ecology
[i:kálədʒi]

생태학, 생태환경(학)

㈜ ecological, ecologist

- Burying the chemical wastes would definitely affect the *ecology*.
  화학폐기물을 매장하는 것은 확실히 생태계에 영향을 줄 것이다.

methodol-ogy
[mèθədálədʒi]

방법론

파 methodological, method

- Dr. Newman's *methodology* is so unorthodox that nobody here could possibly cover for him in his absence.

뉴만 박사의 방법론은 너무 변화무쌍하기 때문에 박사의 부재시에 대신할 사람은 여기에는 없다.

archaeol-ogy
[àːrkiálədʒi]

고고학

파 archaeological, archaeologist

- Field *archaeology* is not very different today from the way 100 years ago.

100년 진에 비해서 야외 고고학은 별로 다르지 않다.

mythology
[miθálədʒi]

신화, 신화학(연구)

파 mythological, mythologist, mythologize, myth, mythicism, mythical, mythicize, mythify

- The idea that honesty often brings trouble is found frequently in both Greek and Roman *mythology*.

정직한 것이 때때로 문제를 일으킨다는 생각은 그리스와 로마 신화에 자주 나온다.

sociology
[sòusiálədʒi]

사회학

파 sociological, sociologist

- *Sociology* is the study of society and social institutions.

사회학이란 사회와 사회제도에 관한 학문이다.

physiology
[fìziálədʒi]

생리학, 생리(기능)

파 physiological, physiologist

- *Physiology* is the study of the physical reactions and processes of living things.

생리학이란 생물의 물리적 반응과 작용에 관한 학문이다.

philology
[filálədʒi]

언어학, 문헌학, 학문[문학]애호

파 philological, philologist, philologize

- *Philology* is the study of literature and language.
  언어학이란 문학과 언어에 관한 학문이다.

entomology
[èntəmálədʒi]

곤충학

파 entomological, entomologist, entomologize

- A student of *entomology* is scheduled to come next week and give a talk on spiders.
  곤충학을 연구하고 있는 연구원이 내주에 와서 거미에 관하여 강연할 예정이다.

criminology
[krìmənálədʒi]

범죄학

파 criminological, criminologist, criminal

- Let's ask Mr. Hooper to investigate the burglary since he's an expert in *criminology*.
  범죄학 전문가인 후퍼씨에게 그 강도의 조사를 요청합시다.

terminology
[tə̀ːrmənálədʒi]

술어(학), 용어법, 전문용어

파 terminological, terminologist, term

- I don't understand all of that technical *terminology*.
  그 전문 용어를 모두 이해할 수 없다.

phonology
[founálədʒi]

음성학, 음소론, 음운체계

파 phonological, phonologist

- *Phonology* is the study of sound and its relation to language.
  음성학이란 소리와 언어의 관계에 대한 학문이다.

anthropo -logy
[æ̀nθrəpálədʒi]

인류학, 인간학

파 anthropological, anthropologist

- Sharon is giving a talk on Louis S. B. Leakey at her *anthropology* class.
  샤론은 인류학 시간에 루이스 리키의 이야기를 하고 있다.

topology
[təpálədʒi]

위상기하학, 지지(地誌)연구

㈜ topological, topologist

- *Topology* is offered only to the students who are majoring in natural sciences.
  위상기하학은 자연과학을 전공하는 학생에게만 제공된다.

gerontology
[dʒèrəntálədʒi]

노인학, 노년학

㈜ gerontological, gerontologist

- *Gerontology* is the study of aging and the aged.
  노인학이란 노화와 노인에 관한 학문이다.

eulogy
[júːlədʒi]

찬미, 칭찬

㈜ eulogize, eulogistic, eulogist, eulogium
㈜ praise, applause, commendation, salutation, tribute

- The priest delivered a *eulogy* for the dead man.
  목사는 고인을 칭찬하는 말을 했다.

anarchy
[ǽnərki]

무정부 상태, 난세, 무질서

㈜ anarchism, anarch, anarchic, anarchical

- If there was no established order in the world, all we would have is *anarchy*.
  확고한 질서라는 것이 없다면 세계는 무정부 상태가 될 것이다.

calligraphy
[kəlígrəfi]

달필, 필적, 서도, 서예

㈜ calligraphic

- Harold wants to find someone practiced in *calligraphy* to make up the invitations.
  해롤드는 초대장을 만들기 위해 달필인 사람을 찾고 있다.

scenography
[siːnágrəfi]

원근화법, 배경도법

㈜ scenographic

- This *scenography* is typical of the ancient Greek art.
  이와 같은 원근화법은 고대 그리스의 회화의 특징적인 것이다.

sulky
[sʌ́lki]

뽀루퉁한, 골이 난; 말 한 필이 끄는 2륜마차

유 sullen, ill-humored, resentful, aloof

- He was feeling *sulky* and would not come out of his room.

  그는 골이 나서 방에서 나오려고 하지 않았다.

metapho -rically
[mètəfɔ́(:)rikəli]

비유[상징]적으로

파 metaphor, metaphoric, metaphorical

유 figuratively

- Sidney summed up the situation *metaphorically* by calling us baby birds in a nest waiting to be fed.

  우리가 둥지에서 먹이를 기다리는 어린 새라고 시드니는 상황을 비유적으로 요약했다.

comply
[kəmplái]

승낙하다, 따르다

유 acquiesce, obey, yield, consent, assent

반 refuse

- We will make every effort to *comply* with the peace treaty.

  평화협정에 따르기 위해 모든 노력을 해야 할 것이다.

alchemy
[ǽlkəmi]

연금술, 마술, 비법

파 alchemic, alchemize, alchemist

- Though their motives were often less than honorable, the ancients who practiced *alchemy* did add to the body of scientific knowledge.

  동기는 훌륭한 것이 많지는 않았지만 연금술을 행한 고대인들은 과학지식을 증대시켜 주었다.

balmy
[bɑ́:mi]

상쾌한, 온화한, 마음을 가라앉히는

유 delightful, pleasant, aronatic, soothing

- They loved the *balmy* breezes that came through their beach house at night.

  밤에 바닷가 집에 불어오는 상쾌한 미풍을 그들은 좋아했다.

botany
[bátəni]

식물학, 식물(전체)

파 botanical, botanize, botanist

- He was crazy about *botany* and could tell you the name of every plant that you saw.
  그는 식물에 빠져서 당신이 보는 모든 식물의 이름을 말해 줄 수 있었다.

scrutiny
[skrú:təni]

정밀한 조사, 감사

파 scrutinize, scrutable
유 examination, investigation, dissection, inquiry, inspection, monitor, surveillance

- He was under close *scrutiny* after the scandal.
  그는 사건의 발각 후 감시하에 있었다.

thorny
[θɔ́:rni]

가시가 많은, 고통스러운, 곤란한

파 thorn
유 troublesome

- These bushes are too *thorny* to even try to recover the newspaper from.
  이들 덤불은 가시 투성이여서 떨어져 있는 신문을 집을 수도 없다.

interdisci-plinary
[ìntərdísəplənèri]

학제적인, 두 개 이상의 학문분야에 걸치는

- They will take an *interdisciplinary* approach to the problem and use experts from all related fields.
  그들은 그 문제를 학제적으로 추구해서 여러 관련분야의 전문가를 이용하려고 생각한다.

husbandry
[hʌ́zbəndri]

농업, 축산, 검약

유 agriculture, livestock

- He studied animal *husbandry* in college because he wanted to raise horses after graduation.
  졸업 후에 말을 사육하고 싶었기 때문에 그는 대학에서 축산학을 공부했다.

query
[kwíəri]

의문, 질문; 질문하다, 의심하다

유 question, interrogation, ask, doubt

- The lawyer *queried* the eyewitness on his personal feelings.
  변호사는 목격자에게 그의 개인적 감정에 관하여 질문했다.

cursory
[kə́ːrsəri]

서두르는, 대강의, 피상적인, 되는대로

㉠ cursoriness
㉡ superficial, sketchy

- He gave the proposal only a *cursory* look before throwing it away.
  그는 그 제안의 대강을 훑어보고 폐기했다.

anemome -try
[ænəmámitri]

풍력측정

㉠ anemometer, anemometric

- *Anemomentry* is a system for measuring and studying the force of the wind.
  풍력측정이란 바람의 힘을 측정하고 연구하는 학문이다.

trigonome -try
[trìgənámətri]

삼각법

㉠ trigonometric, trigonometer, trigonal, trigonous

- *Trigonometry* is the study of triangles and their properties.
  삼각법은 삼각형과 그 특성에 관한 학문이다.

sultry
[sʌ́ltri]

무더운, 몹시 뜨거운

㉡ muggy, humid

- On hot, *sultry* summer days nobody wants to study.
  뜨거운 여름날에는 아무도 공부하길 원하지 않는다.

sentry
[séntri]

보초, 감시병

㉠ sentinel

- The *sentry* stood guard at the entrance to the building.
  건물의 입구에는 감시병이 보초를 서고 있었다.

forestry
[fɔ́(:)ristri]

임업, 임학, 산림관리

파 forest, forester, forestal

- The *forestry* practices of that company are very harmful to wildlife.

그 회사의 산림관리는 야생생물에 큰 해를 주고 있다.

idiosyn -crasy
[ìdiəsíŋkrəsi]

특이성[체질], 경향

유 temperament, quality

- The Korean woman did not know whether his way of eating was his *idiosyncrasy* or the common method in America.

그의 식성이 특이한 것인지 또는 미국인의 공통된 방법인지를 그 한국여성은 알지 못했다.

ecstasy
[ékstəsi]

무아상태, 황홀, 큰 기쁨

파 ecstatic, ecstasize
유 rapture

- The *ecstasy* of winning and the agony of defeat drive athletes to compete.

승리의 기쁨과 패배의 고뇌가 선수를 싸우게 만든다.

heresy
[hérəsi]

이론[설], 반론, 이단(의 주장)

파 heretic, heretical

- He was thrown out of the church for speaking *heresy*.

그는 이단의 주장을 해서 교회에서 추방되었다.

autopsy
[ɔ́:tɑpsi]

(사체를) 검시하다; 검시(해부), 비판적 분석

유 anatomy

- The doctor *autopsied* the body to determine the cause of death.

의사는 사인을 확정하기 위해 사체를 검시했다.

deity
[díːəti]

신, 신성[격], 〈the D-〉 신, 조물주

- They bowed in prayer before the religious *deity*.
  그들은 신에게 머리를 숙이고 기도했다.

heteroge-neity
[hètəroudʒiníːəti]

이질성

㉠ heterogeneous
㉢ homogeneity

- One of the most interesting aspects of New York is its *heterogeneity* of cultures.
  뉴욕에서 가장 재미있는 것 중의 하나는 문화의 다양성이다.

gentility
[dʒentíləti]

상류계급, 양가 태생, 고상함, 우아함, 〈the~〉 양반출신, 상류계급

㉠ gentle, genteel
㉢ well-born, noble

- The *gentility* of his manner masks the brutality of his intentions.
  그의 우아한 태도에는 잔혹한 의도가 숨겨져 있다.

enmity
[énməti]

증오, 원한, 대립

㉠ enemy
㉢ hatred, grudge, opposition

- The unpopular plan caused a great deal of *enmity* in the village.
  그 호응없는 계획은 마을에서 많은 반목을 일으켰다.

animosity
[æ̀nəmásəti]

악의, 증오, 원한

㉠ animus
㉢ malice, hatred, enmity, hostility, antagonism

- She had a great deal of *animosity* for the man who killed the cat.
  그녀는 고양이를 살해한 남자를 몹시 증오했다.

indignity
[indígnəti]

경멸, 능욕, 무례

㊎ insult, contempt, affront

- He suffered many *indignities* at the hands of the mean schoolteacher.
  그는 그 비열한 교사에 의해 많은 능욕을 겪었다.

affinity
[əfínəti]

취미, 친척(관계), 유사성

㊎ liking, taste, fancy, resemblance

- She has an *affinity* for sweet dessert and eats them at every opportunity.
  그녀는 단 디저트를 좋아해서 기회가 닿는 대로 먹는다.

entity
[éntiti]

(실재하는) 물건, 본질, 존재, 자주성

- He wondered what the ghost-like *entity* he saw really was.
  그는 자신이 본 유령같은 것이 무엇인지 의심하고 있다.

amnesty
[ǽmnəsti]

은사, 대사(를 행하다)

㊎ pardon, parole, clemency

- When the government announced the *amnesty*, all the political prisoners were released.
  정부는 사면을 발표하고 모든 정치범을 석방했다.

hazy
[héizi]

흐릿한, 아련한, 혼란한, 몽롱한

㊏ haze
㊎ vague, obscure, ambiguous

- The sky in Seoul is very *hazy* in the rainy season.
  장마철에 서울 하늘은 매우 흐려 있다.

파생어, 접두어, 접미어로
기본어휘 마무리

- 어휘력을 10배로 늘리는 파생어
- 접두어를 동한 어휘력 확장
- 접미어를 동한 어휘력 확장

어휘력을 10배로 늘리는 **파생어**

1. able(할 수 있는)
2. ache(아픔)
3. act(행하다)
4. air(공기)
5. any(어떠한 ～이라도)
6. arm(팔)
7. art(예술)

1. able (할 수 있는)

able [éibəl] 할 수 있는
unable [ʌnéibəl] 할 수 없는
enable [enéibəl] 할 수 있게 하다
ability [əbíləti] 능력
inability [ìnəbíləti] 무능력
disable [diséibəl] 할 수 없게 하다

2. ache (아픔)

ache [eik] 아픔
headache [hédèik] 두통
stomachache [stʌ́məkèik] 복통
toothache [túːθèik] 치통
heartache [háːrtèik] 마음아픔

3. act (행하다)

act [ækt] 행하다
active [ǽktiv] 활동적인
inactive [inǽktiv] 비활동적인
actual [ǽktʃuəl] 실제의
actually [ǽktʃuəli] 실제로
enact [enǽkt] (법률을) 제정하다

react [riːǽkt] 반응하다
exact [igzǽkt] 정확한

4. air (공기)

air [ɛər] 공기
airy [ɛ́əri] 공기의
aircraft [ɛ́ərkræft] 항공기
air-conditioner [ɛər-kəndíʃənər] 에어컨
airfield [ɛ́ərfiːld] 비행장
air force [ɛər fɔːrs] 공군
airline [ɛ́ərlàin] 항공(로)
airliner [ɛ́ərlàinər] 정기 여객기
airmail [ɛ́ərmèil] 항공 우편
airman [ɛ́ərmən] 비행가
airplane [ɛ́ərplèin] 비행기
airport [ɛ́ərpɔ̀ːrt] 공항
airship [ɛ́ərʃip] 비행선
airway [ɛ́ərwèi] 항로
airspeed [ɛ́ərspìːd] 비행속도
air-raid [ɛər-reid] 공습
midair [midɛ́ər] 공중
open-air [óupən-ɛər] 야외의

5. any (어떠한 ~이라도)

any [éni] 어떠한 ~도

anybody [énibàdi] 누구든지, 아무나

anyone [éniwʌ́n] 누구라도, 누군가

anything [éniθìŋ] 아무것도

anyhow [énihàu] 어떻게 해서라도

anywhere [énihwɛ̀ər] 어디든지

6. arm (팔)

arm [ɑːrm] 팔

arms [ɑːrmz] 무기

army [ɑ́ːrmi] 군대

armed [ɑːrmd] 무장한

armament [ɑ́ːrməmənt] 병력

armful [ɑ́ːrmfùl] 한 아름

armchair [ɑ́ːrmtʃɛ̀ər] 안락의자

armor [ɑ́ːrmər] 갑옷

armistice [ɑ́ːrməstis] 휴전

forearm [fɔ́ːrɑ̀ːrm] 팔뚝

upper arm [ʌ́pər ɑːrm] 상박

firearm [fáiərɑ̀ːrm] 소형 소화기

disarm [disɑ́ːrm] 무장해제시키다

disarmament [disɑ́ːrməmənt] 군축

unarmed [ʌnɑ́ːrmd] 비무장한

7. art (예술)

art [ɑːrt] 예술

artful [ɑ́ːrtfəl] 기교 있는

artist [ɑ́ːrtist] 예술가

artistic [ɑ́ːrtístik] 예술적인

artisan [ɑ́ːrtəzən] 기능공

artifice [ɑ́ːrtəfis] 계략

artificial [ɑ̀ːrtəfíʃəl] 인공적인

artwork [ɑ́ːrtwə̀ːrk] 예술 작품

B

1. ball(공)
2. base(기본)
3. bat(치다)
4. bear(낳다)
5. bed(침대)
6. bird(새)
7. black(검은)
8. blue(파란)
9. board(판)
10. boat(배)
11. body(몸)
12. book(책)
13. broad(넓은)
14. bull(황소)
15. by(옆에)

1. ball (공)

ballet [bǽlei] 발레

ballot [bǽlət] 투표

bullet [búlit] 탄환

balloon [bəlúːn] 풍선

ball-point(pen) [bɔːl-pɔint(pen)] 볼펜

football [fútbɔ̀ːl] 미식축구

handball [hǽndbɔ̀ːl] 핸드볼

basketball [bǽskitbɔ̀ːl] 농구

volleyball [válibɔ̀ːl] 배구

baseball [béisbɔ̀ːl] 야구

snowball [snóubɔ̀ːl] 눈뭉치

softball [sɔ́(ː)ftbɔ̀ːl] 소프트볼

2. base (기본)

base [beis] 기본

basic [béisik] 기본의

basically [béisikəli] 기본적으로

basement [béismənt] 지하실

baseball [béisbɔ:l] 야구

basis [béisis] 기초

bass [beis] 베이스, 저음

3. bat (치다)

bat [bæt] 치다, 방밍이

battle [bǽtl] 전쟁, 투쟁

combat [kámbæt] 전투, 격투

battalion [bətǽljən] 대대

rebate [rí:beit] 환불하다

debate [dibéit] 논쟁하다

4. bear (낳다)

bear [bɛər] 지니다, 낳다

born [bɔ:rn] 태어난

inborn [ínbɔ́:rn] 선천적인

birth [bə:rθ] 탄생

birthday [bə́:rθdèi] 생일

birthright [bə́:rθràit] 타고난 권리

birthplace [bə́:rθplèis] 출생지

birthmark [bə́:rθmà:rk] 모반

birth control [bə:rθ kəntróul] 산아
제한

5. bed (침대)

bedroom [bédrù:m] 침실

bedtime [bédtàim] 취침 시간

bedside [bédsàid] 침대 곁

single bed [síŋgəl bed] 싱글베드

double bed [dʌ́bəl bed] 더블베드

triple bed [trípəl bed] 트리플베드

twin bed [twin bed] 트윈베드

deathbed [déθbèd] 임종, 죽음의 자리

be in bed [bi: in bed] 자고 있다

6. bird (새)

bird [bə:rd] 새

birdie [bə́:rdi] 새

blackbird [blǽkbə̀:rd] 찌르레기류의
검은새

bluebird [blú:bə́:rd] 파랑새

bird-watch [bə:rd-watʃ] 들새의 생태
관찰

bird of peace [bə:rd ɑv pi:s] 평화
의 새(비둘기)

bird of passage [bə:rd ɑv pǽsidʒ]
철새

7. black (검은)

black [blæk] 검은

blackness [blǽknis] 검음

blacken [blǽkən] 검게 하다

blackboard [blǽkbɔ̀:rd] 흑판

blackberry [blǽkbèri] 검은 딸기

blacksmith [blǽksmìθ] 대장장이

black-and-white [blǽk-ænd-hwait] 흑백의

black market [blæk mɑ́ːrkit] 암시장

black box [blæk bɑks] 블랙박스, 비밀, 극비사항

8. blue (파란)

blue [bluː] 파란

bluebell [blúːbèl] 종 모양의 보라색 꽃이 피는 풀

blueberry [blúːbèri] 월귤나무류의 진달래과 관목

blueprint [blúːprìnt] 청사진

blue-eyed [bluː-aid] 파란 눈의

Blue House [bluː haus] 청와대

blueblack [bluːblæk] 감청색의

9. board (판)

board [bɔːrd] 판자

boarder [bɔ́ːrdər] 하숙인

aboard [əbɔ́ːrd] 배로, 승선하여, ~를 타고

boarding [bɔ́ːrdiŋ] 판자

backboard [bǽkbɔ̀ːrd] 백보드

cardboard [kɑ́ːrdbɔ̀ːrd] 판지

cupboard [kʌ́bərd] 찬장

keyboard [kíːbɔ̀ːrd] 키보드

sideboard [sáidbɔ̀ːrd] 찬장

scoreboard [skɔ́ːrbɔ̀ːrd] 점수판

switchboard [swítʃbɔ̀ːrd] 배전반

overboard [óuvərbɔ̀ːrd] 배 밖에, (배에서) 물 속으로

signboard [sáinbɔ̀ːrd] 간판

10. boat (배)

boat [bout] 배

boatman [bóutmən] 사공

rowboat [róubòut] 노저는 배

tugboat [tʌ́gbòut] 예인선

sailboat [seilbòut] 항해선, 범선, 요트

motorboat [móutərbòut] 모터보트

boat race [bout reis] 보트 레이스

steamboat [stíːmbòut] 증기선

lifeboat [láifbòut] 구조선

11. body (몸)

body [bɑ́di] 몸

body language [bɑ́di lǽŋgwidʒ] 신체 언어

bodyguard [bɑ́digàːrd] 경호원

bodily [bɑ́dəli] 몸의

somebody [sʌ́mbàdi] 누군가

nobody [nóubàdi] 아무도 ~않다

embody [embɑ́di] 구체화하다

12. book (책)

book [buk] 책

booking [búkiŋ] 예약, 장부 기입

bookcase [búkkèis] 책장

bookshelf [búkʃèlf] 서가

bookseller [búksèlər] 서적상

bookkeeper [búkkìːpər] 부기 기록자

bookkeeping [búkkì:piŋ] 부기

bookshop [búkʃàp] 서점

bookstore [búkstɔ̀:r] 서점

booklet [búklit] 소책자

bookplate [búkplèit] 장서표

bookworm [búkwə̀:rm] 반대좀(책에 붙는 벌레), 독서광

handbook [hǽndbùk] 안내서

pocket book [pákit buk] 지갑

sketchbook [skétʃbùk] 스케치북

phone book [foun buk] 전화번호부

text book [tekst buk] 교과서

guidebook [gáidbùk] 안내서

13. broad (넓은)

broad [brɔ:d] 넓은

broadly [brɔ́:dli] 넓게

broaden [brɔ́:dn] 넓히다

Broadway [brɔ:dwèi] 브로드웨이 거리

broadcast [brɔ́:dkæst] 방송하다

broadcasting [brɔ́:dkæstiŋ] 방송

broad-minded [brɔ:d máindid] 마

음이 넓은

breadth [bredθ] 넓이, 폭

abroad [əbrɔ́:d] 해외로

14. bull (황소)

bull [bul] 황소

bully [búli] 불량배

bullet [búlit] 탄환

bullock [búlək] 거세한 소, 어린 수소

bulldog [búldɔ̀:g] 불독, 완강한 [끈질긴] 사람

bulldozer [búldòuzər] 불도저

bulwark [búlwərk] 성채, 보루

bullfight [búlfàit] 투우

15. by (옆에)

by [bai] 옆에

bypass [báipæs] 우회하다

byproduct [baiprádəkt] 부산물

bystander [báistændər] 방관자

bystreet [báistrì:t] 뒷길

1. call(부르다)	4. child(어린이)	7. close(닫다)	10. course(과정)
2. camp(야영지)	5. civil(민간의)	8. come(오다)	11. cover(덮다)
3. care(돌봄)	6. class(교실, 종류)	9. common(공통적인)	12. cross(가로 지르다)

1. call (부르다)

call [kɔ:l] 부르다

caller [kɔ́:lər] 방문자

calling [kɔ́:liŋ] 부르기

recall [rikɔ́:l] 소환하다

roll-call [róul-kɔ̀:l] 출석 부르다

call off [kɔ́:l ɔ́:f] 취소하다
call on [kɔ́:l ɔ́n] 방문하다
call up [kɔ́:l ʌ́p] 전화하다
call for [kɔ́:l fɔ́:r] 요구하다

2. camp (야영지)

camp [kæmp] 야영지
camper [kǽmpər] 야영자
campfire [kǽmpfàiər] 캠프파이어
campus [kǽmpəs] 캠퍼스
encamp [enkǽmp] 야영시키다
campaign [kæmpéin] 캠페인

3. care (돌봄)

care [kɛər] 돌봄
careful [kɛ́ərfəl] 주의 깊은
carefully [kɛ́ərfəli] 주의 깊게
careless [kɛ́ərlis] 부주의한
carelessly [kɛ́ərlisli] 부주의하게
carelessness [kɛ́ərlisnis] 부주의함
carefree [kɛ́ərfrì:] 태평한
caretaker [kɛ́ərtèikər] 관리인
take care of [teik kɛər ɑv] 돌보다

4. child (어린이)

child [tʃaild] 어린이
childhood [tʃáildhùd] 어린 시절
childish [tʃáildiʃ] 유치한
childlike [tʃáildlàik] 천진난만한
childless [tʃáildlis] 자식이 없는

children [tʃíldrən] 어린이들

5. civil (민간의)

city [síti] 도시
city hall [síti hɔ́:l] 시청
citizen [sítəzən] 시민
citizenship [sítəzənʃip] 시민권
civil [sívəl] 민간의
civil war [sívəl wɔ́:r] 시민전쟁
civilian [sivíljən] 민간인
civility [sivíləti] 정중, 공손
civilize [sívəlàiz] 개화시키다
civilized [sívəlàizd] 개화된
civilization [sìvəlizéiʃən] 문명

6. class (교실, 종류)

class [klæs] 교실, 종류
classmate [klǽsmèit] 학급 동료
classroom [klǽsrù(:)m] 교실
classic [klǽsik] 고전의, 일류의, 고상한
classical [klǽsikal] 고전적인, 고전주의의
classify [klǽsəfài] 분류하다
classified [klǽsəfàid] 분류된
classification [klæ̀səfikéiʃən] 분류
high-class [hái-klǽs] 고급의
first-class [fə́:rst-klǽs] 일류의
second-class [sékənd-klǽs] 이류의
third-class [θə́:rd-klǽs] 삼류의

7. close (닫다)

close [klouz] 닫다, 가까운

closer [klóuzər] 닫는 것[사람]

closet [klázit] 옷장

closed [klouzd] 닫힌

closely [klóusli] 가까이

closing [klóuziŋ] 종결

enclose [enklóuz] 동봉하다

disclose [disklóuz] 공개하다

8. come (오다)

come [kʌm] 오다

comely [kʌ́mli] 용모가 아름다운

coming [kʌ́miŋ] 다음의

comer [kʌ́mər] 오는 사람

new comer [nju: kʌ́mər] 신입 회원

oncoming [ánkʌ̀miŋ] 다가오는

forthcoming [fɔ́:rθkʌ́miŋ] 가까워지고 있는

shortcoming [ʃɔ́:rtkʌ̀miŋ] 결점

income [ínkʌm] 수입

outcome [áutkʌ̀m] 결과

overcome [òuvərkʌ́m] 넘어오다

welcome [wélkəm] 환영

9. common (공통적인)

common [kámən] 공통적인

commonly [kámənli] 일반적으로

commonplace [kámənplèis] 보편적인

common sense [kámən sens] 상식

commonwealth [kámənwèlθ] 공화국

commune [kəmjú:n] 친하게 지내다

communion [kəmjú:njən] 친교

community [kəmjú:nəti] 지역 사회

communicate [kəmjú:nəkèit] 통신하다

communication [kəmjù:nəkéiʃən] 통신

communism [kámjənìzəm] 공산주의

communist [kámjənist] 공산주의자

10. course (과정)

course [kɔ:rs] 과정

concourse [kánkɔːrs] 합류, 광장

discourse [dískɔːrs] 강연

intercourse [ìntərkɔ́:rs] 교제

of course [ɑv kɔːrs] 물론

in the course of [in ðə kɔːrs ɑv] ~의 동안에

11. cover (덮다)

cover [kʌ́vər] 덮다

coverlet [kʌ́vərlit] 침대 커버

coverage [kʌ́vəridʒ] 범위

covering [kʌ́vəriŋ] 덮개

discover [diskʌ́vər] 발견하다

discovery [diskʌ́vəri] 발견

uncover [ʌ̀nkʌ́vər] 덮개를 벗기다

recover [rikʌ́vər] 회복하다

recovery [rikʌ́vəri] 회복

12. cross (가로 지르다)

cross [krɔːs] 건너다

crossing [krɔ́ːsiŋ] 횡단

cross-legged [krɔ́ːslégid] 발을 꼰

crosswise [krɔ́ːswàiz] 십자형으로

crossroad [krɔ́ːsròud] 사거리

crossways [krɔ́ːswèiz] 십자형으로

crossword(puzzle) [krɔ́ːswə̀ːrd] 크로스워드(퍼즐)

across [əkrɔ́ːs] 가로질러

Red Cross [red krɔːs] 적십자

D

1. day(날, 낮)
2. die(죽다)
3. door(문)
4. draw(당기다)

1. day (날, 낮)

day [dei] 날, 낮

daily [déili] 날마다(의)

diary [dáiəri] 일기

dial [dáiəl] 문자반, 숫자판

sundial [sʌ́ndàiəl] 해시계

daybreak [déibrèik] 새벽

daydream [déidrìːm] 백일몽

daylight [déilàit] 일광

daytime [déitàim] 주간

present-day [prézənt-déi] 현재의

nowadays [náuədèiz] 오늘날

noonday [núːndèi] 정오

holiday [hálədèi] 휴일

weekday [wíːkdèi] 평일

birthday [bə́ːrθdèi] 생일

D-day [di-dei] 실행일

Sunday [sʌ́ndi] 일요일

Monday [mʌ́ndi] 월요일

Tuesday [tjúːzdi] 화요일

Wednesday [wénzdi] 수요일

Thursday [θə́ːrzdi] 목요일

Friday [fráidi] 금요일

Saturday [sǽtərdi] 토요일

2. die (죽다)

die [dai] 죽다

dying [dáiiŋ] 죽어가는

death [deθ] 죽음

deathbed [déθbèd] 임종의 자리

dead [ded] 죽은

deadly [dédli] 치명적인

deadline [dédlàin] 제출 마감 시간

deadlock [dédlàk] 교착 상태

3. door (문)

door [dɔːr] 문

doorstep [dɔ́ːrstèp] 문 앞 층계

doorman [dɔ́:rmən] 수위
doorbell [dɔ́:rbèl] 초인종
doorway [dɔ́:rwèi] 출입로
indoors [índɔ̀:rz] 옥내에서
outdoors [áutdɔ́:rz] 옥외에서
front door [frʌnt dɔ:r] 현관문
next-door [nékst-dɔ̀:r] 이웃의

4. draw (당기다)

draw [drɔ:] 당기다, 그리다
drawing [drɔ́:iŋ] 제도
drawing room [drɔ́:iŋ rù(:)m] 객실
drawer [drɔ́:ər] 서랍, 제도사
drawback [drɔ́:bæ̀k] 결점
drawn [drɔ:n] 비긴

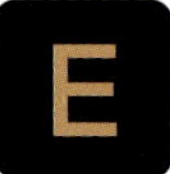

1. earth(땅) 3. economy(경제) 5. ever(언제나)
2. ease(쉬움) 4. electric(전기의) 6. end(끝)

1. earth (땅)

earth [ə:rθ] 땅
earthly [ə́:rθli] 지상의
earthen [ə́:rθən] 흙으로 만든
earthquake [ə́:rθkwèik] 지진
earthworm [ə́:rθwə̀:rm] 지렁이
earthenware [ə́:rθənwɛ̀ər] 토기

2. ease (쉬움)

ease [i:z] 쉬움, 편안
easy [í:zi] 쉬운
easily [í:zəli] 쉽게
easygoing [í:zigóuiŋ] 태평한
disease [dizí:z] 질병
uneasy [ʌní:zi] 불안한

3. economy (경제)

economy [ikánəmi] 경제

economic [í:kənámik] 경제의
economics [ì:kənámiks] 경제학
economical [ì:kənámikəl] 경제적인
economize [ikánəmàiz] 절약하다
economist [ikánəmist] 경제학자

4. electric (전기의)

electric [iléktrik] 전기의
electrical [iléktrikəl] 전기에 관한
electricity [ilèktrísəti] 전기
electrify [iléktrəfài] 전기화하다
electron [iléktrɑn] 전자
electronic [ilèktránik] 전자의
electronics [ilèktrániks] 전자공학

5. ever (언제나)

evergreen [évərgrì:n] 늘 푸른
everlasting [èvərlǽstiŋ] 영속적인

evermore [èvərmɔ́:r] 영원히

whoever [hu:évər] 누구든지

whatever [hwɑtévər] 뭐든지

whichever [hwitʃévər] 어느 것이든

whenever [hwenévər] 언제든지

wherever [hwɛərévər] 어디든지

however [hauévər] 어떻게든지

6. end (끝)

end [end] 끝

ending [éndiŋ] 종결

weekend [wí:kènd] 주말

year-end [jiər-end] 연말

come to an end [kʌm tu: ei end] 끝나다

put an end to [put ei end tu:] 끝내다

7. every (모든)

everybody [évribɑ̀di] 누구나

everyday [évridèi] 날마다의

everyone [évriwʌ̀n] 누구나

everything [évriθìŋ] 뭐든지

everywhere [évrihwɛ̀ər] 어디든지

8. eye (눈)

eyebrow [áibràu] 눈썹

eyelid [ailìd] 눈꺼풀

eyesight [áisàit] 시력

eye-opener [ái-òupənər] 놀라운 사건

1. face(얼굴)
2. fall(떨어지다)
3. far(멀리)
4. [어원] fare(가다)
5. father(아버지)
6. fire(불)
7. field(들판)
8. first(첫째의)
9. fish(물고기)
10. fix(고착시키다)
11. flow(흐르다)
12. fly(날다)
13. foot(발)
14. force(힘)
15. form(형태)
16. free(자유로운)
17. front(정면)

1. face (얼굴)

face to face [feis tu: feis] 얼굴을 맞대고

facing [féisiŋ] 직면, 겉단장

facial [féiʃəl] 얼굴의

preface [préfis] 서문

surface [sə́:rfis] 표면

2. fall (떨어지다)

fall [fɔ:l] 떨어지다

fallen [fɔ́:lən] 떨어진

downfall [dáunfɔ̀:l] 낙하, 몰락

waterfall [wɔ́:tərfɔ̀:l] 폭포

nightfall [náitfɔ̀:l] 황혼

rainfall [réinfɔ̀:l] 강우

befall [bifɔ́:l] 발생하다

fail [feil] 실패하다

false [fɔ:ls] 거짓의

fault [fɔ:lt] 실수

3. far (멀리)

far [fá:r] 멀리

far-off [fá:r-ɔ́(:)f] 먼

far-reaching [fá:-rí:tʃiŋ] 멀리 영향을 끼치는

faraway [fá:rəwèi] 먼

farther [fá:rðər] 더 먼

farthest [fá:rðist] 가장 먼

4. [어원] fare (가다)

fare [fɛər] 운임

farewell [fɛərwél] 안녕

welfare [wélfɛər] 복지

warfare [wɔ́:rfɛ̀ər] 전쟁

fanfare [fǽnfɛər] 팡파르

thoroughfare [θə́:roufɛ̀ər] 통행

5. father (아버지)

godfather [gádfà:ðər] 대부

grandfather [grǽndfà:ðər] 할아버지

stepfather [stépfà:ðər] 계부

6. fire (불)

firing [fáiəriŋ] 발사, 발포

firearm [fáiərà:rm] 소형 소화기

fire engine [faiər éndʒən] 소방차

firefly [fáiərflài] 반딧불

fireman [fáiərmən] 소방관

fireplace [fáiərplèis] 벽난로

fireproof [fáiərprù:f] 방화의

fireside [fáiərsàid] 난롯가

firewood [fáiərwùd] 장작

firework [fáiərwè:rk] 불꽃, 불꽃 놀이

campfire [kǽmpfàiər] 캠프파이어

bonfire [bánfàiər] 큰 모닥불

7. field (들판)

fielder [fí:ldər] 외야수

airfield [ɛ́ərfì:ld] 비행장

battlefield [bǽtlfì:ld] 전쟁터

cornfield [kɔ́:rnfì:ld] 옥수수밭

playing field [pleiŋ fì:ld] 운동장

8. first (첫째의)

first [fə:rst] 첫째의

first-class [fə́:rst-klǽs] 1류의

firsthand [fə́:rsthǽnd] 직접

first-rate [fə́:rst-réit] 1류의

first person [fə:rst pə́:rsən] 1인칭

at first hand [æt fə:rst hænd] 직접적으로

at first sight [æt fə:rst sait] 한 눈에

for the first time [fɔ:r ðə fə:rst taim] 처음으로

first of all [fə:rst ɑv ɔ:l] 무엇보다도

9. fish (물고기)

fishing [fíʃiŋ] 고기잡이

fisherman [fíʃərmən] 어부

jellyfish [dʒélifìʃ] 해파리

starfish [stá:rfìʃ] 불가사리

goldfish [góuldfiʃ] 금붕어

shellfish [ʃélfiʃ] 조개류

cuttlefish [kʌ́tlfiʃ] 뼈오징어

overfish [òuvərfíʃ] 어류를 남획하다

codfish [kάdfiʃ] 대구

10. fix (고착시키다)

fix [fiks] 고착시키다

fixture [fíkstʃər] 고정물

prefix [prí:fiks] 접두어

suffix [sʌ́fiks] 접미어

11. flow (흐르다)

flowing [flóuiŋ] 흐르는

overflow [òuvərflóu] 넘쳐흐르다

inflow [ínflòu] 유입

outflow [áutflòu] 유출

fluid [flú:id] 액체

fluent [flú:ənt] 유창한

flood [flʌd] 홍수

flush [flʌʃ] 왈칵 쏟아지는 물

flute [flu:t] 플루트

influence [ínfluəns] 영향

float [flout] 뜨다

afloat [əflóut] 떠서

12. fly (날다)

fly [flai] 날다

flying [fláiiŋ] 나는

flight [flait] 비행

butterfly [bʌ́tərflài] 나비

dragonfly [drǽgənflài] 잠자리

firefly [fáiərflài] 반딧불

flee [fli:] 도망치다

fleet [fli:t] 함대

13. foot (발)

football [fútbɔ̀:l] 축구

foothold [fúthòuld] 발판

footlights [fútlàits] 각광

footman [fútmən] 하인

footmark [fútmà:rk] 발자국

footprint [fútprìnt] 발자국

footnote [fútnòut] 각주

footstep [fútstèp] 보폭

footwork [fútwə̀:rk] 발놀림

foothill [fúthìl] 산기슭의 구릉

afoot [əfút] 걸어서

barefoot [bɛ́ərfùt] 맨발로

14. force (힘)

force [fɔ:rs] 힘, 강요하다

forceful [fɔ́:rsfəl] 강력한

forced [fɔ:rst] 강요된

forcible [fɔ́:rsəbəl] 강력한

enforce [enfɔ́:rs] 강력히 주장하다

reinforce [rì:infɔ́:rs] 강화하다

15. form (형태)

form [fɔ:rm] 형태

formal [fɔ́:rməl] 형식적인

formation [fɔ:rméiʃn] 형성

formula [fɔ́:rmjulə] 공식

conform [kənfɔ́:rm] 순응하다, ~에 따르다

inform [infɔ́:rm] 통보하다

perform [pərfɔ́:rm] 실행하다

transform [trænsfɔ́:rm] 변형하다

uniform [jú:nəfɔ̀:rm] 제복

16. free (자유로운)

free [fri:] 자유로운

freedom [frí:dəm] 자유

freeman [frí:mən] 자유인

carefree [kɛ́ərfrì:] 태평한

17. front (정면)

frontier [frʌntíər] 국경(지방), 한계, (학문 등의) 새 분야

frontispiece [frʌ́ntispì:s] 정면

confront [kənfrʌ́nt] 직면하다

1. god(신)
2. good(좋은)
3. grade(등급)
4. grand(큰)
5. green(녹색의)
6. ground(땅)
7. guard(지키다)

1. god (신)

god [gɑd] 신

goddess [gɑ́dis] 여신

God [gɑd] 하느님

godfather [gɑ́dfà:ðər] 대부

godmother [gɑ́dmʌ̀ðər] 대모

godlike [gɑ́dlàik] 신같은

2. good (좋은)

good [gud] 좋은

goodly [gúdli] 잘생긴

goodness [gúdnis] 선량

goods [gudz] 상품

goodwill [gúdwíl] 선의

good-looking [gúd-lúkiŋ] 잘생긴

good-natured [gúd-néitʃərd] 사람이 좋은

good day [gud dei] 안녕!

for good [fɔ:r gud] 영원히

3. grade (등급)

grade [greid] 등급

graduate [grǽdʒuèit] 졸업하다

gradually [grǽdʒuəli] 점차적으로

centigrade [séntəgrèid] 백분도, 섭씨온도

degrade [digréid] (질, 지위 등을) 떨

384

어뜨리다

upgrade [ʌ́pgrèid] 향상시키다

---

4. grand (큰)

grandmother [grǽndmʌ̀ðər] 할머니

grandfather [grǽndfàːðər] 할아버지

grandparents [grǽndpɛ̀ərənts] 조부모

grandson [grǽndsʌ̀n] 손자

granddaughter [grǽnddɔ̀ːtər] 손녀

grandchildren [grǽndtʃìldrən] 손자 손녀

granny [grǽni] 할머니

---

5. green (녹색의)

greenish [gríːniʃ] 녹색 티가 나는

greenhouse [gríːnhàus] 온실

Greenland [gríːnlænd] 그린란드

Greenpeace [gríːnpìːs] 그린피스

evergreen [évərgrìːn] 상록의

---

6. ground (땅)

underground [ʌ́ndərgràund] 지하의

playground [pléigràund] 운동장

background [bǽkgràund] 배경

---

7. guard (지키다)

guard [gɑːrd] 지키다

guardian [gáːrdiən] 경비원

bodyguard [bádigàːrd] 경호원

safeguard [séifgàːrd] 안전요원

lifeguard [láifgàːrd] 구조원

1. half(절반)	4. head(머리)	7. high(높은)	10. house(집)
2. hand(손)	5. heart(마음)	8. hole(구멍)	11. horse(말)
3. hard(힘든)	6. here(여기에)	9. home(집)	

1. half (절반)

half [hæf] 절반

half-hour [hæf-áuər] 반시간

halfway [hǽfwèi] 도중에

half-holiday [hǽf-hálədèi] 반휴일

a half [ei hæf] 1/2

2. hand (손)

hand [hænd] 손

handy [hǽndi] 손쉬운

---

hand-in-hand [hǽnd-in-hǽnd] 손을 맞잡고

handful [hǽndfùl] 한 움큼

handbook [hǽndbùk] 안내서

handsome [hǽnsəm] 잘생긴

handicap [hǽndikæ̀p] 장애

handshake [hǽndʃèik] 악수

handwriting [hǽndràitiŋ] 필적

handle [hǽndl] 손잡이

handkerchief [hǽŋkərtʃif] 손수건

shorthand [ʃɔ́ːrthæ̀nd] 속기

beforehand [bifɔ́ːrhæ̀nd] 미리

farm-hand [fɑːrm-hǽnd] 농장 노동자

from hand to hand
[frʌm hænd tu: hænd] 이손저손으로

on the other hand
[ɑn ði ʌ́ðər hænd] 한편

second-hand goods
[sékənd hænd gudz] 중고품

3. hard (힘든)

hard [hɑːrd] 힘든, 열심히

hardly [hɑ́ːrdli] 거의 ~않다

harden [hɑ́ːrdn] 단단하게 하다

hardness [hɑ́ːrdnis] 단단함

hardy [hɑ́ːrdi] 강건한

hardship [hɑ́ːrdʃìp] 곤란

hardworking [hɑ́ːrdwə̀ːrkiŋ] 근면한

hardware [hɑ́ːrdwɛ̀ər] 철물, [컴퓨터]
하드웨어

4. head (머리)

head [hed] 머리

heading [hédiŋ] 표제

headless [hédlis] 머리 없는

headache [hédèik] 두통

headlight [hédlàit] 전조등

headline [hédlàin] 큰 표제

headmaster [hédmæ̀stər] 교장

headquarter [hédkwɔ̀ːrtər] 본부

headlong [hédlɔ̀ːŋ] 곤두박이로

headphone [hédfòun] 헤드폰

ahead [əhéd] 앞쪽에

forehead [fɔ́(ː)rid] 이마

overhead [óuvərhéd] 머리 위의

arrowhead [ǽrouhèd] 화살촉

baldheaded [bɔ́ːldhèdid] 대머리의

5. heart (마음)

hearty [hɑ́ːrti] 마음에서 우러난

heartily [hɑ́ːrtili] 충심으로

heartless [hɑ́ːrtlis] 무정한

heart disease [hɑːrt dizíːz] 심장병

heart-warming [hɑːrt-wɔ́ːrmiŋ] 마
음을 따뜻하게 하는

sweetheart [swíːthàːrt] 애인, 여보,
당신

dishearten [dishɑ́ːrtn] 낙심시키다

brokenhearted [bróukənhɑ́ːrtid]
비탄에 잠긴

halfhearted [hǽfhɑ́ːrtid] 내키지 않은

downhearted [dáunhɑ́ːrtid] 낙담한

fainthearted [féinthɑ́ːrtid] 소심한

wholehearted [hóulhɑ́ːrtid] 정성을
다하는

6. here (여기에)

here [hiər] 여기

herein [hìərín] 이 속에

hereby [hìərbái] 이로써

hereafter [híəræ̀ftər] 이후

herewith [hìərwíð] 이와 함께

7. high (높은)

highly [háili] 높게

highness [háinis] 높음

heighten [háitn] 높이다

highlight [háilàit] 절정

highland [háilənd] 고지, 고원

highway [háiwèi] 고속도로

high school [hai sku:l] 고등학교

hijack [háidʒæk] 공중 납치하다

height [hait] 높이

8. hole (구멍)

hole [houl] 구멍

manhole [mǽnhòul] 맨홀

buttonhole [bʌ́tnhòul] 단추 구멍

loophole [lú:phòul] (성벽 등의) 총구멍

peephole [pí:phòul] 문구멍

9. home (집)

home [houm] 집, 집에

homely [hóumli] 못생긴

homer [hóumər] 홈런

homeward [hóumwərd] 집으로 향하여

homework [hóumwə̀:rk] 숙제

homesick [hóumsìk] 향수병에 걸린

homeroom [hóumrù(:)m] 학급 자치회

homestead [hóumstèd] 농가

homespun [hóumspʌ̀n] 손으로 짠

hometown [hóumtàun] 고향

home-lover [houm-lʌ́vər] 가정적인 사람

homeless [hóumlis] 집이 없는

homemade [hóumméid] 집에서 만든

nursing home [nə́:rsiŋ houm] 요양원

10. house (집)

house [haus] 집

housing [háuziŋ] 주택공급

household [háushòuld] 가족

housetop [háustàp] 지붕

housewife [háuswàif] 가정주부

housekeeper [háuskì:pər] 가정주부

housekeeping [háuskì:piŋ] 살림살이

housework [háuswə̀:rk] 가사

greenhouse [grí:nhàus] 온실

henhouse [hénhàus] 닭장

warehouse [wɛ́ərhàus] 창고

lighthouse [láithàus] 등대

farmhouse [fá:rmhàus] 농가

courthouse [kɔ́:rthàus] 법원청사

schoolhouse [skú:lhàus] 교사(校舍)

11. horse (말)

horse [hɔ:rs] 말

horseback [hɔ́:rsbæ̀k] 말 등, 말을 타고

horseman [hɔ́:rsmən] 기수

horsepower [hɔ́:rspàuər] 마력

horseshoe [hɔ́:rʃʃù:] 편자

horse race [hɔ:rs reis] 경마

1. ice(얼음)

1. ice (얼음)

ice [ais] 얼음

iceberg [áisbəːrg] 빙산

ice-cream [ais-kriːm] 아이스크림

Iceland [áislənd] 아이슬란드

icy [áisi] 얼음의

icicle [áisikəl] 고드름

1. joy(기쁨)
2. just(꼭)

1. joy (기쁨)

joyful [dʒɔ́ifəl] 즐거운

joyous [dʒɔ́iəs] 즐거운

enjoy [endʒɔ́i] 즐기다

enjoyable [endʒɔ́iəbəl] 즐거운

enjoyment [endʒɔ́imənt] 즐김

rejoice [ridʒɔ́is] 기뻐하다

2. just (꼭)

justly [dʒʌ́stli] 올바르게

justice [dʒʌ́stis] 정의

justify [dʒʌ́stəfài] 정당화하다

justification [dʒʌ̀stəfikéiʃən] 정당화

adjust [ədʒʌ́st] 적응시키다

unjust [ʌ̀ndʒʌ́st] 불공평한

1. labor(노동)
2. land(땅)
3. law(법)
4. life(생명)
5. light(빛)
6. like(좋아하다)
7. line(선)
8. long(긴)
9. look(보다)

1. know (알다)

known [noun] 알려진

unknown [ʌ̀nnóun] 알려지지 않은

best-known [bést-noun] 가장 잘 알

려진

knowledge [nálidʒ] 지식

acknowledge [əknálidʒ] 인정하다

ignore [ignɔ́ːr] 무시하다

 **K**

 1. know(알다)

1. labor (노동)

laborer [léibərər] 노동자

laborious [ləbɔ́:riəs] 힘든

laboratory [lǽbərətɔ̀:ri] 실험실

elaborate [ilǽbərèit] 공들인

collaborate [kəlǽbərèit] 협동하다

collaboration [kəlæ̀bəréiʃən] 협동

2. land (땅)

landed [lǽndid] 토지를 가진

landing [lǽndiŋ] 착륙

landlady [lǽndlèidi] 안주인

landlord [lǽndlɔ̀:rd] 지주

landmark [lǽndmɔ̀:rk] 경계표

landowner [lǽndòunər] 소유주

landscape [lǽndskèip] 풍경

landslide [lǽndslàid] 사태

inland [ínlənd] 내륙

island [áilənd] 섬

Iceland [áislənd] 아이슬란드

Ireland [áiərlənd] 아일랜드

highland [háilənd] 고지

upland [ʌ́plənd] 고지

mainland [méinlæ̀nd] 본토

overland [óuvərlæ̀nd] 육상으로

woodland [wúdlənd] 삼림지

farmland [fáːrmlæ̀nd] 농지

garland [gáːrlənd] 화환

grassland [grǽslæ̀nd] 목초지

fairyland [fɛ́ərilæ̀nd] 요정의 나라

midland [mídlənd] 중부지방

Pure Land [pjuər lænd] 극락, 정토

3. law (법)

law [lɔ:] 법

lawful [lɔ́:fəl] 합법적인

lawless [lɔ́:lis] 무법의

lawyer [lɔ́:jər] 변호사

lawmaker [lɔ́:mèikər] 입법자

law court [lɔ́: kɔ́:rt] 법정

4. life (생명)

live [liv] 생생한

lively [láivli] 생기 넘치는

living [líviŋ] 살아있는

alive [əláiv] 살아있는

enliven [enláivən] 활기 있게 하다

life [laif] 생명, 생활

lifeboat [láifbòut] 구조선

lifeless [láiflis] 생명이 없는

lifelong [láiflɔ̀(:)ŋ] 평생의

lifetime [láiftàim] 일생

5. light (빛)

lighter [láitər] 라이터

lighten [láitn] 밝게(가볍게) 하다

lightning [láitniŋ] 번개

lighthouse [láithàus] 등대

highlight [háilàit] 절정

twilight [twáilàit] 어스름

candlelight [kǽndllàit] 촛불

sunlight [sʌ́nlàit] 햇빛

starlight [stá:rlàit] 별빛

moonlight [mú:nlàit] 달빛

flashlight [flǽʃlait] 손전등, 섬광

footlights [fútlàits] 각광

headlight [hédlàit] 전조등

spotlight [spɔ́tlàit] 스포트라이트

delight [diláit] 기쁨

red light [red lait] 적색등, 위험

enlighten [enláitn] 빛을 비추다

6. like (좋아하다)

like [laik] 좋아하다, ~같이

likeness [láiknis] 비슷함

likely [láikli] ~할 것 같은

likeliness [láiklinis] 있음직함

likewise [láikwàiz] 마찬가지로

liking [láikiŋ] 좋아함

alike [əláik] 서로 같은

unlike [ʌ̀nláik] ~같지 않은, 닮지 않은

unlikely [ʌ̀nláikli] 있을 것 같지 않은

dislike [disláik] 싫어하다

childlike [tʃáildlàik] 순진한

godlike [gádlàik] 신 같은

dreamlike [drí:mlàik] 꿈같은

warlike [wɔ́:rlàik] 호전적인

businesslike [bíznislàik] 사무적인

7. line (선)

line [lain] 선, 줄

liner [láinər] 정기선

linear [líniər] 선의

linen [línin] 리넨

lining [láiniŋ] 안감

pipeline [páiplàin] 파이프 선

airline [ɛ́ərlàin] 항공

airliner [ɛ́ərlàinər] 정기 여객기

skyline [skáilàin] 지평선

underline [ʌ̀ndərláin] 밑줄 긋다

streamline [strí:mlàin] 유선형

headline [hédlàin] 큰 표제

deadline [dédlàin] 마감시간, 경계선

hotline [hátlàin] 긴급통신선, 긴급 직통전화

borderline [bɔ́:rdərlàin] 국경의

crystalline [krìstəlin] 수정 같은

guideline [gáidlàin] 지침

8. long (긴)

long [lɔ:ŋ] 긴, 갈망하다

longing [lɔ́(:)ŋiŋ] 갈망

longitude [lándʒətjù:d] 경도

longsighted [lɔ́:ŋsàitid] 원시의

length [leŋkθ] 길이

lengthen [léŋkθən] 연장하다

lengthy [léŋkθi] 긴

lengthwise [léŋkθwàiz] 세로로

along [əlɔ́:ŋ] ～을 따라서

prolong [proulɔ́:ŋ] 늘이다

longevity [lɑndʒévəti] 장수

9. look (보다)

look [luk] 보다

lookout [lúkàut] 망보기

overlook [òuvərlúk] 내려다 보다

outlook [áutlùk] 전망

look after [luk ǽftər] 돌보다

look into [luk íntu] 조사하다

look down on [luk daun ɑn] 경멸
하다

look up to [luk ʌp tu:] 존경하다

look forward to [luk fɔ́:rwərd tu:]
기대하다

look like [luk laik] ～인 것 같은

look on A as B [luk ɑn ei æz bi:]
A를 B로 간주하다

1. make(만들다)　　4. market(시장)　　7. mean(의미하다)　　10. mod(틀)
2. man(사람)　　　5. mate(동료)　　　8. mid(중간의)　　　11. moon(달)
3. mark(표시)　　　6. matter(일)　　　9. mind(마음)　　　12. most(가장)
　　　　　　　　　　　　　　　　　　　　　　　　　　　13. mother(어머니)

1. make (만들다)

makeup [meikʌp] 구성

make-believe [méik-bilì:v] 위장

making [méikiŋ] 제작

maker [méikər] 제작자

shoemaker [ʃu:mèikər] 구두 수선공

watchmaker [wátʃmèikər] 시계 제
조인

map-maker [mæp-méikər] 지도 제
작자

dressmaker [drésmèikər] 양재사

dressmaking [drésmèikiŋ] 양재

epoch-making [épək-mèikiŋ] 획기
적인

ready-made [rédi-méid] 기성복의

homemade [hóumméid] 집에서 만든

self-made [sélf-méid] 자력으로 만든

well-made [wél-méid] 균형이 잡힌

man-made [mæn-méid] 인조의

2. man (사람)

man [mæn] 사람, 남자

men [men] 사람들

woman [wúmən] 여자

women [wímin] 여자들

manly [mǽnli] 남자다운

mankind [mæ̀nkáind] 인류

manhood [mǽnhùd] 인성(人性)

gentleman [dʒéntlmən] 신사

manhole [mǽnhòul] 맨홀

man-made [mǽn-méid] 사람이 만든

fireman [fáiərmən] 소방관

policeman [pəlí:smən] 경찰관

human [hjú:mən] 인간의

humane [hju:méin] 자비로운

humanism [hjú:mənìzəm] 인본주의

3. mark (표시)

mark [mɑːrk] 표시

landmark [lǽndmɔ̀ːrk] 경계표

birthmark [bə́ːrθmàːrk] 모반(母班)

remark [rimáːrk] 주의하다

remarkable [rimáːrkəbəl] 주목할만한

4. market (시장)

market [máːrkit] 시장

marketing [máːrkitiŋ] 마케팅

marketplace [máːrkitplèis] 시장

stock market [stɑk máːrkit] 증권 시장

supermarket [súːpərmàːrkit] 슈퍼 마켓

black market [blǽk máːrkit] 암시장

5. mate (동료)

mate [meit] 동료

roommate [rú(ː)mèit] 방 친구, 동거인

classmate [klǽsmèit] 학급 친구

schoolmate [skúːlmèit] 학교 친구

playmate [pléimèit] 놀이 친구

inmate [ínmèit] 수감자

6. matter (일)

matter [mǽtər] 물체, 소재, 내용, 일, 사고

material [mətíəriəl] 물질

materially [mətíəriəli] 물질적으로

materialism [mətíəriəlizəm] 물질주의

no matter what [nou mǽtər hwɑt] 무엇이 ~일지라도

no matter which [nou mǽtər hwitʃ] 어느 것이 ~일지라도

no matter who [nou mǽtər huː] 누가 ~일지라도

no matter where [nou mǽtər hwɛər] 어디서 ~일지라도

no matter why [nou mǽtər hwai] 왜 ~일지라도

no matter how [nou mǽtər hau] 어떻게 ~일지라도

7. mean (의미하다)

mean [miːn] 의미하다

means [miːnz] 방법, 부(富)

meaning [míːniŋ] 의미

meaningful [míːniŋfəl] 의미심장한

meaningless [míːniŋlis] 무의미한
meantime [míːntàim] 동안
meanwhile [míːnhwàil] 그동안

8. mid (중간의)

midnight [mídnàit] 한밤
midsummer [mídsʌ́mər] 한여름
midwinter [mídwíntər] 한겨울
midday [míddèi] 한낮
midland [mídlənd] 중부지방
midway [mídwèi] 중도에
midwife [mídwàif] 조산원
midst [midst] 중앙
midair [midέər] 공중
amid [əmíd] ~의 중간에
amidst [əmìdst] ~의 중간에
middle [mídl] 중간의
middle-aged [mídl-éidʒd] 중년의
middle-class [mídl-klǽs] 중류의
middle name [mídl neim] 중간이름

9. mind (마음)

mindful [máindfəl] 주의하는
remind [rimáind] 생각나게 하다
broad-minded [brɔːd-maindid] 관대한, 편견이 없는

10. mod (틀)

mode [moud] 방식
model [mádl] 모델, 모형, 모범

modern [mádərn] 현대의
moderate [mádərət] 적당한
modify [mádəfài] 고치다
commodity [kəmádəti] 상품

11. moon (달)

moon [muːn] 달
moonlight [múːnlàit] 달빛
moonlit [múːnlit] 달빛에 비친
moonshine [múːnʃàin] 달빛
honeymoon [hʌ́nimùːn] 밀월, 신혼여행

12. most (가장)

most [moust] 가장, 대부분
almost [ɔ́ːlmoust] 거의
innermost [ínərmòust] 가장 깊은 부분
uppermost [ʌ́pərmòust] 최상의
utmost [ʌtmòust] 최대한의
uttermost [ʌ́tərmòust] 극도의

13. mother (어머니)

mother [mʌ́ðər] 어머니
motherly [mʌ́ðərli] 어머니의
motherhood [mʌ́ðərhùd] 모성애
mother-in-law [mʌ́ðər-in-lɔ̀ː] 시어머니
mother country [mʌ́ðər kʌ́ntri] 모국
godmother [gádmʌ̀ðər] 대모
grandmother [grǽndmʌ̀ðər] 할머니
stepmother [stépmʌ̀ðər] 계모

1. name (이름)

name [neim] 이름

namely [néimli] 즉

nameless [néimlis] 이름 없는

nickname [níknèim] 별명

surname [sə́:rnèim] 성

first name [fə:rst neim] 이름

middle name [mídl neim] 중간이름

last name [læst neim] 이름

name-brand [néim-brǽnd] 유명 상품[상표]

2. nature (자연)

nature [néitʃər] 자연

natural [nǽtʃərəl] 자연적인

unnatural [ʌnnǽtʃərəl] 부자연스런

supernatural [sù:pərnǽtʃərəl] 초자연적인

naturalism [nǽtʃərəlìzəm] 자연주의

naturalize [nǽtʃərəlàiz] 귀화시키다

ill-natured [il-néitʃərd] 성격이 나쁜

good-natured [gúd-néitʃərd] 성격이 좋은

3. new (새로운)

new [nju:] 새로운

news [nju:z] 소식

newly [njú:li] 새로이

newspaper [njú:zpèipər] 신문

newborn [njú:bɔ́:rn] 갓 태어난

newcomer [njú:kʌ̀mər] 신입 회원

newsagent [njú:zèidʒənt] 신문잡지 대리인

new year [nju: jiər] 새해

New Testament [nju: téstəmənt] 신약성서

New World [nju: wə:rld] 신세계

anew [ənjú:] 다시 한 번

renew [rinjú:] 갱신하다

brand-new [brǽnd-njù:] 갓 만들어진

4. night (밤)

night [nait] 밤

nightly [náitli] 밤의

nightfall [náitfɔ̀:l] 황혼

nightgown [náitgàun] 잠옷

nightmare [náitmɛ̀ər] 악몽

nighttime [náittàim] 야간

tonight [tənáit] 오늘밤

overnight [óuvərnàit] 밤새도록

all-night [ɔ:l-nait] 철야의

5. note (기록)

note [nout] 기록, 주의하다

notable [nóutəbəl] 주목할 만한

notably [nóutəbli] 두드러지게

noted [nóutid] 유명한

notify [nóutəfái] 통보하다

notebook [nóutbùk] 공책

noteworthy [nóutwə̀:rði] 주목할 만한

notice [nóutis] 통지(서)

noticeable [nóutisəbəl] 눈에 띄는

unnoticed [ʌnnóutist] 눈에 띄지 않는

notion [nóuʃən] 개념

notorious [noutɔ́:riəs] 유명한

keynote [kí:nòut] 기본방침

denote [dinóut] 표시하다

footnote [fútnòut] 각주

6. number (수)

number [nʌ́mbər] 수

numberless [nʌ́mbərlis] 수많은

numerous [njú:mərəs] 수많은

phone number [foun nʌ́mbər] 전화번호

room number [ru:m nʌ́mbər] 호실

secret number [sí:krit nʌ́mbər] 비밀번호

reservation numberr
[rèzərvéiʃən nʌ́mbər] 예약번호

7. nut (견과)

nut [nʌt] 견과

chestnut [tʃésnʌ̀t] 밤

peanut [pí:nʌ̀t] 땅콩

walnut [wɔ́:lnʌ̀t] 호두

pinenut [painnʌ̀t] 잣

coconut [kóukənʌ̀t] 코코넛

doughnut [dounət] 도넛

1. one(1)
2. order(순서)

1. one (1)

onetime [wʌntaim] 한때의, 이전의

one-way [wʌn-wei] 편도의

one-piece [wʌn-pi:s] 한 조각의

one-man [wʌn-mæn] 1인의

one-sided [wʌn-sáidid] 일방적인

one another [wʌn ənʌ́ðər] 서로

one after another
[wʌn ǽftər ənʌ́ðər] 잇달아

2. order (순서)

order [ɔ́:rdər] 순서, 명령, 주문

orderly [ɔ́:rdərli] 차례로 된

disorder [disɔ́:rdər] 무질서, 병

reorder [ri:ɔ́:rdər] 재정리하다

ordinary [ɔ́:rdənèri] 보통의

ordinarily [ɔ̀:rdənérəli] 보통

extraordinarily [ikstrɔ̀:rdənérəli] 이상한

ordain [ɔːrdéin] 정하다
ordeal [ɔːrdíːəl] 시련
ordinance [ɔ́ːrdənəns] 법령

inordinate [inɔ́ːrdənət] 지나친
subordinate [səbɔ́ːrdənit] 부하

1. part(부분)
2. pass(통과)
3. place(장소)
4. play(놀다)
5. please(기쁘게 하다)
6. point(점)
7. [어원] port(나르다)
8. power(힘)
9. press(누르다)
10. price(가격)
11. produce(생산하다)
12. prove(증명하다)

1. part (부분)

part [pɑːrt] 부분

party [pɑ́ːrti] 파티, 당

partner [pɑ́ːrtnər] 동반자

partial [pɑ́ːrʃəl] 부분의, 불공평한

impartial [impɑ́ːrʃəl] 공정한

particular [pərtíkjələr] 특별한

partisan [pɑ́ːrtəzən] 일당

participate [pɑːrtísəpèit] 참여하다

apartment [əpɑ́ːrtmənt] 아파트

department [dipɑ́ːrtmənt] 백화점

compartment [kəmpɑ́ːrtmənt] 칸막이한 객실

2. pass (통과)

past [pæst] 과거

passing [pǽsiŋ] 통과

passable [pǽsəbəl] 통행할 수 있는

passage [pǽsidʒ] 통행

passageway [pǽsidʒwèi] 통로, 복도

passenger [pǽsəndʒər] 승객

passport [pǽspɔ̀ːrt] 여권

passerby [pǽsərbai] 통행인

pastime [pǽstàim] 취미

surpass [sərpǽs] 능가하다

trespass [trespass] 침해하다

bypass [báipæs] 우회하다

3. place (장소)

place [pleis] 장소

placement [pléismənt] 배치

replace [ripléis] 제자리에 놓다

displace [displéis] 바꾸어 놓다

fireplace [fáiərplèis] 벽난로

commonplace [kámənplèis] 평범한 것

marketplace [mɑ́ːrkitplèis] 시장

4. play (놀다)

play [plei] 놀다, 연주하다

player [pléiər] 경기자, 연주자

playground [pléigràund] 운동장

playmate [pléimèit] 놀이 친구

plaything [pléiθìŋ] 장난감

5. please (기쁘게 하다)

please [pli:z] 기쁘게 하다
pleasant [plézənt] 기쁜
unpleasant [ʌnplézənt] 불쾌한
pleasantly [plézəntli] 기쁘게
pleasure [pléʒər] 기쁨
pleasing [plí:ziŋ] 유쾌한
displease [displí:z] 불쾌하게 하다
displeasure [displéʒər] 불쾌
with pleasure [wið pléʒər] 기꺼이

6. point (점)

point [pɔint] 점
appoint [əpɔint] 약속하다, 지명하다
disappoint [dìsəpɔint] 실망시키다
standpoint [stǽndpɔ̀int] 관점
ball-point pen [bɔ:l-pɔint pen] 볼펜
starting point [stá:rtiŋ pɔint] 출발점

7. [어원] port (나르다)

seaport [sí:pɔ̀:rt] 항구
airport [ɛ́ərpɔ̀:rt] 공항
passport [pǽspɔ̀:rt] 여권
porter [pɔ́:rtər] 짐꾼
portable [pɔ́:rtəbl] 나를 수 있는
import [impɔ́:rt] 수입하다
export [ikspɔ́:rt] 수출하다
support [səpɔ́:rt] 후원하다
transport [trænspɔ́:rt] 운송하다

8. power (힘)

power [páuər] 힘
powerful [páuərfəl] 강력한
powerless [páuərlis] 무기력한
overpower [òuvərpáuər] 이기다
horsepower [hɔ́:rspàuər] 마력
empower [empáuər] 힘을 주다

9. press (누르다)

press [pres] 누르다
pressing [présiŋ] 긴급한
express [iksprés] 표현하다, 고속의
impress [imprés] 인상을 주다
suppress [səprés] 억압하다

10. price (가격)

price [prais] 값
priceless [práislis] 귀중한
price-tag [prais-tæg] 정가표
cash price [kæʃ prais] 현금가
cost price [kɔːst prais] 원가
net price [net prais] 정가
retail price [rí:teil prais] 소매가
wholesale price [hóulsèil prais] 도매가
precious [préʃəs] 귀중한

11. produce (생산하다)

produce [prədjú:s] 생산하다
reproduce [rì:prədjú:s] 재생산하다

producer [prədjúːsər] 생산자

product [prádəkt] 제품

productive [prədʌktiv] 생산적인

production [prədʌkʃən] 생산

overproduction [òuvərprədʌkʃən] 과잉생산

12. prove (증명하다)

prove [pruːv] 증명하다

disprove [disprúːv] 반증하다

approve [əprúːv] 인정하다

disapprove [dìsəprúːv] 불인정하다

reprove [riprúːv] 꾸짖다

improve [imprúːv] 개선하다

1. rain(비)
2. real(사실의)
3. regular(규칙적인)
4. right(오른쪽의)
5. rise(오르다)
6. roll(구르다)
7. room(방)

1. rain (비)

rain [rein] 비

rainy [réini] 비오는

rainbow [réinbòu] 무지개

raincoat [réinkòut] 우의

raindrop [réindràp] 빗방울

rainfall [réinfɔ̀ːl] 강우

fine rain [fain rein] 가랑비

2. real (사실의)

real [ríːəl] 사실의

really [ríːəli] 정말로

real estate [ríːəl istéit] 부동산

realism [ríːəlìzəm] 사실주의

realist [ríːəlist] 사실주의자

realistic [ríːəlistik] 현실적인

reality [riǽləti] 사실, 실현

realize [ríːəlàiz] 실현하다, 깨닫다

realization [rìːələzéiʃən] 실현

3. regular (규칙적인)

regular [régjələr] 규칙적인

irregular [irégjələr] 비규칙적인

regularly [régjələrli] 규칙적으로

regulate [régjəlèit] 조절하다

regulation [règjəléiʃən] 규칙

4. right (오른쪽의)

right [rait] 오른쪽의, 옳은

right angle [rait ǽŋgl] 직각

rightly [ráitli] 바르게

rightful [ráitfəl] 올바른

righteous [ráitʃəs] 바른

right-hand [ráit-hǽnd] 오른손의

aright [əráit] 바르게

upright [ʌ́pràit] 직립의

downright [dáunràit] 성격이 좋은

forthright [fɔ́ːrθràit] 똑바로 앞으로

outright [áutráit] 철저히

copyright [kápiràit] 저작권

5. rise (오르다)

rise [raiz] 떠오르다

raise [reiz] 올리다

arise [əráiz] 발생하다

sunrise [sʌ́nràiz] 일출

uprising [ʌ́pràiziŋ] 반란

rouse [rauz] 깨우다

arouse [əráuz] 깨우다

6. roll (구르다)

roll [roul] 구르다, 두루마리

roller [róulər] 롤러

rolling [róuliŋ] 구르기

roll call [roul kɔːl] 출석 부르기

enroll [enróul] 등록하다

unroll [ʌnróul] (말아둔 것을) 펴다

7. room (방)

room [ruːm] 방, 공간

room number [ruːm nʌ́mbər] 호실

living room [líviŋ ruːm] 거실

sitting room [sítiŋ ruːm] 거실

bathroom [bǽθrù(ː)m] 욕실

bedroom [bédrùːm] 침실

waiting room [wéitiŋ ruːm] 대기실

dining room [dáiniŋ ruːm] 식당

drawing room [drɔ́iŋ rù(ː)m] 응접실

storeroom [stɔ́ːrrù(ː)m] 저장실

schoolroom [skúlrù(ː)m] 교실

classroom [klǽsrù(ː)m] 교실

locker room [lákər ruːm] 라커룸

workroom [wə́ːrkrù(ː)m] 작업실

tearoom [tíːrù(ː)m] 다방, 찻집

cloakroom [klóukrù(ː)m] 휴대품 보관소

single room [síŋgəl ruːm] 싱글룸

twin room [twin ruːm] 트윈룸

double room [dʌ́bəl ruːm] 더블룸

triple room [trípəl ruːm] 트리플룸

1. school (학교)

school [skuːl] 학교

scholar [skálər] 학자

scholarship [skálərʃip] 장학금

scholastic [skəlǽstik] 학교의

schoolboy [skúːlbɔ́i] 남학생

schoolgirl [skúːlgə̀ːrl] 여학생

schooling [skúːliŋ] 학교 교육

schoolmaster [skúːlmæ̀stər] 교장

schoolmate [skúːlmèit] 학교 친구

schoolroom [skúlrù(ː)m] 교실

2. sea (바다)

seaward [síːwərd] 바다로 향하여

seaman [síːmən] 선원

seaport [síːpɔ̀ːrt] 항구

seasick [síːsìk] 배멀미 나는

seashore [síːʃɔ́ːr] 해변

seacoast [síːkòust] 해안

seaweed [síːwìːd] 해초

overseas [óuvərsíːz] 해외로

undersea [ʌ́ndərsìː] 해저의

3. see (보다)

see [siː] 보다

seer [síər] 보는 사람

seeing [síːiŋ] 봄

seen [siːn] 보이는

unseen [ʌnsíːn] 보이지 않는

seesaw [síːsɔ̀ː] 시소(놀이), 동요

sight [sait] 시각

sightseeing [sáitsìːiŋ] 관광

eyesight [áisàit] 시력

insight [ínsàit] 통찰력

foresight [fɔ́ːrsàit] 선견지명

hindsight [háindsàit] 사후조명

shortsighted [ʃɔ́ːrtsáitid] 근시의

nearsighted [níərsáitid] 근시의

longsighted [lɔ́ːŋsáitid] 원시의

farsighted [fáːrsáitid] 선견지명이 있는, 현명한

4. self (자신)

selfish [sélfiʃ] 이기적인

unselfish [ʌnsélfiʃ] 비이기적인

selfsame [sélfsèim] 꼭같은

self-defense [sélf-diféns] 자위

self-evident [sélf-évədənt] 자명한

self-government [sélf-gʌ́vərnmənt] 자치

self-help [sélf-hélp] 자조

self-interest [sélf-íntərist] 이기주의

self-respect [sélf-rispékt] 자존심

self-sacrifice [sélf-sǽkrəfàis] 자기희생

self-satisfaction [sélf-sæ̀tisfǽkʃən] 자기만족

self-praise [sélf-préiz] 자화자찬

self-service [sélf-sə́:rvis] 자급식의

self-made [sélf-méid] 자력으로 이룬

5. sense (감각)

sense [sens] 감각

nonsense [nánsens] 무의미한 말

common sense [kámən séns] 상식

sensation [senséiʃən] 선풍적인 인기

sensible [sénsəbəl] 분별력 있는

sensitive [sénsətiv] 민감한

6. serve (봉사하다)

serve [sə:rv] 봉사하다

service [sə́:rvis] 봉사

self-service [sélf-sə́:rvis] 자급식의

serviceable [sə́:rvisəbəl] 도움이 되는

servant [sə́:rvənt] 하인

servile [sə́:rvil] 노예의

servitude [sə́:rvətjù:d] 예속

7. set (놓다)

set [set] 놓다

setting [sétiŋ] 놓음

setup [sétʌp] 구성

upset [ʌpsét] 뒤엎다

offset [ɔ́(:)fsét] 차감 계산하다

sunset [sʌ́nset] 일몰

asset [ǽset] 재산

settle [sétl] 정착하다, 해결하다

settler [sétlər] 정착자

settled [sétld] 고정된

unsettled [ʌ̀nsétld] 불안정한

settlement [sétlmənt] 정착

8. [어원] sh (소극적)

she [ʃi:] 그녀

shy [ʃai] 수줍은

shrink [ʃriŋk] 움츠리다

shut [ʃʌt] 닫다

shun [ʃʌn] 피하다

shuffle [ʃʌ́fl] 발을 끌다

shudder [ʃʌ́dər] 떨다

shrug [ʃrʌg] 으쓱하다

shrimp [ʃrimp] 새우

short [ʃɔ:rt] 짧은, 부족한

shiver [ʃívər] 떨다

shock [ʃɑk] 충격

shame [ʃeim] 창피

shelter [ʃéltər] 은신처

shed [ʃi:d] 오두막, 껍질을 벗다

sheep [ʃi:p] 양

shallow [ʃǽlou] 얕은

shackle [ʃǽkəl] 족쇄

shadow [ʃǽdou] 그림자

shade [ʃeid] 그늘

9. ship (배)

shipping [ʃípiŋ] 적하, 해운(업)

shipment [ʃípmənt] 선적

shipwreck [ʃíprèk] 난파

shipyard [ʃípjà:rd] 조선소

shipbuilding [ʃípbìldiŋ] 조선

steamship [stí:mʃìp] 증기선

spaceship [spéisʃìp] 우주선

battleship [bǽtlʃìp] 전함

passenger ship [pǽsəndʒər ʃip] 여객선

10. short (짧은)

short [ʃɔ:rt] 짧은, 모자라는

shortly [ʃɔ́:rtli] 즉시

shortness [ʃɔ́:rtnis] 짧음

short-short [ʃɔ́:rt-ʃɔ́:rt] 초단편소설

shorten [ʃɔ́:rtn] 짧게하다

shortening [ʃɔ́:rtniŋ] 단축

shortage [ʃɔ́:rtidʒ] 부족

shortcoming [ʃɔ́:rtkʌ̀miŋ] 결점

shorthand [ʃɔ́:rthæ̀nd] 속기

shortcut [ʃɔ́:rtkʌ̀t] 지름길

shortsighted [ʃɔ:rtsáitid] 근시의

11. sick (병든)

sick [sik] 병든

sicken [síkən] 병나다

sickly [síkli] 병약한

sickness [síknis] 병

carsick [kɑ́:rsìk] 차멀미 나는

homesick [hóumsìk] 향수병에 걸린

seasick [sí:sìk] 뱃멀미 나는

airsick [ɛ́ərsìk] 비행기멀미 나는

12. side (면)

side [said] 면

sideboard [sáidbɔ̀:rd] 찬장

sidewalk [sáidwɔ̀:k] 보도

sideways [sáidwèiz] 옆으로

side by side [said bai said] 나란히

inside [insáid] 안쪽

outside [àutsáid] 바깥쪽

outsider [àutsáidər] 외부인

beside [bisáid] 옆에

besides [bisáidz] 게다가

underside [ʌ́ndərsàid] 아래쪽

aside [əsáid] 곁에

riverside [rívərsàid] 강변

roadside [róudsàid] 길가

hillside [hílsàid] 산허리

fireside [fáiərsàid] 난로가

wayside [wéisàid] 길가

countryside [kʌ́ntrisàid] 한 지방

alongside [əlɔ́:ŋsàid] 옆으로 대고

upside-down [ʌ́psaid-dáun] 거꾸로

13. sit (앉다)

sit [sit] 앉다

sitter [sítər] 착석자

baby-sitter [béibi-sítər] 애 봐주는 사람

sitting [sítiŋ] 착석

sitting room [sítiŋ ru:m] 거실

site [sait] 대지

situation [sìtʃuéiʃən] 상황

situated [sítʃuèitid] 위치해 있는

14. sky (하늘)

sky [skai] 하늘

skylark [skáilà:rk] 종달새

skyline [skáilàin] 지평선

skyscraper [skaiskréipər] 초고층 빌딩

sky blue [skai blu:] 하늘색

15. [어원] sl (미끄러지다)

slip [slip] 미끄러지다

slide [slaid] 미끄러지다

sleep [sli:p] 잠자다

slump [slʌmp] 불경기

slight [slait] 근소한

sleigh [slei] 썰매

slender [sléndər] 호리호리한

slim [slim] 날씬한

slope [sloup] 경사

slice [slais] 얇은 조각

sleeve [sli:v] 소매

16. snow (눈)

snow [snou] 눈

snowball [snóubɔ̀:l] 눈뭉치

snowflake [snóuflèik] 눈송이

snowman [snóumæn] 눈사람

snowshoe [snóuʃù:] 눈신

snow-white [snóu-hwáit] 눈같이 흰

snowy [snóui] 눈이 많은

17. some (약간의)

some [sʌm] 약간의

somebody [sʌ́mbàdi] 누군가

somehow [sʌ́mhàu] 어떻게든

someone [sʌ́mwʌ̀n] 누군가

something [sʌ́mθiŋ] 어떤 것

sometime [sʌ́mtàim] 언젠가

sometimes [sʌ́mtàimz] 때때로

somewhat [sʌ́mhwàt] 다소

somewhere [sʌ́mhwɛ̀ər] 어딘가

wholesome [hóulsəm] 건전한

troublesome [trʌ́blsəm] 성가신

handsome [hǽnsəm] 잘생긴

18. space (공간)

space [speis] 공간

spacious [spéiʃəs] 넓은

spatial [spéiʃəl] 공간의

spaceman [spéismæn] 우주 비행사

spaceship [spéisʃìp] 우주선

space station [speis stéiʃən] 우주

정거장

space-travel [speis-trǽvəl] 우주여행

---

19. stand (서다)

stand [stænd] 서다

standard [stǽndərd] 표준

standstill [stǽndstìl] 정지

standpoint [stǽndpɔ̀int] 관점

standby [stǽndbài] 의지할만한 사람

outstanding [àutstǽndiŋ] 눈에 띄는

withstand [wiðstǽnd] 저항하다

understand [ʌ̀ndərstǽnd] 이해하다

bystander [báistǽndər] 방관자

newsstand [njúːzstænd] 신문 판매대

---

20. star (별)

star [stɑːr] 별

starry [stɑ́ːri] 별이 많은

starlight [stɑ́ːrlàit] 별빛

stellar [stélər] 별의

stare [stɛər] 응시하다

startle [stɑ́ːrtl] 깜짝 놀라게 하다

Stars and Stripes [stɑːr ænd straip] 성조기

guest star [gest stɑːr] 손님으로 나온 배우

---

21. stone (돌)

stone [stoun] 돌

stony [stóuni] 돌의

tombstone [túːmstòun] 묘석

milestone [máilstòun] 이정표

limestone [láimstòun] 석회암

millstone [mílstòun] 맷돌

sandstone [sǽndstòun] 사암

gravestone [gréivstòun] 표석

ink stone [iŋk stoun] 먹

---

22. store (가게)

store [stɔːr] 가게

storehouse [stɔ́ːrhàus] 창고

storekeeper [stɔ́ːrkìːpər] 가게주인

storage [stɔ́ːridʒ] 저장

drugstore [drʌ́gstɔ̀ːr] 약방

bookstore [búkstɔ̀ːr] 책방

chain store [tʃéin stɔ̀ːr] 체인 스토어

---

23. sun (태양)

sun [sʌn] 태양

sunny [sʌ́ni] 양지바른

sunrise [sʌ́nràiz] 일출

sunset [sʌ́nsèt] 일몰

sunshine [sʌ́nʃàin] 햇빛, 직사광선

sunlight [sʌ́nlàit] 햇빛, 일광

sundown [sʌ́ndàun] 일몰

Sunday [sʌ́ndi] 일요일

sunburn [sʌ́nbə̀ːrn] 햇볕에 탐

sunbeam [sʌ́nbìːm] 태양 광선, 햇살, 일광

24. sure (확실한)

sure [ʃuər] 확실한

surely [ʃúərli] 확실히

surety [ʃúərti] 보증

ensure [enʃúər] 확실하게 하다, 지키다, 보충하다

insure [inʃúər] 확실하게 하다, 안전하게 하다

insurance [inʃúərəns] 보험

assure [əʃúər] 보증하다

assured [əʃúərd] 보증된

assuredly [əʃúːəridli] 확실히

assurance [əʃúərəns] 보증

reassure [rìːəʃúər] 안심시키다

1. table(테이블)
2. tail(꼬리)
3. take(잡다)
4. technique(기술)
5. terror(공포)
6. there(거기에)
7. thing(물건)
8. time(시간)
9. trust(믿다)
10. turn(바꾸다)
11. two(2)

1. table (테이블)

table [téibl] 테이블

tablet [tǽblit] 알약

tablespoon [téiblspùːn] 식사용 숟가락

timetable [táimtèibl] 시간표

turntable [táːrntèibl] 회전판

2. tail (꼬리)

tail [teil] 꼬리

tailor [téilər] 재단사

entail [entéil] 수반하다

retail [ríːteil] 소매

curtail [kəːrtéil] 단축하다

detail [díːteil] 상세, 세부

cocktail [káktèil] 칵테일

3. take (잡다)

partaking [pɑːrtéik] 참여하다

painstaking [péinztèikiŋ] 수고를 아끼지 않는

overtake [òuvərtéik] 따라잡다

mistake [mistéik] 실수

intake [íntèik] 받아들이는 곳

undertake [ʌndərtéik] 맡다

4. technique (기술)

technique [tekníːk] 기술

technical [téknikəl] 공업의, 전문의

technician [tekníʃən] 기술자

technology [teknálədʒi] 과학기술

technologist [teknálədʒist] 과학기술자

5. terror (공포)

terror [térər] 공포

terrible [térəbl] 끔찍한

terrific [tərífik] 굉장한

terrify [térəfài] 무섭게 하다

6. there (거기에)

thereafter [ðɛərǽftər] 그 후에

thereby [ðɛ̀ərbái] 그것에 의해

therefore [ðɛ̀ərfɔ̀ːr] 그러므로

therein [ðɛ̀ərín] 그 가운데에

thereupon [ðɛ̀ərəpán] 거기서

therewith [ðɛ̀ərwíθ] 그것과 함께

7. thing (물건)

something [sʌ́mθiŋ] 무언가

anything [ɛ́niθìŋ] 아무것

everything [évriθìŋ] 모든 것

nothing [nʌ́θiŋ] 아무것도

plaything [pléiθìŋ] 장난감

8. time (시간)

timely [táimli] 때에 알맞은

timer [táimər] 타이머

timing [táimiŋ] 시간 맞추기

timetable [táimtèibl] 시간표

Times [taimz] 타임스

time machine [taim məʃíːn] 타임머신

time capsule [taim kǽpsəl] 타임캡슐

pastime [pǽstàim] 취미

sometime [sʌ́mtàim] 언젠가

sometimes [sʌ́mtàimz] 때때로

lifetime [láiftàim] 생애

nighttime [náittàim] 야간

meantime [míːntàim] 그동안

bedtime [bédtàim] 취침시간

mealtime [míːltàim] 식사시간

wartime [wɔ́ːrtàim] 전시

peacetime [píːstàim] 평시

overtime [óuvərtàim] 규정 외 노동시간

summertime [sʌ́mərtàim] 여름철

springtime [spríŋtàim] 봄철

anytime [ɛ́nitàim] 아무 때나

part-time [pɑːrt-taim] 시간제의

full-time [fúl-táim] 상근제의

half-time [hæf-taim] 반일제의

old-time [óuld-táim] 옛날의

in time [in taim] 시간 내에

on time [ɑn taim] 제 시간에

at a time [æt a taim] 한번에, 동시에

at times [æt taimz] 때때로

every time [évriː taim] 아무 때나

all the time [ɔːl ðə taim] 항상

once upon a time
[wʌns əpán a taim] 옛날 옛적에

for the first time
[fɔːr ðə fəːrst taim] 처음으로

for the last time
[fɔːr ðə læst taim] 마지막으로

9. trust (믿다)

trust [trʌst] 믿다

trusty [trʌ́sti] 믿을 만한 사람

trustworthy [trʌ́stwə̀ːrði] 믿을 수 있는

trustee [trʌstíː] 피 신탁인

entrust [entrʌ́st] 위탁하다

distrust [distrʌ́st] 불신하다

10. turn (바꾸다)

turn [tə:*r*n] 바꾸다

turning [tə́:*r*niŋ] 회전

turnpike [tə́:*r*npàik] 유료도로

return [ritə́:*r*n] 되돌아오다

overturn [òuvərtə́:*r*n] 뒤집히다

11. two (2)

two [tu:] 2

twofold [tú:fòuld] 두 배의

twin [twin] 쌍둥이

twice [twais] 두 번

twine [twain] 꼰 실

between [bitwí:n] ~사이에

twelve [twelv] 12

twenty [twénti] 20

twilight [twáilàit] 어스름

1. use(사용하다)

1. use (사용하다)

use [ju:z] 사용하다

used [ju:st] 사용된

used to [ju:st tu:] ~에 익숙한

unused [ʌnjú:zd] 쓰이지 않는

useless [jú:slis] 쓸모없는

useful [jú:sfəl] 쓸모있는

usage [jú:sidʒ] 용법

abuse [əbjú:z] 남용

disuse [disjú:s] 쓰지 않음

misuse [misjú:z] 오용하다

peruse [pərú:z] 정독하다

usurp [ju:sə́rp] 빼앗다

1. vary(바꾸다)
2. view(봄)

1. vary (바꾸다)

vary [vέəri] 바꾸다

variable [vέəriəbəl] 변하기 쉬운

variety [vəràiəti] 다양

variance [vέəriəns] 변화

variant [vέəriənt] 다른

varied [vέərid] 여러 가지의

various [vέəriəs] 여러 가지의

variation [vὲəriéiʃən] 변화

2. view (봄)

view [vju:] 봄

viewer [vjú:ər] 보는 사람

viewpoint [vjú:pɔ̀int] 관점

interview [íntərvjù:] 면담

preview [prí:vjù:] 시사회

review [rivjú:] 복습하다; 평론, 재검토

overview [óuvərvjù:] 개요

1. water(물)　　4. where(어디에)　　7. work(일하다)
2. way(길)　　5. will(의지)
3. well(잘)　　6. wood(목재)

1. water (물)

water [wɔ́:tər] 물, 물수나

watery [wɔ́:təri] 물기가 많은

water color [wɔ́:tər kʌ́lər] 수채화 물감

waterfall [wɔ́:tərfɔ̀:l] 폭포

watermelon [wɔ́:tərmèlən] 수박

water power [wɔ́:tər páuər] 수력

waterproof [wɔ́tərprù:f] 방수의

waterway [wɔ́:tərwèi] 수로

water supply [wɔ́:tər səplái] 급수

underwater [ʌ́ndərwɔ̀:tər] 수중의

2. way (길)

wayward [wéiwərd] 외고집의

wayside [wéisàid] 길가

highway [háiwèi] 고속도로

driveway [dráivwèi] 차도

roadway [róudwèi] 도로

runway [rʌ́nwèi] 활주로

doorway [dɔ́:rwèi] 출입로

airway [ɛ́ərwèi] 항로

gateway [géitwèi] 출입로

hallway [hɔ́:lwèi] 복도

waterway [wɔ́:tərwèi] 수로

passageway [pǽsidʒwèi] 복도

straightway [stréitwèi] 즉시

away [əwéi] 떨어져

runaway [rʌ́nəwèi] 도망자

faraway [fá:rəwèi] 먼

one-way [wʌ́n-wéi] 편도의

crossways [krɔ́:swèiz] 교차로

by the way [bai ðə wei] 그런데

in the way [in ðə wei] 방해가 되어

on the way [ɑn ðə wei] ～하는 도중에

3. well (잘)

welcome [wélkəm] 환영

welfare [wélfɛ̀ər] 복지

well-known [wél-nóun] 유명한

well-to-do [wél-tə-dú:] 유복한

well-being [wél-bíːiŋ] 행복, 복지, 복리

4. where (어디에)

where [hwɛər] 어디에

whereabouts [hwɛ́ərəbàuts] 어디쯤에

whereas [hwɛ́əræz] ~에 반하여

whereby [hwɛərbài] 무엇에 의해

wherefore [hwɛ́ərfɔ̀ːr] 왜

wherein [hwɛərìn] 어떤 점에서

whereof [hwɛəráv] 무엇의

whereon [hwɛərán] 무엇 위에

whereupon [hwɛ̀ərəpán] 그래서

wherever [hwɛərévər] 어디든지

wherewith [hwɛərwíð] 그것을 가지고

whence [hwens] 어디로부터

elsewhere [elshwɛ́ər] 어떤 다른 곳에

5. will (의지)

will [wil] 의지

willful [wílfəl] 고집 센

willing [wíliŋ] 자발적인

willingly [wíliŋli] 기꺼이

willingness [wíliŋnis] 기꺼이 함

unwilling [ʌnwíliŋ] 마음이 내키지 않은

6. wood (목재)

wood [wud] 목재

woody [wúdi] 수목이 우거진

wooden [wúdn] 나무의

woodman [wúdmən] 나무꾼

woodland [wúdlənd] 삼림지

woodpecker [wúdpèkər] 딱따구리

woodwork [wúdwəːrk] 목제품

7. work (일하다)

work [wəːrk] 일하다, 작품

working [wə́ːrkiŋ] 일하는

workingman [wə́ːrkiŋmən] 노동자

workman [wə́ːrkmən] 노동자

workmanship [wə́ːrkmənʃìp] 기량

worker [wə́ːrkər] 노동자

workshop [wə́ːrkʃàp] 작업장

workroom [wə́ːrkrù(ː)m] 작업실

network [nétwəːrk] 방송망

overwork [òuvərwə́ːrk] 과로하다

artwork [áːrtwə̀ːrk] 수공예품

needlework [níːdlwə̀ːrk] 바느질

schoolwork [skúːlwə̀ːrk] 학업

woodwork [wúdwə̀ːrk] 목제품

casework [kéiswə̀ːrk] 사회복지사업

housework [háuswə̀ːrk] 가사

homework [hóumwə̀ːrk] 숙제

framework [fréimwə̀ːrk] 틀, 구조

footwork [fútwə̀ːrk] 발놀림

guesswork [géswə̀ːrk] 짐작

hardworking [háːrdwə̀ːrkiŋ] 근면한

1. yard (뜰)

front yard [frʌnt jɑ:rd] 앞뜰

vineyard [vínjərd] 포도원

barnyard [bɑ́:rnjà:rd] 헛간 마당

courtyard [kɔ́:rtjà:rd] 안마당

dooryard [dɔ́:rjà:rd] 문 앞마당

farmyard [fɑ́:rmjà:rd] 농장 구내

churchyard [tʃə́:rtʃjà:rd] 교회 구내

graveyard [gréivjà:rd] 묘지

backyard [bǽkjá:rd] 뒤뜰

shipyard [ʃípjà:rd] 조선소

brickyard [bríkjà:rd] 벽돌공장

접두어를 통한 어휘력 확장

1. 전후 (前後)

(1) 전(前) pre, fore, pro

preface [préfis] 서문

president [prézidənt] 회장

preview [príːvjùː] 시사회

prefix [príːfiks] 접두어

foreword [fɔ́ːrwə̀ːrd] 서문

forearm [fɔ́ːrɑ̀ːrm] 전박

forefinger [fɔ́ːrfìŋgər] 집게손가락

forehead [fɔ́(ː)rid] 이마

foresee [fɔːrsíː] 예견하다

foretell [fɔːrtél] 예언하다

forefather [fɔ́ːrfɑ̀ːðər] 조상

foreleg [fɔ́ːrlèg] 앞다리

promotion [prəmóuʃən] 승진

prolong [proulɔ́ːŋ] 연장하다

prospect [práspekt] 전망

proclaim [proukléim] 선언하다

(2) 후(後) back, with, re

background [bǽkgràund] 배경

backhand [bǽkhæ̀nd] 역타

backyard [bǽkjɑ́ːrd] 뒤뜰

backboard [bǽkbɔ̀ːrd] 백보드

withdraw [wiðdrɔ́ː] 취소하다

withhold [wiðhóuld] 보류하다

withstand [wiðstǽnd] 저항하다

redo [riːdúː] 다시 하다

remake [riːméik] 다시 만들다

rewrite [riːráit] 다시 쓰다

recycle [riːsáikəl] 재생하다

reuse [riːjúːz] 재사용하다

rewind [riːwáind] 되감다

return [ritə́ːrn] 되돌아오다

remove [rimúːv] 제거하다

remote [rimóut] 먼

resist [rizíst] 저항하다

recall [rikɔ́ːl] 회상하다

2. 상하 (上下)

(1) 상(上) up, over, super, sur

upstairs [ʌ́pstέərz] 위층에

uproot [ʌprúːt] 뿌리 뽑다

up-to-date [ʌ́p-tə-déit] 최신의

upright [ʌ́pràit] 직립의

overturn [òuvərtə́ːrn] 뒤집다

overhear [òuvərhíər] 엿듣다

oversee [òuvərsíː] 감시하다

overflow [òuvərflóu] 넘쳐흐르다

overeat [òuvərí:t] 과식하다

overdrink [òuvərdríŋk] 과음하다

overwork [òuvərwə́:rk] 과로하다

oversleep [òuvərslí:p] 늦잠자다

superman [sú:pərmæn] 초인간

supermarket [sú:pərmà:rkit] 슈퍼마켓

supernatural [sù:pərnǽtʃərəl] 초자연의

supervise [sú:pərvàiz] 감시하다

surface [sə́:rfis] 표면

surmount [sərmáunt] 넘어오다

surpass [sərpǽs] 능가하다

surplus [sə́:rplʌs] 잉여

(2) 하(下) down, under, sub

downstairs [dáunstɛ̀ərz] 아래층에

downfall [dáunfɔ̀:l] 추락

downtown [dáuntáun] 도심지에

downstream [dáunstrí:m] 하류에

underline [ʌ̀ndərláin] 밑줄 긋다

underground [ʌ́ndərgràund] 지하의

underwater [ʌ́ndərwɔ̀:tər] 수중의

underworld [ʌ́ndərwə̀:rld] 하류사회

subway [sʌ́bwèi] 지하철

suburb [sʌ́bə:rb] 교회

suffix [sʌ́fiks] 접미어

suppress [səprés] 억압하다

3. 내외 (内外)

(1) 내(内) in

inside [insáid] 안쪽

input [ínpùt] 투입

import [impɔ́:rt] 수입하다

immigrate [íməgréit] 이주해 오다

(2) 외(外) out, ex

outside [àutsáid] 바깥쪽

output [áutpùt] 생산

outline [áutlàin] 윤곽

out-of-date [áut-əv-déit] 구식의

outdo [àutdú:] 능가하다

outwalk [àutwɔ́:k] 더 빨리 걷다

outlive [àutlív] 더 살다

outgrow [àutgróu] 더 자라다

exit [égzit] 출구

export [ikspɔ́:rt] 수출하다

exhibit [igzíbit] 전시하다

emigrate [éməgrèit] 이주해 나가다

4. 사이 inter

intercept [ìntərsépt] 가로채다

international [ìntərnǽʃənəl] 국제적인

interchange [ìntərtʃéindʒ] 교환하다

interview [íntərvjù:] 면담

5. 방향 ad

adapt [ədǽpt] 적응시키다

advise [ædváiz] 충고하다

appoint [əpɔ́int] 지명하다

assign [əsáin] 할당하다

6. 통과, 계속 per

permit [pə:rmít] 허락하다

perform [pərfɔ́:rm] 실행하다

persist [pə:rsíst] 지속하다

perfect [pə́:rfikt] 완벽한

7. 이동 trans

transport [trænspɔ́:rt] 수송하다

transform [trænsfɔ́:rm] 변형하다

transplant [trænsplǽnt] 이식하다

translate [trænsléit] 번역하다

8. 반대 counter, contra, anti, ob, un, in, dis, non

counter [káuntər] 반대로

counteract [kàuntərǽkt] 중화하다

counterfeit [káuntərfìt] 가짜의

counterpart [káuntərpà:rt] 반대부분

contrary [kántreri] 반대의

contrast [kántræst] 대조하다

contradict [kàntrədíkt] 반박하다

controversy [kántrəvə̀:rsi] 언쟁

anti [ǽnti] 반대론자

anti-American [æ̀nti-əmérikən] 반미의

antibody [æ̀ntibádi] 항체

antibiotic [æ̀ntibaiátik] 항생제

object [ábdʒikt] 반대하다

oppose [əpóuz] 반대하다

obstacle [ábstəkəl] 장애물

Occident [áksədənt] 서양

unknown [ʌnnóun] 알려지지 않은

unkind [ʌnkáind] 불친절한

unhappy [ʌnhǽpi] 불행한

unable [ʌnéibl] 불가능한

inexpensive [ìnikspénsiv] 비싸지 않은

inactive [inǽktiv] 활기 없는

disagree [dìsəgrí:] 반대하다

dislike [disláik] 싫어하다

disbelieve [dìsbilí:v] 불신하다

disappear [dìsəpíər] 사라지다

nonsense [nánsens] 무의미한 말, 시시한 것, 잡동사니

nonstop [nànstáp] 무정차의

nonmember [nanmémbər] 비회원

nonfiction [nanfíkʃən] 논픽션

9. 분합 (分合)

(1) 분(分) ab

absent [ǽbsənt] 결석의
abuse [əbjúːz] 남용
abroad [əbrɔ́ːd] 해외로
abundant [əbʌ́ndənt] 풍부한

(2) 합(合) con, syn

concentrate [kánsəntrèit] 집중하다
consist [kənsíst] 구성하다
combat [kámbæt] 전투
coeducation [kòuedʒukéiʃən] 남녀공학
synchronize [síŋkrənàiz] 시간을 맞추다
symphony [símfəni] 교향곡
sympathy [símpəθi] 동정심
system [sístəm] 제도

10. 동사화 en

enlarge [enláːrdʒ] 크게 하다
encircle [ensə́ːrkl] 에워싸다
entitle [entáitl] 제목을 붙이다
enable [enéibəl] 가능하게 하다

11. 수 접두어

(1) 1/2 semi

semicircle [sémisə̀ːrkəl] 반원

semifinal [sèmifáinəl] 준결승
semiyearly [sèmijíərli] 반년마다의

(2) 1 mono, sol, uni, prim

monotonous [mənátənəs] 단조로운
monopoly [mənápəli] 독점
monodrama [mánədràːmə] 1인극
monologue [mánəlɔ̀ːg] 독백
monarchy [mánərki] 군주제
solo [sóulou] 솔로 독창(곡), 독주(곡)
sole [soul] 홀로의
solitary [sálitèri] 고독한
soliloquy [səlíləkwi] 독백
isolate [áisəlèit] 고립시키다
unite [juːnáit] 통합하다
union [júːnjən] 연합
uniform [júːnəfɔ̀ːrm] 제복
unique [juːníːk] 독특한
unify [júːnəfài] 통일하다
unit [júːnit] 단위
unity [júːnəti] 단일성
universe [júːnəvə̀ːrs] 우주
university [jùːnəvə́ːrsəti] 종합대학
prime [praim] 첫째의
primary [práimèri] 초등의
primitive [prímətiv] 원시의
prima donna [primə dánə] 프리마 돈나

(3) 2 bi

bicycle [báisikl] 자전거

bimonthly [baimʌ́nθli] 두 달마다의

biweekly [baiwí:kli] 2주마다의

milliliter [mílilitər] 밀리리터

million [míljən] 백만

kilometer [kilámitər] 킬로미터

kilogram [kíləgræm] 킬로그램

(4) 3 tri

trio [trí:ou] 트리오

triangle [tráiæ̀ŋgl] 삼각형

triple [trípl] 3배

trivial [tríviəl] 시시한

tribe [traib] 부족

Trinity [tríniti] 삼위일체

(5) 10 dec

December [disémbər] 12월

decade [dékeid] 10년간

Decameron [dikǽmərən] 데카메론

deciliter [désilì:tər] 데시리터

decimeter [désəmì:tər] 데시미터

(6) 100 cent

cent [sent] 센트

century [séntʃuri] 세기

centipede [séntəpì:d] 지네

centimeter [séntəmì:tər] 센티미터

centigram [séntəgræ̀m] 센티그램

centigrade [séntəgrèid] 백분도

(7) 1000 mill, kilo

millimeter [mílimì:tər] 밀리미터

milligram [míligræ̀m] 밀리그램

접미어를 통한 어휘력 확장

1. 명사 접미어

(1) 사람

① er

teacher [tíːtʃər] 선생님
farmer [fáːrmər] 농부
leader [líːdər] 지도자
reader [ríːdər] 독자
sailor [séilər] 선원
conqueror [káŋkərər] 정복자
conductor [kəndʌ́ktər] 지휘자
beggar [bégər] 거지

② man

chairman [tʃɛ́ərmən] 의장
doorman [dɔ́ːrmən] 수위
sportsman [spɔ́ːrtsmən] 운동가
fireman [fáiərmən] 소방관

③ ist

artist [áːrtist] 예술가
pianist [piǽnist] 피아니스트
tourist [túərist] 관광객

④ ent

student [stjúːdənt] 학생
president [prézidənt] 회장

resident [rézidənt] 거주민
servant [sə́ːrvənt] 하인

⑤ an

musician [mjuːzíʃən] 음악가
magician [mədʒíʃən] 마법사
beautician [bjuːtíʃən] 미용사

⑥ ess

princess [prínsis] 공주
actress [ǽktris] 여배우
waitress [wéitris] 웨이트리스, 여급
stewardess [stjúːərdis] 여승무원

⑦ ee

trainee [treiníː] 훈련생
interviewee [intərvjuːíː] 피면담인
employee [emplɔ́iiː] 직원
payee [peiíː] 수취인

(2) 추상

① ment

movement [múːvmənt] 동작
payment [péimənt] 지불
judgment [dʒʌ́dʒmənt] 판단
department [dipáːrtmənt] 백화점

② ness

kindness [káindnis] 친절

happiness [hǽpinis] 행복

business [bíznis] 사업

loveliness [lʌ́vlinis] 사랑스러움

③ sion

decision [disíʒən] 결심

conclusion [kənklú:ʒən] 결론

invitation [ìnvətéiʃən] 초대

question [kwéstʃən] 질문

④ ance

attendance [əténdəns] 출석

expectancy [ikspéktənsi] 기대

silence [sáiləns] 침묵

tendency [téndənsi] 경향

⑤ age

shortage [ʃɔ́:rtidʒ] 부족

usage [jú:sidʒ] 사용

passage [pǽsidʒ] 통과

courage [kə́:ridʒ] 용기

⑥ hood

childhood [tʃáildhùd] 어린 시절

motherhood [mʌ́ðərhùd] 모성애

girlhood [gə́:rlhùd] 소녀시절

falsehood [fɔ́:lshùd] 거짓

⑦ ship

friendship [fréndʃìp] 우정

partnership [pá:rtnərʃìp] 협력

hardship [há:rdʃìp] 곤란

scholarship [skálərʃìp] 장학금

⑧ ty

loyalty [lɔ́iəlti] 충성

reality [riǽləti] 현실

ability [əbíləti] 능력

beauty [bjú:ti] 아름다움

⑨ ure

failure [féiljər] 실패

pressure [préʃər] 압력

creature [krí:tʃər] 창조

architecture [á:rkətèktʃər] 건축학

⑩ ism

Buddhism [bú:dizm] 불교

egoism [í:gouìzm] 이기주의

communism [kámjənìzm] 공산주의

naturalism [nǽtʃərəlìzm] 자연주의

(3) 장소

① um

museum [mju:zí:əm] 미술관

symposium [simpóuziəm] 토론회

auditorium [ɔ̀:ditɔ́:riəm] 강당

stadium [stéidiəm] 경기장

② tory

factory [fǽktəri] 공장

laboratory [lǽbərətɔ̀:ri] 연구실

dormitory [dɔ́:rmətɔ̀:ri] 기숙사

auditory [ɔ́:ditɔ̀:ri] 강당

(4) 지소(指小) let

cabinet [kǽbənit] 캐비닛
diskette [disket] 디스켓
booklet [búklit] 소책자
cigarette [sìgərét] 담배

2. 형용사 접미어

(1) ~의

① al

musical [mjú:zikəl] 음악의
postal [póustəl] 우편의
sensational [senséiʃənəl] 선풍적인
dental [déntl] 이의

② ary

customary [kʌ́stəmèri] 관습의
imaginary [imǽdʒənèri] 상상적인
elementary [èləméntəri] 기본의
military [mílitèri] 군대의

③ ly

friendly [fréndli] 우호적인
yearly [jíərli] 해마다의
timely [táimli] 시기적절한
homely [hóumli] 못생긴

④ ic

basic [béisik] 기초의
periodic [pìəriádik] 주기적인

romantic [rou_mǽntik] 낭만적인
economic [í:kənámik] 경제의

(2) ~이 많은

① ful

beautiful [bjú:təfəl] 아름다운
wonderful [wʌ́ndərfəl] 훌륭한
careful [kɛ́ərfəl] 신중한
helpful [hélpfəl] 도움되는

② ous

dangerous [déindʒərəs] 위험한
precious [préʃəs] 귀중한
spacious [spéiʃəs] 넓은
various [vɛ́əriəs] 다양한

③ y

bloody [blʌ́di] 피의
worthy [wə́:rði] 가치 있는
dirty [də́:rti] 더러운
airy [ɛ́əri] 공기의

(3) ~경향이 있는

① ive

talkative [tɔ́:kətiv] 수다스런
impressive [imprésiv] 인상적인
progressive [prəgrésiv] 진보적인
active [ǽktiv] 능동적인

② ish

childish [tʃáildiʃ] 유치한
selfish [sélfiʃ] 이기적인

yellowish [jélouiʃ] 누르스름한

foolish [fú:liʃ] 어리석은

(4) ~을 하는 ing

charming [tʃá:rmiŋ] 매혹적인

lasting [lǽstiŋ] 지속적인

striking [stráikiŋ] 현저한

interesting [íntəristiŋ] 흥미 있는

(5) ~을 할 수 있는 able

believable [bilí:vəbl] 믿을 수 있는

changeable [tʃéindʒəbl] 바꿀 수 있는

eatable [í:təbl] 먹을 수 있는

breakable [bréikəbl] 깨지기 쉬운

(6) ~을 가지고 있는 ed

winged [wiŋd] 날개 달린

handed [hǽndid] 손이 있는

aged [éidʒd] 노령의

new-fashioned [nju:-fǽʃənd] 신형의

(7) ~이 없는 less

careless [kέərlis] 부주의한

senseless [sénslis] 감각 없는

endless [éndlis] 끝없는

homeless [hóumlis] 집 없는

(8) ~배의 fold

twofold [tú:fòuld] 2배의

threefold [θrí:fòuld] 3배의

fourfold [fɔ:rfòuld] 4배의

fivefold [fáivfòuld] 5배의

(9) ~쪽의 ward

inward [ínwərd] 안쪽의

outward [áutwərd] 바깥쪽의

backward [bǽkwərd] 뒤쪽의

seaward [sí:wərd] 바다쪽의

3. 부사 접미어

(1) ~하게 ly

rapidly [rǽpidli] 빠르게

slowly [slóuli] 천천히

kindly [káindli] 친절하게

easily [í:zəli] 쉽게

(2) ~쪽으로 ward

inward [ínwərd] 안쪽으로, 속에서

outward [áutwərd] 바깥쪽으로, 외견상

backward [bǽkwərd] 뒤쪽으로, 거꾸로

seawards [sí:wərdz] 바다쪽으로, 바다를 향하여

4. 동사 접미어

① ate

originate [ərídʒənèit] 시작하다

nominate [námənèit] 지명하다
concentrate [kánsəntrèit] 집중하다
create [kriéit] 창조하다

② en

weaken [wíːkən] 약화하다
strengthen [stréŋkθən] 강화하다
sharpen [ʃáːrpən] 날카롭게 하다
blacken [blǽkən] 검게 하다

③ fy

classify [klǽsəfài] 분류하다
justify [dʒʌ́stəfài] 정당화하다
simplify [símpləfài] 단순화하다
unify [júːnəfài] 통합하다

④ ize

specialize [spéʃəlàiz] 전문화하다
symbolize [símbəlàiz] 상징화하다
generalize [dʒénərəlàiz] 일반화하다
realize [ríːəlàiz] 실현하다

PART 05

단숨에 기억되는 품사별 영숙어

- 동사로 시작되는 영숙어
- 전치사로 시작되는 영숙어
- 기타 품사로 시작되는 영숙어

Preface

숙어란 두 개 이상의 단어가 모여 새로운 의미를 지니게 되는 것을 뜻합니다. 그리고 대부분은 비교적 쉬운 단어로 구성되어 있으므로 기억하기 쉽습니다.

예를 들면, abandon(포기하다), represent(대표하다)나 traverse(횡단하다)처럼 난해한 단어보다도 give up(포기하다), stand for(대표하다)나 go across(가로지르다)와 같은 숙어 쪽이 쉽고 친근하면서도 일상생활에 쓰이는 영어다운 표현이라고 할 수 있습니다.

그런데도 대부분의 영어 학습자들이 어려운 어구를 숭배하는 버릇이 있어 우선 어려운 단어를 쓰려하고 쉬운 동사나 부사, 전치사 등이 콤비를 이루는 숙어를 멀리하는 경향이 있습니다. 어려운 단어를 외울 시간이 있다면 쉬운 숙어를 익히는 것이 훨씬 쉽고 유익하다고 할 수 있습니다.

여기서는 단어의 여러 가지 의미를 계통적으로 포착하여 정확히 암기함으로써, 거기에서 파생하는 숙어를 자연히 기억할 수 있게끔 배려한 것입니다. 예를 들어 enter라는 단어를 보면, enter는 「들어가다」라는 원래의 의미에서 여러 가지로 변화를 합니다. 우선 「가입하다」라는 추상적인 행동을 의미합니다. 따라서 enter a club은 「클럽에 가입하다」가 됩니다. 나아가 동작·상태로서는 「들어가다」에서 「시작하다」의 의미가 되므로 enter into business는 「사업을 시작하다」가 됩니다. 이처럼 enter의 여러 가지 의미를 계통적으로 깊이 이해하고 있으면, enter와 다른 단어가 결합해서 형성하는 어떤 숙어라도 곧 이해가 될 것입니다.

따라서 여기서는 표제어 밑에 그 단어로 시작되는 중요한 숙어 20개 내외를 알파벳순으로 배열했으며, 의미의 변화의 과정을 나타내기 위해 화살표를 써서 이해를 돕도록 하였습니다.

Contents

동사로 시작되는 영숙어

answer 대답하다

answer debt	부채에 응답하다 → 부채를 갚다
answer a person's hope	누구의 희망에 응답하다 → 희망에 보답하다
answer a riddle	수수께끼에 응답하다 → 수수께끼를 풀다
answer a signal	신호에 응답하다 → 응신하다
answer back	응답을 돌려보내다 → 말대꾸하다; 다시 하다
answer blows with blows	매를 매로 응답하다 → 반격하다
answer for a crime	죄의 책임을 지다 → 형벌을 받다
answer for one's honesty	누구의 정직성에 책임을 지다 → 보증하다
answer for success	성공에 책임을 지다 → 성공을 보장하다
answer for the consequence	결과의 책임을 지다 → 뒷일을 책임지다
answer one's prayer	(신이) 기도에 답하다 → (기도의)효능이 있다
answer one's wishes	소망에 답하다 → 소망을 이루다
answer the charge	공격에 답하다 → 변명하다
answer the knock	노크에 응답하다 → 응대하다
answer the purpose	목적에 응답하다 → 목적에 부합하다
answer to the name of~	~라는 이름에 답하다 → ~이라 불리다

ask 묻다

ask a favor a person	누구에게 호의를 구하다 → 부탁하다
ask a person a question	누구에게 문제를 묻다 → 질문하다
ask a person about~	누구에게 ~에 관해서 묻다 → ~을 묻다
ask a person for a thing	누구에게 물건을 요청하다 → 달라고 하다
ask a person into	~속으로 들어가기를 요청하다 → ~을 안내하다

ask a person to dinner	누구를 만찬에 부르다 → 만찬에 초대하다
ask a person to do	누구에게 ~하기를 청하다 → ~해달라고 하다
ask a price for a thing	어느 것의 값을 요청하다 → 얼마 달라고 하다
ask after a person	누구에 관해서 묻다 → 안부를 묻다
ask again	다시 질문하다 → 반문하다
ask for aims	적선을 요청하다 → 적선을 구하다
ask for trouble	재난을 요청하다 → 재난을 자초하다
ask nothing of a person	누구에게 아무것도 요청하지 않다 → 신세를 지지 않다
ask one's way	길을 묻다
ask permission of a person	누구에게 허락을 요청하다 → 허락을 청하다
ask time	시간을 구하나 → 시간을 요하다
ask too much	비싼 값을 요구하다 → 요구가 과하다

attend 출석하다

attend a funeral	장례식에 참석하다 → 문상하다
attend a lecture	강의에 참석하다 → 출석하다
attend a meeting	회의에 참석하다
attend a patient	환자를 시중들다
attend on a person	누구를 시중들다
attend school	학교에 출석하다
attend the office	사무실에 출석하다 → 출근하다
attend to a customer	손님을 돌보다 → 손님을 응대하다
attend to a person	누구에게 주의하다 → 말하는 바를 귀담아 듣다
attend to a point	요점을 주의하다 → 공을 들이다
attend to one's business	사업에 주의하다 → 사업에 열중하다
attend to one's duties	직무에 주의하다 → 직무를 수행하다
attend to one's studies	연구에 주의하다 → 연구에 열중하다
attend to one's words	누구의 말에 주의하다 → 경청하다

| attend to one's wounds | 상처에 주의하다 → 상처를 치료하다 |
| attend to the subject | 문제에 주의하다 → 문제를 손대다 |

bear　나르다

bear a bad reputation	나쁜 평판을 짊어지다 → 평판이 나쁘다
bear a hand	손을 빌려주다 → 돕다, 관계하다
bear a heavy load	무거운 짐을 지다 → 중책을 맡다
bear a meaning	의미를 휴대하다 → 의미를 지니다
bear a part in~	~속에 일부를 갖다 → ~에 참가(관계)하다
bear a title	직책을 나르다 → 직책을 지니다
bear arms against~	~에 반하여 무기를 휴대하다 → 배반하다
bear in mind	마음속에 나르다 → 명심하다
bear malice	악의를 운반하다 → 악의를 품다
bear oneself	스스로를 운반하다 → 처세하다
bear resemblance to~	~에 유사성을 지니다 → ~과 닮다
bear responsibility	책임을 지탱하다 → 책임을 지다
bear sway over~	~위에 권력을 휘두르다 → ~을 지배하다
bear tales	이야기를 나르다 → 말을 전하다
bear testimony	증언을 나르다 → 증언대에 서다
bear the blame	비난을 지탱하다 → 비난을 떠맡다
bear the brunt	예봉을 지탱하다 → 난국에 대처하다
bear the cost	비용을 견디다 → 비용을 부담하다
bear the expense of~	~의 비용을 지탱하다 → 비용을 부담하다
bear the weight	중량을 지탱하다 → 중량을 떠받치다

bear　견디다

| bear against~ | ~에 대해서 누르다 → ~에 기대다 |
| bear and forbear | 견디고 견디다 → 참다 |

bear down	밑으로 누르다 → 누르다
bear fruit	과실을 낳다 → 결실하다
bear hard on~	~위로 강하게 누르다 → ~을 압박하다
bear on~	~에 관계하다; ~에 총구를 향하다
bear out	끝까지 견디다 → 지탱하다; 실증하다
bear the heat	열에 견디다 → 더위를 참다
bear the idea	그 생각에 견디다 → 생각을 참다
bear the test	그 시험을 견디다 → 시련을 참다
bear up for~	~쪽으로 진로를 향하다 → ~을 향해 가다
bear up under a misfortune	불운을 감내하다
bear with~	~에 대해 견디다 → ~을 참다

beat 때리다

beat a person at a game	게임에서 누구를 패퇴시키다
beat a retreat	퇴각의 북을 두드리다 → 퇴각하다
beat about	두들기고 돌아다니다 → 여기저기 수색하다
beat against~	~에 대해서 두드리다 → ~에 대적하다
beat back	두들겨 뒤로 물리치다 → 격퇴하다
beat down	밑으로 두들기다 → 때려눕히다; 값을 깎다
beat in	속을 두들기다 → 때려 부수다
beat off	밖으로 두들겨 내몰다 → 격퇴하다
beat one's brains	스스로의 머리를 때리다 → 생각을 짜내다
beat one's breast	스스로의 가슴을 때리다 → 크게 슬퍼하다
beat out	밖으로 두들겨 내다 → (불을) 밟아 끄다; 규명하다
beat out gold	금을 두들겨 내다 → 금을 엷게 펴다
beat the air	공기를 두드리다 → 공연한 수고를 하다
beat the record	기록을 두들겨 패다 → 기록을 깨다

blow a gale	바람을 불다 → 바람이 불다
blow away	불어서 저쪽으로 보내다 → 날리다
blow bubbles	거품을 불다 → 비누 거품을 만들다
blow down	불어서 넘어뜨리다 → (가로수 등이 강풍에) 넘어가다
blow hot and cold	뜨겁고 차게 불다 → 마음에 안정이 안 되다
blow in	안으로 불다 → 난데없이 찾아오다
blow in through~	~을 통해서 안으로 불다 → ~틈으로 불어 들어오다
blow off	불어날리다 → 마구 지껄여대다
blow one's nose	코를 불다 → 코를 풀다
blow one's own trumpet	자기만의 나팔을 불다 → 자만하다, 허풍떨다
blow out	불어 끄다 → 성내다; 퓨즈가 끊어지다
blow over	부는 것이 넘어가다 → 바람이 그치다
blow sky-high	하늘 높이 불다 → 끝까지 주장하다
blow the expenses	비용을 불어버리다 → 비용을 아끼지 않고 쓰다
blow up	불어 일으키다 → 부풀게 하다; 폭발하다; 야단치다
blow upon~	~의 위를 불다 → ~을 나쁘다고 깎아내리다

break a person of a habit	버릇을 깨뜨리다 → 버릇을 교정하다
break away	깨어져 떨어지다 → 탈락하다
break down	깨어 내리다 → 파괴하다, 부수다
break forth	깨어져 나가다 → 터지다, 분출하다
break in	부수고 들어가다 → 쳐들어가다; 나타나다; 길들이다
break in upon	위를 부수고 들어가다 → 갑자기 습격하다; 훼방하다
break into	부수고 들어가다 → 난입하다
break into pieces	부서서 조각을 내다 → 분쇄하다

break loose	부수어 늦추다 → 자유로이 되다; 탈주하다
break off	부러뜨리다 → 그만두다
break one's word(promise)	스스로의 말을 부수다 → 약속을 어기다
break out	부수어 밖으로 나가다 → (전쟁 등이) 발발하다
break short	짧게 부서지다 → 부러지다
break the ice	얼음을 깨뜨리다 → 침묵을 깨뜨리다, 이야기하다
break through	부수고 나아가다 → 이겨내다; 틈에서 빚어 나오다
break up	속속들이 깨지다 → 붕괴하다, 끝내다
break upon	위로 깨지다 → 갑자기 나타나다; 명백해지다
break with~	~과의 관계를 깨뜨리다 → ~과 인연을 끊다

bring 가져오다

bring a person into	누구를 ~속으로 가져오다 → ~할 생각을 갖게 하다
bring a person to do	~하게끔 누구를 가져오다 → ~시키다
bring about	주위에 가져오다 → 생기게 하다, 야기하다
bring around	돌아서 제자리에 가져오다 → 소생시키다, 설복하다
bring back	뒤로 가져오다 → 다시 오게 하다, 생각나게 하다
bring down	아래로 가져오다 → 떨어뜨리다; 넘어뜨리다
bring forth	앞으로 가져오다 → 생기다, 생기게 하다
bring forward	앞쪽으로 가져오다 → 변명하다; 전진시키다
bring in	속에 가져오다 → 들여오다, 소개시키다
bring into practice	실행 속으로 가져오다 → 실행하다
bring on	위로 가져오다 → 야기하다
bring out	밖으로 가져오다 → 공개하다, 세상에 내보내다
bring to	~을 가져오다 → 정신 들게 하다
bring ~ to pass	~을 통과시키고자 가져오다 → ~을 야기하다
bring together	가져와 함께 하다 → 모으다, 소집하다
bring up	위쪽으로 가져오다 → 키우다, 양육하다

428

call 부르다

call a person names	누구에게 여러 가지 이름을 부르다 → 욕하다
call a person up	누구를 부르다 → 불러내다
call a person's attention to~	주의를 ~쪽으로 부르다 → 주의시키다
call after~	~뒤에 부르다 → ~의 이름을 따서 명명하다
call away	저쪽으로 부르다 → 주의를 딴 데로 돌리게 하다
call back	뒤로 부르다 → 불러 돌아오게 하다, 취소하다
call for	소원해서 부르다 → 요구하다
call forth	앞으로 부르다 → 불러일으키다, (용기를) 내게 하다
call in	속으로 부르다 → 불러 모으다, (통화를) 회수하다
call off	멀리 부르다 → (주위를) 돌리다: 중지를 선언하다
call on a person	누구를 방문하다
call ~ one's own	~을 자기 것으로 부르다 → 마음대로 하다
call out	밖으로 부르다 → 불러내다, 큰 소리로 부르다
call over	위로 넘어가며 부르다 → 호명하다, 점호하다
call to mind	마음 쪽으로 부르다 → 회상하다, 상기하다
call to order	질서를 부르다 → (의장이) 정숙을 명하다
call together	서로 불러 모으다 → 소집하다
call up	이쪽으로 부르다 → 불러내다
call upon ~ to do	~하도록 말하다 → ~하도록 요구하다

carry 운반하다

carry away	운반해 가다 → 떠밀어 보내다: 넋을 잃게 하다
carry back	다시 운반해 오다 → 재반입하다: 회상하다
carry down	갖고 내리다 → 끌어내리다: 이월시키다
carry into effect	실행에까지 운반하다 → 실행에 옮기다
carry news	뉴스를 나르다 → 소식을 전하다
carry off	운반해 가버리다 → 유괴하다: (상을) 휩쓸다

carry on	계속 운반하다 → 속행하다; 운영하다
carry one's eyes along	~에 따라 눈을 옮기다 → 전망하다
carry oneself	스스로를 운반하다 → 처신하다
carry out	끝까지 운반하다 → 해내다, 실행하다
carry the day	(승리의) 날을 운반하다 → 승리를 얻다
carry through	끝까지 운반하다 → 관철하다
carry to excess	극단적인 곳까지 나르다 → 도를 넘다
carry ~ to success	~을 성공으로 운반하다 → ~을 성공시키다
carry too far	너무 멀리 운반하다 → 도를 넘다
carry true	참되게 나르다 → 멋지게 해내다, 적중하다

catch 잡다

catch a glimpse of~	~을 훑어보는 것을 잡다 → 얼핏 쳐다보다
catch a person in the act of~	~한 현장을 검거하다
catch as catch can	가능한 많이 잡다 → 기를 쓰고 붙들다
catch at~	~을 잡으려 하다 → (지푸라기를) 잡다
catch away	붙들어 가다 → 채가다
catch a cold	추위를 잡다 → 감기 들다
catch hold of~	~을 움켜잡다 → ~을 꼭 잡다
catch it	그것을 책잡히다 → 야단맞다
catch on	위에 잡다 → 인기를 얻다
catch one's breath	숨을 잡다 → (긴장해서) 숨을 죽이다
catch out	잡아내다 → 잘못을 간파하다
catch sight of~	~의 광경을 잡다 → ~을 보다
catch the attention	주의를 잡다 → 주의를 끌다
catch the ear	귀를 잡다 → 들어주다
catch the eye	눈을 잡다 → 남의 눈길을 끌다
catch the meaning	의미를 잡다 → 의미를 알다
catch up with~	~의 곁까지 다다르다 → ~을 따라붙다

change a bill	지폐를 바꾸다 → 잔돈으로 바꾸다
change before dinner	만찬 전에 바꾸다 → 만찬을 위해 정장하다
change color	안색을 바꾸다 → 화내다
change for the condition	더 좋게 급변하다 → 호전하다
change front	전선(戰線)을 바꾸다 → 전법을 바꾸다
change heart	마음을 바꾸다 → 변심하다
change A into B	A를 B로 바꾸다 → A를 B로 대치하다
change money	돈을 바꾸다 → 잔돈으로 바꾸다
change one's condition	환경을 바꾸다 → 결혼하다
change one's mind	마음을 바꾸다 → 다시 (고쳐) 생각하다
change one's name	이름을 바꾸다 → 개명하다
change one's note	부호(符號)를 바꾸다 → 태도를 바꾸다
change seats with~	~과 자리를 바꾸다
change sides	편을 바꾸다 → 주장을 꺾다
change trains at~	~에서 기차를 바꿔 타다
change up	위로 바꾸다 → 자동차 기어를 고속으로 넣다
change with~	~과 더불어 변하다 → ~에 따라 달라지다

charge   채우다

charge a person a price	대금을 과하다 → 청구하다
charge a storage battery	축전지를 채우다 → 충전하다
charge a tax upon income	수입에 세금을 과하다 → 과세하다
charge account	장부의 차변에 기입하다
charge against a person	책망하다 → 고소하다
charge against the enemy	적에 대항하도록 명하다 → 공격하다
charge extra	과외로 청구하다 → 특별요금을 청구하다
charge high	높게 청구하다 → 비싼 청구를 하다

charge off	없어지도록 장부에 기입하다 → 손실로서 떨어내다
charge on the enemy	적위에 진격하다 → 공격을 감행하다
charge the jury	배심원에게 명하다 → 배심원에게 지시하다
charge the stomach with food	공복을 채우다
charge ~ to my account	내 계산으로 떠맡다
charge ~ with …	~을 …로 고발하다 → ~을 비난하다

clear 깨끗이 하다

clear away	저쪽으로 치우다 → 제거하다, 치우다
clear for action	전투를 위해 깨끗이 하다 → 전투준비를 하다
clear land	토지를 깨끗이 하다 → (나무 등을 베어) 개간하다
clear off a debt	빚을 깨끗이 하다 → 빚을 청산하다
clear one's reputation	평판을 깨끗이 하다 → 오명을 씻다
clear one's throat	목구멍을 깨끗이 하다 → 헛기침을 하다
clear oneself	스스로를 깨끗이 하다 → 무혐의를 입증하다
clear out	깨끗이 비우다 → 빈털터리로 만들다
clear the air	공기를 깨끗이 하다 → 의심을 풀게 하다
clear the port	항구를 비우다 → 출항하다
clear the table	테이블을 깨끗이 하다 → 식탁을 치우다
clear the track	진로를 깨끗이 하다 → 통로를 비우다
clear the way	길을 정돈하다 → 준비를 갖추다
clear up	말끔히 치우다 → (하늘이) 개다; (빚을) 갚다
clear up a mystery	신비를 깨끗이 하다 → 의문을 풀다
clear up room	방을 깨끗이 하다 → 방을 청소하다

close 닫다

| close a debate | 토론을 닫다 → 토론을 끝내다 |
| close a discussion | 의론을 닫다 → 의론을 종결시키다 |

close a person's eye	(타격을 가해서) 눈을 붓게 하다
close an account	계산을 닫다 → 거래를 중지하다
close about~	~의 둘레를 닫다 → ~의 주위를 에워싸다
close off	(셈을) 끝내다
close one's days	나날을 닫다 → 죽다
close one's hand on~	~위를 손으로 닫다 → 쥐다, 잡다
close over	위를 닫다 → 사방에서 덮다
close round~	~의 주위를 닫다 → ~의 둘레를 에워싸다
close the books	장부를 닫다 → 결산을 보다
close the door on~	문을 닫다 → ~을 받아들이지 않다
close up	완전히 닫다 → 폐쇄하다, 죄다; 접근시키다
close with~	~에 다가가다 → ~에 달라붙다, ~에 응하다

come 오다

come across	가로지르다 → 우연히 만나다
come after~	~뒤에 오다 → ~을 계승하다
come along~	~을 따라오다 → 오다
come away	저쪽으로 가다, 멀어지다, 나가다
come down on~	~위에 내려오다 → ~을 급습하다, 꾸짖다
come face to face with~	~과 얼굴을 맞대다 → ~에 직면하다
come for~	~을 바라고 오다 → 가지러 오다, 영접하러 오다
come in	들어오다 → 당선하다; 결혼하다
come in for~	~을 위해 오다 → (자기 몫을) 받다, 가지러오다
come into~	~속에 들어오다 → 가입하다, 찬성하다
come near~	~에 가까이 오다 → ~에 맞먹다, ~할 뻔하다
come off	아주 와버리다 → 성공하다
come out	밖으로 오다 → 나타나다
come over	넘어오다 → 멀리서 오다
come to earth	땅으로 오다 → 착륙하다

come to the fore	전면으로 나오다 → 두각을 나타내다
come under~	~밑으로 오다 → ~의 항목에 들다
come up with~	~곁으로 오다 → ~을 따라붙다
come upon	위로 오다 → 습격하다; 만나다

come ① 생기다

come about	주위에 오다 → 일어나다, 생기다
come across the mind	마음을 가로지르다 → 얼핏 생각나다
come back	돌아오다 → 복귀하다, 도로 찾다
come in handy	손 가까이 오다 → 편리하다
come into effect	효력 속으로 오다 → 효력을 발생하다, 실시되다
come into existence	존재 속으로 오다 → 존재하다
come into one's head	머릿속으로 오다 → 생각이 나다
come into sight	시야 속으로 오다 → 보이다
come into use	사용 속으로 오다 → 쓰이게 되다
come into vogue	유행 속으로 오다 → 유행하다
come out of~	~위에서 나오다 → ~에서 생기다
come to life	생명 쪽으로 오다 → 소생하다
come to light	광명 쪽으로 오다 → 명백해지다
come to much	많은 쪽으로 오다 → 엄청난 결과가 되다
come to no good	좋지 않게 되다 → 잘되지 않다
come to nothing	무로 오다 → 헛수고로 그치다
come to one's notice	누구의 주목을 끌다 → 알아차리다
come to oneself	스스로 쪽으로 오다 → 제 정신이 들다

come ② ~이 되다

come down with~	~로 쓰러지다 → ~병에 걸리다
come forth	앞으로 나오다 → 나오다, 나타나다, 알려지다
come short of~	~이 짧아지다 → ~이 부족하다

come to a climax	절정에 오다 → 절정에 달하다
come to ahead	(종기가) 곪다, (기회 등이) 무르익다
come to a nice pass	근사한 통로에 도달하다 → 난관에 봉착하다
come to an end	끝 쪽으로 오다 → 끝나다
come to blows	타격으로 오다 → 서로 주먹을 휘두르다
come to grief	슬픔 쪽으로 오다 → 슬퍼하다
come to harm	해 쪽으로 오다 → 상처를 입다, 봉변당하다
come to pass	일어나다, 발생하다
come to ruin	황폐로 오다 → 황폐하다
come to stay	머물게 되다 → 영구적이 되다, 정착하다
come to terms with~	~한 조건이 되다 → ~라고 단합이 되다
come to the point	요점에 오다 → 딱 부러지게 말하다
come true	진실이 되다 → (꿈·예언 등이) 들어맞다

count 셈하다

count for little	조금만 셈하다 → 대수롭지 않게 여기다
count for much	많이 셈하다 → 중요시 하다
count for nothing	아무것도 아닌 것으로 셈하다 → 경시하다
count in	안쪽으로 셈하다 → 계산에 넣다
count off	셈해서 내밀다 → (금전 등을) 셈해서 내놓다
count on~	~에 관하여 셈하다 → ~을 기대하다, 바라다
count on charge	고발에 관해서 생각하다 → 고발하다
count on one's fingers	손가락셈을 하다
count out	계산 밖으로 내몰다 → 제외하다, 생략하다
count out the money	돈을 셈해 버리다 → 지폐를 셈하다
count over	거듭 셈하다 → 다시 셈하다, 검산하다
count the cost	경비를 계산하다 → 손실을 추산해 보다
count up	셈을 끝내다 → 총계를 내다

cover 덮다

cover a wide field	넓은 분야를 덮다 → 여러 분야를 망라하다
cover an accident	사고를 덮어씌우다 → 사고 기사를 보도하다
cover in	(구멍 등을) 막다 → 메우다
cover one's mistake	잘못을 덮다 → 과오를 속이다
cover one's shame	수치를 덮다 → 수치를 감추다
cover one's trail	종족을 덮다 → 은신하다
cover oneself	스스로를 덮다 → 숨다, 은신하다
cover oneself behind~	~뒤에 숨다 → ~에 은신하다
cover over	전면을 덮다 → 숨기다
cover the base	발판을 덮다 → 수비하다, 지키나
cover the distance	거리를 덮다 → 거리를 가다
cover the ground	지면을 덮다 → 나아가다; 분야를 다루다
cover the loss	손실을 덮다 → 보험을 들다
cover the table	식탁을 덮다 → 식사준비를 하다
cover up	말끔히 덮다 → 말끔히 숨기다
cover up an affair	사건을 덮다 → 사건을 흐지부지 종결하다

cry 외치다

cry against	반대해서 외치다 → 비난을 퍼붓다
cry back	외쳐서 돌아오게 하다 → 불러 되돌아오게 하다
cry down	외쳐서 쓰러뜨리다 → 깎아내리다, 비난하다
cry for~	~을 요구해서 외치다 → ~을 크게 필요로 하다
cry for the moon	달을 탐내다 → 불가능한 일을 원하다
cry off	외쳐서 없이 하다 → (약속 등을) 취소하다
cry one's eyes out	눈이 빠지게 울다 → 눈이 붉어지도록 울다
cry oneself blind	울어서 스스로 눈이 멀다 → 눈이 멀도록 울다
cry oneself to sleep	잠자기 위해 울다 → 울다가 잠들다

cry out	크게 외치다
cry over~	~에 관해서 울다 → ~을 비통해 하다
cry over spilt milk	엎지른 우유를 울다 → 후회하다
cry shame upon~	~에 관해서 수치를 외치다 → 책망하다
cry stinking fish	상한 생선을 외치다 → 헐뜯다
cry to~	~에게 외치다 → ~에게 도움을 청하다
cry up	칭찬하다, 추켜올리다
cry wolf	늑대라고 외치다 → 거짓을 말하다

cut 자르다

cut a dash	힘참을 새기다 → 과시하다
cut a figure	모습을 새기다 → ~한 모습으로 눈에 띄다, 유명하다
cut and run	자르고 뛰다 → 급히 달아나다
cut down	잘라서 넘어뜨리다 → 절감하다
cut in	속으로 자르고 들어오다 → 끼어들다, 밀고 들어오다
cut it fine	잘게 썰다 → (시간·돈 등을) 절감하다
cut loose	잘라 느슨하게 하다 → 관계를 끊다
cut off	잘라버리다 → 베어내다, 방해하다
cut one's stick	자기의 지팡이를 새기다 → 도주하다, 떠나다
cut out	잘라내다 → 베어내다, 제거하다, 그만두다
cut out for~	~을 위해서 베어낸 → ~에 적임인
cut short	짧게 자르다 → 절감하다; 요점만 말하다
cut up	잘라 제치다 → 잘게 썰다; 못살게 굴다, 혹평하다

die 죽다

| die a beggar | 거지로 죽다 → 고생살이 끝에 죽다 |
| die a glorious death | 영광된 죽음을 하다 |

die a hero's death	영웅적인 죽음을 하다, 장렬하게 죽다
die a natural death	자연사로 죽다 → 천수를 다하고 죽다
die a violet death	폭력적인 죽음을 하다 → 비명횡사하다
die at one's post	자기의 일자리에서 죽다 → 순직하다
die away	죽어 없어지다 → (바람·소리·빛 등이) 가라앉다
die down	죽어 쓰러지다 → 가라앉다, 사라지다
die for~	~때문에 죽다 → ~을 위하여 죽다
die from wounds	상처로부터 죽다 → 상해를 입어 죽다
die game	게임에서 죽다 → 용감히 싸워 죽다, 끝까지 분투하다
die hard	어렵게 죽다 → 모진, 여간해서 죽지 않는
die in one's boots	구두를 신은 채 죽다 → 사고로 죽나
die out	죽어 없어지다 → 멸종하다, 멸망하다
die young	젊게 죽다 → 요절하다

do ①　하다

do a kindness	친절을 하다 → 친절을 베풀다
do a person a favor	누구에게 호의를 하다 → 호의를 베풀다
do a person a good turn	좋은 차례를 하다 → 유익한 일을 하다
do a person credit	명예롭게 하다 → 명예롭게 해주다
do a person good	누구에게 선을 하다 → 덕을 보게 하다
do a person harm	누구에게 해롭게 하다 → 해를 끼치다
do a person wrong	누구에게 악을 하다 → 해를 끼치다
do away	저쪽으로 하다 → 제거하다; 폐지하다
do away with~	~을 멀리하다 → ~을 제거하다; 그만두다
do ~ by halves	~을 반쯤하다 → ~을 반쯤하고 말다
do for~	~대신 하다 → ~대신 역할을 하다
do much for~	~을 위해 많이 하다 → ~에 공헌하다
do one's best	최선을 다하다 → 전력을 기울이다

do one's bit | 조금만 하다 → 의무를 다하다
do one's share | 분담을 하다 → 자기 몫(일)을 하다
do one's utmost | 최대한 다하다 → 전력을 기울이다
do over | 넘치게 하다 → 다시 하다; 초벌을 바르다
do with~ | ~을 하다 → ~을 처치하다; 꾸려나가다
do without~ | ~없이 하다 → ~없이 견디어내다

do ②　하다

do a copy | 카피를 뜨다 → 복사하다
do a movie | 영화를 하다 → 영화를 제작하다
do a museum | 박물관을 하다 → 박물관 견학을 하다
do a portrait | 초상화를 하다 → 초상화를 그리다
do a sum | 계산하다 → 합계를 내다
do dishes | 접시를 하다 → 접시를 닦다
do evil | 악을 하다 → 나쁜 짓을 하다
do flowers | 꽃을 하다 → 꽃꽂이를 하다
do good | 선을 하다 → 적선을 베풀다
do homage to | 신하되기를 하다 → 신하로서의 서약을 하다
do honor to~ | ~에게 경의를 하다 → 경의를 표하다
do justice to~ | ~에게 정의를 다하다 → 정당한 취급을 하다
do meat brown | 고기를 갈색으로 하다 → 고기를 알맞게 굽다
do one's correspondence | 편지 왕래를 하다 → 답장을 쓰다
do (up) one's hair | 머리를 하다 → 이발하다, 머리를 빗다
do one's lessons | 학과를 하다 → 공부(예습ㆍ복습)하다
do one's room | 방을 하다 → 방을 청소하다
do the dirty on~ | ~위에 불결을 하다 → 비열한 짓을 하다
do the sights | 광경을 하다 → 관광을 하다
do twenty miles | 20마일 하다 → 20마일의 속도를 내다

do a person well	누구를 좋게 하다 → 잘 대접하다
do a term of punishment	처벌의 기간을 하다 → 복역하다
do by~	~에 대해서 처사하다 → ~을 대접하다, 봉사하다
do for oneself	스스로를 위해 하다 → 독립하다
do Hamlet	햄릿을 하다 → 햄릿 역을 하다
do justice	~에게 정당히 하다 → ~에 대해서 정당히 처신하다
do oneself well	스스로를 잘 대접하다 → 사치하다
do right	옳게 하다 → 올바르게 처신하다
do to death	죽음으로 처신하다 → 죽다
do the amiable	애교를 하다 → 애교 있게 굴다
do the agreeable	공감이 가게 처신하다 → 기분 좋게 굴다
do the host	주인을 처신하다 → 주인노릇을 하다
do the polite	점잖게 굴다 → 정중히 접대하다
do well	잘하다 → 훌륭하게 처신하다
do well by~	~곁에 잘하다 → ~을 특별대우하다
do well to~	~에 대해서 잘 하다 → ~하는 편이 좋다
do wrong	나쁘게 하다 → 나쁜 짓을 하다

draw　끌다

draw a blank	백지를 뽑다 → 실패하다
draw a person's teeth	이를 뽑다 → 불평의 씨를 제거하다
draw bit	재갈을 끌어 잡아당기다 → 제동을 걸다, 속도를 늦추다
draw down	끌어내리다 → (커튼 등을) 치다
draw in	속으로 끌다 → 끌어넣다; 단축하다
draw in one's horns	뿔을 움츠리다 → 기가 죽다
draw level with~	~과 같은 레벨이 되다 → 대등하게 되다

draw near to~	~가까이 접근하다
draw oneself up	몸을 끌어올리다 → 자세를 바로하다
draw out	밖으로 끌어내다 → 끌어내다; (해가) 길어지다
draw rein	재갈을 끌어 잡아당기다 → 속도를 늦추다; 억제하다
draw the line	선을 긋다 → (공과 사를) 구별하다
draw the long bow	긴 활을 당기다 → 과장해서 말하다
draw to a close	종막으로 끌다 → 끝이 가까워지다
draw to a head	(종기가) 머리로 접근하다 → 곪다; 익다
draw up	위로 끌다 → 끌어올리다; 정렬시키다; 문서를 작성하다

drink 마시다

drink a toast to~	토스트를 마시다 → 축배를 들다
drink away	마셔서 멀리가다 → 술 때문에 이성·재산을 잃다
drink deep	깊이 마시다 → 많이 마시다
drink down	마셔서 내려놓다 → (근심 걱정을) 술로 잊다
drink hard	열심히 마시다 → 폭음하다
drink in	마셔 넣다 → 흡수하다; 절실히 느끼다
drink it	그것을 마시다 → 많이 마시다
drink of~	~의 일부를 마시다 → 조금만 마시다
drink off	끝까지 마시다 → 잔을 쭉 들이켜다
drink one's health	건강을 위해 건배하다
drink oneself ill	아프도록 마시다 → 술병이 나다
drink oneself to death	죽도록 마시다 → 술이 과해서 죽다
drink the cup of pain	고통의 잔을 마시다 → 고배를 들다
drink to~	~에 대해서 마시다 → 건배하다
drink to excess	과도하게 마시다 → 지나치게 마시다
drink to memory of	술을 마시며 감상에 젖다
drink up	끝까지 마시다 → 마셔 없애다

drive a good bargain	이익이 남는 장사를 하다
drive a nail in one's coffin	관에 못 박다 → 수명을 단축시키다
drive a person into a passion	화나게 하다
drive a roaring trade	활발한 거래를 영위하다 → 번창하다
drive along	계속 내몰다 → 전진하다; (바람이) 불어제치다
drive at~	~을 쫓다 → ~을 계획하다; 의미하다
drive away	저쪽으로 몰다 → 차를 몰고 가다; 내쫓다
drive away at~	~을 끝까지 내몰다 → 열심히 하다
drive hard	어렵게 몰다 → 혹사하다
drive home	차로 집에 가다; (못을) 깊게 박다; 납득(통감)시키다
drive into a corner	구석으로 몰다 → 궁지에 빠뜨리다
drive ~ like sheep	~을 양처럼 몰다 → ~을 쫓아버리다
drive under	아래로 몰다 → 억제하다, 누르다
drive up	위로 쫓다 → (값을) 인상하다

drop a curtsy	절을 떨어뜨리다 → (부인이 무릎을 구부려) 절하다
drop a hint	힌트를 떨어뜨리다 → 암시를 주다
drop a person a line	한 행을 떨어뜨리다 → 서신을 보내다
drop a sigh	한숨을 떨어뜨리다 → 한숨짓다
drop asleep	잠에 떨어지다 → 잠들다
drop away	떨어져 가다 → (사람이) 떠나가다
drop behind	뒤로 떨어지다 → 낙오하다
drop dead	쓰러져 죽다 → 갑자기 죽다
drop down	쓰러져 내리다 → 쓰러지다; (바람 등이) 갑자기 멎다
drop in on a person	사람에게 떨어지다 → 누구를 방문하다
drop into~	~속에 떨어지다 → ~에 빠지다; 시작하다

drop off	떨어져 나가다 → 보이지 않게 되다; 잠들다
drop one's eyes	눈을 떨어뜨리다 → 눈을 내려 깔다
drop out	떨어져 나가다 → 퇴거하다, 소멸하다
drop short	짧게 떨어지다 → ~에 부족을 느끼다; 급사하다
drop the knee	무릎을 떨어뜨리다 → 무릎을 꿇다
drop through	아주 떨어져 버리다 → 아주 못쓰게 되다

eat 먹다

eat away	마구 먹다 → 닥치는 대로 먹다
eat crow	까마귀를 먹다 → 항복하다; 수치를 무릅쓰다
eat dirt	더러운 것을 먹다 → 굴욕을 참다
eat in	먹어 들어가다 → 부식(腐食)하다
eat into~	~속으로 먹어 들어가다 → 잠식하다, 탕진하다
eat off	말끔히 먹다 → 먹어 없애다
eat one's fill	가득히 먹다 → 포식하다
eat one's head off	머리를 먹어치우다 → 주인을 망하게 하다
eat one's words	말을 먹다 → 앞서 한 말을 번복하다
eat out	먹어치우다 → 닥치는 대로 먹다; 장식하다
eat out of house and home	집과 가정을 먹다 → 가산을 탕진하다
eat the dust	먼지를 먹다 → 굴욕을 참다
eat to excess	과도하게 먹다, 과식하다
eat up	먹어치우다 → 탕진하다; 열중하다

enter 들어가다

enter a person's head	머리에 들어가다 → (생각이) 떠오르다
enter a school	학교에 들어가다 → 입학하다
enter an action against~	~에 대한 행동을 취하다 → ~을 고소하다
enter an appearance	출현을 시작하다 → 출두하다; 참석하다

enter business	사업에 들어가다 → 사업을 시작하다
enter for a race	경기를 위해서 들어가다 → 경기에 참가하다
enter into~	~속으로 들어가다 → 시작하다, 가입하다
enter ~ into a book	~을 책 속에 기입하다 → 장부에 기장하다
enter into a matter	사건 속에 들어가다 → 깊이 개입하다
enter into details	세부로 들어가다 → 상세하게 밝히다
enter one's head	머리에 들어가다 → (생각이) 떠오르다
enter the list against	~에 대한 리스트에 오르다 → 맞아 싸우다
enter the practice	업무를 시작하다 → 개업하다
enter up	완전히 기입하다 → 남김없이 기장하다
enter upon~	~을 시작하다 → (새로운 일을) 개시하다

fall 떨어지다

fall asleep	잠에 떨어지다 → 곯아떨어지다
fall away	저쪽으로 떨어지다 → (벗이) 떨어져 나가다; 메마르다
fall back	뒤로 떨어지다 → 퇴거하다; 도주하다
fall back on~	뒤로 물러나 ~위에 떨어지다 → ~에 의지하다
fall dumb	벙어리로 떨어지다 → 말문이 막히다
fall head foremost	머리위로 떨어지다 → 곤두박질하다
fall ill	질병에 떨어지다 → 병에 걸리다
fall in~	~속에 떨어지다 → 함몰하다
fall in love with~	~과 사랑에 떨어지다 → ~에 반하다
fall in with~	~과 우연히 만나다; 일치하다
fall into~	~속으로 떨어지다 → (~한 상태)가 되다
fall into a habit	습관 속에 떨어지다 → 습관이 붙다
fall off	밖으로 떨어지다 → 감소하다; (벗이) 멀어지다
fall on~	~위에 떨어지다 → 참전하다; (재난이) 닥치다
fall on one's feet	발위에 떨어지다 → 난국을 타개하다

fall short of~	~까지 도달하지 않다; ~이 부족하다
fall through	~통해서 떨어지다 → 넘쳐흐르다; 실패하다
fall to~	~으로 떨어지다 → ~에 덤벼들다; 시작하다

fall 쓰러지다

fall dead	죽어 쓰러지다 → 죽어 넘어가다
fall down	아래로 넘어지다 → 넘어지다; 부복하다
fall down upon one's knees	무릎위로 넘어지다 → 무릎을 꿇다
fall fighting	싸워 쓰러지다 → 전사하다
fall flat	납작하게 쓰러지다 → 실패하다; 반응이 없다
fall for~	~쪽으로 쓰러지다 → ~에 반하다
fall forward	앞쪽으로 쓰러지다 → 거꾸러지다
fall on all fours	손발 위에 쓰러지다 → 엉금엉금 기다
fall on one's back	등 뒤에 쓰러지다 → 벌렁 자빠지다
fall on one's knees	무릎 위에 쓰러지다 → 무릎 꿇다
fall on one's sword	칼 위에 쓰러지다 → 칼로 자살하다
fall over	위로 쓰러지다 → (높은 구조물이) 넘어가다
fall over a stone	돌부리에 걸려 넘어지다
fall over one another	서로의 위에 쓰러지다 → 앞을 다투다
fall prostrate	넘어져 부복하다 → 부복하다
fall to the ground	땅으로 쓰러지다 → 실패하다
fall under the sword	칼 아래 쓰러지다 → 칼에 맞아 죽다

feel 느끼다

feel a person out	누구의 외양을 느끼다 → 눈치보다
feel after~	~을 바라고 만지다 → 더듬어 찾다
feel at ease	편안하게 느끼다 → 편안하다
feel at home	집에 있는 것처럼 느끼다 → 편안하다

feel badly about~	~에 관해서 나쁘게 느끼다 → 기분을 잡치다
feel for~	~을 위해서 느끼다 → ~에 동정하다
feel inclined to~	~에 기울어지게 느끼다 → ~하고 싶어지다
feel interest in~	~속에 흥미를 느끼다 → ~에 흥미를 갖다
feel of~	~을 만지다
feel one's legs	자기의 다리를 느끼다 → 자신이 붙다
feel one's oats	보리를 먹고 기운을 느끼다 → 기운이 나다; 잘난 체하다
feel one's way	스스로의 길을 만지다 → 더듬어 나아가다
feel one's wings	스스로의 날개를 느끼다 → 자신을 갖다
feel oneself	스스로를 느끼다 → 정신이 든 느낌을 갖다
feel oneself guilty	스스로 죄를 느끼다 → 기가 죽다
feel strange	이상하게 느끼다 → 거북스럽다, 기미적다
feel the draft	틈새바람을 느끼다 → 주머니가 비다, 곤궁하다
feel the enemy	적을 만지다 → 정찰하다
feel up to~	~에 대해서 단단히 느끼다 → ~에 견딜 것 같다

fight 싸우다

fight a gun	대포로 싸우다 → 포격을 지휘하다
fight a prize	상(賞)을 싸우다 → 상을 다투다
fight against~	~에 대항해서 싸우다 → ~과 교전하다
fight back	싸워 물리치다 → 저지하다; 저항하다
fight down	싸워 쓰러뜨리다 → 굴복시키다
fight every inch of the way	한걸음씩 어렵게 전진하다
fight for~	~을 위해 싸우다 → 편들다
fight for one's own hand	스스로의 손을 위해 싸우다 → 이익을 도모하다
fight hand to hand	손과 손으로 싸우다 → 백병전을 벌이다
fight it out	끝까지 싸우다 → 죽을 때까지 싸우다
fight off	싸워 쫓다 → 격퇴하다

fight one's way	분투해서 나가다, 진로를 개척하다
fight shy of~	겁에 질려 ~과 싸우다 → ~을 피하다
fight the glove off	글로브를 벗고 싸우다 → 치고받다, 다투다
fight to the last man	최후의 한사람까지 싸우다
fight up against~	대적해 끝까지 싸우다 → 분투하다
fight with one's own shadow	그림자와 싸우다 → 혼자 씨름을 하다

fill 채우다

fill a bucket with water	양동이에 물을 가득 채우다
fill a hungry man	시장한 사람을 채우다 → 배불리 먹게 하다
fill a prescription	처방에 따라 조제하다
fill a purse with bills	지갑에 지폐를 가득 채우다
fill a vacant place	빈 장소를 채우다 → 빈자리를 채우다
fill an order	주문을 채우다 → 주문에 응하다
fill in one's name	이름을 채우다 → 이름을 써 넣다
fill in the time	시간을 보내다, 한가로움을 메우다
fill one's heart with joy	기쁨으로 들뜨다
fill one's place	누구의 장소를 채우다 → 누구를 대신하다
fill oneself a bumper	스스로 잔을 채우다 → 자작하다
fill out	말끔히 채우다 → 팽창시키다, 가득 채우다
fill the bill	계산서를 채우다 → 필요를 충족시키다, 요구에 응하다
fill the hour	시간을 채우다 → 여가가 없게 하다
fill the vacancy	공석을 채우다
fill up	끝까지 차다 → 만원이 되다

find 발견하다

| find a market | 시장을 발견하다 → 판로를 개척하다 |
| find a person to be~ | 누가 ~임을 발견하다 → 누가 ~임을 알다 |

find difficulty in	~하는 것이 어려움을 알다
find expression	표현을 발견하다 → 표현하다
find fault with	결점을 발견하다 → 비난하다, 결점을 찾다
find favor with~	~의 호의를 발견하다 → ~의 호의를 얻다
find it in one's heart to do	~하고 싶어지다
find mercy	온정을 발견하다 → 신세를 지다
find money for~	자금을 위한 대책을 세우다
find one's account in~	~에 의해서 이익을 얻다
find one's feet	자기의 다리를 발견하다 → 자립하다
find one's way in~	~에 길을 발견하다 → 애쓰며 나아가다
find one's way out	나오는 길을 발견하다 → 간신히 빠져나오다
find one's way to~	~에 가는 길을 발견하다 → 전진하다
find oneself	스스로를 발견하다 → 느끼다, 기분이 되다
find out	찾아내다 → 발견하다, 찾아내다, (의문을) 풀다
find shelter	피난처를 발견하다 → 피난하다, 숨다
find time ~ing	~할 시간을 발견하다 → ~할 여가가 있다

finish 끝내다

begin again	다시 시작하다 → 처음부터 다시 하다
begin at~	~에서 시작하다 → ~부터 시작하다
begin at the beginning	처음부터 시작하다
begin at the wrong end	첫발을 잘못 디디다
begin life	인생을 시작하다 → 새 삶을 내딛다
begin on~	~에 관해 시작하다 → ~에 착수하다
finish a bottle of wine	술 한 병을 끝내다 → 병을 비우다
finish a person	누구를 끝나게 하다 → 누구를 지치게 하다
finish by ~ing	~하는 것으로 끝나다 → 끝내는 ~하다
finish last	마지막으로 끝내다 → 꼴찌로 끝내다
finish off	말끔히 끝내다 → 해치우다, 완료하다

448

finish one's life | 누구의 삶을 끝내다 → 죽다
finish one's school | 누구의 학교를 끝내다 → 졸업하다
finish up | 끝내버리다 → 먹어치우다: 완성하다
finish up with~ | ~으로 끝내버리다 → ~으로 종결이 되다
finish with~ | ~로 끝내다 → ~로 끝을 맺다
finish with a country | 어느 나라를 끝내다 → 구경하다

fit   들어맞다

fit a coat on a person | 옷을 적합 시키다 → 몸에 맞추다
fit a person for the post | 적임자가 되게 하다
fit a person with a coat | 누구에게 옷을 입게 하다
fit badly | 나쁘게 맞다 → 잘 맞지 않다
fit in | 속에 적합 시키다 → 잘 적합 시키다
fit like a glove | 장갑처럼 맞다 → 빈틈없이 맞다
fit on | 입어 적합 시키다 → 가봉하다
fit oneself for~ | ~을 위해 적합 시키다 → 준비하다
fit oneself to~ | ~에게 적합 시키다 → ~한 상황에 적응하다
fit out | 끝까지 적합하다 → 장비하다, 조달하다
fit out a person for a journey | 여행준비를 하다
fit the cap on | 모자를 적합 시키다 → 자기를 두고 빗대는 줄 안다
fit the case | 그 경우에 적합하다 → 그 경우에 해당하다
fit to a nicety | 정확으로 맞추다 → 꼭 맞추다
fit up~ | ~에 적합 시키다 → ~에 설비하다

fly   날다

fly apart | 떨어져 날다 → 위에 떨어지다, 뛰어 돌아다니다
fly asunder | 따로 떨어져 날다 → 산산조각이 나다

fly at~	~에 날라 붙다 → ~에 덤벼들다
fly back	뒤로 날다 → 날아 돌아오다
fly from~	~으로부터 날다 → ~을 피하다, 도망하다
fly high	높게 날다 → 높이 날다; 대망을 품다
fly in the face of~	~의 얼굴을 날다 → ~에 반항하다
fly into a passion	격정 속으로 날다 → 벌컥 화내다
fly into one's arms	누구의 팔 속으로 날다 → 껴안다
fly low	얕게 날다 → 겸손하게 굴다, 과만한 소망을 품지 않다
fly off at a target	표적을 벗어나 날다 → (이야기가) 벗어나다
fly out	밖으로 날다 → 갑자기 뛰어나오다; 갑자기 호통치다
fly round	빙글빙글 날다 → (바퀴 등이) 급격히 회전하다
fly upon~	~위로 날아 붙다 → ~에 덤벼들다

follow 따라가다

follow a lane	길을 따라가다
follow a person to~	따라서 ~으로 가다 → 누구를 뒤따라가다
follow a person's gaze	시선을 따라가다 → 시선을 쫓다
follow a speaker's words	말하는 사람의 말을 따르다 → 납득하다
follow a trade	직업을 따라가다 → 종사하다
follow after~	~의 뒤를 따르다 → ~을 뒤쫓다; ~을 희구하다
follow an argument	의론을 따라가다 → 의론을 납득하다
follow an example	예를 따라가다 → 예를 따르다
follow in the wake of	~의 종적을 따르다 → 본을 따르다
follow on	계속 따라가다 → 바로 뒤를 따라가다
follow one's advice	충고를 따라가다 → 충고를 받아들이다
follow one's nose	스스로의 코를 따라가다 → 곧장 가다
follow out	끝까지 따라가다 → 관철하다
follow the beaten track	밟힌 흔적을 따르다 → 정도를 걷다

follow the plow	쟁기에 종사하다 → 농사를 짓다
follow through~	~을 통해서 뒤따르다 → 끝까지 하다
follow up	어디까지나 뒤따르다 → 끝까지 추구하다
follow with eager eyes	진지한 눈으로 뒤따르다 → 지켜보다

gain 얻다

no pain, no gain.	수고가 없으면 이득도 없다
gain a battle	전투를 얻다 → 승리하다
gain a hearing	청취를 얻다 → 의견을 청취해 받다
gain a person over	누구에게 편들다, 누구를 설득하다
gain a victory over~	~위에 승리를 얻다 → ~에 이기다
gain by comparison	비교에 의해서 얻다 → 비교해 돋보이다
gain ground	땅을 얻다 → 기반을 잡다; 세력을 증대하다
gain ground upon~	~에 관해서 땅을 얻다 → ~에 접근하다
gain headway	전진을 얻다 → 전진하다
gain in beauty	미(美)에서 얻다 → 아름다워지다
gain on~	~에 점차로 도달하다 → ~에 따라가 육박하다
gain one's end	목적을 얻다 → 목적을 달성하다
gain one's favor	누구의 호의를 얻다 → 누구의 마음에 들다
gain one's point	자기주장을 얻다 → 주장을 관철시키다
gain strength	기운을 얻다 → (앓고 난 후) 기운을 차리다
gain the day	(승리의) 날을 얻다 → 싸움에 이기다
gain the ear of~	~의 귀를 얻다 → ~에게 이야기하다
gain the upper hand	위쪽 손을 얻다 → 우세해지다; 이기다
gain time	시간을 얻다 → 시간에 여유가 생기다; 시간을 벌다

get 얻다

| get a footing | 발판을 얻다 → 기반을 잡다 |

get a free hand	자유로운 손을 얻다 → 행동의 자유를 얻다
get a glance	얼핏 쳐다보다
get a good start	좋은 출발을 얻다 → 순탄한 일보를 내딛다
get a scolding	질책을 얻다 → 야단맞다
get ahead	앞쪽으로 얻다 → 진보하다, 나아가다
get credit for~	신용을 얻다 → ~으로 체면을 세우다
get hold of~	~을 잡다, ~을 체포하다
get one's goat	누구의 양을 얻다 → 화나게 하다; 괴롭히다
get one's living	자기의 생활을 얻다 → 생계를 세우다
get the better of~	~보다 좋은 것을 얻다 → ~에 승리하다
get the hang	취지를 얻다 → 요령을 터득하다
get the mitten	(여성의) 장갑을 얻다 → 딱지를 맞다; 파면되다
get the sack	자루를 얻다 → 해고되다, 파면되다
get the start of~	~의 출발을 얻다 → ~에 앞서다
get wind	바람을 얻다 → 소문이 퍼지다, 널리 알려지다

get　～시키다

get a person home	집으로 가게 하다 → 집으로 데리고 가다
get a person into trouble	폐를 끼치다
get a person to confess	누구를 자백 쪽으로 가게 하다 → 자백시키다
get a point across	요점을 교차시키다 → 요점을 납득시키다
get a riot under	폭동을 아래로 가게 하다 → 폭동을 진압시키다
get a ship under way	선박을 길에 가게 하다 → 출항준비를 시키다
get a woman with child	아이를 갖게 하다 → 임신시키다
get laws obeyed	법을 복종시키다 → 법을 따르게 하다
get one's feet wet	발을 젖게 하다 → 발을 적시다
get one's money back	돈을 갖다 놓게 하다 → 돈을 돌려받다
get oneself up	스스로를 치장하다 → 멋 부리다
get things done	무엇을 행해진 상태로 하다 → 정돈하다

get about	여기저기 가다 → 걸어 헤매다
get across	가로질러가다 → 건너다
get ahead	앞쪽으로 가다 → 전진하다
get along	~을 따라가다 → 나아가다; 잘 지내다
get around	돌아가다 → 알려지다; 속이다
get away	멀리가다 → 떠나다, 도망하다, 출발하다
get back	뒤로 가다 → 되돌아오다; 찾아오다
get behind	뒤가 되다 → 늦다, 뒤떨어지다; 내막을 보다
get by	곁을 가다 → 지나쳐 가다; 빠져나가다
get down	밑으로 가다 → 내리다; 지치게 하다
get in	속으로 가다 → 들어가다, 넣다
get on	계속 가다 → 입다, 신다; (탈 것에) 타다
get on one's way	자기의 길을 계속 가다 → 전진하다
get over	넘어서 가다 → 넘다, 극복하다, 완성하다
get there	그곳에 도달하다 → 목적을 달성하다, 성공하다
get through	~통해서 도달하다 → 통과하다
get together	함께 하게 하다 → 모으다
get up	위쪽으로 가다 → 기상하다

get 오다

get ahead of~	~에 앞서오다 → ~에 앞서다, 보다 낫다
get among~	~사이로 오다 → ~에 끼다, 한패가 되다
get around to~	~을 돌아오다 → ~까지 손이 미치다
get at~	~에 오다 → ~에 도달하다; ~을 이해하다
get away with~	~을 가지고 멀리 가다 → ~을 갖고 도주하다
get down on~	~에 놓고 내리다 → ~을 싫어하게 되다
get down to~	~로 내려가다 → 차분하게 ~에 착수하다

get in with~	~과 가까이 되다 → ~과 친해지다
get into~	~속으로 들어가다 → ~에 발을 들여 놓다
get off on~	~위에 내리다 → ~에 발을 내딛다
get off with~	~과 함께 떨어져 가다 → (이성과) 정다워지다
get on for~	~에 대해서 가까이 가다 → ~에 접근하다
get on to~	~에 가까이 가다 → ~을 이해하게 되다
get on well with~	~과 잘해가다 → ~과 사이좋게 지내다
get on with~	~과 더불어 가다 → ~을 계속하다
get out from under~	~의 밑에서 나오다 → ~을 면하다
get out of~	~밖으로 나오다 → (탈 것을) 내리다; ~을 피하다
get round to~	~에 돌아오다 → ~에 도달하다
get through with~	~에 관해서 끝까지 오다 → ~을 완성하다
get up to~	~까지 오다 → ~에 도달하다; ~을 따라잡다

get   ~이 되다

get bored	권태가 되다 → 권태를 느끼다
get busy	분주해지다 → 일을 시작하다
get clear of~	~을 청산하게 되다 → ~을 벗어나다
get dead tired	죽도록 지치게 되다 → 몹시 지치다
get drunk	술 취하게 되다 → 취하다
get dry	마르게 되다 → 마르다, 건조하다
get even with~	~과 동등해지다 → ~에 보복하다
get going	출발하다 → 일에 착수하다
get left	남겨지다 → 뒤지다; 기대에 벗어나다
get loose	느슨해지다 → 풀어지다, 벗겨지다; 도망하다
get married	결혼한 상태로 되다 → 결혼하다
get off the air	공기에서 멀어져 가다 → 방송이 금지되다
get old	낡아지다 → 나이를 먹다
get ready	준비하는 상태가 되다 → 준비가 되다

get rid of~	~을 제거하다 → ~에서 벗어나다; 그만두다; 죽이다
get set right	옳게 놓아두게 되다 → 병을 치료받다
get used to~	~에 익숙한 상태가 되다 → ~에 익숙해지다
get well	좋게 되다 → 회복하다
get wet	젖은 상태가 되다 → 젖다
get wise to~	~에 대해서 현명해지다 → ~을 알아차리다

give　주다

give a person notice	통고하다 → 정식으로 거절하다
give birth to~	~에게 탄생을 주다 → ~을 분만하다
give effect to~	~에게 효력을 주다 → ~을 실시하다
give full scope to~	충분한 기회를 주다 → 활동의 자유를 주다
give ground	땅을 주다 → 퇴각하다
give head to~	~에게 주의를 하다 → ~에 주의를 기울이다
give in charge	~에게 책임을 주다 → ~을 위임하다
give mind to~	~에게 마음을 주다 → ~에게 신경을 쓰다
give place to~	~에게 장소를 주다 → ~과 교대하다
give vent to~	~에게 빠져나갈 구멍을 주다 → 발산하다
give way~	~에게 길을 주다 → ~에게 양보하다, 지다

give　발하다

give a cough	기침을 발하다 → 기침을 하다
give a cry	외침을 발하다 → 외치다
give a loud laugh	큰 웃음을 발하다 → 크게 웃다
give back	뒤로 내밀다 → 돌려주다; 물러나다
give chase to~	~에게 추적을 발하다 → ~을 추적하다
give forth~	앞으로 내밀다 → (소문을) 퍼뜨리다; (빛을) 발하다

give in	속으로 발하다 → (서류 등을) 제출하다; 항복하다
give news	뉴스를 발하다 → 보도하다
give off	밖으로 발하다 → (냄새 등을) 발하다
give one's opinion	의견을 발하다 → 의견을 진술하다
give one's word	말을 발하다 → 맹세하다
give out	밖으로 발하다 → 발표하다, 유포시키다; 분배하다
give over	내버리다 → 고만두다, 단념하다; 인도하다
give signs of an illness	병의 징조를 발하다 → 병세를 나타내다
give ~ to the world	~을 세상에 내밀다 → ~을 발표하다
give up	내버리고 말다 → 포기하다, 그만두다

go 가다

go and do	(일부러) 가서 ~하다 → 어리석게도 ~하다
go by air	공기에 의해 가다 → 항공편으로 가다
go by sea	바다에 의해 가다 → 선박편으로 가다
go for	~향해서 가다 → 공격하다; 탐내다
go for a doctor	의사를 구해가다 → 의사를 부르러 가다
go for a swim	수영을 위해 가다 → 수영하러 가다
go for a walk	걷기 위해 가다 → 산책하다
go for the bathe	목욕을 위해 가다 → 목욕하러 가다
go for the ride	타기 위해 가다 → 드라이브하다
go on all fours	수족을 써서 가다 → 기어가다
go on foot	발로 가다 → 도보로 가다
go out of one's way	길을 벗어나 가다 → 멀리 돌아가다
go to a ball	무도회로 가다 → 춤추러 가다
go to a better world	더 좋은 세상으로 가다 → 저세상에 가다
go to a theater	극장으로 가다 → 연극을 보러 가다
go to bed	침대로 가다 → 잠자다

<table>
<tr><td colspan="2">go   행동하다</td></tr>
</table>

go about	여기저기 가다 → 걸어 돌아다니다
go ahead	앞으로 가다 → 전진하다
go along	앞으로 나아가다 → 전진하다
go away	저쪽으로 가다 → 떠나다, 도주하다
go back	뒤로 가다 → 돌아가다
go before	앞서가다 → 앞서다, 안내하다
go by	곁으로 가다 → 지나쳐 가다; 잠깐 들리다
go down	밑으로 가다 → 내려가다, 가라앉다; (후세에) 전하다
go far	멀리까지 가다 → 효과가 있다; 성공하다
go forth	앞으로 가다 → (명령 등이) 내려지다
go home	집으로 가다 → 귀가하다, 귀국하다
go in	속으로 가다 → 들어가다; 참가하다
go off	저쪽으로 가다 → 떠나다, 도주하다; 폭발하다
go on	계속하다 → 전진하다; 계속하다
go out	밖으로 가다 → 외출하다
go over	넘어가다 → 건너가다; 조사하다; 복습하다
go round	돌아가다 → 돌다; 널리 퍼지다
go through	∼통해서 가다 → 빠져나가다
go under	밑으로 가다 → 가라앉다
go up	위로 가다 → 올라가다; 파열하다

<table>
<tr><td colspan="2">go   나아가다</td></tr>
</table>

go after∼	∼의 뒤를 가다 → ∼을 희구하다
go against∼	∼에 반대해서 가다 → 거역하다, 반대하다
go along with∼	∼과 더불어 가다 → ∼과 함께 전진하다
go at∼	∼에 대해서 가다 → 덤벼들다
go away with∼	∼을 갖고 가버리다 → ∼을 갖고 도주하다

go back of~	~의 뒤를 가다 → ~의 뒷조사를 하다
go back upon~	~에 관해 뒤를 가다 → 취소하다; 배반하다
go between~	~사이를 가다 → ~의 중계역할을 하다
go down before~	~앞을 내려가다 → ~에게 굴복하다
go down to~	~에 대해서 내려가다 → ~에게 전하다
go in at~	~에 대해서 안으로 가다 → ~에 참가하다
go in for~	~을 향해 안으로 가다 → 찬성하다; 참가하다
go in with~	~과 더불어 안으로 가다 → ~에 참가하다
go near to ~ing	~하기까지 가까이 가다 → 자칫 ~하게 되다
go on for~	~을 향해 계속 가다 → ~에 접근하다
go so far as to~	~만큼 멀리 가다 → ~까지 하다
go through with~	~에 관해 시종 …하다 → 관철하다
go with~	~과 더불어 가다 → 동행하다; ~을 이해하다
go without~	~없이 가다 → ~없이 꾸려나가다

go ~하다

go to extremes	극단을 향하여 가다 → 최후의 수단을 취하다
go to grass	(늙은 말이) 풀밭으로 방목되다 → 은퇴하다
go to law	법으로 하다 → 법에 호소하다
go to rack and ruin	파멸로 가다 → 망하다
go to sea	바다로 나아가다 → 선원이 되다
go to the bad	악으로 가다 → 타락하다
go to the bar	법정으로 나가다 → 변호사가 되다
go to the devil	악마에게로 가다 → 파멸하다, 망하다
go to the dogs	개에게로 가다 → 파멸하다
go to the end of the world	세계 끝으로 가다 → 끝까지 복수하다
go to the expense of~	~의 비용까지 가다 → 돈을 써서 ~까지 하다
go to the ground	지면으로 가다 → 희망이 끊어지다
go to the rescue	구하러 가다 → 응원하다

go　언제나 ～이다

go armed	언제나 무장하고 있다 → 무장하다
go bad	나빠지다 → 부패하다
go better than was expected	예상보다 호전되다 → 뜻밖에 잘되다
go black in the face	얼굴이 검어지다 → 얼굴이 흙빛이 되다
go blind	늘 맹목상태이다 → 장님이 되다
go blind with love	사랑으로 눈이 멀다
go cold all over	완전히 추워지다 → 온몸이 오싹해지다
go Conservative	늘 보수당원이다 → 보수당에 입당하다
go crazy	늘 미쳐있는 상태이다 → 미치다; 열중하다
go dry	메마른 상태로 있다 → 술 없이 참다
go hot and cold	덥고 춥고 하다 → 열이 오르락내리락 하다
go in rags	누더기 속에 있다 → 누더기를 입다
go naked	늘 벌거벗고 있다 → 나체이다
go steady	안정된 상태에 있다 → 애인관계에 있다
go thirsty	목이 마른 상태에 있다 → 갈증을 느끼다
go to pieces	조각조각이 되다 → 처참한 몰골이 되다
go unharmed	해를 입지 않은 상태이다 → 무사하다
go unrewarded	보답 받지 못한 상태이다 → 불우하다
go with young	아기를 가진 상태이다 → 임신 중이다

grow　성장하다

grow angry	화가 자라다 → 화내다
grow deadly pale	죽은 것 같이 창백하게 되다 → 창백해지다
grow down	아래로 성장하다 → 낮아지다, 줄다, 짧아지다
grow in～	～속에서 성장하다 → (경험, 지혜 등이) 늘다
grow into a habit	습관에로 성장하다 → 습관이 붙다
grow into one	하나로 성장하다 → 결합하다

grow on~	~에 관해서 자라다 → ~에 강해지다
grow on a person	사람위에 성장하다 → 점차 흥분되다
grow on trees	나무로 자라다 → 손쉽게 입수하다
grow out	밖으로 성장하다 → 싹이 트다
grow out of~	~밖에서 자라다 → ~에서 생기다; ~에서 벗어나다
grow over~	~위에 자라다 → 가득히 (풀이) 자라다
grow ripe	익도록 자라다 → (과일이) 익다
grow tame	길들이게 자라다 → 길들다
grow tired of~	~에 대해 권태가 늘다 → ~에 싫증을 느끼다
grow to~	자라서 ~하게 되다 → 차차 ~하게 되다
grow together	서로 성장히다 → (상처가) 아물다
grow up	위로 자라 오르다 → 어른이 되다
grow weary of~	~에 대해 피로가 늘다 → 싫증을 느끼다

hang 매달다, 걸다

hang about	여기저기 흔들거리다 → 오락가락하다; 서성거리다
hang back	뒤에서 서성거리다 → 망설이다
hang behind	뒤쪽에서 서성거리다 → 늦다
hang fire	발사가 늦어지다 → 결판이 서지 않다, 우물쭈물하다
hang heavy	무겁게 매달다 → 권태를 느끼다
hang it!	매달아라(교수형을 집행하라)! → 제기랄!
hang off	놓아주다 → 뒤꽁무니를 빼다
hang on	계속 매달리다 → 쉴 새 없이 하다, 버티다
hang on to~	~에 매달리다
hang out	밖으로 내걸다 → 문밖에 게양하다; 살다; 몸을 내밀다
hang over	위로 내걸다 → 돌출해 있다; 숙취 상태이다
hang round	주위를 서성거리다 → 서성이다

hang together	서로 내걸다 → 일치단결하다; 앞뒤가 맞다
hang up	위로 걸다 → 매달다; 전화를 끊다
hang up a bill	계산서를 매달다 → 떼어먹다

have 갖다

have a baby	아기를 갖다 → 아기를 낳다
have a bright head	영리한 머리를 갖다 → 머리가 좋다
have a cold	감기를 갖다 → 감기 들다
have a cold heart	차가운 마음을 갖다 → 냉정하다
have a flu	독감을 갖다 → 독감에 걸리다
have a good memory	좋은 기억을 갖다 → 기억력이 좋다
have a good nose	좋은 코를 갖다 → 냄새를 잘 맡다
have a large family	큰 가정을 갖다 → 식구가 많다
have a pain	통증을 갖다 → 아프다
have a poor appetite	빈약한 식욕을 갖다 → 식욕이 없다
have a thing to oneself	물건을 독점하다 → 물건을 마음대로 하다
have eyesore	눈의 아픔을 갖다 → 안질을 앓다
have loose bowels	느슨한 배를 갖다 → 설사하다
have measles	홍역을 갖다 → 홍역을 앓다
have stiff shoulders	완고한 어깨를 갖다 → 어깨가 뻑뻑하다
have sweet teeth	달콤한 이를 갖다 → 단 것을 즐겨먹다

have 품다

have a high opinion of	높은 견해를 품다 → 높이 평가하다
have a mind to~	~할 마음을 품다 → ~할 마음이 내키다
have a passion for~	~에 정열을 갖다 → ~을 아주 좋아하다
have a plan	계획을 갖다 → 계획이 있다
have a rosy future	장밋빛 미래를 갖다 → 장래가 촉망되다

have a way with~	~을 다루는 방법을 갖다 → ~을 다룰 줄 안다
have an objection	반대를 갖다 → 이의를 품다
have every reason to~	아무리 생각해도 ~이다
have half a mind to~	~에 마음이 반은 있다 → ~할까 말까 하다
have it in for~	그것을 ~을 위한 속에 갖다 → 원한을 품다
have one's own way	자기 자신의 길을 갖다 → 마음대로 하다
have something to say	말할 것을 갖다 → 할 말이 있다
have the courage to~	~할 용기를 품다 → 용감하게 ~하다
have the goodness to~	~할 친절을 품다 → 친절히도 ~하다

have ~하다

have a bad night	나쁜 밤을 갖다 → 잠들지 못하다
have a bad time	나쁜 시간을 갖다 → 혼이 나다
have a bath	목욕을 갖다 → 목욕하다
have a bite	한 입 물다 → 식사하다
have a game	게임을 갖다 → 게임을 하다
have a go at	한번 ~에 가보다 → ~을 한번 해보다
have a good time	좋은 시간을 갖다 → 즐겁게 지내다
have a hard time of it	어려운 시간을 갖다 → 혼이 나다
have a lesson	학과를 갖다 → 수업하다
have a sound sleep	건실한 잠을 자다 → 푹 자다
have a swim	수영을 갖다 → 헤엄치다
have a wash	(얼굴이나 손발을) 씻다
have a word with~	~과 더불어 말을 갖다 → 잠시 이야기하다
have an adventure	모험을 갖다 → 모험하다
have an easy life	쉬운 생활을 갖다 → 편안히 살다

have a bone to pick with～	～과 논해야 할 문제가 있다
have a large choice of～	～을 많은 속에서 고르다 → 선택권이 있다
have an eye for～	～에 관해 눈을 갖다 → ～에 대한 안식이 높다
have an eye on～	～에 눈을 고정하다 → 감시하다
have designs on	계획을 갖다 → 야심이 있다
have full swing	마음껏 휘둘다 → 충분히 발휘하다
have mercy on～	～에 연민을 갖다 → ～을 가엾게 여기다
have no voice in～	～에 소리가 없다 → ～에 발언권이 없다
have one's say	자기의 말을 갖다 → 할 말을 하다

have　시키다

have a man at her feet	남자를 발밑에 갖다 → 남성을 굴복시키다
have a person in	누구를 속에 갖다 → 들어오게 하다
have a person over	누구를 넘어와 갖다 → 초청하다
have a person up	누구를 상경시키다 → 시골 손님을 받다
have a picture taken	사진을 찍게 하다
have everything ready	모두 준비시키다 → 준비를 갖추다
have it coming to a person	그것을 가게 하다 → 벌을 과하다
have it out	그것을 밖으로 내다 → 일의 끝맺음을 하다
have money back	돈을 뒤로 갖다 → 돈을 돌려받다
have one's car parking	차를 주차시키다
have one's hands full	손이 가득한 상태이다 → 바쁘다
have one's head cut off	머리를 잘리다 → 면직당하다
have one's head on one side	갸우뚱하다 → 이상히 여기다
have one's right trampled	권리를 유린당하다 → 무시당하다
have one's salary raised	월급을 올려 받다

hear a case	사건을 듣다 → 사건을 심리하다
hear a person out	누구의 말을 끝까지 듣다 → 끝까지 듣다
hear about~	~에 관해 듣다 → ~에 관해 자세히 듣다
hear from~	~로부터 듣다 → ~로부터 소식이 있다
hear, hear!	들어라! 들어라! → 조용히! 조용히!
hear me!	나를 들어라! → 내 말을 들어봐!
hear of~	~에 관해 듣다 → ~의 소문을 듣다
hear one's prayer	누구의 기도를 듣다 → 소원을 들어주다
hear out	명백히 듣다 → (소리를) 가려듣다
hear say of~	~에 관해 밀하는 것을 듣다 → 소문을 듣다
hear through	끝까지 듣다
listen for~	~을 향해 듣다 → 귀를 기울이다
listen in~	~을 듣다 → ~을 청취하다
listen to~	~에 귀를 향하다 → ~을 경청하다
listen to a request	요청에 귀 기울이다 → 소청을 들어주다
listen to reason	도리에 귀 기울이다 → 도리에 따르다
listen to temptation	유혹에 귀 기울이다 → 유혹에 빠지다

help 돕다

help a person in	누구를 ~속에서 돕다 → 누구의 ~을 돕다
help a person off with	도와서 벗겨주다
help a person over~	누구를 도와서 ~을 넘게 하다
help a person to~	누구에게 ~을 집어주다 → ~을 권하다
help along	곁을 따라가며 돕다 → 진행을 돕다, 도와서 걷게 하다
help down	내리는 것을 돕다
help forward	도와서 전진하게 하다
help in	도와서 넣다 → 도와서 승차시키다

help ~ in one's work	~을 일 속에서 돕다 → 일을 돕다
help matters	일을 돕다 → 이익이 있다
help on	타는 것을 돕다 → 승차시키다, (옷을) 입히다
help one's ruin	파멸을 돕다 → 파멸을 가속화시키다
help oneself	스스로를 돕다 → 혼자서 하다
help oneself to~	~을 스스로 돕다 → 스스로 집어먹다
help out	도와내다 → 도와서 나가게 하다; (비용을) 보충하다
help the cough	기침을 돕다 → 기침을 멎게 하다
help through	끝내 돕다 → 도와서 완성시키다

hold 지니다

hold a person by the button	단추를 잡다 → 만류하다
hold aloof from~	~에서 떨어져 보존하다 → 초연하다
hold back	뒤로 보존하다 → 취소하다, 만류하다, 못하게 하다
hold fast	단단히 잡다 → (우정 등을) 굳게 이어나가다
hold good	좋게 보존하다 → 유효하다, 적용되다
hold in	~에 보존하다 → ~을 누르다, 참다, 억제하다
hold off	멀리 보존하다 → 멀리하다, 거부하다; 연기하다
hold on	계속 지니다 → 붙잡고 늘어지다, 지속하다
hold one's breath	숨을 누르다 → 숨을 죽이다
hold one's own	스스로를 보존하다 → 입장을 고수하다, 체면을 세우다
hold one's peace	평화를 유지하다 → 침묵을 지키다
hold one's tongue	혀를 그대로 보존하다 → 침묵을 지키다
hold out	밖으로 지니다 → 주장하다; 약속하다; 내밀다
hold possession of~	~의 소유를 보유하다 → ~을 손에 넣다
hold still	잠잠한 상태를 유지하다 → 잠자코 있다
hold to~	~에로 단단히 갖다 → ~을 고수하다, 물고 늘어지다

| hold up | 위쪽으로 유지하다 → 쳐들다; 지지하다 |
| hold water | 물을 흘리지 않다 → 이치에 맞다 |

keep 지니다

keep abreast of~	~과 병행한 채로 있다 → ~에 뒤지지 않다
keep alive	산채로 있다 → 죽지 않고 있다
keep aloof from~	~에서 떨어진 채로 있다 → ~에서 멀어지다
keep awake	잠에서 깬 채로 있다 → 잠들지 않고 있다
keep away from~	~에서 떨어진 채로 있다 → ~에서 멀어지다
keep clear of~	~에서 깨끗이 있다 → ~을 피하고 있다
keep fit	적합한 상태로 있다 → 몸성히 있다
keep good	좋은 상태로 있다 → (썩지 않고) 싱싱하다
keep in tough with~	~과 접촉한 채 있다 → ~에서 떨어지지 않다
keep indoors	계속 집안에 있다 → 외출하지 않다
keep near	가까이 계속 있다 → 꼭 붙어 있다
keep right	오른 쪽을 지키다 → 우측통행하다
keep still	조용한 채로 있다 → 가만히 있다
keep straight on	곧장 계속 가다 → 곧바로 가다
keep well	좋은 상태이다 → 건강이 좋다
keep within bounds	도를 지나치지 않다 → 중용을 지키다

keep ~인 채로 두다

keep a good heart	좋은 심장을 지니다 → 용기를 잃지 않다
keep a person informed	누구에게 알린 채로 두다 → 알려두다
keep ~ at arm's length	~을 팔 길이만큼 보존하다 → 경원하다
keep fire burning	불을 타도록 보존하다 → 불을 계속 지피다
keep ~ in sight	~을 계속 지켜보다 → ~에서 눈을 떼지 않다
keep one's head	머리를 보존하다 → 침착하다

keep one's head cool	머리를 차게 지니다 → 냉정을 잃지 않다
keep one's memory green	기억을 푸르게 지니다 → 망령이 들지 않다
keep one's senses	감각을 지니다 → 정신을 차리고 있다
keep one's temper	이성을 지니다 → 화 내지 않다
keep pace with~	~과 보조를 지키다 → ~과 보조를 맞추다
keep the ball rolling	공을 계속 구르게 하다 → 이야기를 계속하다
keep the money	돈을 보관한 채로 두다 → 돈을 받아두다
keep under	아래에 보존하다 → 누르다

keep 지니고 있다

keep a boarder	하숙인을 지키다 → 하숙을 치다
keep a car	차를 지키다 → 차를 소유하고 있다
keep a cook	요리사를 보유하다 → 요리사를 두다
keep a dog	개를 보유하다 → 개를 기르다
keep a good garden	좋은 정원을 유지하다 → 정원을 손질하다
keep a good house	좋은 집을 유지하다 → 호화롭게 지내다
keep a good table	좋은 테이블을 유지하다 → 진수성찬을 차리다
keep a house	집을 갖다 → 가사를 관장하다
keep a large establishment	많은 사람을 고용하다 → 호화롭게 지내다
keep a school	학교를 갖고 있다 → 학교를 운영하다
keep a shop	점포를 갖고 있다 → 점포를 운영하다
keep bad company	나쁜 친구를 지니다 → 나쁜 친구를 사귀다
keep house	집을 지니다 → 가정을 갖다
keep oneself	스스로를 보존하다 → 지내고 있다
keep servants	하인을 가지다 → 하인을 두다
keep the door	문을 지키다 → 문지기를 하다
keep ~ under lock and key	~에 쇠를 채워 지키다 → ~을 엄중히 간수하다
keep watch	경계를 계속하다 → 지키다, 감시하다

keep a book	장부를 지키다 → 장부를 기장하다
keep a secret	비밀을 지키다 → 입 밖에 내지 않다
keep a tally	계산을 계속 지키다 → 장부를 기장하다
keep account	계산을 지키다 → 장부를 기장하다
keep an appointment	약속을 지키다
keep bad hours	나쁜 시간을 지키다 → 밤을 새워 늦잠을 자다
keep early hours	빠른 시간을 지키다 → 일찍 자고 일찍 일어나다
keep New Year's Day	새해를 보존하다 → 새해를 맞이하다
keep one's bed	침대를 지키다 → 집안에서 꼼짝도 안하다
keep one's distance	자기의 거리를지키다 → 사양하다
keep one's faith with~	~과의 신의를 지키다 → 배반하지 않다
keep one's word	자기의 말을 지키다 → 약속을 지키다
keep peace	평화를 지키다 → 치안을 유지하다
keep step	스텝을 지키다 → 보조를 맞추다
keep the field	싸움터를 지키다 → 버티다, 분투하다
keep the sea	바다를 계속하다 → 항해하다
keep time with~	~과 시간을 맞추다 → ~과 박자를 맞추다
keep traffic rule	교통규칙을 지키다

kill a ball	공을 죽이다 → 날아오는 공을 잡다
kill a bill	의안을 죽이다 → 의안을 접어두다
kill a play(novel)	연극(소설)을 죽이다 → 혹평을 가하다
kill an item	항목을 죽이다 → 항목을 삭제하다
kill by inches	1인치씩 죽이다 → 처참하게 죽이다
kill down	죽여 쓰러뜨리다 → 죽이다, 고사시키다
kill infallibly	착오 없이 죽이다 → 틀림없이 죽이다

kill joy	즐거움을 죽이다 → 흥미를 잃다
kill off	죽여 없애다 → 전멸시키다, 근절시키다
kill one's affection	호의를 죽이다 → 정을 떼게 하다
kill one's hope	누구의 희망을 죽이다 → 절망시키다
kill oneself	스스로를 죽이다 → 자살하다
kill or cure	죽이거나 살리거나 → 성패는 하늘에 맡기고
kill the see	바다를 죽이다 → 파도를 가라앉게 하다
kill the sound	소리를 죽이다 → 소리를 내지 않다
kill time	시간을 죽이다 → 시간을 (억지로) 보내다
kill two birds with one stone	돌 하나로 새 둘을 잡다 → 일거양득을 하다
kill with kindness	친절로 죽이다 → 친절이 지나쳐 해를 입히다

knock 두드리다

knock a person on the head	머리를 두드리다 → (계획을) 망치다
knock about	주위 사방을 두드리다 → 방랑하다
knock against	∼에 대항해서 두드리다 → ∼에 부딪치다
knock away	저쪽으로 두드려 밀다 → 평평하게 만들다
knock down	두드려 쓰러뜨리다 → 낙찰시키다
knock in	안으로 두드리다 → 두들겨 넣다
knock into a cooked hat	두들겨 삼각모로 하다 → 형편없게 하다
knock into the head	머릿속에 두들겨 넣다 → 암기해버리다
knock off	저쪽으로 두드리다 → 털어내다
knock off a poem	시를 두드려 내다 → 시를 즉흥적으로 짓다
knock one's head off	머리를 두들겨 패다 → 손쉽게 제압하다
knock out	두들겨 내다 → 녹아웃 시키다, 두들겨서 제거하다
knock the bottom out of∼	∼의 밑을 두들겨 패다 → 뿌리째 뽑다
knock their heads together	머리를 서로 부딪치게 하다 → 싸움을 말리다
knock under	밑으로 두들기다 → 항복하다
knock up one's quarter	집을 두들기다 → 두들겨 일으키다

know a person by name	누구를 이름으로 알다 → 이름을 알고 있다
know a person by sight	누구를 보아서 알다 → 얼굴을 알고 있다
know better	더 잘 알다 → ~정도는 알고 있다
know by~	~에 의해서 알려지다 → ~을 알다
know ~ by heart	~을 마음에 의해서 알다 → ~을 암기하다
know every inch of~	~을 구석구석 알다 → ~에 밝다
know no bounds	한계를 모르다 → 한이 없다
know no defeat	패배를 모르다 → 자존심이 강하다
know nothing of~	~을 아무것도 모르다 → ~을 조금도 모르다
know of~	~을 알다 → 소문으로 듣고 있다
know one's own business	자신의 일을 알다 → 간섭하지 않다
know one's own mind	자신의 마음을 알다 → 결심이 서 있다
know one's place	자기의 장소를 알다 → 분수를 지킬 줄 알다
know the ins and outs	안팎으로 알다 → 사정에 정통하다
know the ropes	끈을 알다 → 내부 사정에 밝다
know the time of day	시간을 알다 → 모든 사정을 알고 있다
know to one's cost	대가에 대해서 알다 → 진절머리를 내다
know what's o'clock	몇 시인가를 알다 → 이유를 알고 있다
know what's what	무엇이 무엇인지를 알다 → 분별이 있다

laugh 웃다

laugh a horse laugh	말의 웃음을 웃다 → 크게 웃다
laugh a person to scorn	누구를 냉소하다 → 비웃다
laugh assent	동의해서 웃다 → 웃으며 동의하다
laugh at~	~에 웃다 → ~을 비웃다
laugh at difficulty	난처함에 웃다 → 고난을 무릅쓰다
laugh away	웃어 보내다 → 웃고 지내다; 일소에 부치다

laugh down	웃어 내리다 → 웃어서 (남의 소리를) 못 듣게 하다
laugh in a person's face	얼굴을 맞대고 웃다 → 멸시하다
laugh in one's sleeves	소매 속에서 웃다 → 남몰래 웃다
laugh off	웃으며 떠나다 → 무시하다
laugh oneself to death	죽음에 이르게 웃다 → 숨이 넘어가게 웃다
laugh out	웃음을 내보내다 → 웃음을 터뜨리다
laugh to oneself	스스로를 향해 웃다 → 혼자서 웃다

lay　눕히다, 놓다

lay aside	곁으로 제쳐놓다 → 치우다; 그만두다
lay asleep	잠들게 누이다 → 방심하게 하다
lay bare	벗겨놓다 → 폭로하다, 들추어내다
lay by	곁에 놓다 → 비축해 두다
lay ~ by the heels	~의 뒤꿈치를 잡다 → 구속하다
lay down	밑에 놓다 → 잠재우다; (무기 등을) 버리다
lay emphasis on~	~에 관해 강조를 놓다 → 강조하다
lay fast	단단히 놓다 → 구속하다
lay hold of~	~의 파악을 놓다 → ~을 쥐다; ~을 잡다
lay in	속에 놓다 → 사 모으다; 마구 때리다
lay one's bones	뼈를 누이다 → 매장되다
lay one's hand on~	~위에 손을 놓다 → ~을 쥐다
lay ~ open	~을 열어놓다 → 절개하다; 폭로하다
lay out	밖에 놓다 → (상품을) 진열하다; 설계하다; 투자하다
lay ~ to heart	~을 마음에 놓다 → 유념하다; ~을 숙고하다
lay up	위에 놓다 → 비축하다, 쉬게 하다
lay waste	낭비하게 놓다 → (땅 등을) 황폐시키다
lay wait	기다려 놓다 → 숨어 기다리다, 잠복하다

lead 인도하다

lead a dog's life	개 같은 생활을 인도하다 → 비참하게 살다
lead a person a dance	댄스에 이끈다 → 이리저리 끌고다니다
lead a person astray	누구로 하여금 길을 잃게 하다 → 타락시키다
lead a person captive	포로로 인도하다 → 포로로 해서 끌고다니다
lead a stray	길을 잃게 인도하다 → 혼동시키다
lead away	저리로 인도하다 → 데리고 가다, 끌어가다
lead in	안으로 인도하다 → 유혹해 넣다
lead off	인도해내다 → 앞장서 하다, 개시하다
lead on	위에 인도하다 → 꼬시다, 끌어넣다
lead out	밖으로 인도하다 → 꼬시다; 앞장서 시작하다
lead the way	길을 인도하다 → 안내하다; 선도하다
lead to~	~으로 인도하다 → ~에 도달하다; ~이 되다
lead to no end	아무런 끝으로도 닿지 않다 → 아무런 효과가 없다
lead up	위로 인도하다 → 먼저 시작하다
lead up to~	차차 ~하게 하다; 이야기를 ~쪽으로 돌리다

learn 배우다

learn by experience	경험에 의해 배우다 → 체험으로 알다
learn by heart	심장으로 배우다 → 암기하다
learn by sight	보아서 배우다 → 눈으로 알다
learn fast	빨리 배우다 → 머리가 좋다
learn from a person	누구로부터 배우다 → 소문을 들어 알다
learn how to~	어떻게 ~하는가를 배우다 → ~의 방법을 배우다
learn of~	~을 배우다 → ~에 관해서 공부하다
learn slowly	천천히 배우다 → 머리가 둔하다
learn to be~	~이 되게끔 배우다 → ~이 되다
learn to do	~함을 배우다 → ~하게 되다
learn to one's sorrow	슬픔을 배우다 → 혼이 나다

472

leave a person cold	누구를 차갑게 남기다 → 감동을 주지 못하다
leave a person in the air	공중에 남기다 → 불안을 느끼게 하다
leave ~ along	~을 혼자 있게 하다 → ~을 방임하다
leave behind	뒤에 남기다 → 놓고 가다, 잊고 가다; 지나치다
leave A for B	B대신에 A를 남기다 → A와 B를 교환하다
leave go	가는 채로 두다 → 느슨하게 하다, 해방하다
leave hold of~	~의 구속을 풀다 → 쥐고 있는 손을 놓다
leave in one's hand	누구의 손안에 남기다 → 위임하다
leave off	말끔히 버리다 → 그만두다; (의복 등을) 벗어버리다
leave open	연 채로 두다 → 개방하다
leave out	밖에 남겨두다 → 생략하다, 빠뜨리다
leave A out of B	B에서 A를 버리다 → A를 B에서 도외시하다
leave over	넘어서 남기다 → 남기다, 연기하다
leave school	학교를 떠나다 → 졸업하다, 퇴학하다
leave ~ to chance	~을 기회대로 남겨두다 → ~을 운에 맡기다
leave to one's choice	선택으로 남겨두다 → 선택하게 하다
leave ~ with a person	누구에게 ~을 남기다 → ~을 맡기다

let ~ blood	피가 나게 하다 → 치료를 위해서 채혈하다
let bygones by bygones	과거는 과거로 돌리다 → 과거사를 잊다
let down	아래로 하다 → 낮추다; 저버리다; 손상시키다
let drive at~	~을 겨냥해서 던지다 → 내팽개치다
let drop	떨어지게 하다 → 떨어뜨리다, 쓰러뜨리다
let go	가게 하다 → 해방하다, 놓아주다
let go of	가게 하다 → 놓아주다
let in	안으로 들어가게 하다 → 통과시키다; 끼우다; 속이다

let in for~	~에 빠뜨리다 → ~에 말려들게 하다
let into~	~속을 통과시키다 → 통과시키다; ~을 알려주다
let loose	느슨하게 해주다 → 좋은 대로 하게 내버려두다
let off	떨어지게 하다 → 발사하다; 말하다; 방면하다
let oneself go	스스로를 가게 하다 → 자제력을 잃다
let out a secret	비밀이 새게 하다 → 비밀을 누설하다
let pass	통과시키다 → 용서하다, 못 본 척하다
let slide	미끄러지게 하다 → 문제를 삼지 않다; 놓아주다
let slip	미끄러지게 하다 → 풀어 주다, 자유를 주다

lie   눕다

lie along	~을 따라 가로눕다 → (날개 등이) 펴지다
lie at one's door	누구의 문에 눕다 → 책임이 있다
lie back	뒤로 눕다 → 뒤로 기대다
lie by	곁에 눕다 → 쓰지 않고 두다, 쉬다, 제쳐두다
lie down	아래로 눕다 → 복종하다, 굴복하다
lie heavy on~	~위에 무겁게 눕다 → ~이 마음에 걸리다
lie in wait~	~을 기다리고 눕다 → 숨어 기다리다
lie low	얕게 눕다 → 숨다; 입을 다물고 있다
lie off	누워버리다 → 잠시 일을 쉬다
lie over	(기한 등을) 넘어서 눕다 → 연기가 되다
lie to~	~을 향해 눕다 → ~에 전력투구를 하다
lie in one's teeth	이로 거짓말하다 → 새빨간 거짓말을 하다

live   살다

live a ~ life	~한 삶을 살다 → ~한 생활을 하다
live at one's house	~의 집에서 살다 → ~과 동거하다
live by one's wits	잔재주로 살다 → 사기를 쳐서 먹고 살다

live by oneself	혼자서 살다 → 홀앗이로 살다
live free from care	걱정에서 자유롭게 살다 → 걱정 없이 살다
live from hand to mouth	손에서 입으로 살다 → 근근이 입에 풀칠하다
live high	높게 살다 → 사치스러운 생활을 하다
live in	안에 살다 → (고용원이) 집에서 기거하며 근무하다
live in clover	(행운의) 크로바 속에 살다 → 편안히 지내다
live in ease	쉽게 살다 → 근심 걱정 없이 살다
live in the past	과거 속에 살다 → 과거의 꿈에 젖어 살다
live on~	~에 의거해서 살다 → ~으로 생계를 꾸려나가다
live on air	공기를 먹고 살다 → 식음을 전폐하다
live to see~	~을 보기 위해 살다 → 살아서 ~을 보다
live up to~	~을 향해 살다 → ~에 부끄럽지 않은 처신을 하다
live within oneself	자신 속에서 살다 → 고독하게 살다

look 보다

look about	여기저기 보다 → 둘러보다
look after	뒤에서 챙겨 보다 → 돌보다; 감독하다, 지키다
look around	둘레를 보다 → 둘러 보다; 세심히 조사하다
look away	멀리 보다 → 눈길을 돌리다
look back	뒤를 보다 → 뒤돌아 보다
look back upon~	~을 뒤돌아 보다 → ~을 회고하다
look down	아래를 보다 → 내려다 보다; 깔보다
look down upon~	~을 굽어보다 → ~을 깔보다
look for~	~을 찾아보다 → ~을 찾다
look forward to~	~전방을 보다 → ~을 고대하다
look into~	~속을 보다 → ~속을 들여다 보다; 조사하다
look on	위를 보다 → 둘러보다, 구경하다, 방관하다
look out	밖을 보다 → 경계하다; 고르다; 밖을 내다보다
look over	덮듯이 보다 → 대충 훑어보다; 눈감아주다

look through	~을 통해서 보다 → 충분히 검토하다; 간파하다
look to~	~쪽을 향하다 → ~에 주의하다; ~에 의지하다
look up	위를 보다 → 올려다 보다, 조사하다
look up and down	아래 위를 보다 → 훑어보다; 세밀히 검토하다
look up to~	~을 올려다 보다 → ~을 존경하다

look ~로 보이다

look as if~	마치 ~처럼 보이다 → ~인 것 같다
look big	크게 보이다 → 잘난 체하다
look black	검게 보이다 → 가망이 없어 보이다; 화난 것 같다
look blank	표정이 없어 보이다 → 멍하고 있다
look blue	푸르게 보이다 → 우울해 보이다
look compassion	연민을 보이다 → 연민의 정을 얼굴에 나타내다
look death	죽일 것 같이 보이다 → 험악한 표정을 짓다
look old	늙어 보이다
look one's age	자기의 나이로 보이다 → 나이에 어울려 보이다
look one's consent	동의를 해 보이다 → 눈으로 찬성을 나타내다
look oneself again	스스로를 다시 보이다 → 원기를 회복한 것 같다
look sharp	기민하게 보다 → 조심하다; 민첩하게 하다
look twice one's age	2배의 나이로 보이다 → 겉늙어 보이다
look ugly	추하게 보이다 → 혐의가 있어 보이다

lose 잃다

lose a battle	전투를 잃다 → 패전하다
lose ground	진지를 잃다 → 불리한 입장에 서다; 인기가 떨어지다
lose heart	마음을 잃다 → 낙담하다
lose one's bearing	방향을 잃다 → 당혹하다

lose one's head	자기의 머리를 잃다 → 흥분하다, 당황하다
lose one's heart to~	~에 마음을 잃다 → ~을 연모하다
lose one's mind	자기의 마음을 잃다 → 발광하다
lose one's reason	자기의 이성을 잃다 → 미치다
lose one's senses	정상적인 감각을 잃다 → 이성을 잃다
lose one's sight	시력을 잃다 → 장님이 되다
lose one's temper	자기의 성질을 놓치다 → 화를 벌컥 내다
lose one's wits	정신을 잃다 → 이성을 잃다
lose oneself	스스로를 잃다 → 길을 잃다; 미아가 되다
lose oneself in~	~속에 스스로를 잃다 → ~에 열중하다
lose self-control	자신의 억제를 잃다 → 크게 흥분하다
lose the day	그 날을 잃다 → 패전하다

make 만들다

make an ass of oneself	당나귀를 만들다 → 바보짓하다
make much of~	~에서 많이 만들다 → ~을 중요시하다
make or mar	만드느냐 손상하느냐 → 성공하느냐 실패하느냐
make sail	돛을 만들다 → 출범하다
make shift	수단방법을 만들다 → 간신히 해내다
make up	만들어 올리다 → 화장하다; 보충하다, 메우다
make up one's mind	스스로의 마음을 세우다 → 결심하다
make water	물을 만들다 → 소변을 보다
make it a rule to~	~하는 규칙을 만들다 → ~하는 습관이 있다
make out	밖으로 내보이다 → 이해하다

make ~하다

| make a contract | 계약을 만들다 → 계약을 맺다 |
| make a denial | 부정을 만들다 → 부정하다 |

make a dog	개를 만들다 → 개를 길들이다
make a fire	불을 만들다 → 불을 지피다
make a joke	농담을 만들다 → 농담을 하다
make a mouth	입을 만들다 → 얼굴을 찡그리다
make a pause	휴식을 만들다 → 쉬다, 멈추다
make a reply	회답을 만들다 → 답장하다
make a start	시작을 만들다 → 출발하다
make an answer	회답을 만들다 → 회신하다
make corn	곡물을 만들다 → 곡물을 수확하다
make effort(s)	노력을 만들다 → 노력하다
make eyes	어러 가지 눈을 해 보이다 → 유혹하다, 눈짓하다
make haste	급히 만들다 → 서두르다
make love	사랑을 만들다 → 설복하다, 유혹하다

make 생기다

make a difference	차이를 생기게 하다 → 차이가 생기다
make a fortune	재산을 생기게 하다 → 재산을 모으다
make a person hear	사람에게 듣게 하다 → 들려주다
make a profit	이익을 생기게 하다 → 돈을 벌다
make as if to~	마치 ~하게 하다 → ~하는 체하다
make believe	믿음을 생기게 하다 → ~인체하다, 가장하다
make bold to~	~함에 대담하다 → 대담하게도 ~하다
make free with~	~과 자유롭게 하다 → ~을 어려워하지 않다
make money	돈을 생기게 하다 → 돈을 벌다
make oneself heard	스스로를 듣게 하다 → 납득시키다
make ready	준비시키다 → 준비하다
make sure	확실하게 하다 → 확신하다, 보증하다
make the ears burn	귀를 타게 하다 → 소문을 지껄이다

| make trouble | 트러블을 만들다 → 난처한 일을 야기하다 |
| make war | 전쟁을 발생시키다 → 전쟁을 일으키다 |

make 가다

make a circuit	일주를 가다 → 일주하다
make a passage	항해를 가다 → 선박편으로 건너가다
make at~	~을 목표로 가다 → ~을 덮치다, 습격하다
make away	저리로 가다 → 달려 가버리다
make away with~	~을 가져가다 → ~을 빼앗다; 전멸하다
make head against~	~에 대해서 밀고 나가다 → ~에 역행하다
make headway	전진하다 → 진보하다
make off	저쪽으로 가버리다 → 도주하다
make off with~	~을 갖고 가버리다 → 빼앗아 달아나다
make towards~	~을 향해 가다 → ~쪽을 가리키다

meet 만나다

meet a person's glance	시선을 만나다 → 눈길이 서로 닿다
meet a person's wishes	소망을 채우다 → 희망이 달성되다
meet ~ halfway	~과 도중에서 만나다 → ~과 타협하다
meet obligations	의무를 채우다 → 의무를 다하다
meet one's end	누구의 끝을 맞이하다 → 사망하다
meet one's expense	지출을 채우다 → 임시변통을 하다
meet one's eyes	누구의 눈을 만나다 → 얼굴을 마주 쳐다보다
meet the ear	귀를 채우다 → 들리다
meet the enemy	적을 만나다 → 적과 싸우다
meet the eye	눈을 만나다 → 보이다
meet the situation	사태를 만나다 → 사태를 처리하다
meet together	서로 만나다 → 회합하다
meet up with a person	사람과 만나다 → 마주치다

| meet with a welcome | 환영을 만나다 → 환영을 받다 |
| meet with an accident | 사고와 만나다 → 사고를 당하다 |

miss 잃다

miss a catch	공을 놓치다
miss fire	불을 잃다 → (총포가) 불발이 되다
miss one's mark	표적을 이탈하다 → 목적을 달성치 못하다
miss one's tip	자기의 예상을 잃다 → 기대가 꺾이다
miss out	생략하다 → 빼버리다
miss the boat	보트를 놓치다 → 기회를 놓치다
miss the point	요점을 벗어나다 → 요점을 모르디

move 움직이다

move about	여기저기 움직이다 → 거주지를 자주 옮기다
move along	~을 따라 움직이다 → 전진하다
move aside	곁으로 움직이다 → 비켜서다, 제거하다
move away	저쪽으로 움직이다 → 떠나다
move back	뒤로 움직이다 → 뒤로 물러서다, 물러서게 하다
move down	아래로 움직이다 → 아래로 내리다
move forward	전방으로 움직이다 → 전진하다
move house	집을 움직이다 → 이사하다
move in on~	~위를 움직여 들다 → ~을 덮치다
move off	움직여 버리다 → 잘 팔리다
move on	계속 움직이다 → 계속 전진하다(걷다)
move out	밖으로 움직이다 → 나가다, 이사해 가다
move the bowels	장(腸)을 움직이다 → 관장하다, 설사를 시키다
move to~	~으로 움직이다 → 이사하다
move up to~	~까지 움직여 오르다 → ~으로 승진하다

open　열다

open a debate	토론을 열다 → 토론을 시작하다
open a prospect	전망을 열다 → 출세를 위한 길을 닦다
open fire	불을 열다 → 시작하다
open ground	땅을 열다 → 개간하다
open on~	~위로 열다 → ~을 전망하다
open one's eyes	눈을 개안하다 → 놀라다, 눈을 동그랗게 뜨다
open one's eyes to~	눈을 ~으로 열다 → ~을 깨닫게 하다
open one's lips	입술을 열다 → 말을 하다
open one's mind	마음을 열다 → 고백하다, 실토하다
open out	밖으로 열다 → 넓히다, 번지다
open the case	사건을 열다 → (법정에서) 변론을 시작하다
open the door to~	~에 문을 열다 → ~할 기회를 주다
open to~	~에게 열다 → ~에 통하다, ~에게 통상을 트다
open to the east	(집 등이) 동쪽으로 열리다 → 동향이다
open to the public	공중을 향해서 열다 → 공개하다
open to the view	전망을 향해 열다 → 경치가 눈앞에 전개되다
open up	끝까지 열다 → 개발하다; 절개(切開)하다

pass　통과하다, 지나가다

pass as~	~으로 통하다 → (가짜 등이) ~으로 통용하다
pass away	멀리 지나가다 → 끝나다, 죽다
pass by	곁을 지나다 → 통과하다, 경과하다; 놓아주다
pass in	속을 지나다 → 들어가다; 죽다
pass off	완전히 지나가다 → 사라지다, 떠나다
pass on	계속 통과하다 → 전진하다; 다음으로 건네주다
pass one's lips	입술을 통과하다 → 입 밖에 내고 말다
pass out	밖으로 나가다 → 기절하다; 죽다

pass out of mind   마음 밖으로 통과하다 → 잊혀지다

pass out of sight   시야 밖으로 지나가다 → 보이지 않게 되다

pass over   넘어서 지나가다 → 경과하다; 넘겨주다; 끝나다

pass round the hat   모자를 돌리다 → 기부금을 모금하다

pass sentence   판결을 통과시키다 → 판결을 내리다, 언도하다

pass the chair   의자를 떠나다 → 의장직을 사임하다

pass under one's nose   코밑을 지나가다 → 목전에서 발생하다

pay   지불하다

pay a call   부름을 지불하다 → 방문하다

pay a visit   방문을 지불하다 → 방문하다

pay attention to~   ~에게 주의를 지불하다 → ~에 주의하다

pay away   멀리 지불하다 → 금전을 소비하다; 풀어내다

pay back   도로 지불하다 → (빚 등을) 갚다

pay down   아래로 지불하다 → 즉시불로 결재하다

pay off   말끔히 지불하다 → (급료를 계산해 주고) 파면하다

pay one's own way   자신의 길을 지불하다 → 스스로의 비용을 부담하다

pay one's way   지불하며 나아가다 → 빚을 지지 않고 지내다

pay out   말끔히 지불하다 → 속 시원히 분풀이를 하다

pay up   모두 지불해 버리다 → 깨끗이 청산하다

pick   쪼다, 따다

pick a hole in   속에 구멍을 내다 → 흠을 잡다, 트집 잡다

pick and choose   고르고 뽑다 → 엄선하다

pick at~   ~을 쪼다 → ~을 쪼아 먹다; 희롱하다

pick fault   결점을 따내다 → 흠을 찾아내다

pick off   뽑아내다 → 한 마리씩 겨냥해 쏘다

pick on~   ~위로 쪼다 → ~에게 잔소리하다

pick one's way   길을 선택하다 → 조심스럽게 걸어가다

pick oneself up   자신을 집어 올리다 → (넘어졌다가) 일어나다

pick out   끝까지 고르다 → 엄선하다; (생각 끝에) 이해하다

pick out with~   ~에 관해 끝까지 고르다 → ~을 장식하다

pick over   거듭 고르다 → 점검하다, 만반의 준비를 하다

pick up   주워 올리다 → 집어 들다; 선발하다; 외우다

pick up flesh   살을 주워 올리다 → (병후에) 살이 오르다

pick up heart   심장을 쪼아 올리다 → 원기를 회복하다

play 놀다

play a part   역할을 연기하다 → 역을 맡다

play ball   시합을 개시하다 → 시작하다, 개시하다

play down   아래로 연기하다 → 경시하다, 우습게 여기다

play fair   공정하게 놀다 → 떳떳이 경기하다, 공정하게 처
                                신하다

play false   부정하게 굴다 → 비열하게 처신하다, 속이다

play for love   애정으로 놀다 → 판돈 없이 내기하다

play for time   시간을 위해 놀다 → 시간을 벌다

play foul   더럽게 굴다 → 승부에 부정을 저지르다; 죽이다

play high   높이 놀다 → 크게 도박판을 벌리다

play house   집놀이를 하다 → 소꿉장난을 하다

play into the hand of~   ~의 손 안에서 놀다 → 속임수를 당하다

play low down on~   ~에 관해서 아래로 깔려 놀다 → 약점을 파고들다

play out   끝까지 연기하다 → 피로가 극에 달하다

play the hypocrite   위선자 노릇을 하다 → 시치미를 떼다

play the man   남자를 연기하다 → 사내답게 굴다

play truant   꾀를 부려 놀다 → 학교를 빼먹다

play upon the words   말 위에서 놀다 → 책임 없는 소리를 하다

play with fire   불을 가지고 놀다 → 불장난을 하다

press an attack	공격을 추진하다 → 공격을 강화하다
press back~	~을 뒤로 누르다 → ~을 퇴각시키다, 밀어 붙이다
press down	아래로 누르다 → 눌러 터뜨리다
press flowers	꽃을 누르다 → 꽃 등을 책갈피에 눌러 말리다
press forward	앞으로 밀고 나가다 → 전진하다
press home	집을 누르다 → 역설하다
press in~	~안으로 밀고 들어가다 → ~에 침입하다
press on one's heart	누구의 심장을 누르다 → 마음에 걸리다
press on one's way	자기의 길을 밀고 나가다 → 갈 길을 서둘다
press one hard	누구에게 강력히 밀고 덤비다 → 육박하다
press onward	앞으로 밀고 나가다 → 계속 전진하다
press the matter	그 일을 추진하다 → 그 일을 주장하다
press the point	그 점을 추진하다 → 그 점을 주장하다
press the words	말을 추진하다 → 자기 의견을 주장하다

pull a good oar	좋은 노를 짓다 → 배를 잘 짓다
pull about	여기저기 끌다 → 거칠게 다루다
pull apart	떨어지게 끌다 → 떼어놓다
pull at~	~을 끌다 → (담배 등을) 피우다
pull away	저쪽으로 끌다 → 힘차게 끌어당기다
pull down	아래로 끌다 → 끌어내리다; (집 따위를) 헐다
pull in	안으로 끌다 → 멈추다, 세우다; (비용 등을) 줄이다
pull off	벗다 → (상을) 타다; 도주하다
pull on	끌어 붙이다 → (장화 따위를) 신다
pull out a cork	코르크를 끌어내다 → 마개를 따다
pull over	위로 끌다 → 뒤집어쓰다

pull round	둘레로 끌다 → 병을 회복시키다
pull through	통해서 끌고 가다 → (난국을) 극복하다
pull ~ to pieces	~을 끌어 조각을 내다 → 찢다
pull together	함께 끌다 → 사이좋게 해나가다; 합치다
pull up	끌어올리다 → (고삐를 당겨) 세우다; 뿌리째 뽑다

put 놓다

put ~ in action	~을 활동 속에 놓다 → 시행하다
put ~ in motion	~을 운동 속에 놓다 → ~을 움직이다, 운전하다
put ~ in order	~을 질서 속에 놓다 → ~을 정돈하다
put ~ into a rage	~을 노여움 속에 놓다 → ~을 화나게 하다
put ~ into practice	~을 연습 속에 놓다 → ~을 실행하다
put ~ on the stage	~을 무대에 놓다 → ~을 상연하다
put ~ out of one's mind	마음 밖에 놓다 → 잊어버리다
put ~ to rights	~을 정도에 놓다 → ~을 정돈하다
put to use	사용하고자 놓다 → 이용하다, 활용하다
put together	함께 놓다 → 모으다

put ~하다

put about	여기저기 하다 → (소문 등을) 퍼뜨리다
put across	가로지르다 → (강 등을) 건네주다; 성공하다
put aside	곁에 두다 → 치우다; 저장하다; 옮겨놓다
put away	저리 놓다 → 챙겨두다, 치우다, 먹어치우다
put back	원위치에 놓다 → (제자리로) 되돌리다
put by	곁에 있게 하다 → 저장하다; 회피하다
put down	억누르다; 쓰(書)다, 적다; 내려놓다
put forth	밖으로 내놓다 → (싹이) 트다; 힘을 발휘하다
put in	넣다 → 끼우다; 말참견하다
put off	저쪽으로 놓다 → 연기하다; 벗다

put on airs	모양을 걸치다 → 멋 부리다
put out	밖에 놓다 → 내보내다; 애를 먹이다, 화나게 하다
put over	저쪽으로 보내다 → 연기하다
put through	꿰뚫다; 완수하다; (전화 등을) 연결하다
put up	위로 하다 → 세우다
put upon	~을 속이다, 미끼로 이용하다, 희생시키다

raise 올리다, 일으키다

raise a check	수표를 올리다 → 수표의 액면을 변조하다
raise a cloud of dust	먼지 구름을 내다 → 먼지를 구름처럼 내다
raise a cry	외침을 올리다 → 외치다
raise a dust	먼지를 올리다 → 소동을 일으키다
raise a laugh	웃음을 일으키다 → 크게 웃기다
raise a person's hope	희망을 일으키다 → 희망을 갖게 하다
raise a rebellion	반란을 야기하다 → 반란을 일으키다
raise a spirit	영(靈)을 일으키다 → 사자의 영을 불러일으키다
raise funds	기금을 일으키다 → 기금을 모금하다
raise hell	지옥을 일으키다 → 대소동을 일으키다
raise land	땅을 일으키다 → (배가) 육지가 보이는 곳까지 오다
raise one's eyes	눈을 들어올리다 → 우러러보다
raise one's glass to~	잔을 들다 → ~에게 건배하다
raise one's hat to~	~에게 모자를 들다 → 가볍게 절하다
raise one's voice	소리를 올리다 → 큰 소리를 내다
raise oneself	스스로를 들어 올리다 → 출세하다

reach 도달하다

| reach a conclusion | 결론에 도달하다 → 결론을 얻다 |
| reach a person a kick | 발을 뻗어 차다 → 걷어차다 |

reach a person salt   소금을 도달시키다 → 소금을 건네주다

reach after~   ~에 손을 뻗다 → (목적을 위해) 노력하다

reach an object   목표에 도달하다 → 목적을 달성하다

reach at a flower   꽃에 손을 뻗다 → 꽃을 꺾으려 하다

reach bottom   밑바닥에 도달하다 → 규명하다

reach down to~   ~까지 아래로 닿다 → ~까지 계속되다

reach into a million   백만으로 도달하다 → 백만에 달하다

reach one's ear   누구의 귀에 닿다 → 이야기를 들어 알게 되다

reach out   손을 끝까지 뻗다 → (손을) 내밀다

reach to a considerable figure   적지 않은 수에 달하다

reach to one's waist   스스로의 허리에 닿다 → 허리까지 차다

reach to the sea   바다에 도달하다 → 해안까지 전개되다

read   읽다

read a person like a book   책처럼 사람을 읽다 → 마음을 알다

read a person's hand   손을 읽다 → 수상을 보다

read aloud   크게 소리 내어 읽다 → 음독(音讀)하다

read for the Bar   법정을 위해 읽다 → 변호사가 되다

read from a book   책으로부터 읽다 → 책의 일부를 낭독하다

read in a book   책 속에 빠져 읽다 → 탐독하다

read like~   ~처럼 읽다 → ~라고 쓰여 있다; ~라고 해석하다

read off   끝까지 읽다 → (사람의 마음을) 통찰하다

read over   거듭 읽다 → 정독(精讀)하다

read the sky   하늘을 읽다 → 날씨를 보다; 별을 점치다

read through   통해서 읽다 → 다 읽다

read to oneself   스스로에게 읽다 → 묵독(默讀)하다

read up   읽어 올리다 → 연구하다; 복습하다

read with~   ~과 더불어 읽다 → (아이들의) 공부를 도와주다

return 돌아가다

return a verdict	판결을 답신하다 → 판결을 행하다
return a visit	방문을 돌려주다 → 답례차 방문하다
return from abroad	해외에서 돌아오다 → 귀국하다
return good for evil	악에 대해서 선을 돌려주다 → 악을 선으로 갚다
return home	집으로 돌아가다 → 귀가하다
return like for like	유사한 것으로 갚다 → 앙갚음을 하다
return thanks	감사를 돌려주다 → 감사하다; 식사 전에 기도하다
return to dust	먼지로 복귀하다 → 흙으로 돌아가다, 죽다
return to life	생명으로 복귀하다 → 소생하다
return to one's duty	책임으로 돌아가나 → 복귀하다
return to one's subject	스스로의 주제에 돌아가다 → 본론으로 돌아가다
return to oneself	스스로로 돌아가다 → 정신이 들다
return to the charge	공격에 복귀하다 → 재차 공격하다; 조르다

ring 울리다

ring a bell	종을 울리다 → 생각나게 하다, 회상에 잠기게 하다
ring again	다시금 울리다 → 반향(反響)이 있다
ring false	가짜처럼 울리다 → 위조화폐 같다
ring for~	~을 부르는 종을 치다 → 초인종으로 ~을 부르다
ring in one's ear	귀속에 울리다 → 귀속에 남아있다, 기억하다
ring in one's fancy	공상 속에서 울리다 → 마음에 남아있다
ring in one's heart	마음속에서 울리다 → 마음에 남아있다
ring off	전화를 끝내다 → 전화를 끊다
ring one's own bell	자신의 벨을 울리다 → 자화자찬하다
ring out	밖으로 울려 내보내다 → 울려 퍼지다
ring the bell	종을 치다 → 완전한 성공을 거두다

ring the changes	변화를 종치다 → 말을 바꾸어 같은 말을 하다
ring the knell of~	조종(弔鐘)을 치다 → ~의 폐지를 고하다
ring up the curtain	막을 올리는 종을 치다 → 시작하다

rise　오르다

rise above~	~위에 오르다 → ~위에 솟다; ~을 초월하다
rise again	다시 일어나다 → 소생하다
rise against~	~에 대해서 일어나다 → 반란을 일으키다
rise and fall	오르고 떨어지고 하다 → 영고성쇠가 무궁하다
rise in arms	무기를 갖고 일어서다 → 모반을 일으키다
rise in the world	세상 속에 일어서다 → 출세하다
rise to~	~에 대해서 일어서다 → ~에 견디다
rise to fame	명성을 향해 오르다 → 유명해지다
rise to one's eyes	스스로의 눈에 오르다 → (눈물이) 눈에 고이다
rise to one's feet	스스로의 다리 위에 오르다 → 일어서다
rise to the bait	미끼로 오르다 → 미끼를 먹다; 유혹에 빠지다
rise with lark	종달새와 더불어 일어나다 → 일찍 일어나다

run　달리다

run across~	~을 가로질러 달리다 → ~을 횡단하다; ~을 만나다
run after~	~의 뒤를 달리다 → ~을 뒤쫓다
run against	대항해서 달리다 → ~에 부딪치다; ~을 만나다
run aground	땅으로 달려 오르다 → 좌초하다
run away	멀리 달아나다 → 뛰어가 버리다; 도주하다
run away from~	~으로부터 달아나다 → ~에서 탈주하다
run away with~	~을 갖고 달아나다 → ~을 지니고 도주하다
run before~	~앞을 달아나다 → ~에게 추적을 당하다

run close	근접해서 달리다 → 바짝 따라잡다; 뒤지지 않다
run down	아래로 달리다 → 달려 내려가다; 흘러내리다; 쇠진하다
run for it	그것을 위해 달리다 → 도주하다
run for one's life	목숨을 위해 달리다 → 위기를 벗어나다
run into~	~속으로 달리다 → ~으로 뛰어들다
run off	저쪽으로 달리다 → 도주하다; 흘러가버리다
run off the rails	궤도에서 벗어나 달리다 → 탈선하다
run out~	~밖으로 달리다 → 달려 나가다; 퍼지다
run over~	~을 뛰어 넘다 → ~에서 넘쳐흐르다
run the wind	순풍에 달리다 → 순조롭게 진행되다
run up	달려 오르다 → (물가 등이) 오르다

run　～이 되다

run a risk	위험을 하다 → 위험을 무릅쓰다
run a shop	점포를 하다 → 점포를 경영하다
run ahead of~	~의 앞이 되다 → ~을 능가하다
run amuck	미쳐 날뛰다 → 무작정 칼을 휘두르다
run as follows	다음처럼 쓰여 있다 → 다음과 같다
run counter to~	~의 반대가 되다 → (법칙 등에) 위배되다
run low	얕아지다 → 부족하다, 결핍하다
run out	나가버리다 → 바닥이 나다, 다 써버리다
run riot	폭동이 되다 → 엉망진창으로 처신하다
run short	짧아지다 → 부족해지다
run the show	쇼를 하다 → 쇼를 흥행하다
run through	끝까지 하다 → 대충 읽다; 선을 그어 지우다
run to~	~이 되다 → (수량 등이) ~에 달하다; ~에 빠지다
run to excess	과도하게 하다 → 지나치다
run to pattern	형(型)에 맞게 하다 → 형에 들어맞다

run to seed	씨가 되다 → 한참 때가 지나다; 쇠퇴하다
run to waste	폐물이 되다 → 낭비가 되다
run together	함께 하다 → 혼합하다
run wild	야성(野性)이 되다 → 야성이 드러나다

save 구하다

save appearances	외모를 잃지 않게 하다 → 체면을 지키다
save lunch time	점심시간을 잃지 않다 → 점심시간에 대다
save one's breath	스스로의 호흡을 아끼다 → 함구하다
save one's carcass	시체가 되지 않고 넘기다 → 위험한 고비에서 구조되다
save one's eyes	스스로의 눈을 아끼다 → 눈을 보호하다
save one's face	스스로의 얼굴을 아끼다 → 체면이 서다
save one's honor	스스로의 명예를 아끼다 → 수치를 면하다
save one's pains	아픔을 아끼다 → 헛된 고역을 하지 않다
save one's pocket	스스로의 주머니를 아끼다 → 손해입지 않다
save up	남김없이 저축하다 → 철저하게 저축하다
save us!	우리를 살려라! → 아, 놀랍다! 저런!

say 말하다

say a few words	말을 조금은 하다 → 건성으로(간단히) 인사하다
say a good word for~	~을 위해 좋은 말을 하다 → 추천하다
say amen to~	~에 아멘을 말하다 → ~에 동의하다
say away	자꾸 말하다 → 말을 거침없이 하다
say for oneself	스스로를 위해 말하다 → 변명하다
say good-by(e)	굿바이를 말하다 → 이별을 고하다
say mass for~	~을 위해 미사를 말하다 → ~의 명복을 빌다
say much for~	~을 위해 많이 말하다 → ~을 칭찬하다
say no	싫다고 말하다 → 거절하다

say one's lesson	학과를 말하다 → 배운 바를 암송하다
say out	남김없이 말하다 → 털어 놓다
say over	과도하게 말하다 → 거듭해서 말하다
say pretty things	아름다운 것을 말하다 → 아첨을 떨다
say the last word	마지막 말을 하다 → 결정하다; 언명하다
say the word	그 말을 하다 → 명령하다
say to oneself	스스로에게 말하다 → 혼잣말을 하다; 궁리하다
say too much	너무 과도하게 말하다 → 입이 헤프다
say what he may	뭐든 말하게 하다 → 뭐라고 하더라도

see 보이다

see a person off	누가 떠나는 것을 보다 → 전송하다
see a person to~	누구를 ~까지 보다 → ~까지 전송하다
see double	이중으로 보다 → 술에 취하다
see hardships	여러 가지 고난을 보다 → 고생하다
see life	삶을 보다 → 인생을 내다보다, 세상을 관조하다
see much of~	~을 많이 보다 → ~과 자주 만나다
see snakes	뱀을 보다 → 알코올 중독에 걸려 있다
see stars	별이 보이다 → (머리를 부딪쳐서) 별이 번쩍하다
see the devil	악마의 (환영을) 보다 → 술에 취하다
see the last of~	~의 마지막을 보다 → ~의 임종을 보다
see the red light	적신호를 보다 → 위험이 임박함을 알다
see the sights	여러 가지 광경을 보다 → 구경하다
see the world	세상을 보다 → 풍상을 겪다
see things	여러 가지 것을 보다 → 환각을 일으키다
see things clear	사물을 명백히 보다 → 살펴보다
see very little of	극히 조금 보다 → 거의 만나지 못하다
see visions	환각을 보다 → 환상에 젖다
see you later.	나중에 보자 → 또 만나자

see about it	그것에 관해 보다 → 주의하다
see after	뒤에서 보다 → 돌보다
see eye to eye	눈과 눈을 보다 → 동의하다
see fit to do~	~함에 적합함을 알다 → ~하고자 결심하다
see for oneself	스스로 보다 → 확인하다, 실험하다
see good to do~	~함을 좋다고 생각하다 → 멋대로 ~하다
see here.	이곳을 보아라. → 여보시오! 이봐!
see into a matter	사건 속으로 보다 → 조사하다, 살피다
see out	끝까지 보다 → 끝까지 지켜보다: 해치우다
see over~	~에 걸쳐보다 → 조사하다, 대충 훑어보다
see the fun	재미를 보다 → 재미를 알게 되다
see the point	포인트를 보다 → 요점을 알다
see through a brick wall	벽돌담을 관통해서 보다 → 판단력이 있다
see through a millstone	맷돌을 통해 보다 → 꿰뚫어 보다
see well and good	좋다고 보다 → 무방하다고 생각하다

sell 팔다

sell a person on~	누구에게 ~을 사라고 하다 → 설득하다
sell at a bargain	싸구려 거래를 하다 → 싸게 팔다
sell at a loss	손실에 처해 팔다 → 팔아서 손해보다
sell at a profit	이득에 처해 팔다 → 팔아서 이득을 보다
sell forward	전방으로 팔다 → (물건은 후에 주기로 하고) 선매하다
sell like hot cake	핫케익처럼 팔리다 → 날개 돋친 듯 팔리다
sell off	팔아 버리다 → 헐값에 팔아 치우다
sell on~	~에 관해 생각을 팔다 → ~에 열중하다
sell one's friend	친구를 팔다 → 친구를 배반하다
sell one's soul	영혼을 팔다 → 욕심에 눈이 어두워 양심을 팔다

sell out	팔아 치우다 → 전부 매절이 되다
sell short	부족하게 팔다 → 현품 없이 팔다; 부당하게 학대하다
sell the pass	여권을 팔다 → 민족을 배반하다
sell up	다 팔다 → 깨끗이 팔아 치우다

send　보내다

send away	멀리 보내다 → 내쫓다; 가지러 보내다
send back	도로 보내다 → 반려하다, 돌려보내다
send down	아래로 보내다 → 정학시키다; 떨어뜨리다
send flying	날려 보내다 → 튀게 하다, 흐트러뜨리다; 패주시키다
send for~	~을 위해 (심부름) 보내다 → ~을 데리러 보내다
send forth	앞으로 보내다 → (향기 등을) 내뿜다, 발송하다
send forward	전방으로 보내다 → 내몰다, 앞세우다, 회송하다
send in	속으로 보내다 → 안으로 들게 하다; 제출하다
send off	저쪽으로 보내다 → 전송하다
send out	내보내다 → 발송하다; 파견하다
send over	위를 넘어서 보내다 → 방송하다
send ~ packing	~을 짐으로 싸서 보내다 → ~에게 휴가를 주다
send round	돌아서 보내다 → 회람하다; 사람을 보내다
send through	통해서 보내다 → (말을) 전하다, 기별하다
send up	위로 보내다 → 제출하다; 상을 차려내다; 검거하다
send word	말을 보내다 → 말을 전하다

serve　봉사하다

serve a person with	~으로 봉사하다 → ~을 대접하다
serve before the mast	마스트 앞에 봉사하다 → 수병(水兵)이 되다
serve in the army	육군 속에 봉사하다 → 군에 복무하다

serve in the shop   점포 속에서 봉사하다 → 점원이 되다

serve one's term   기간을 복무하다 → 임기를 채우다; 형기를 채우다

serve out   밖으로 봉사하다 → (여기 저기) 돌리다

serve round   돌아가며 봉사하다 → (음식 등을) 차례로 돌리다

serve tables   식탁에 종사하다 → 식사시중을 들다

serve the devil   악마에게 봉사하다 → 나쁜 짓을 일삼다

serve the god   신에게 봉사하다 → 선행을 하다

serve the hour   시간에 봉사하다 → 기회주의자가 되다

serve time   시간을 복무하다 → 복역하다

serve up   위로 서비스하다 → 시중들다; 식탁에 내놓다

set   놓다

set about~   ~근처에 놓다 → ~을 착수하다; ~을 공격하다

set aside   곁으로 놓다 → 한쪽에 놓다; 파기하다; 무시하다

set before~   ~앞에 놓다 → ~앞에 두다; 설명하다

set by   곁에 놓다 → 따로 남겨두다; 중히 여기다

set eyes on~   ~위에 눈을 놓다 → ~이 눈에 띄다

set forth   앞으로 놓다 → 진술하다; 출발하다; 나열하다

set forward   전방에 놓다 → 촉진하다; 제출하다; 출발하다

set in   안에 놓다 → 시작되다

set off   떨어져 놓다 → 떨어지다, 출발하다

set on   위에 놓다 → 선동하다, 부추기다

set one's heart on~   ~위에 심장을 놓다 → ~에 열중하다

set one's mind on~   ~위에 마음을 놓다 → ~을 탐내다

set out   밖으로 놓다 → 착수하다; 장식하다

set off against~   ~에 대해서 떨어져놓다 → ~으로 상쇄하다

set to work   일에 착수하다 → 일을 시작하다

set up   위쪽에 놓다 → 건립하다; 발기(창설)하다; 공급하다

set up for~   ~라고 주장하다 → ~인체 하다

set   정하다

set a person right	올바르게 시키다 → 사람을 훈계하다
set a price on one's head	머리의 값을 정하다 → 현상금을 걸다
set a stone rolling	돌을 구르게 하다 → 엄청난 일을 저지르다
set ~ afire	~을 불타게 하다 → ~을 태우다, 불 지르다
set ~ at defiance	~을 경시하게 놓다 → ~을 무시하다
set ~ at ease	~을 쉽게 놓다 → ~을 안심시키다
set ~ at liberty	~을 자유에 놓다 → ~을 석방하다
set ~ at naught	~을 무(無)에 놓다 → ~을 무시하다
set foot on the ground	발을 땅에 놓다 → 대지를 밟다
set ~ free	~을 자유롭게 하다 → 석방하다, 놓아주다
set ~ going	~을 가게 하다 → ~을 실행하다
set ~ in a roar	~을 크게 웃는 속에 놓다 → 요절복통하게 하다
set ~ in order	~을 질서 속에 놓다 → ~을 정돈하다
set ~ on foot	~을 걷게 하다 → ~을 시작하다
set one's teeth on edge	이를 모서리에 놓다 → 못살게 굴다
set ~ to thinking	~에게 생각을 시키다 → ~에게 생각하게 하다

shoot   사격하다

shoot a line	줄을 내뿜다 → 자만하다
shoot down	아래로 사격하다 → 쏘아 떨어뜨리다, 격추시키다
shoot Niagara	나이아가라 폭포를 사격하다 → 큰 모험을 하다
shoot off	밖으로 사격하다 → 발포하다
shoot off at the mouth	입으로 쏘아대다 → 떠들어대다
shoot one's bolt	큰 화살을 쏘다 → 최선을 다하다
shoot oneself	스스로를 사격하다 → 권총 자살하다
shoot out buds	눈(芽)을 밖으로 내뿜다 → 싹이 트다
shoot out the lip	입술을 뾰족하게 하다 → 불만을 나타내다

shoot rapids	급류를 화살처럼 지어가다 → 급류를 타고 내려가다
shoot rubbish	쓰레기를 발사하다 → 쓰레기를 퍼붓다
shoot straight	곧장 발사하다 → 명중시키다, 과녁을 맞히다
shoot the moon	달을 쏘다 → 야반도주하다
shoot up	위로 발사하다 → 신장하다; 물가가 오르다

show 보이다

show a leg	다리를 보이다 → 나타나다, 일어나다
show a person out	밖을 보여주다 → 내모시다, 전송하다
show forth	앞에 보이다 → 명시하다, 공표하다
show off	말끔히 보이다 → 자랑삼아 보이다
show one's feeling	감정을 보이다 → 감정을 얼굴에 나타내다
show one's hand	스스로의 손을 보이다 → 생각을 밝히다
show one's nose	코를 보이다 → 출두하다, 얼굴을 내밀다
show one's teeth	이를 보이다 → 이를 드러내다, 화내다
show oneself	스스로에게 보이다 → 나타나다, 군중 앞에 나서다
show that~	~임을 보이다 → ~임을 명백히 하다
show up	들어올려 보이다 → 폭로하다; 뛰어나 보이다; 출두하다
show what~	~이 무엇임을 나타내다 → ~임을 명백히 하다

shut 닫다

shut down	내려 닫다 → (공장 · 대학 등을) 일시 폐쇄하다
shut in	안으로 닫다 → 가두다; 숨기다
shut ~ in	~을 안으로 닫다 → ~속에 가두다; ~을 감금하다
shut of~	~에 관해 닫혀 있다 → 귀찮아 따돌리다
shut off	차단하다 → (수도, 전기, 가스, 라디오 등을) 끄다
shut one's ears to~	~에 귀를 닫다 → ~을 들으려 하지 않다

shut one's eyes to~	~에 눈을 닫다 → ~을 보려 하지 않다
shut one's light off	광명을 닫다 → 죽다
shut one's mind to~	마음을 닫다 → ~을 받아들이려 하지 않다
shut one's mouth	입을 닫다 → 입을 다물다
shut one's teeth	이를 닫다 → 이를 갈아 부치다
shut out	내몰고 닫다 → 영패시키다
shut the door on~	~에 관해 문을 닫다 → 거절하다
shut to	꽉 닫다 → 닫다, 닫히다, 뚜껑을 하다
shut up	닫아버리다 → 가두다; 침묵하다(시키다); 그만두다
shut up shop	가게 문을 닫다 → (장사를 끝내고) 가게를 닫다

sink 가라앉다

sink in the world	세상 속에 가라앉다 → 망하다, 몰락하다
sink in thought	생각 속에 가라앉다 → 생각에 잠기다
sink into sleep	잠 속에 가라앉다 → 잠들다
sink one's interest	이익을 침몰시키다 → 이익을 포기하다
sink oneself	스스로를 침몰시키다 → 자신을 버리다
sink the shop	점포를 침몰시키다 → 전문적인 이야기를 피하다
sink tooth into~	~속에 이를 가라앉히다 → ~을 먹다

swim 수영하다

swim like a stone	돌처럼 수영하다 → 맥주병이다
swim on one's back	등위에 수영하다 → 배영(背泳)하다
swim on one's chest	가슴위에 수영하다 → 평영(平泳)하다
swim on one's side	옆으로 수영하다 → 횡영(橫泳)하다
swim with the tide	조수를 따라 헤엄치다 → 시세를 따르다

sit astride	양쪽다리를 벌리고 앉다 → (말 등에) 올라타다
sit at home	집에 앉아있다 → 집에서 놀고 있다
sit back	(의자에) 깊숙이 앉다 → 편히 앉다
sit by~	~의 곁에 가만히 있다 → 무관심한 태도를 보이다
sit down to~	(식탁에) 앉다 → 착수하다
sit down under~	~밑에서 가만히 있다 → ~을 감수하다
sit down with~	~을 상대로 앉다 → ~에 만족하고 있다
sit in	안에 앉다 → (경기에) 참가하다, 가입하다
sit in judgement	재판에 앉다 → ~을 재판하다, 비판을 가하다
sit on one's knees	무릎 위에 앉다 → 무릎 꿇다
sit on the bench	(재판관) 석에 앉다 → 재판관이 되다
sit on the fence	담 위에 앉다 → 형세를 지켜보다
sit through	계속 앉아 있다 → 끝까지 가만히 있다
sit up for a person	누구를 위하여 일어나 앉다 → 자지 않고 기다리다

sleep a broken sleep	찢어진 잠을 자다 → 자다 깨다 하다
sleep away	잠들어 멀리하다 → 잠들어 잊어버리다
sleep badly	나쁘게 잠자다 → 숙면을 취하지 못하다
sleep dead	죽은 듯 자다 → 숙면을 취하다
sleep in	잠자러 들어오다 → (고용인 등이) 입주하다
sleep late	늦게까지 자다 → 아침 늦게까지 자다, 늦잠자다
sleep like a top	팽이가 돌다 정지해 있는 것처럼 자다 → 숙면하다
sleep one's last (sleep)	최후의 잠을 자다 → 죽다, 영면하다
sleep one's life away	자서 보내다 → 한평생 무위도식하다
sleep oneself sober	잠들어 술을 깨게 하다
sleep out	밖에서 자다 → 외박하다

sleep out of doors	문밖에서 자다 → 야숙하다
sleep over~	~의 문제 위에서 자다 → ~을 하룻밤 묵혀 생각하다
sleep poorly	빈약하게 자다 → 잠이 얕게 들다
sleep soundly	건강하게 자다 → 숙면하다
sleep the sleep of the just	정당히 잠자다 → 안면하다

smell 냄새 맡다

smell about	여기저기 냄새 맡다 → 냄새를 맡으며 돌아다니다
smell at~	~의 냄새를 맡고 있다 → ~이 의심스럽다
smell of~	~의 냄새가 나다 → ~인 것 같다, ~한 낌새가 있다
smell of drink	술의 냄새가 나다 → 술 마신 것 같다
smell trouble brewing	난처한 일이 발효하는 냄새가 나다 → 재난을 예감하다
smell up	냄새를 피워 올리다 → 악취를 내다
taste blood	피를 맛보다 → (소망했던 일을) 처음으로 경험하다
taste of danger	위험을 맛보다 → 크게 혼이 나다
taste the joke	농담을 맛보다 → 농을 알아듣다
taste the sweets and bitters of life	산전수전을 겪다

spare 아끼다

spare a person	누구를 용서하다 → 누구의 목숨을 살려주다
spare a ticket for~	~을 위해 표를 할애하다 → ~에게 표를 양도하다
spare against the evil day	나쁜 날에 대비하다 → 재난에 대비하다
spare land for~	~을 위해 땅을 아껴두다 → 아꼈다가 ~에 쓰다
spare me.	나를 용서하소서 → 목숨만은 살려주시오
spare no efforts to do	~함에 노력을 아끼지 않다 → 열심히 하다

spare no expense	비용을 절약하지 않다 → 비용을 마음껏 쓰다
spare no pains	고통을 절약하지 않다 → 노고를 아끼지 않다
spare one's blushes	누구를 붉게 하지 않다 → 치욕을 당하지 않게 하다
spare one's life	누구의 생명을 아끼다 → 목숨을 살려주다
spare oneself	스스로를 아끼다 → 수고를 피하다
spare oneself the trouble	스스로에게 폐를 끼치지 않다 → 그만두다
spare trouble	노고를 아끼다 → 하지 않다

speak 말하다

speak against~	~에 반대해서 말하다 → ~에게 불리하게 말하다
speak by the book	책에 의해 말하다 → 정확히 말하다, 딱딱하게 말하다
speak evil of~	~에 관해 나쁘게 말하다 → 악담하다
speak favorably of~	~을 호의적으로 말하다 → ~을 추켜세우다
speak for oneself	스스로를 위해 말하다 → 생각하는 바를 말하다
speak from~	~으로부터 말하다 → ~에 근거를 두고 말하다
speak highly of~	~에 관해 높이 말하다 → ~을 격찬하다
speak of~	~을 말하다 → ~에 관해 말하다
speak out	모두 다 말하다 → 거리낌 없이 말하다, 분명히 말하다
speak to~	~에게 말하다 → 말을 걸다, ~에 언급하다, 증명하다
speak to oneself	자기에게 말하다 → 혼잣말을 하다
speak together	서로 말하다 → 상의하다, 의논하다
speak unfavorably of~	~을 달갑지 않게 말하다 → ~을 못마땅하게 말하다
speak volumes	여러 권(卷)을 말하다 → 웅변을 토하다
speak well of~	~에 관해 좋게 말하다 → 칭찬하다
speak without a book	책 없이 말하다 → 기억에 의해 암송하다

stand 서다

stand a chance	기회가 있다 → 가망성이 충분하다
stand about	빙 돌아서다 → 서성거리다, 기다리고 있다
stand against~	~에 반대해서 서다 → ~에 대항하다
stand at~	~에 서서 (움직이지 않고) 있다 → ~을 망설이다
stand away	저쪽으로 서다 → 가까이 가지 않다
stand by	곁에 서다 → 방관하다; 편들다; (약속을) 지키다
stand for~	~을 위해 서다 → ~을 옹호하다; ~을 대표하다
stand off	떨어져 서다 → 쌀쌀맞게 굴다; 피하다
stand on ceremony	의식 위에 서다 → (대하기 힘들게) 딱딱하다
stand out	밖에 서다 → 돌출하다, 드러나 보이다
stand over	넘어서 서있다 → 연기하다; 감시하다
stand to~	~에 대해서 견디어내다 → (주의, 약속을) 고수하다
stand up	위로 서다 → 일어서다; 오래 견디다
stand up against~	~에 반대해서 일어서다 → 반항하다
stand up for~	~을 위해 일어서다 → ~을 옹호하다
stand up to~	~에 대해서 일어서다 → ~에 대항하다
stand well with~	~에게 잘 서다 → ~과 사이가 좋다

start 출발하다

start a fire	불을 출발시키다 → 불을 일으키다, 화재를 내다
start after~	~뒤에서 출발하다 → ~을 쫓다, 추적하다
start against~	~에 대항해서 떠나다 → ~과 경쟁해서 출마하다
start aside	옆으로 뛰어나오다 → 곁으로 뛰어 비키다
start at~	~에 (놀라서) 뛰어오르다 → ~에 놀라다
start away	저쪽으로 뛰다 → 뛰어 비키다
start back	뒤로 뛰다 → 뒤로 뛰어 비키다

start forward	전방으로 뛰다 → 앞으로 뛰어 나오다
start from scratch	출발점에서 시작하다 → 무에서 시작하다
start in~	~에서 시작하다 → ~을 시작하다
start in life	생활 속으로 출발하다 → 실사회에 들어가다
start off with~	~을 갖고 멀리 떠나다 → ~부터 시작하다
start on a trip	여행에 떠나다 → 여행을 떠나다
start out	밖으로 출발하다 → 나가다; 착수하다
start something	무엇인가를 출발시키다 → 소동을 일으키다
start to one's feet	자기 다리로 뛰다 → 깜짝 놀라다
start up	뛰어오르다 → 놀라서 펄쩍 뛰다
start with~	~과 더불어 출발하다 → ~로 시작하다

stay 머무르다

stay at~	~에 머무르다 → (~의 집에) 유숙하다
stay away	저쪽에 머무르다 → 부재중이다, 결석이다
stay in	안에 머무르다 → (나가지 않고) 안에 있다
stay long	오래 유숙하다 → 오래 머물러 있다
stay off	저리 멈추다 → 멀리하다, 물러서게 하다
stay one's anger	노여움을 멈추다 → 화를 눌러 참다
stay one's decision	결정을 멈추다 → 집행을 유예하다
stay one's hand	손을 멈추다 → 일을 그만두다
stay one's steps	걸음을 멈추다 → 멈추어 서다
stay out	밖에 머무르다 → 외박하다, 돌아오지 않다
stay overnight	밤새도록 머무르다 → 일박하다
stay put	놓인 채 머무르다 → 그 자리에 가만히 있다
stay the course	코스를 물고 늘어지다 → 최후까지 애쓰다
stay up late	늦게까지 그대로 있다 → 밤늦게까지 자지 않다

stop　멈추다

stop a check	수표를 멈추다 → 부도를 내다
stop a gap	틈을 막다 → 결함을 보완하다; 대리를 맡다
stop a person from~	누구를 ~로부터 멈추게 하다 → ~하지 못하게 하다
stop a person's mouth	누구의 입을 멈추게 하다 → 침묵시키다
stop at nothing	무엇에든 멈추지 않다 → 무엇이든 주저하지 않다
stop by	곁에 멈추다 → 들리다, 방문하다
stop dead	죽은 듯 멈추다 → 꼼짝하지 않고 정지하다
stop down	아래로 멈추다 → (카메라의) 조리개를 조르다
stop in	(집)안에 멈추어 있다 → 집에 있다
stop off	막아버리다 → 주물(鑄物) 틀에 모래를 채우나
stop one's ears	귀를 막다 → 귀를 기울이지 않다, 들으려 하지 않다
stop out	말끔히 막다 → 차단하다
stop over	도중하차하다 → 잠시 체류하다
stop short	짧게 멈추다 → 갑자기 멈추다
stop the way	길을 막다 → 진행을 방해하다, 통로를 막다; 반대하다
stop to think	멈추어 서서 생각하다 → 심사숙고하다
stop up	꽉 막다 → 틈새를 틀어막다; 자지 않고 일어나 있다

strike　때리다

strike a bargain	거래를 때리다 → 거래를 정리하다
strike a light	불을 치다 → 성냥을 켜서 불을 붙이다
strike a line	진로를 때려내다 → 진로를 취하다
strike a medium	중간을 때리다 → 타협하다
strike all of a heap	산더미를 치다 → 멍하게 하다, 압도하다

strike at~	~을 겨냥해 치다 → ~에게 치고 대들다
strike down	때려눕히다 → 죽이다; (태양이) 내려쬐다
strike hands	손을 두드리다 → 승낙하다, 협정을 맺다
strike home	집을 때리다 → 급소를 찌르다; (칼을) 꽂다
strike in	안으로 때리다 → 참견하다; 방해하다
strike into~	~속으로 때리다 → 갑자기 시작하다
strike off	밖으로 때리다 → 옆으로 새다
strike oil	기름을 때리다 → 유전을 발굴하다
strike the flag	기(旗)를 내리다 → 항복하다

suffer　고통 받다

suffer a change	변화를 입다 → 변화를 받다
suffer a change for the worse	나쁜 쪽으로 변화를 입다 → 악화하다
suffer a great deal	큰 양을 고민하다 → 크게 고민하다
suffer a loss from~	~으로부터 손실을 입다 → ~으로 손해보다
suffer by~	~에 의해 고통 받다 → ~의 해를 입다
suffer death	죽음을 입다 → 사망하다
suffer defeat	패배를 입다 → 패배당하다
suffer for~	~을 위해 고통 받다 → ~혐의로 벌 받다
suffer from~	~으로 고통 받다 → (~병에) 걸리다
suffer joyfully	즐겁게 당하다 → 고통을 감수하다
suffer nothing by comparison	비교에 의해 아무렇지도 않다 → 처지지 않다
suffer pain	고통을 입다 → 고통을 당하다
suffer through~	~을 통해서 고통 받다 → ~의 해를 입다
suffer with agony	고뇌로 고통 받다 → 고민하다
suffer with anxiety	걱정으로 고통 받다 → 걱정하다

take 취하다

take a copy	카피를 취하다 → 카피(복사판)를 뜨다
take a degree	학위를 취하다 → 학위를 얻다
take a fortress	요새를 취하다 → 요새를 점령하다
take a holiday	휴일을 취하다 → 휴가를 얻다
take a picture	사진을 취하다 → 촬영하다
take a prize	상을 취하다 → 상을 타다
take a thief	도둑을 취하다 → 도둑을 체포하다
take a thing in hand	손안에 무엇을 취하다 → 무엇을 손에 들다
take a wife	아내를 취하다 → 아내를 얻다, 장가들다
take action	행동을 취하다 → 행동하다
take (in) a newspaper	신문을 취하다 → 신문을 정기구독하다
take notes	노트를 취하다 → 노트하다, 필기하다
take one's life	누구의 목숨을 취하다 → 목숨을 빼앗다
take one's revenge	누구의 복수를 취하다 → 복수하다
take one's step	계단을 취하다 → 승진하다

take 받다

take a gift	선물을 받다 → 선물을 얻다
take a hint	힌트를 받다 → 깨닫다, 알아차리다
take aim	겨냥을 취하다 → 겨냥을 하다
take an offer	신청을 취하다 → 주문을 받다
take an order	명령(주문)을 취하다 → 주문을 받다
take cold	감기를 받다 → 감기에 걸리다
take courage	용기를 취하다 → 용기를 내다
take effect	효과를 가져오다 → 효과가 나타나다
take fire	불을 받다 → 불이 붙다
take no refusal	거부를 받지 않다 → 거절해도 막무가내다
take wing	날개를 취하다 → 날아가 버리다

506

take a bathe	목욕을 취하다 → 목욕하다, 물을 끼얹다
take a bite	한번 물어뜯다 → 한 입 먹다
take a breath	한번 숨을 취하다 → 잠시 쉬다
take a doze	약을 한 봉지 취하다 → 약을 복용하다
take a drop	한 잔 취하다 → 한 잔 마시다
take a flight	한 번 비행을 취하다 → 비행하다
take a fresh start	참신한 스타트를 취하다 → 원점부터 다시 시작하다
take a glance	한 번 슬쩍 보다 → 슬쩍 훑어보다
take a leap	한번 도약을 취하다 → 펄쩍 뛰다
take a look round	한번 둘러보다 → 잠시 보다
take a nap	낮잠을 취하다 → 낮잠을 자다
take a polish	광택을 취하다 → 닦아 광을 내다
take a puff	한 대 불어 내다 → 담배를 한 대 피우다
take a rest	휴식을 취하다 → 휴식하다
take a ride	한번 기마를 취하다 → 말을 타다
take a step	한 걸음 취하다 → 수단을 강구하다
take a stroll	서성거림을 취하다 → 서성거리다
take a turn	한 바퀴 취하다 → 산책하다
take a walk	한 번 걸음을 취하다 → 산책하다
take an oath	서약을 취하다 → 서약하다

take a joke in good part	농담을 잘 취하다 → 화를 내지 않다
take a person for a fool	바보로 받아들이다 → 바보 취급하다
take a person ill	누구를 나쁘게 받아들이다 → 나쁘게 생각하다
take ～ for a joke	～을 농으로 받다 → ～을 농으로 생각하다

take ~ in bad part	~을 나쁜 부분으로 받아들이다 → 나쁘게 생각하다
take it altogether	그것을 전체적으로 취하다 → 전체로서 보다
take one's word for it	누구의 말을 그것으로 취하다 → 믿다
take people as they are	사람이란 그런 거라고 생각하다
take something amiss	나쁘게 받아들이다 → 화내다
take the will for the deed	의지를 행동으로 받다 → 마음만으로도 고맙게 생각하다
take things easy	쉽게 받아들이다 → 낙관하다
take things philosophically	철학적으로 받아들이다 → 깨닫다

take 집다, 들다

take apart	떼어내다 → 분해하다
take away	저쪽으로 취하다 → 가져가버리다
take down	끌어내리다 → 다시 데려오다; 취소하다
take from~	~에서 취하다 → ~을 털어내다, 약화시키다
take in	안으로 취하다 → (의복 등을) 줄이다; 기만하다
take in hand	손안에 취하다 → 떠맡다
take into~	~속으로 취하다 → ~에 넣다
take off	떼어내다 → 제거하다; 벗다; 이륙하다; 흉내 내다
take on	집어 들다 → 고용하다; 떠맡다
take out	꺼내다 → (책을) 대출하다
take over	위로 넘어 취하다 → 승계하다, 잇다
take to~	~을 취하다 → ~이 좋아지다
take ~ to one's arms	~을 팔에 취하다 → ~을 양팔로 감싸다
take ~ to one's heart	~을 마음에 취하다 → ~에 마음이 끌리다
take together	함께 취하다 → 일괄해서 생각하다
take up	집어 올리다 → (차 등에) 태우다
take up with~	~을 집어 올리다 → ~에 흥미를 갖다

take a bus	버스를 취하다 → 버스에 타다
take a cup of tea	한 잔의 차를 취하다 → 차 한 잔 마시다
take a day off	하루를 나가다 → 하루의 휴가를 얻다
take a deep breath	깊은 숨을 취하다 → 심호흡하다
take a dog for a walk	산책에 개를 취하다 → 개를 데리고 산책하다
take a drop too much	한 방울을 너무 많이 취하다 → 과음하다
take a horse	말을 취하다 → 말로 가다, 말을 세내다
take a person to a hospital	누구를 병원으로 데리고 가다 → 입원시키다
take one's ease	자기의 편함을 취하다 → 휴식하다
take one's meals	식사를 취하다 → 식사하다
take poison	독을 취하다 → 음독하다
take ship	배를 취하다 → 배에 타다
take the air	공기를 취하다 → 상을 타다
take the cake	케이크를 취하다 → 상을 타다
take time	시간을 (오래) 취하다 → 천천히 하다

take　～하다

take a fancy to～	～에 대해서 호감을 취하다 → ～이 좋아지다
take account of～	～의 계산을 받아들이다 → 참작하다
take care of～	～의 주의를 취하다 → ～에 조심하다
take charge of～	～의 책임을 받아들이다 → ～을 감독하다
take delight in～	～속에 기쁨을 취하다 → ～을 즐기다
take interest in～	～속에 흥미를 취하다 → ～에 흥미를 갖다
take leave of～	～에 이별을 취하다 → 이별을 고하다
take no heed of～	～에 주의를 취하지 않다 → ～을 개의치 않다
take note of～	～에 주의를 취하다 → ～에 생각이 미치다
take notice of～	～에 주의를 취하다 → ～에 주목하다

take part in~	~속에 한 부분을 차지하다 → ~에 참가하다
take the advantage of~	~의 이익을 취하다 → ~을 이용하다
take the liberty of~	~에 관해 자유를 취하다 → 마음대로 하다
take the opportunity of~	~의 기회를 취하다 → 기회를 이용하다
take the place of~	~의 장소를 취하다 → ~을 대신하다
take the trouble of~	~의 수고를 취하다 → 일부러 ~하다

talk 이야기하다

talk a bark off a tree	수피(樹皮)가 벗겨지도록 말하다 → 떠들어대다
talk a person down	쓰러뜨리게 말하다 → 큰소리로 침묵시키다
talk a person out of~	~밖으로 누구에게 말하다 → 말해서 숭시시키다
talk a person over~	~에 관해서 말하다
talk about~	~에 관해서 말하다 → ~의 소문을 입에 올리다
talk against time	시간에 대항해서 말하다 → 소일차 이야기하다
talk around	이야기가 돈다 → 결론이 나지 않다
talk at~	~을 향해 말하다 → ~이 들으라는 듯이 이야기하다
talk away	말하고 말하다 → 계속 말하다, 말로 얼버무리다
talk back	거꾸로 말하다 → 말대답하다
talk business	사업을 이야기하다 → 진지한 이야기를 하다
talk from the point	요점으로부터 떠나 말하다 → 이야기가 탈선하다
talk one's head off	머리가 달아나도록 말하다 → 한없이 지껄이다
talk to~	~에게 말하다 → ~에게 말을 걸다; 꾸짖다
talk to oneself	스스로에게 말하다 → 혼잣말하다

tear 찢다

| tear apart | 찢어 떼놓다 → 찢어발기다 |
| tear away | 찢어 보내다 → 찢어 버리다, 떼어놓다 |

tear down	찢어 내리다 → 떼어내다, 부수다
tear down the road	도로를 따라 돌진하다 → (차가) 질주하다
tear it	그것을 찢다 → (계획 등을) 엉망으로 망가뜨리다
tear off	찢어버리다 → 떼어내다; 질주하다
tear one's hair	머리털을 찢다 → (슬픔으로) 머리털을 쥐어뜯다
tear one's way	길을 돌진하다 → 마구 전진하다
tear oneself away from~	~으로부터 스스로를 찢다 → ~을 뿌리치다
tear open an envelope	(가위 등을 쓰지 않고) 봉투를 찢어 열다
tear out	찢어내다 → 벗기다, 뜯어내다
tear out a leaf	한 장을 찢어내다 → 한 페이지를 뜯다
tear round	찢고 돌아다니다 → 떠들고 돌아다니다
tear to pieces	파편으로 찢다 → 산산조각을 내다
tear up	찢어 올리다 → 찢어발기다, 들어 빼다
tear up a tree by the root	나무를 뿌리째 들어 빼다

tell 말하다

tell a lie	거짓을 고하다 → 거짓말하다
tell a person's fortune	누구의 운수를 고하다 → 점치다
tell a secret	비밀을 고하다 → 비밀을 누설하다
tell a tale	이야기를 고하다 → 이야기를 들려주다; 내력이 있다
tell against~	~에 반대 발언하다 → ~에 대해서 불리하다
tell for~	~을 위해 고하다 → ~에 유리하다
tell off	말끔히 알다 → 나무라다, 꾸짖다
tell on~	~위에 말하다 → 지치게 하다; 고자질하다
tell one's prayers	기도를 고하다 → 기도를 드리다
tell stories	소설을 말하다 → 말을 조작하다, 거짓말하다
tell tales	소문을 고하다 → 고자질하다
tell the tale	이야기를 하다 → 애처롭게 말하다

| tell the truth | 진실을 고하다 → 참말을 하다 |
| tell time | 시(時)를 알다 → (시계로) 시간을 알다 |

think　생각하다

think about~	~에 관해 생각하다 → ~을 생각하다, 숙고하다
think better of~	~을 보다 잘 생각하다 → ~을 고쳐 생각하다
think highly of~	~을 높게 생각하다 → ~을 존경하다
think ill of~	~을 나쁘게 생각하다 → ~을 나쁘게 여기다
think light of~	~을 가볍게 생각하다 → ~을 경멸하다, 무시하다
think lightly of~	~을 가볍게 생각하다 → ~을 경멸하다
think meanly of~	~을 천하게 생각하다 → ~을 경멸하다
think much of~	~을 많이 생각하다 → ~을 중하게 여기다
think nothing of~	~을 조금도 생각하지 않다 → 하찮게 여기다
think of~	~에 관해 생각하다 → ~을 숙고하다
think of A as B	A를 B로서 생각하다 → A를 B로 간주하다
think of ~ing	~함을 생각하다 → ~하고자 마음먹다
think out	말끔히 생각하다 → 생각해내다, 머리를 쓰다
think over	거듭 생각하다 → 심사숙고하다
think sense	분별을 생각하다 → 분별 있는 생각을 하다
think shame to~	~함을 수치로 생각하다 → 부끄럽게 여기다
think through	시종일관 생각하다 → 끝까지 생각하다
think up	생각해 올리다 → (구실 등을) 생각해내다, 발상하다
think well of~	~을 좋다고 생각하다 → ~을 좋게 생각하다

throw　던지다

| throw a scare into~ | ~속에 공포를 던지다 → 공포에 떨게 하다 |
| throw about | 주위에 던지다 → 아무데나 던지다, 살포하다 |

throw away	던져버리다 → 버리다, 낭비하다
throw down	밑으로 던지다 → 던져버리다, 넘어뜨리다
throw down one's arms	스스로의 무기를 던지다 → 항복하다
throw down the glove	장갑을 던지다 → 도전하다
throw in one's hand	스스로의 손을 던져 넣다 → 다툼을 멈추다
throw ~ into shape	~을 형태 속에 던지다 → ~에게 형태를 갖추게 하다
throw light on~	~위에 조명을 던지다 → ~을 명백히 하다
throw off	저쪽으로 던지다 → 집어 던지다; 급히 벗다
throw one's eyes to~	~쪽으로 눈을 던지다 → ~을 힐끔 보다
throw oneself on~	~위에 스스로를 던지다 → ~에게 몸을 위탁하다
throw open	열어 제치다 → 공개하다
throw out	밖으로 던지다 → 내던지다; (빛 등을) 발하다
throw over	(벗을) 못 본 체하다 → 포기하다
throw stones at~	~에게 돌을 던지다 → ~을 비난하다

touch 닿다, 대다

touch a person to tears	사람을 눈물에 닿게 하다 → 감동시키다
touch a person's self-esteem	자존심을 닿게 하다 → 마음을 상하게 하다
touch alcoholic drink	알코올음료를 접촉하다 → 술을 마시게 하다
touch and go	더듬어 가다 → 위험천만한 곳을 가다
touch bottom	밑에 닿다 → 좌초하다; 구렁텅이에 빠지다
touch land	땅에 닿다 → 확고한 기반을 구축하다
touch ~ on the sore spot	~의 급소에 닿다 → 급소를 찌르다
touch one's hat to a person	누구에 대해서 자기 모자를 손대다 → 절하다
touch one's heart	마음에 닿다 → 감동시키다
touch one's purse	누구의 지갑에 손대다 → 빚을 지다
touch out	접촉해서 끌어내다 → (야구에서) 터치·아웃시키다
touch pitch	(석탄의) 피치에 손대다 → 범죄적인 일에 관계하다

touch port	항구에 닿다 → 기항하다
touch the spot	점(点)에 접촉하다 → (음식이) 충족하다
touch to the quick	알살에 손대다 → 급소(약점)를 찌르다
touch up	끝맺음을 하다 → 수정하다; (기억을) 불러일으키다
touch upon a question	문제 위에 접촉하다 → 문제를 손대다

try 시도하다

try a case	사건을 시험하다 → 사건을 재판하다
try a fall	쓰러뜨리기를 시험하다 → 씨름을 하다
try all means	모든 수단을 시험하다 → 백방으로 손을 쓰다
try back	(사냥개가) 다시 냄새를 맡다 → 다시 해보다
try for~	~을 위해서 애쓰다 → ~을 구하다, ~을 지원하다
try it on	그것을 계속 시도하다 → 어디까지 할 수 있나 해 보다
try on	시험적으로 입다 → 시험하다, 가봉하다
try one's best	최선을 해 보다 → 최선을 다하다
try one's eyes	눈을 시험하다 → 눈을 피로하게 하다, 눈에 해롭다
try one's hand at~	~에서 손을 시험해 보다 → 해 보다
try one's luck	자기의 운을 시험하다 → 운수를 점쳐 보다
try one's nerves	신경을 시험하다 → 신경을 곤두서게 하다
try one's patience	인내를 시험하다 → 못마땅해 하다
try one's skill	자기의 기술을 시험하다 → 솜씨를 보이다
try one's utmost	자기의 극한을 시험하다 → 노력을 기울이다
try one's weight	자기의 무게를 시험하다 → 체중을 달다
try out	끝까지 시도하다 → 엄밀하게 시험하다, 철저히 해 보다
try over	거듭 시험하다 → 복습하다, 미리 해 보다

turn 돌다

turn a deaf ear to~	~에 먹은 귀를 돌리다 → ~에 귀를 기울이지 않다
turn about	빙글 돌다 → 돌아보다, 방향을 바꾸다
turn aside	곁으로 돌다 → 비켜서다, 옆길로 들어서다
turn away	저쪽으로 돌다 → 물러나게 하다; 얼굴을 돌리다
turn back	뒤로 돌리다 → 돌아가게 하다; (시계를) 늦추다
turn down	아래로 돌리다 → (심지를) 가늘게 하다; 거절하다
turn in	안으로 돌리다 → 안으로 구부리다; 자리에 들다
turn A into B	A를 B속으로 돌리다 → A를 B로 바꾸다
turn loose	늦추어 돌리다 → 풀어주다
turn on	돌려서 내다 → (마개를) 열다; (전기를) 키다
turn one's back on~	~에 등을 돌리다 → ~을 모르는 척하다
turn out	밖으로 돌리다 → 내쫓다; 생산하다
turn over	아주 방향을 돌리다 → 뒤집어엎다; 책장을 들추다
turn the tables	테이블을 돌리다 → 형세를 일변시키다
turn to account	~을 계산 쪽으로 돌리다 → ~을 이용하다
turn to profit	~을 이익 쪽으로 돌리다 → ~을 유용하게 쓰다
turn up	위를 향하다 → 들다; 나타나다
turn up one's nose	자기의 코를 위로 들다 → 경멸하다
turn ~ upside down	~의 위를 아래로 하다 → 뒤집다

wait 기다리다

wait a bit	약간 기다리다 → 잠시 기다리다
wait a moment	일 분간 기다리다 → 잠시 기다리다
wait a person's convenience	누구의 편의를 기다리다 → 손이 날 때까지 기다리다
wait about	여기저기 돌며 기다리다 → 서성거리며 기다리다
wait and see	기다려서 보다 → 일이 되가는 것을 지켜보다

wait around	빙글 돌며 기다리다 → 서성거리며 기다리다
wait at table	식탁에서 기다리다 → 음식을 시중들다
wait dinner for~	~을 기다려 식사를 늦추다
wait expectantly	기대를 갖고 기다리다 → 학수고대하다
wait for~	~을 위해 기다리다 → ~을 기다리다
wait for one's shoes	구두를 기다리다 → 부모의 재산을 믿다
wait it out	끝까지 기다리다 → 기다리고 또 기다리다
wait on~	계속 기다리다 → ~에게 시중들다; ~을 방문하다
wait on one's beck	누구의 끄덕임을 기다리다 → 누구의 기색을 살피다
wait on tiptoe	발가락 끝 위에서 기다리다 → 학수고대하다
wait one's chance	자기의 기회를 기다리다 → 기회가 오기를 기다리다
wait till tomorrow	내일까지 기다리다 → 내일까지 연기하다
wait up	일어나 기다리다 → 자지 않고 기다리다
wait upon a customer	손님에 대해서 기다리다 → 손님을 응대하다

walk 걷다

walk a person off his legs	다리가 떨어지게 걷게 하다 → 걸어 지치게 하다
walk away from~	걸어 멀리 가다 → 쉽게 이기다
walk away with~	~과 더불어 걸어가다 → ~을 훔쳐 달아나다
walk in~	~안으로 걷다 → ~속으로 들어가다
walk it	그것을 걷다 → (경마 등에서) 쉽게 이기다
walk off	걸어 떠나다 → 떠나다
walk on air	공기 위를 걷다 → 기뻐 날뛰다
walk out	밖으로 걷다 → 파업을 하다
walk Spanish	스페인 식으로 걷다 → 억지로 일하다
walk the boards	무대를 걷다 → 배우가 되다
walk the chalk mark	백묵표시를 걷다 → 올바르게 행동하다

| walk the hospitals | 병원을 걷다 → (의대생이) 병원에서 실습하다 |
| walk up to~ | ~에 걸어 다가가다 → ~에 걸어서 가다 |

wash   씻다

wash a person overboard	사람을 갑판에서 씻다 → (파도가) 사람을 휩쓸어 가다
wash against~	반대해서 씻다 → (파도가) ~에 치다
wash away	씻어 가다 → 씻다; 흘려보내다
wash away one's guilt	죄를 씻어버리다 → 속죄하다
wash down	씻어 내리다 → 물로 헹구다; (음식을) 퍼먹다
wash for aliving	생활을 위해 씻다 → 세탁소를 경영하다
wash gravel for gold	금 때문에 모래를 씻다 → 사금을 캐다
wash off	씻어버리다 → 깨끗이 씻다
wash one's dirty linen home	더러운 천으로 집을 씻다 → 집안의 수치를 감추다
wash one's dirty linen in public	집안의 수치를 드러내다
wash one's hands	손을 씻다 → 화장실에 가다
wash one's hands of~	~에서 손을 씻다 → ~과 손을 끊다
wash oneself	스스로를 씻다 → 자기 몸을 씻다
wash ore	광석을 씻다 → 물로 선광(選鑛)하다
wash out	밖으로 씻다 → 씻어내다; 지치게 하다
wash silver with gold	은을 금으로 씻다 → 은에 금도금을 하다
wash table with blue	테이블을 청(靑)으로 씻다 → 푸른 칠을 입히다
wash up	씻어 올리다 → (사용한 식기 등을) 씻다
wash white	희게 씻다 → 때를 씻어내다

wear   입고 있다

| wear a smile | 웃음을 입다 → 억지로 미소 짓다 |
| wear away | 써버리다 → 마멸시키다; 경과하다 |

wear black	검게 입다 → 흑의(黑衣)를 몸에 걸치다
wear down	닳아 없애다 → 지치게 하다
wear for years	여러 해 동안 입다 → 오래 견디다
wear ill	나쁘게 견디다 → 쉽게 마멸하다
wear ~ in one's heart	마음에 ~을 지니다 → ~을 소중히 하다
wear low	얇게 입다 → (저축 등이) 서서히 줄다
wear off	닳아 없애다 → 마멸시키다
wear on	차츰 경과하다 → (시간이) 서서히 가다
wear out	끝까지 입다 → 낡아 빠지도록 쓰다; (시간이) 걸리다
wear the gown	가운을 입다 → 변호사이다
wear the trousers	바지를 입다 → (아내가) 남편을 억누르다
wear thin	얇어지기까지 입다 → 닳다, 싫증을 주다
wear well	잘 견디다 → 늙지 않다

win 이기다

win a person over	넘어서 누구를 설득하다 → 내편을 만들다
win back	원래로 이겨 오다 → 다시 빼앗다
win by~	~에 의해 이기다 → ~을 (적당히) 면하다
win by a head	머리 하나 차이로 이기다 → 간신히 이기다
win fame	명성을 얻다 → 유명해지다
win ~ hands down	손을 내리고도 이기다 → 쉽게 이기다
win home	집을 얻다 → 집에 도달하다
win one's favor	누구의 호의를 얻다 → 마음에 들다
win one's heart	누구의 마음을 얻다 → 호의를 얻다
win one's way	길을 쟁취하다 → 애써 나아가다, 노력 끝에 성공하다
win or lose	이기든 지든 → 죽든 살든
win out	끝까지 이겨내다 → 고난을 이겨내다, 사업을 성취하다

win over	덮어 씌워 이기다 → 내편에 끌어넣다
win round	둘러쌓아 이기다 → 내편에 끌어넣다
win the day	승리의 날을 얻다 → 싸움에 이기다
win the field	싸움터를 이겨 얻다 → 싸움에 승리하다
win the summit	정상을 쟁취하다 → 정상에 오르다
win through~	~을 관철하다 → 고난을 이기다, 사업을 관철하다
win up	위로 이기다 → 일어서다, 말에 타다

work 일하다

work against~	~에 반대하여 일하다 → ~에 반대하다
work at~	~에 일하다 → ~에 종사하다, ~을 공부하다
work away	멀리 멀리 일하다 → 쉬지 않고 일하다
work for~	~을 위해 일하다 → ~에게 고용되다
work in	안에서 일하다 → (사이에) 끼우다; 조화되다
work in double harness	이중의 마구(馬具)로 일하다 → 부부가 맞벌이하다
work it	그것을 작동시키다 → 뜻한 대로 끝내다
work off	서서히 없애다 → 서서히 제거하다; 팔아넘기다
work on	계속 일하다 → 열심히 일하다
work on~	~에 작용하다 → ~에 효력이 있다, ~에 잘 듣다
work one's head off	머리가 날아가게 일하다 → 일에 열중하다
work one's way	스스로의 길을 만들다 → 고난을 이기고 나아가다
work one's will upon~	~위에 의지를 작용시키다 → 뜻대로 하다
work oneself ill	병들 때까지 일하다 → 과로로 병들다
work oneself into	스스로 ~속으로 일하다 → 차차 ~이 되다
work out	끝까지 일하다 → 고심해서 해내다, 작성하다
work the miracle	기적을 작용시키다 → 기적을 낳다
work up	완성 쪽으로 몰다 → 서서히 완성하다; 선동하다
work upon~	~위에 작용하다 → ~에 영향을 끼치다
work wonders	기적을 작동시키다 → 기적적인 효력을 발휘하다

write a bad hand	나쁜 손을 쓰다 → 글씨를 못 쓰다
write a good hand	좋은 손을 쓰다 → 글씨를 잘 쓰다
write against~	적대해 쓰다 → (신문 등으로) 공격하다
write back	뒤로 돌려쓰다 → 답장을 보내다
write down	내려쓰다 → 적어두다; 깎아내리다
write for a living	삶을 위해 쓰다 → 문필 생활을 하다
write for a newspaper	신문을 위해 쓰다 → 신문에 기고하다
write home	집에 쓰다 → 고향에 편지하다
write ill	나쁘게 쓰다 → 글씨가 엉망이다
write in	안으로 쓰다 → 써넣다, 적어 넣다
write off	써 갈기다 → 속히 써 내려가다
write out	써 없이 하다 → 상세히 기록하다
write out fair	깨끗이 써서 끝내다 → 정서하다
write over	거듭 쓰다 → 가득히 쓰다, 다시 반복해 쓰다
write shorthand	속기를 하다
write the music for a song	노래를 위해 음악을 쓰다 → 작곡하다
write to a person	누구에게 쓰다 → 편지를 내다
write up	써 올리다 → (상세히) 기사를 쓰다, 글로 추켜세우다
write well	잘 쓰다 → 문장을 잘 쓰다

전치사 · 부사로 시작되는 영숙어

above   ~의 위에

above all	모든 것 위로 → 무엇보다도
above anything else	다른 어느 것 위로 → 어느 무엇보다도
above asking questions	질문 위로 → 질문을 부끄러워해서
above ground	지상에 나타나서 → 아직도 살아서
above measure	치수를 넘어서 → 대단히
above one's business	직업을 초월해서 → 직업을 경시해서
above one's comprehension	이해 이상의 → 이해 못 하는
above one's means	재산 이상으로 → 분수에 넘치는
above one's understanding	이해 이상의 → 이해가 안 되는
above oneself	스스로 이상으로 → 제 분수를 모르고
above price	값을 넘어서 → 값을 따질 수 없게 귀중한
above reproach	비난을 넘어 → 흠잡을 데 없는
above sea level	해면 위 → 해발(海拔)
above suspicion	의심을 넘어서 → 의심의 여지가 없는
above telling a lie	거짓을 넘어서 → 거짓말을 안 하다
above the average	평균을 넘어 → 뛰어나게
above the noise	소음을 넘어 → 잡음 속에서도 분명히
above vanity	허영을 넘어 → 허영심이 없는
above want	궁핍을 넘어 → 곤궁하지 않은

after   ~후에

after a custom	습관 뒤로 → 관습에 따라
after a while	잠시 뒤에 → 잠시 후에

after all	모든 것 뒤에 → 결국
after all is said and done	모든 언동 끝에 → 결국은
after all one's labors	모든 노력 끝에 → 고생의 보람 없이
after dark	어두워진 후에 → 날이 저물어서
after hours	(취업) 시간 후에 → (직장 · 학교가) 파한 후
after one's own heart	제 마음에 따라 → 마음에 들어서
after school	학교 뒤에 → 방과 후
after that	저것 뒤에 → 그 후
after the day	그날 뒤에 → 다음날
after the fashion of~	~의 유행에 따라 → 일류로
after the same pattern	같은 형(型)에 의해서
after the world	세상 뒤로 → 시세에 따라
after this manner	이 방법을 따라 → 이렇게
after us the deluge.	우리 뒤에 홍수가 나라 → 나중에야 어찌되었건
after you!	당신의 뒤를! → 먼저 ~하시오!

against ~에 대해서

against a rainy day	우천에 대비해서 → 어려운 때를 위해
against all chances	모든 기회에 반해 → 전혀 가망 없는
against all precedents	모든 선례에 반해 → 선례가 없는
against human nature	인간성에 반해 → 인정머리 없게
against odds	우열의 차에 대해서 → 우세한 적을 대적해서
against one's conscience	양심에 반해서 → 본의 아니게
against one's reason	이성(理性)에 반해
against the bill	법안에 반해 → 법안에 반대의
against the collar	목걸이에 반해서 → 억지로
against the grain	나뭇결에 어긋나서 → 약이 올라서
against the law	법에 반해서 → 법에 위반해서
against the light	빛에 대해 → 빛에 투시해서

against the plaintiff	원고(原告)에 불리한 → 원고의 패소로
against the stream	흐름에 거슬러서 → 시세에 역행해서
against the wind	바람에 대해 → 바람을 안고
against time	시간과 경쟁해서 → 황급히

all   아주

all along	계속 ~을 따라 → 계속, 처음부터
all around	전혀 그 주위에 → 골고루, 한 바퀴 빙 둘러
all at once	전혀 한번에 → 갑자기, 돌연히
all at sea	전혀 (땅이 안 보이는) 바다에서 → 속수무책으로
all hollow	구멍이 뻥 뚫린 → 철저하게 (해치우다 등)
all in white	완전히 흰 → 백의(白衣)를 입고
all of a sudden	전혀 돌연히 → 갑자기, 뜻밖에
all one	전혀 하나 → 전혀 같은
all out	전혀 완전히 → 전력을 다해
all over oneself	전혀 자기 이상으로 → 아주 기뻐서, 우쭐해서
all over with~	~이 끝장난 → ~은 이제 가망 없는
all quiet	전혀 건전한 → 이상 없는
all right	전혀 옳은 → 무사히, 고장 없이
all the better for~	~을 위해 보다 좋게 → ~ 때문에 오히려 잘 된
all through~	~을 통해 계속 → 일관해서 계속
all to pieces	전혀 조각으로 → 산산조각으로
all together	전혀 함께 → 일제히
all too soon	전혀 너무 빠른 → 너무 빠른

all   모든

| all and sundry | 모두와 여러 가지의 → 형형색색의 |
| all attention | 모든 주의를 기울여 → 근청(謹聽)해서 |

all change!　　　　　모두 바꿔라! → 여러분, 바꿔 타십시오!

all day long　　　　　그날 길이만큼 → 하루 종일

all hail!　　　　　　모든 환영을! → 만세! 왜!

all night through　　　밤의 시초에서 끝까지 → 밤새도록

all of~　　　　　　　모든~ → 듬뿍~

all one's life　　　　　누구의 삶 중 → 일생동안

all skin and bones　　모두 가죽과 뼈 → 피골이 상접해서

all smiles　　　　　　모두가 미소인 → 만면에 웃음을 띠고

all sorts of~　　　　　모든 종류의~ → 온갖, 잡다한

all the go　　　　　　모두가 진행 중인 → 대유행의

all the money I have　　내가 지닌 모든 돈 → 소지한 총금액

all the rage　　　　　전혀 유행의 → 내유행의

all the time　　　　　그 시간을 계속 → 늘, 언제나

all the way　　　　　그 길을 계속 → 일부러 멀리서

all the year round　　그 해가 돌아가는 전부 → 일년 중

all too~　　　　　　~도 전혀 → 아주 (빠르다 등)

as　　~과 마찬가지로

as ~ as any　　　　　같을 만큼 ~한 → 무엇에도 지지 않을 만큼 ~한

as ~ as ever　　　　　언제든 같을 만큼 ~한 → 언제나 다름없이 ~한

as ~ as possible　　　가능할 만큼 ~한 → 가능한 한~

as far as~　　　　　　~만큼 멀리 → ~한 한, ~만큼 멀리

as far as I can　　　　내가 가능한 한 멀리 → 내가 할 수 있는 한

as far as ~ is concerned　~이 관계하는 한 → ~에 관한 한

as good as~　　　　　~만큼 좋은 → 마찬가지인, ~과 다름없는

as good as one's word　자기의 말만큼 좋은 → 약속을 지킨

as hard as you can　　네가 가능한 한 열심히 → 열심히

as large as life　　　　실물만큼 크게 → 실물대(實物大)의

as likely as not	그럴싸하지 않을 만큼 그럴싸하게 → 아무래도 ~일 듯
as long as~	~만큼 길게 → ~한 한, ~만큼 길게
as many as~	~만큼 많이 → ~과 같을 만큼 많이
as much as~	~만한 양의 → ~과 같을 만큼 대량의
as often as~	~만큼 가끔 → ~할 때마다
as old as~	~만큼 늙은 → ~만큼의 나이의, ~과 동갑의
as soon as~	~만큼 빨리 → ~하자마자
as well as~	~만큼 잘 → ~과 마찬가지로

as ~만큼

as busy as a bee	벌처럼 바쁜 → 몹시 부지런한
as cool as a cucumber	오이처럼 냉정한 → 매우 냉정한
as dead as a doornail	못처럼 죽은 → 죽어 꼼짝도 안 하는
as drunken as a lord	군주처럼 술 취한 → 대취한
as fit as a fiddle	바이올린처럼 튼튼한 → 아주 튼튼한
as full as an egg	알처럼 가득 찬 → 속이 꽉 찬
as hungry as a hunter	사냥개처럼 배고픈 → 시장한
as like as two peas	콩처럼 닮은 → 서로 꼭 닮은
as old as hills	언덕처럼 오래된 → 해묵은
as poor as a church mouse	교회의 쥐처럼 가난한 → 무일푼의
as rich as Croesus	크리서스 왕처럼 부자의 → 큰 부자의
as sick as a horse	말처럼 병든 → 병이 중대한
as silent as a grave	무덤처럼 고요한 → 괴괴한
as sure as eggs is eggs	알이 알인 것처럼 분명한 → 확실한
as white as a sheet	시트처럼 흰 → (안색이) 창백한

as ~처럼

as above	위와 마찬가지로 → 위처럼

as before	앞과 마찬가지로 → 앞에서처럼
as below	아래와 마찬가지로 → 아래와 같이
as concerns~	~에 관해서 처럼 → ~에 관해서는
as if~	만약 ~처럼 → 마치 ~처럼
as is often the case with~	~에 흔히 있는 경우처럼 → ~에 흔히 있는 것처럼
as it were	그것이 그런 것처럼 → 마치, 이른바
as mentioned above	위에 말한 것처럼 → 앞서 말한 것처럼
as of old	낡은 것처럼 → 옛날처럼
as one man	(여러 명이) 한 사람처럼 → 일제히
as saying goes	속담에서 행해지듯 → 속담에서처럼
as such	그런 것처럼 → 그러한 것으로
as the world goes	세상이 가는 것처럼 → 세상이 돌아가는 대로
as things go	만사가 돌아가는 대로 → 세상이 말하는 것처럼
as usual	평상시처럼 → 언제나처럼
as well~	~과 마찬가지로 잘 → ~도 또한
as you call~	당신이 ~라고 부르는 것처럼 → 소위, 이른바
as you know	당신이 아는 것처럼 → 알다시피

as ~하면서

as a general rule	일반적인 규율로서 → 대체적으로
as a matter of course	당연지사로서 → 물론, 당연히
as a matter of fact	사실로서 → 실은
as a result of~	~의 결과로서 → ~한 결과
as a rule	규칙으로서 → 대체적으로, 대개
as a whole	전체적으로서 → 대체적으로
as against~	~에 대해서 → ~에 비교해서
as between the two	둘 사이로서는 → 둘 중 어느 쪽인가 하면
as compared with~	~과 비교할 때 → ~과 비교하건대
as for me	나는 어떤가 하면 → 나로서는

as it is	사실은 (그렇지 않으므로) → 사실은 (이에 반해서)
as of~	~때에 → 현재의, 며칠부터
as regards~	~에 관해서는 → 그 일에 관해서라면
as to~	~으로서 → ~에 관해서는, ~은 어떠냐하면
as yet	지금까지로는 → 아직까지는 (없다)

at   ~한 곳에

at a distance	어느 거리에서 → 좀 떨어져서
at all points	모든 점에서 → 어떻게 보나; 완전히
at heart	마음으로는 → 속마음은, 실제는
at home	집에서 → 편안히
at its height	그 높이에서 → 절정에서
at one end	하나의 끝에서 → 한끝을
at the back of~	~뒤에 → ~의 배후에
at the center	중앙에 → 중심에
at the door	문에 → 입구에
at the end of the street	거리의 끝에 → 막다른 골목에
at the foot of~	~의 다리쯤에 → 기슭에
at the head	머리에 → 선수(船首)에
at the head of the page	페이지 머리에 → 페이지 위에
at the point of~	~의 점 위에서 → 막 ~하려고
at the top	정상에 → 첫째로
at the point	이 점에서 → 이 지점에서

at   ~한 때에

at all times	모든 시(時)에 → 언제나
at any event	어떤 일에도 → 여하간, 어쨌든
at any moment	어느 순간에도 → 언제라도

at dead of night	죽은 듯한 밤에 → 심야에
at long last	긴 마지막에 → 끝내
at odd moment	여분의 시간에 → 한가할 때에, 여가에
at once	한번에 → 곧, 즉시
at one time	한 때는 → 옛날에
at other times	다른 때는 → 평소에는
at peep of day	날이 들여다볼 때 → 새벽에
at present	현재의 시점에서 → 현재는
at some time or other	어느 때나 저 때에 → 조만간
at that time	그 때에 → 당시는
at the appointed time	지정된 시간에 → 약속시간에
at the beginning of~	~을 시작할 때 → ~의 시초에
at the end of~	~이 끝날 때에 → ~ 끝에
at the outset	착수할 때에 → 최초에
at the same time	같은 시각에 → 동시에; 그러나; 역시
at times	여러 시간에 → 때로는

at ~한 때마다

at a blow	한 번의 타격으로 → 한 대로
at a bound	한 번의 도약으로 → 한 번 뛰어서
at a breath	한 번의 숨으로 → 단숨에
at a draught	한 번의 마심으로 → 한 모금으로
at a glance	한 번 봄으로서 → 한 눈에
at a mouthful	한 번 입 가득히 → 한 입에
at a sitting	한 번 앉아서 → 한 자리에서 (열 그릇 먹다 등)
at a stretch	계속해서 → 단숨에 (처리하다 등)
at a stroke	일격으로 → 일거에
at a time	한 시에 → 단번에
at best	가장 좋아도 → 기껏해야

at every turn	모퉁이를 돌 때마다 → 도처에
at least	가장 적어도 → 기껏해야
at length	길이에서 → 마침내, 끝내는
at most	가장 많아도 → 기껏해야
at some length	어느 길이에서 → 상당히 자세하게
at the longest	가장 길어도 → 기껏해야
at the worst	가장 나빠도 → 기껏해야

at ～한 상태에

at a loss	손해를 보고 → 당혹해서, 멍하니
at a standstill	정지한 상태에서 → 오도가도 못 해서
at anchor	닻을 내린 상태에서 → 정박 중에
at bay	짖는 소리에 (쫓겨서) → 궁지에 몰려서
at church	교회에 → 예배 중에
at ease	안락에 → 마음 편안하게
at fault	실패한 상태에서 → 당혹해서
at one's books	자기 책을 (읽고 있는 상태에) → 공부 중에
at one's wit's end	지혜의 끝에서 → 속수무책으로
at prayer	기도에서 → 기도 중에
at sea	바다에서 → 항해 중
at table	식탁에서 → 식사 중에
at the stake	화형(火刑)에서 → 화상을 입어서 (죽다 등)
at the wheel	타륜(舵輪)에서 → 키를 잡고
at work	일에서 → 작업 중

at ～해서

| at liberty | 자유로 → 멋대로 |
| at one's beck and call | 고개를 끄덕임과 부름으로 → 시키는 대로 |

at one's bidding	누구의 명령으로 → 명령에 따라
at one's convenience	누구의 편의로 → 편리하게끔
at one's insistence	누구의 제안으로 → 권고를 받아서
at one's remark	누구의 말에 → 누구의 말을 듣고
at one's request	누구의 요청으로 → 요청을 받고
at one's summons	누구의 호출로 → 부름에 응해서
at that	그것으로 → 그것을 보고(듣고)
at the bare idea of~	단순히 ~한 생각으로 → ~한 생각만으로
at the sight of~	~이 광경에 → ~을 보고
at the sound	그 소리에 → 소리를 듣고
at will	의지로 → 생각대로
at your earliest convenience	가장 빠른 편의로 → 손이 나는 내로

at   ~의 비율로

at a good price	좋은 값으로 → 만족한 값으로
at a great cost of~	~한 큰 비용으로 → 많은 ~을 희생해서
at a high salary	높은 급료로 → 후한 보수로
at all hazards	모든 위험으로 → 굳이, 꼭
at any cost	어떤 비용으로라도 → 굳이, 꼭
at foot's pace	다리의 페이스로 → 보통 걸음으로
at full speed	가득한 속도로 → 전속력으로
at one's own expense	자신의 비용으로 → 자비로
at one's own risk	스스로의 위험으로 → 책임을 지고
at random	엉망으로 → 닥치는 대로 (책을 읽다 등)
at the expense of~	~의 비용으로 → ~을 희생해서
at the hazard of~	~의 운에 맡기고 → ~을 걸고
at the price of~	~의 대가로 → ~을 희생해서
at the ratio of~	~의 율(率)로 → ~한 비율로

at the risk of~	~의 위험에서 → ~을 걸고
at the stake of~	~의 도박으로 → ~을 걸고
at top speed	최고 스피드로 → 전속으로

before ~전에

before and after	앞과 뒤에 → 전후에
before Christ	크리스트 (탄생) 전에 → 기원전에
before dark	어두움 전에 → 어두워지기 전에
before everything	모든 것 전에 → 우선
before Heaven	하늘 앞에 → 떳떳한
before long	길어지기 전에 → 이내, 오래지 않아
before noon	정오 전에 → 오전에
before now	지금 전에 → 지금까지
before sunrise	해뜨기 전에 → 식전에
before sunset	해지기 전에 → 어두워지기 전에
before the fact	사실이 있기 전에 → 범행 전에
before the mast	마스트 앞에 → 선원이 되어서
before the wind	바람에 앞서서 → 순조롭게
before the world	세상 앞에 → 공공연히
before us	우리들 앞에 → 당면한

behind 뒤에

behind a closed door	닫힌 문 뒤에 → 몰래, 은밀히
behind a door	문 뒤에 → 문의 뒷면에
behind a person in~	남보다 뒤에 → ~이 남보다 못해서
behind a person's back	남의 등 뒤에서 → 몰래, 비밀로
behind a person's words	말의 뒷면에 → 말의 진의는

behind guns   총의 뒤에 → 후방에

behind in~   ~에 늦어(있는) → ~이 뒤지는

behind in its time   그 시간 뒤에 → (기차가) 정시보다 늦어서

behind in one's preparation   준비가 뒤진 → 준비가 늦어

behind in one's rent   집세가 뒤로 처져 → 집세가 밀려

behind in one's work   일이 뒤로 처져 → 일이 더뎌서

behind one's words   말의 이면에 → 암시해서

behind schedule   예정의 뒤에 → 예정에 늦어

behind the curtain   커튼 뒤에 → 막후에, 비밀리에

behind the scenes   무대 뒤에 → 막후에, 내막에 정통해서

behind the time   시세 뒤에 → 시세에 뒤떨어져서

behind time   시간 뒤에 → 시간에 늦어서

between   ~의 사이에

between each act   막과 막 사이에 → 막간마다

between hay and grass   건초와 풀 사이에 → 어른과 아이 중간의

between ill health and worries   좋지 못한 건강과 걱정 등으로

between ourselves   우리들 사이에 → 우리끼리의 이야기인데

between times   시간과 시간 사이에 → 가끔, 때때로

between two stools   두 의자 사이에 → 양쪽에 의지해서

between you and me   너와 나 사이에 → 우리만의 이야기지만

between whiles   시간 사이에 → 수시로, 틈나는 대로

beyond   ~의 저쪽에

beyond all question   의문을 넘어 → 의문의 여지가 없는

beyond comparison   비교를 넘어 → 비교가 안될 만큼 뛰어난

beyond description   묘사를 넘어 → 표현하기 어려운

beyond dispute   의논의 여지가 없는 → 명백한

beyond hope	희망을 넘어 → 절망해서
beyond measure	측량을 초월한 → 뛰어난
beyond one's control	통제를 넘은 → 걷잡기 어려운
beyond one's income	자기 수입을 넘은 → 분수에 넘치는
beyond one's intelligence	지식을 초월한 → 알 수가 없는
beyond one's strength	자기 힘을 넘은 → 힘에 부치는
beyond price	값을 초월한 → 값을 매길 수 없게 값진
beyond reason	이유를 초월한 → 이치에 닿지 않는
beyond seas	바다 저 쪽에 → 해외에
beyond the grave	무덤의 저 쪽에 → 저승에, 내세에
beyond the horizon	지평선 저 쪽에 → 지평선 너머에
beyond the mark	과녁을 벗어나 → 도를 넘쳐서
beyond the usual hour	평상시를 넘어 → 평상시보다 늦게
beyond time limit	제한 시간을 넘어 → 제한 시간이 넘도록

by　～곁에

by and again	다시금 지나서 → 때때로
by and by	지나고 또 지나서 → 곧, 머지않아
by and large	곁에 큰 범위로 → 전반에 걸쳐
by day	이 경과하는 중에 → 낮 동안에는
by daylight	일광 곁에 → 낮에는
by me	내 곁에 → 손닿는 언저리에
by moonlight	달빛 곁에 → 달빛에 젖어
by night	밤이 경과하는 중에 → 밤에는
by night and by day	밤에도 낮에도 → 주야를 가리지 않고
by one's beside	침대 곁에
by that time	그 때까지는 → 그 때는 이미
by the appointed time	약속시간까지는
by the by	그 곁의 곁에 → 말이 났으니 말인데, 그런데

by the roadside	길가에
by the sea	바닷가에
by the side of~	~곁에
by the wayside	길가에
by this time	이 때까지는 → 지금쯤은 벌써
by tomorrow	내일까지는

by ~에 의해서

by all means	모든 수단에 의해서 → 굳이, 꼭
by any chance	어떤 기회에 의해서 → 우연찮게
by chance	우연에 의해서 → 우연히
by compromise	타협에 의해서 → 타협으로
by contract	계약에 의해서 → 계약상
by dint of~	~의 힘에 의해서 → ~에 의해서
by force	힘에 의해서 → 억지로
by force of~	~의 힘에 의해서 → ~의 힘으로
by heart	마음에 의해서 → 암송으로
by means of~	~의 수단에 의해서 → ~에 의해서
by no means	어떤 수단에도 의하지 않고 → 결코 ~아니다
by retail	소매에 의해서 → 소매로
by reason of~	~한 이유로 → ~인고로
by sight	보는 것에 의해 → 보고
by surprise	기습에 의해서 → 갑자기
by virtue of~	~의 덕에 의해서 → ~덕택으로
by way of~	~한 길에 의해서 → ~경유로
by wholesale	도매에 의해서 → 도매로
by wire	전선에 의해서 → 전보로
by word of mouth	입의 말로 → 대놓고, 직접적으로

by　～으로

by a long way	먼 길로 → 멀리, 아득히
by a minute	일분의 차로 → 잠시의 차이로
by a narrow margin	좁은 여지로 → 간신히
by far	먼 차로 → 멀리, 아득히
by hundreds	수백이라는 척도로 → 수백(단위)으로
by long odds	긴 차로 → 멀리, 아득히
by much	다량의 차로 → 아득히
by the day	날의 척도로 → 하루 얼마로
by the dozen	다스의 척도로 → 한 다스 얼마로
by the hour	시간의 척도로 → 시간 당 얼마로
by the piece	개체의 척도로 → 개 당 얼마로
by the quart	쿼트의 척도로 → 쿼트 당 얼마로
by the week	주(週)라는 척도로 → 주급으로
by thousands	수천이라는 척도로 → 수천(단위)으로

by　～에 관해서는

by birth	태생에 관해서 → 태생은 (영국 등)
by blood	피에 관해서 → 혈연관계로 (조카 등)
by God	신에 대해서 → 신에게 맹세코
by halves	반분에 관해서 → 반씩
by heaven!	하늘에 맹세코 → 맹세코! 꼭!
by inches	1인치씩 → 조금씩
by me	나에 관해서는 → 나는 무관하지만
by one's friends	친구의 점에서는 → 친구에 대해서
by profession	직업에 관해서는 → 직업은 (변호사 등)
by sight	보는 것에 관해서는 → 얼굴은 (알지만 등)
by slow degrees	느린 정도로 → 조금씩

by the way	도중에 → 그런데
by trade	장사에 관해서는 → 직업은 (목수 등)
by turns	연속적인 순번에 의해서 → 교대로

down 밑으로

down at the heel	발뒤꿈치가 내려앉아서 → 구두 뒤꿈치가 닳아서
down in health	건강이 내려앉아서 → 건강이 쇠퇴해져서
down in the country	시골로 내려앉아서 → 낙향해서
down in the mouth	입속에 내려앉아서 → 낙심해서
down in the world	세상에 침몰해서 → 영락해서
down on a person	누구에게 물고 늘어져서 → 못 살게 굴어서
down on one's luck	운이 떨어져서 → 재수가 없어서
down the stream	강을 아래로 내려가서 → 하류 쪽으로
down the wind	바람을 아래로 내려가서 → 바람을 등지고
down to date	날짜를 내려와서 → 최근에
down to one's last cent	마지막 1센트까지 내려와서 → 알거지가 되어
down to posterity	자손에 이르기까지 내려와서 → 자손 대대로
down to the ground	땅에 떨어져 → 아주, 완전히
down to the present day	현재까지 내려와서 → 현대까지
down to zero	영으로 내려와서 → 영도까지 (기온이 내려서)
down upon~	의 아래에 → ~을 공격해서, ~을 화내서

far 멀리

far and away	멀리, 저쪽에 → 저 멀리; 훨씬, 사뭇
far and near	멀리, 가까이 → 도처에, 어디에나
far and wide	멀리, 넓게 → 온 누리에
far away	멀리 떨어져 → 멀리, 아득히
far back	뒤로 저 멀리 → 아주 옛날에

536

far between	간격이 떨어져서 → 드문
far from~	~으로부터 먼 → 조금도 ~이 아닌
far gone	멀리까지 진행한 → (병이) 악화된; (빚이) 쌓인
far into the night	밤까지 멀리 → 밤늦게까지
far off	멀리 떨어져 → 멀리, 아주 저쪽에
far other result	동떨어진 결과인 → 엉뚱한 결과로

near 가까이

near akin to~	~과 비슷한 → ~을 닮은, 근사한
near as one can guess	추측할 수 있는 한 가까이 → 추측 가능한 한
near at hand	손에 가까운 → 가까이에; 곧
near by	곁에 가까이 → 바로 이웃에
near each other in blood	혈연이 서로 가까운 → 친척관계의
near one's end	끝머리가 가까운 → 말기(末期)에
near to do~	~하기에 가까운 → 오래지 않아 ~할

for ~동안

for a moment	순간동안 → 잠시
for a time	어느 시간동안 → 얼마동안
for a while	한참동안
for ages	몇 세대 동안 → 장구한 세월 동안
for all time to come	앞으로 올 모든 시간동안 → 영원히
for an age	어느 세대 동안
for days and days	많은 나날 동안 → 날이면 날마다, 한없이
for ever	언제까지나 → 영원히
for good (and all)	영구히 → 이것을 마지막으로
for hours	여러 시간 동안 → 몇 시간이고
for life	생애 동안 → 일생 동안, 처음서부터 끝까지

for long	오랫동안 → 장기간
for that day	그 시대 동안 → 당시로서는
for the future	장래로서는 → 장래에는, 이후에는
for the night	그 밤 동안 → 그날 밤은; 자기 위해서
for the nonce	당장에는 → 우선, 당분간은
for the occasion	그 경우에는 → 임시로, 특별히
for the present	현재 동안은 → 현재로는, 당분간
for the time being	지금 동안은 → 현재로는, 당분간

for　～을 위해

for a change	전환을 위해서 → 기분전환차
for any sake	어떤 이익을 위해서도 → 여하간
for appearance' sake	외견상을 위해서 → 외견상, 체면상
for caution's sake	조심을 위해서 → 대비로
for conscience' sake	양심을 위해서 → 양심상
for convenience' sake	편리를 위해서 → 편의상
for lack of~	～의 결핍 때문에 → ～이 없어서
for pleasure	즐거움을 위해서 → 장난으로, 심심풀이로
for shame	수치 때문에 → 부끄러워서
for some reason or other	이런 저런 이유로 → 어떤 이유로
for the benefit of~	～의 이익 때문에 → ～을 위해서
for the good of~	～의 이익 때문에 → ～을 위해서
for the land's sake	주(主) 때문에 → 제발
for the purpose of~	～의 목적 때문에 → ～을 위해서
for the sake of~	～의 이익(이유) 때문에 → ～을 위해서
for want of~	～의 결핍 때문에 → ～이 없어서

for all~	～의 모두를 희생하더라도 → ～에도 불구하고
for all one's fault	결점에 대신해서 → 결점에도 불구하고
for all that	그 모든 것 대신에 → 그것에도 불구하고
for all the world like~	～에 아주 닮은
for love or money	사랑이나 돈과 바꾸더라도 → 결코 (～아닌)
for me	내 대신에 → 대리로
for nothing	무(無)와 교환으로 → 무료로
for one's life	자기의 목숨을 바꿔서라도 → 목숨을 걸고
for one's master	주인 대신에 → 주인의 대리로
for one's pains	노고의 보상으로 → 고생한 끝에
for one's service	봉사의 보상으로 → 누구의 노고에 대해서
for ten dollars	10달러 지불해서 → 10달러로
for the life of me	내 목숨 대신에 → 결코 (～아닌)

for　～으로

for all I know	내가 아는 전부로서는 → 아마도
for all me	나의 전부로서는 → 나에 관한 한, 나로서는
for all of~	～의 전부로서는 → ～에 관한 한
for aught I know	내가 아는 무엇으로든 → 아마도
for better (or) for worse	좋든 나쁘든
for certain	확실한 것으로서 → 확실히
for example	예로서 → 예를 들자면
for instance	예로서 → 예를 들자면
for one thing	하나의 것으로 → 우선, 먼저
for one's age	연령으로서는 → 나이에 비해서
for oneself	자신으로서는 → 독자적으로, 스스로를 위해서
for the first time	최초의 회(回)로서 → 처음으로

for the last time	마지막 회로서 → 마지막으로
for the most part	최대의 부분으로는 → 대개는, 대부분은
for the rest	나머지로는 → 그밖에는, 나머지
for this once	이 한 번으로는 → 이번만

from   ～으로부터

from day to day	날에서 날로 → 매일
from door to door	문에서 문으로 → 가가호호, 집집마다
from far and near	멀리서, 가까이에서 → 여기저기에서
from habit	습관으로부터 → 버릇으로, 타성으로
from hand to mouth	손에서 입으로 → 하루 벌이 하루 먹는
from head to foot	머리에서 발끝으로 → 온 몸에, 말끔히
from now on	지금부터 계속적으로 → 지금부터는
from over the sea	바다 저쪽으로부터 → 해외로부터

in   ～속에

in all directions	모든 방향에 → 사방에
in between	사이 속에 → 중간에
in broad daylight	넓은 햇빛 속에 → 대낮에
in front of～	～의 전방 위치에 → ～의 전면에
in itself	그것 자신 속에 → 본질적으로, 원래
in one's hearing	누가 듣는 곳에서 → 일부러
in one's mind's eye	마음의 눈 속에 → 상상으로
in one's way	가는 길에 → 장애가 되어
in the air	공중에 → 막연히; 소문이 퍼져서
in the dark	어둠 속에 → 알려지지 않은
in the distance	거리(距離) 속에 → 멀리, 떨어져서
in the middle of～	～중앙에 → ～복판에; 도중에

in the open	열린 곳에서 → 옥외에, 야외에
in the rear of~	~의 후방에 → ~뒤에, ~꽁무니에
in the shade	그늘에 → 눈에 띄지 않게

in all ages	모든 시대에 → 고금을 통해서
in days gone by	가버린 나날 속에 → 지나간 과거에
in former days	먼젓번 나날에 → 옛날에는
in future	미래 속에 → 장래, 앞으로
in one night	하루 밤에 → 밤사이에; 순식간에
in one's childhood	누구의 유년시절에 → 어린이 시절에
in one's lifetime	누구의 사는 시간에 → 한평생
in one's old age	늙은 나이에 → 그 나이로
in one's time	누구의 시대에 → 누구의 대(代)에
in one's youth	누구의 젊을 때에 → 청년시절에
in the daytime	낮에 → 주간에
in the near future	가까운 미래에 → 오래지 않아
in the past	과거에 → 지난날
in the spring of life	인생의 봄에 → 젊은 시절에

in bad time	나쁜 시간에 → 늦어서
in due time	적당한 시간에 → 때가 되어서
in good time	좋은 시간에 → 때 맞춰서
in one's own time	스스로의 좋은 시간에 → 편리한 시간에
in season	계절의 → 한창인, 제 철인(과일 따위가)
in season for~	~에의 계절에 → ~에 때맞추어
in the depth of~	~의 깊은 곳에 → ~도중에, ~하는 참에

in the end | 끝에 → 결국
in the flush of youth | 장밋빛 젊음에 → 젊은 시절에
in the heat of day | 그날의 열기 속에 → 대낮에
in these days | 이들 나날에 → 최근
in those days | 그들 나날에 → 당시에는
in time of old | 옛 시절에 → 옛날에는

in ～걸려서

in a crack | 찰칵하는 사이에 → 순식간에
in a day | 하루 속에 → 단시일에, 하루아침에
in a day or two | 1～2일에 → 하루 이틀이면
in a few minutes | 몇 분에 → 곧
in a flash | 반짝 빛나는 동안에 → 신속히, 순식간에
in a long time | 긴 시간 동안에 → 오랫동안
in a moment | 한 순간에 → 즉시, 곧
in a trice | 눈 깜짝할 사이에 → 순식간에
in a twinkling | 눈을 깜박하는 사이에 → 순간적으로
in a week's time | 1주일의 시간에 → 1주일이 되면
in all seasons | 네 계절 모두에 → 연중, 한해 내내
in an instant | 한 순간에 → 즉시
in to time | 없는 시간에 → 즉석에서
in the year one | 기원 원년(元年)에 → 아득한 옛날에
in time | 시간 속에 → 때에 맞추어, 늦지 않고
in years | 여러 해 속에 → 다년간

in ～한 상태에

in bad shape | 나쁜 모양으로 → 건강이 나빠서
in charge of～ | ～의 책임 속에 → ～의 관리(책임)하에

in confusion	혼란 속에 → 당황해서
in embryo	태아의 상태로 → 초기에; 발육이 나쁜 상태로
in full bloom	활짝 개화한 상태에 → 만개 중인
in good trim	좋은 정돈 상태에 → 말끔히 정돈되어
in no small danger	작지가 않은 위험 속에 → 상당한 위험 속에
in order	질서 속에 → 정연하게
in order of size	사이즈의 순서로 → 대소의 순서로
in ruins	황폐 속에 → 황폐되어
in safety	안전 속에 → 안전히
in the raw	자연인 채로 → 알몸으로

in　～한 기분으로

in a corner	모서리에 끼어서 → 난처해서
in a haze	안개 속에 → 정신이 몽롱해서
in a pretty fix	적지 않은 곤란 속에 → 곤경에 처해서
in bad humor	나쁜 기분 속에 → 기분이 상해서
in confidence	신뢰 속에 → 신뢰해서
in despair	절망 속에 → 절망한 나머지
in dilemma	딜레마 속에 → 진퇴양난에 처해서
in earnest	제 정신 속에 → (농이 아닌) 진심으로
in fun	재미 속에 → 재미로, 장난삼아
in great agonies	크나큰 고뇌 속에 → 가슴이 빠개지는 괴로움에서
in great haste	크나큰 조바심으로 → 황급히, 당황해서
in high spirits	높은 원기 속에 → 위세당당하게
in joy and in sorrow	기쁘고 슬픔 속에 → 기쁠 때나 슬플 때나
in lighter vein	보다 가벼운 혈관에서 → 부담 없게
in tears	눈물 속에 → 울며불며
in the blues	푸른 색 속에 → 우울해서

in a body	한 몸이 되어 → 일제히
in a crowd	무리의 상태로 → 무리를 지어, 떼 지어
in a group	무리의 상태로 → 떼 지어
in a queue	행렬의 상태로 → 열을 지어
in a row	열의 상태로 → 나란히
in clusters	덩어리의 상태로 → 굳어서
in detail	세부에 걸쳐서 → 자세히
in full dress	가득한 복장으로 → 정장하고
in kind	같은 종류로 → (돈이 아니라) 물건으로; 본성이
in large numbers	큰 수(數)의 상태로 → 많이
in length	길이에 있어서 → 길이가
in rags	넝마 속에 → 누더기를 입고
in some measure	어느 양(量)에서 → 얼마간
in spectacles	안경의 상태로 → 안경을 쓰고
in store	저장된 상태로 → 준비되어
in the bud	봉오리 상태로 → 봉오리(초기) 때에 (꺾다 등)
in uniform	유니폼 상태로 → 제복을 입은

in   ～으로

in a person's place	누구의 장소에서 → 대리로
in a small way	작은 방법으로 → 소박하게, 조촐하게
in a still small voice	조용하고 작은 소리로 → 양심의 소리로
in ball pen	볼펜으로 → 볼펜을 사용해서
in black and white	흑과 백으로 → 묵화(墨畵)로
in bronze	청동(靑銅)의 재료로 → 청동으로
in cash	현금이라는 수단으로 → 현금으로
in farewell	이별 속에 → 이별에 있어서

in foreign style	외국의 스타일로 → 외국풍으로
in Indian accent	인도풍의 악센트로 → 인도의 말투로
in oils	유화(油畵)라는 수단으로 → 유화로
in one way or other	이 방법 저 방법으로 → 어떻게 하든
in one's own handwriting	자신의 손글씨로 → 자필로
in pursuit	추적 속에 → 추적해서
in return for~	~의 답변으로 → ~의 답으로
in the capacity of~	~라는 용량으로 → ~의 자격으로
in the light of~	~의 빛 속에서 보면 → ~한 점에서

in ~을 위해서

in anticipation of~	~의 예상 속에 → ~을 예상하고
in case of~	~의 경우 속에 → ~한 경우에
in command of~	~의 지휘 때문에 → ~을 지휘해서
in consideration of~	~의 생각 속에 → ~을 고려해서
in defence of~	~의 변호에 → ~을 변호하기 위해서
in explanation of~	~의 설명에 → ~을 설명해서
in imitation of~	~의 모방 속에 → ~을 모방해서
in memory of~	~의 기념으로 → ~을 기념하기 위해서
in possession of~	~의 소유로 → ~을 점거해서
in presence of~	~의 존재하는 곳에서 → ~의 면전에서
in proof of~	~의 증명을 위해서 → ~을 증명해서
in respect of~	~의 점에서 → ~에 관해서
in spite of~	~을 미워해서 → ~에 불구하고
in support of~	~의 지지로 → ~을 지지하기 위해
in the absence of~	~의 부재중에 → ~이 없는 경우에는
in the event of~	~의 사건에는 → 만일 ~한 경우에는
in token of~	~의 표시로서 → ~을 나타내어

| in view of~ | ~을 생각해서 → ~에 비추어서 |
| in want of~ | ~의 필요 속에 → ~이 필요해서 |

little 거의 ~이 없는

least wise	최소의 지혜로 → 적어도, 최소한
less and less	적게 다시 적게 → 차차로 감소해서
less known	보다 적게 알려진 → 별로 알려지지 않은
less noise, please!	제발, 조용히 해주십시오!
less valued	보다 적은 값어치로 → 경시 당해서
little better than~	거의 ~보다 좋지 않은 → ~과 같을 정도인
little by little	조금씩 또 조금씩 → 조금씩
little dreamed	조금 꿈을 꾸었던 → 뜻밖에, 생각지도 않은
little, if any	무엇이 있다고 해도 조금 → 있다고 해도 소량인
little, if anything	있다고 해도 거의 없는 → 거의 없는
little less than~	~보다 적은 일은 거의 없는 → 같을 만큼
little more than~	~보다 많은 일은 거의 없는 → 비슷할 만큼
little or no	거의 또는 전혀 없는 → 거의 조금도 없는
little or nothing	거의 없거나 무(無) → 거의 아무것도 없는
little short of~	~의 부족이 거의 없는 → 다분히 있는
little thought	거의 생각 안 한 → 뜻밖에

much 대단히

more likely than not	그렇지 않은 것보다는 그럴 것 같은 → 아마도
more or less	많거나 적거나 → 다소간에
more than all	모두보다 많게 → 특히, 그 중에도
more than ever	평상시보다 많게 → 더욱 더 많은
most likely	가장 있음직한 → 있음직한
most of~	~의 최대의 → ~의 대부분의

most of all	모두 중에서 최대의 → 특히, 그 중에도
much as~	많은 ~처럼 → ~과 거의 같을 만큼
much good	대단히 좋은 → 재치 있는
much less	대단히 적은 → 훨씬 적은; 하물며 ~아니다
much more	대단히 더 많은 → 훨씬 많은; 더욱이, 하물며
much of~	~의 많은 → 대단한~
much on~	~에 있어서 많이 → ~에 능해서
much the same	많이 같은 → 거의 같은

no　조금도 ~없는

no better than~	~보다 더 좋지 않은 → ~과 마찬가지로 나쁜
no better than a beggar	거지보다 더 좋을 것 없는 → 거지와 다를 바 없는
no bigger than~	~보다 더 크지 않은 → 마찬가지로 작은
no father.	더 멀지 말도록 → 이제 됐어.
no fewer than~	~보다 더 적지 않은 → ~만큼이나 (많은)
no further objection	보다 이상의 반대 없이 → 더 이상의 반대 없이
no less than~	~보다 적지 않은 → ~에 못지않게 많이
no less A than B	B와 마찬가지로 A이다
no longer~	~보다 길지 않은 → 이제는 ~아닌
no more	보다 많지 않은 → 더 이상 (~않은)
no more or your joke.	너의 농을 더는 고만 → 농담하지 마
no more than~	~보다 이상이 아닌 → 불과 ~에 지나지 않는
no more A than B	B와 마찬가지로 A가 아니다
no other than~	~보다 다른 아니다 → 다름 아닌 ~이다
no other A than B	B보다 다른 A아니다 → A 외에는 B는 없다
no sooner than~	~보다 더 빠르지 않게 → ~하자마자

no Admittance	입장허가 없음 → 입장금지
no business of yours	너의 사업이 아닌 → 네가 알 바 아닌
no distance	거리가 없는 → 가까운
no doubt	의심 없는 → 명백히
no joke	농담이 아닌 → 중대한
no joking	농담 마시오 → 농담이 아닌
no man	사람이 없는 → 아무도 없는
no match for~	~에 대적이 안 되는 → 당할 수 없는
no matter	아무 일도 아닌 일 → 하찮은 일
no matter how ~ may	제 아무리 ~이더라도
no one	한 사람도 없는 → 아무도 없는
no one but~	~외에는 한 사람도 없는 → ~뿐인
no scholar	학자 정도가 아닌 → 분별이 없는 인간
no talking in the class!	교실에서 말 없기 → 수업 중 잡담 금지!
no A without B	B없이 A없는 → B가 없으면 A도 없는

not a bit	소량도 없는 → 조금도 없는
not a breath of air	공기의 숨도 없는 → 바람 한 점 없는
not a drop of rain	비의 한 방울도 없는 → 가무는
not a wink of sleep	눈 깜박할 잠도 없이 → 한 숨도 못 잔
not a word	하나의 말도 없는 → 말 한 마디 없는
not at all	모두가 아닌 → 전혀 없는, 천만에
not by all means	모든 수단을 써도 아닌 → 결코 아닌
not in the least	최소한도에서도 아닌 → 조금도 아닌
not merely A, but likewise B	A뿐만이 아니라 B도
not only A but also B	A뿐만이 아니라 B도 또한

not that~	~라는 것이 아니라 → ~이라고 하지만
not to mention	언급할 것도 없이 → 두말할 것 없이
not to say	말하지 못하더라도 → ~이라고 하지 않더라도
not to speak of~	~을 말 할 것 없이 → ~은 물론

not 반드시 ~이 아닌

not a little	적지가 않은 → 다량의
not a few	약간이 아닌 → 많은
not all~	모두 ~이 아닌 → 모두가 ~이라고 할 수 없는
not always~	언제나 ~이 아닌 → 늘 ~이라고 할 수 없는
not A but B	B하지 않고는 A 안 하는 → B하면 꼭 A 하는
not every~	모두가 다 ~라는 것은 아니다
not exactly~	정확히 ~은 아닌 → 정확히 ~이라고 할 수 없는
not infrequently	자주가 아닌 것이 아닌 → 흔히
not nearly	거의 없는 → 결코 없는
not necessarily~	반드시 ~은 아닌
not quite~	전혀 ~이 아닌 → 조금은 ~인
not reluctant	싫다는 정도가 아니라 → 기꺼이
not too well	너무나 좋은 정도가 아닌 → 적잖이 나쁘게

not ~아닌

not any	어떤 것도 아닌 → 조금도 없는
not ~ any longer	얼마나 길어도 ~아닌 → 이미 ~아닌
not any more~	아무리 많아도 ~아닌 → 이미 ~아닌
not as A as B	B처럼 A가 아닌 → B만큼 A가 아닌
not better than~	~보다 더 좋지 않은 → ~에 지나지 않는
not greater than~	~보다 크지 않은 → ~보다 오히려 적은
not in the least	최소한에서도 아닌 → 조금도 없는

not less beautiful than~	~보다 덜 아름답다는 것이 아닌 → 더 아름다운
not A long before B	너무 A하기 전에 B하는
not more than~	~보다 많지 않은 → ~이상은 없는
not more A than B	B보다 많이 A 아닌 → B 이상으로 A 아닌
not smaller than~	~보다 작지 않은 → ~보다 오히려 큰
not so A as B	B처럼 그렇게 A 아닌 → B 만큼 A 아닌
not so much as~	~정도도 아닌 → ~조차 아닌
not so much A as B	A라기보다는 오히려 B
not A until B	B까지는 A 아닌 → B해서 비로소 A하다

of   ~의

of a certainty	확실의 → 확실히
of a morning	아침 등의 → 흔히 아침나절에
of a sudden	돌연의 → 돌연히
of age	나이의 → ~세의; 성년의
of all ages	모든 연령의 → 노소를 막론하고
of all days	모든 날 중의 → 하필이면 그 날에
of all things	모든 것 중의 → 하필이면 그것이
of late	최근의 → 최근
of late years	이 몇 년의 → 근년
of noble birth	고상한 태생의 → 명문의
of old	오래된 때의 → 옛날의
of one's days	누구의 시대의 → 당시의
of other days	다른 시대의 → 옛날의
of recent years	최근 몇 해의 → 근년
of tender age	연약한 나이의 → 미성년 때의
of the days	그 시대의 → 현대의
of the hour	그 시간의 → 현대의

of a kind	한 종류의 → 아무렇게나
of a mind	하나의 마음의 → 같은 생각인
of consequence	중요성 있는 → 중요한
of frost	서리의 → 빙점하인
of help	도움이 있는 → 유용한
of one's own accord	스스로의 동의의 → 자발적으로
of oneself	자기 자신의 → 저절로, 자연히
of moment	중요성의 → 중요한
of necessity	필요성의 → 필요한
of no account	중요성 없는 → 조금도 중요하지 않은
of no avail	이익 없는 → 이익 없는, 쓸모없는
of no interest	흥미 없는 → 흥미가 동하지 않는
of one's own	자기 자신 것의 → 자기 소유의
of service	봉사의 → 쓸모 있는
of some length	어느 길이의 → 상당히 긴
of the name of~	~의 이름의 → ~라는 이름의
of the world	세계의 → 세속적인
of use	사용의 → 유용한
of value	가치의 → 가치 있는

off base	기초를 떠나서 → 아주 동떨어져서
off duty	의무를 떠나서 → 비번으로
off one's balance	평형을 잃고 → 중심을 잃고, 어쩔 줄 모르고
off one's eggs	알을 떠나서 → 오해하고 있는
off one's guard	경계를 떠나서 → 경계를 풀고, 마음을 놓고
off one's hands	손을 떠나서 → 책임을 다하고

off one's head	머리를 떠나서 → 발광해서
off one's legs	다리를 떠나서 → 쉬어서
off the coast	해안을 벗어나 → 바다 멀리
off the hinges	경첩이 벗어나 → 작동이 엉망이 되어
off the map	지도에 없는 → 중요하지 않은
off mark	과녁을 벗어나 → 요점이 흐려져
off the point	요점을 벗어나 → 중요한 점을 벗어나서
off the road	도로에서 벗어나 → 정도를 벗어나
off the stage	무대를 벗어나 → 무대의 그늘에
off the track	궤도를 벗어나 → 탈선해서

on ～의 위에

on horseback	말 등위에 → 말을 타고
on my part	내 부분 위에 → 나로서는
on the air	공기 위에 → 방송 중인
on the back of～	～의 이면에 → ～에 이어; ～에 대해서
on the black list	블랙리스트에 올라서 → 요시찰 인물인
on the left	왼쪽 위에 → 왼쪽에
on the raw	허물이 벗겨진 알살 위에 → 약점에
on the screen	스크린 위에 → 영화에서
on the sea	바다 위에 → 해상에; 배를 타고
on the side of～	～켠에 → ～에 편들어
on the top of～	～의 정상에 → ～위에, 덤으로
on the verge of～	～의 모서리에 → 막 ～하려 해서
on top	정상 위에 → 뛰어나게, 우수한
on top of the world	세계의 정상에 → 기뻐 어쩔 줄 모르고

<table>
<tr><td colspan="2">on ～(한 때)에</td></tr>
<tr><td>on a sudden</td><td>돌연일 때에 → 갑자기</td></tr>
<tr><td>on and after～</td><td>～(의 날) 이후 → (며칠) 내내</td></tr>
<tr><td>on arrival</td><td>도착 위에 → 도착하자마자 곧</td></tr>
<tr><td>on delivery</td><td>배달과 동시에 → 배달되면 즉시</td></tr>
<tr><td>on demand</td><td>요구와 동시에 → 요구하는 대로</td></tr>
<tr><td>on examination</td><td>조사 때에 → 잘 조사해 본 연후에</td></tr>
<tr><td>on inquiry</td><td>질문 때에 → 질문이 나오는 대로</td></tr>
<tr><td>on one occasion</td><td>하나의 기회 때에 → 어느 기회에, 어떤 때에</td></tr>
<tr><td>on second thought</td><td>두 번째 생각 끝에 → 한 번 더 생각해서</td></tr>
<tr><td>on the eve of～</td><td>～전야에 → 막 ～하려고</td></tr>
<tr><td>on the instant</td><td>순간적으로 → 즉석에서</td></tr>
<tr><td>on the morrow of～</td><td>～다음날에 → ～직후에, ～이튿날 아침에</td></tr>
<tr><td>on the point of～</td><td>～의 지점 위에 → 막 ～하려던 참에</td></tr>
<tr><td>on the spot</td><td>그 지점에서 → 즉석에서</td></tr>
<tr><td>on the stroke of～</td><td>～의 시를 울리자 → 울리자마자</td></tr>
<tr><td>on time</td><td>시간 위에 → 정각에; 후불조건으로</td></tr>
</table>

<table>
<tr><td colspan="2">on ～하고 있는</td></tr>
<tr><td>on camera</td><td>(텔레비전) 카메라 앞에 → 떨어서, 흥분되어</td></tr>
<tr><td>on duty</td><td>임무로 → 당번으로</td></tr>
<tr><td>on one's guard</td><td>경계의 상태로 → 경계해서, 조심해서</td></tr>
<tr><td>on parade</td><td>행렬의 상태로 → 행렬해서</td></tr>
<tr><td>on record</td><td>기록상에 → 기록되어</td></tr>
<tr><td>on sale</td><td>파는 상태에 → 팔려서, 매출중인</td></tr>
<tr><td>on strike</td><td>스트라이크 상태에 → 파업 중에</td></tr>
<tr><td>on the average</td><td>평균상에 → 평균해서</td></tr>
<tr><td>on the bias</td><td>비스듬히 → 일그러져</td></tr>
</table>

on the chain	싸게 → 싸구려로
on the go	가는 상태에서 → 쉴 새 없이 움직여; 막 외출한 참인
on the increase	증대의 상태로 → 증대해서
on the look out	경계의 상태로 → 경계해서
on the square	네모꼴 상태로 → 정직하게; 공평하게
on the stretch	잡아당긴 상태로 → 긴장해서
on the wane	(달이) 일그러지는 상태로 → 점점 약해져서

on　～해서

on all fours	네 개의 (수족) 모두 위에 → 엉금엉금 기어서
on all hands	모든 손 위에 → 사방팔방으로
on foot	다리 위에 → 도보로, 걸어서; 진행하는
on hand	손 위에 → 수중에; 출석하여
on one's face	자기의 얼굴 위에 → 엎어져서
on one's heels	발뒤꿈치 위에 → 발뒤꿈치로 (돌다 등)
on one's knees	무릎 위에 → 무릎 꿇고
on one's legs	자기의 다리 위에 → 독립해서
on one's side	자기의 옆구리 위에 → 모로 누워서
on one's stomach	자기의 배 위에 → 엎드려서
on one's toes	자기의 발톱 위에 → 발톱 끝으로 서서; 기민하게
on the heels	발뒤꿈치에 접해서 → 바로 뒤에
on the move	움직임 위에 → 움직여서
on the wing	날개 위에 → 날아서
on tiptoe	발톱 위에 → 살금살금, 몰래; 기대해서

on　～에 관해서

| on a journey | 여행이라는 요건으로 → 여행에 |

on a pilgrimage	순례(巡禮)의 요건으로 → 순례차
on a visit	방문의 요건으로 → 방문차
on leave	휴가라는 수단으로 → 휴가를 얻어
on one's salary	스스로의 봉급의 수단으로 → 봉급으로
on rice	쌀이라는 수단으로 → 쌀을 주식으로
on the house	회사의 부담으로 → 무료로, 거저
on the piano	피아노라는 기구로 → 피아노로
on the subject of~	~의 문제에 관해서 → ~라는 문제로
on the telephone	전화라는 기구로 → 전화로
on the topic of~	~라는 화제에 관해서 → ~라는 화제로
on urgent business	긴급한 사업으로 → 급무(急務)로

on   ~에

on account of~	~의 이유로 → ~ 때문에
on credit	신용에 기반을 두고 → 월부나 후불로
on good authority	좋은 권위에 의거해서 → 믿을만한 소식통에 의하면
on good terms with~	~과 더불어 좋은 사이로 → ~과 사이좋게
on monthly instalments	월의 분할로 → 월부로
on no evidence	없는 증거에 따라 → 증거가 없는데도
on one's honor	자기의 명예에 따라 → 명예를 걸고, 맹세코
on one's word	자기의 말에 따라 → 맹세코
on purpose	목적에 기반을 두고 → 고의로, 일부러
on suspicion	의심에 기반을 두고 → 혐의로
on the advice of~	~의 충고에 따라
on the chance of~	~의 기회에 기반을 두고 → 혹시 ~인가 생각해서
on the ground that~	~라는 땅 위에 → ~라는 근거로
on the strength of~	~의 힘 위에 → ~을 믿고

out and away	밖과 저쪽에 → 뛰어나게, 걸출해서
out and out	밖으로 또 밖으로 → 완전히, 철저히
out at sea	바다의 밖으로 → 바다 멀리 나와서
out for happiness	행복을 위해 밖으로 → 행복해지고자
out for some trouble	어느 트러블로 밖으로 → 문제를 일으키려고
out from under	아래로부터 밖으로 → 위기를 벗어나서
out hunting	수렵차 밖으로 → 수렵을 나가서
out in the country	밖으로 나가 시골로 → 시골로, 교외에
out in the field	밖으로 나가 들로 → 야외에서
out there	그곳 밖으로 → 저 쪽에
out to~	~밖으로 → ~하려고 애써서
out upon you!	무슨 짓이야! 어리석군!

out　밖에 나가서

out of date	날짜의 밖에 → 시대에 뒤져서
out of debt	빚의 밖에 → 빚을 지지 않고
out of mind	마음의 범위 외에 → 잊혀져서
out of one's pocket	자기 주머니 밖으로 → 선심을 써서, 부담을 떠맡아
out of one's range	자기 범위 밖에 → 미치지 못하는
out of proportion	균형 밖에 → 균형이 잡히지 않는
out of reach	미치는 범위 밖에 → 미치지 않는 곳에
out of sight	시야 밖에 → 보이지 않아서
out of stock	재고가 끊어져서 → 품절이 되어
out of the common	보통에서 벗어나서 → 비범한
out of the way	길에서 밖으로 → 인적이 드문; 장애가 되지 않는
out of time	시간을 벗어나서 → 철을 벗어난; 박자가 틀리는

out of touch	접촉에서 벗어나 → 연락이 되지 않는
out of trouble	노고 밖에 → 고생하지 않고
out of work	일밖에 → 실업 중인

out of breath	호흡의 밖으로 → 숨이 차서
out of charity	자비심에서 → 불쌍히 여겨서
out of courtesy	예의에서 → 겉치레로, 예의상
out of fashion	유행을 벗어나서 → 유행에 뒤떨어진
out of humor	유머를 벗어나서 → 기분이 좋지 않은
out of joint	관절이 벗어나서 → 고장이 난, 조화를 벗어난
out of love	애정으로
out of mischief	장난으로
out of necessity	필요에 의해서
out of one's senses	감각을 벗어나서 → 미쳐서
out of pity	동정심에서 → 불쌍히 여겨서
out of politeness	공손에서 → 겉치레로, 예의상
out of season	계절을 벗어나서 → 철 잃은
out of spite	악의에서 → 화풀이로
out of temper	성질을 벗어나서 → 화가 나서
out of tune	조화를 벗어나서 → 조화를 잃고

over a fire	불 위에 걸쳐서 → 불에 익혀서
over a good distance	상당한 거리를 덮어서 → 상당한 거리에 걸쳐
over against~	~과 반대 위치에 → ~과 맞보고
over all	모든 부분을 덮어서 → 끝에서 끝까지
over and above	거듭하고 그 위에 → 아득히

over and over	거듭하고 거듭해서 → 몇 번이고
over head and ears in love	사랑에 들떠서
over here	넘어서 이곳에 → 이쪽으로
over the head of~	~의 머리를 넘어 → ~을 앞서서
over the left	왼쪽을 넘어 → 거꾸로 말하자면
over the wire	전선 너머로 → 전화로
over today	오늘을 넘어 → 내일까지

so　그렇게

so and so only	그래서 그것뿐 → 그것뿐
so as not to do	그렇게 ~하지 잃게끔 → ~하지 않게끔
so as to do	~하도록
so do I.	나도 그렇게 한다 → 나도 그렇다.
so far	그렇게 멀리까지 → 거기까지는, 지금까지
so far as~	~처럼 그렇게 멀리 → ~한은, ~하기만 하면
so I do.	그렇게 나는 한다 → 그대로이다.
so long	그렇게 길게 → 안녕히
so long as~	~과 같은 그런 길이로 → ~한은, ~이기만 하면
so much more	더욱 많이 → 점점 더
so saying	그렇게 말하면서
so that~	그래서~ → 그 결과~, 그 때문에
so that A may B	A가 B할 수 있게끔
so to say	그렇게 말할 것이 → 말하자면

to　~으로

to and from	이쪽저쪽으로
to arms!	무기로! → 무기를 들어라!
to one's drying day	죽어갈 날까지 → 임종의 날까지

to one's health	누구의 건강에 대해서 → 건강을 위해서 (건배)
to one's rescue	누구의 구조에 → 구조하러 (출동하다 등)
to the end	끝으로 향하여 → 끝까지
to the end of the world	세계 끝까지 → 영원히
to the end of time	시간의 끝까지 → 언제까지나
to the right	오른쪽으로 → 우측으로
to the south	남쪽으로 → 남향으로
to this day	이 날까지 → 오늘에 이르기까지

to　～에 이르기까지

to a nicety	정확성으로 → 정확히, 알맞게
to ashes	재로 → 재가 되기까지
to perfection	완전으로 → 완전히
to the backbone	등뼈까지 → 골수까지, 철저하게
to the bone	뼈에 이르기까지 → 뼛속까지, 속속들이
to the bottom	밑바닥으로 → 밑바닥까지, 철저히
to the core	속으로 → 골수까지, 철저히
to the last penny	마지막 페니까지 → 한 푼 남김없이
to the letter	글자 그대로 → 조금도 어김없이
to the quick	알살까지 → 약점을 (찌르다)
to the skin	피부까지 → 피부까지도 (물에 젖다 등)
to the utmost	극한까지 → 극도로, 최대한

to　～하게도

to one's advantage	누구의 이익으로 → 유리하게
to one's astonishment	누구의 놀라움으로 → 놀랍게도
to one's cost	누구의 비용으로 → 비싼 대가를 지불하고
to one's credit	누구의 신용으로 → 기특한 일로는

to one's delight	누구의 기쁨으로 → 기쁘게도
to one's disappointment	누구의 실망으로 → 실망스럽게도
to one's great distress	대단히 난처하게도
to one's great relief	크나큰 구조로 → 다행스럽게도
to one's joy	누구의 즐거움으로 → 즐겁게도
to one's mind	누구의 마음으로 → 자기 생각으로는; 마음에 들어
to one's perplexity	당혹하게도 → 난처하게도
to one's regret	누구의 후회로 → 유감스럽게도
to one's satisfaction	누구의 만족에로 → 뜻대로
to one's sorrow	누구의 슬픔으로 → 슬프게도
to one's surprise	누구의 놀라움으로 → 놀랍게도
to one's wishes	누구 소망으로 → 희망대로, 원한 바대로

to ~하자면

to be sure	확실하자면 → 과연, 사실
to begin with~	~을 시작하고자 → 무엇보다도 먼저~
to conclude~	~을 결말짓고자 → 끝으로 한 마디~
to confess the truth	진실을 자백하면 → 사실을 말하자면
to crown all	더하건대 → 그 결과는, 게다가
to make sure	확실히 하고자 → 확실을 기하고자
to say least of it	그 최소한을 말하건대 → 적어도
to say nothing of~	~은 말할 것도 없이 → ~은 물론
to see~	~을 보기 위하여 → ~을 만나고자
to speak the truth	진실을 말하기 위해서 → 사실은
to start with~	~과 더불어 떠나건대 → 우선, 먼저
to sum up	종합해보건대 → 요컨대
to think that~	~을 생각하면 → ~라는 것을 생각하면

under a hill	언덕 아래 → 언덕 밑에
under a load	무거운 짐 밑에 → 책임이 무거워서
under a tree	나무 밑에 → 나무 그늘에
under age	성년(成年) 이하에 → 미성년의
under arms	무기 밑에 → 무장하고
under canvas	돛을 올리고 → 배가 항해 중인
under fire	포화 밑에 → 총탄이 빗발치는 속에
under one's arm	팔 밑에 → 겨드랑 밑에
under one's nose	누구의 코밑에 → 바로 눈앞에서
under sail	돛을 올리고 → 배가 항해 중인
under the rose	장미 밑에서 → 은밀히, 비밀로
under the skin	피부 아래에 피하에 (주사하다 등)
under the sun	태양 아래에 → 천하에
under water	물밑에 → 수중에, 물에 흠뻑 젖어서

under   ~하에

under arrest	체포 상태 하에 → 체포되어
under construction	건설 도중에 → 건축 중
under cultivation	경작 도중에 → 경작되어
under custody	구류를 받고 → 구류되어, 유치(留置)되어
under discussion	논의의 도중인 → 논의 중
under investigation	조사 도중에 → 목하 수사 중
under one's charge	누구의 담당 하에 → 누구의 책임
under one's notice	누구의 주의 하에 → 주목을 받고
under one's thumb	엄지손가락 하에 → 꼼짝 못하는 판국에 처해서
under one's wings	누구의 날개 하에 → 보호를 받고
under repairs	수리 도중에 → 수리중

under suspicion	혐의 하에 → 혐의를 받고
under the hammer	(경매시의) 망치 하에 → 경매되어
under the way	항해중인 → (일이) 진행 중

under ～을 받고

under (the) cover of～	～의 커버 밑에 → ～에 숨겨져서
under favor of～	～의 호의 하에 → ～에 편승해서
under penalty of～	～의 벌 밑에 → ～한 형벌로
under sentence of～	～의 선고 밑에 → ～한 선고를 받고
under the auspices of～	～의 주최 하에 → ～의 주최로
under the control of～	～의 지배 하에 → ～에 지배되어
under the excuse of～	～의 변명 하에 → ～라는 구실로
under the guise of～	～의 가면 하에 → ～에 숨어
under the influence of～	～의 영향 하에 → ～의 작용으로
under the name of～	～의 이름 하에 → ～라는 이름으로
under the necessity of～	～의 필요 하에 → ～의 필요에서
under the plea of～	～의 구실 하에 → ～라는 구실로
under the protection of～	～의 비호(옹호)를 받고
under the rule of～	～의 지배 하에 → ～의 지배를 받고
under the sway of～	～의 지배력아래 → ～의 지배 하에
under the vows of～	～의 서약 하에 → ～라고 맹서하고
under the yoke of～	～의 멍에 하에 → ～에 지배되어

up 위로

up a tree	나무 위에 → 꼼짝없이 몰려서
up and about	일어나 주위에 → (병자가) 회복되어
up and doing	일어나 행동하는 → 열심히 노력하는
up against～	～에 대항해 일어나 → ～에 직면해서

up in~	완전히 ~속에 → ~에 정통해서
up till~	전부 ~까지 → ~까지 계속
up to date	지금 날짜까지 → 신식의, 현대적인
up to snuff	일어나 숨을 들이쉬는 → 건강이 좋은
up to the minute	완전히 분(分)에 이르기까지 → 최근의
up to the work	완전히 일에 도달한 → 일에 정통한
up to this time	계속 이 시간까지 → 이 때까지
up to you	완전히 당신에게 → 당신 임의로
up with you!	당신과 더불어 위로 → 기립!

with ~과 더불어

with a grain of salt	소금을 쳐서 → 다소 감안을 해서
with a sigh	한숨과 더불어 → 한숨을 쉬며
with a vengeance	복수로 → 호되게, 심하게, 철저히
with a will	의지를 갖고 → 공들여
with age	나이로 → 노령으로
with anger	화를 갖고 → 화내어
with cold	추위를 갖고 → 추위로
with courage	용기를 갖고 → 용감하게
with difficulty	고난을 갖고 → 겨우, 가까스로
with ease	용의함을 갖고 → 쉽게, 용의하게
with excitement	흥분을 갖고 → 흥분해서
with heart and soul	마음과 영혼을 갖고 → 열심히
with one bound	한번 뛰어서 → 한달음에, 단숨에
with one voice	소리 하나로 → 만장일치로
with shame	수치를 갖고 → 부끄럽게 여겨서

with all～	～모두와 더불어 → ～에도 불구하고
with an eye to～	～에 눈을 고정시켜 → ～하기 위해
with one's head on one side	머리를 갸우뚱하고 → 미심쩍게
with reference to～	～의 관계로 → ～에 관해서
with regard to～	～의 관계로 → ～에 관해서
with respect to～	～의 점에서 → ～에 관해서
with tears	눈물과 더불어 → 울며불며
with tears in eyes	눈에 눈물을 갖고 → 눈물이 글썽해서
with the intention of～	～의 의도로 → ～하고자
with that	그것으로 → 그렇게 말하고
with this	이것으로 → 이렇게 말하고

within call	부르는 소리 범위 내에 → 부르면 들릴만한 곳에
within doors	문 내부에 → 외출하지 않고
within easy distance	쉽게 갈만한 거리 내에 → 인근에
within hail	소리의 도달 범위 내에 → 부르면 들릴만한 곳에
within hearing	들리는 범위 내에 → 지척지간에
within limits	한도 이내에 → 어느 정도까지
within one's means	재력(財力) 내에 → 빚지지 않고
within oneself	스스로의 범위 내에 → 겸양해서
within reach	도달 범위 내에 → 인근에
within sight of～	～이 보이는 범위 내에 → ～에 접근해서
within the limits of～	～의 제한 내에 → ～의 범위 내에

without a hitch	고장 없이 → 무사히
without book	책 없이 → 암기해서
without ceremony	제전(祭典) 없이 → 격식을 차리지 않고
without difficulty	어려움 없이 → 용이하게
without end	끝없이 → 영원히
without fail	실패 없이 → 틀림없이, 반드시
without fear	두려움 없이 → 용감히, 거침없이
without hesitation	주저함이 없이 → 곧장, 망설이지 않고
without notice	사전에 주의 없이 → 뜻밖에
without number	셈할 수 없는 → 무수한
without question	의문 없이 → 확실히, 물론
without reluctance	거리낄 것 없이 → 싫어하지 않고
without reserve	꾸물거림 없이 → 무조건, 거리낌 없이
without stint	아끼는 것 없이 → 아낌없이
without warning	경고 없이 → 불시에

animal 동물

animal courage	동물적 용기 → 만용
animal heat	동물의 열 → 체온
animal kingdom	동물의 왕국 → 동물계
animal of prey	육식하는 짐승 → 육식동물(사자, 호랑이 등)
bird's eye view	조감도 → 개요, 대요
bird in one's bosom	가슴속의 새 → 양심
bird of night	밤의 새 → 부엉새
bird of peace	평화의 새 → 비둘기
bird or prey	육식하는 새 → 맹금(독수리, 매 등)
bird courage	짐승의 용기 → 만용

black 검은

black anger	검은 노여움 → 흑인의 분노
black art	검은 예술 → 요술
black coffee	검은 커피 → 설탕이나 크림을 넣지 않은 커피
black diamond	검은 다이아몬드 → 석탄
black dog	검은 개 → 우울증
black magic	검은 마법 → 요술
black mark	검은 표식 → 벌점
black market	검은 시장 → 암시장

black Monday	검은 월요일 → 휴가가 끝나고 처음 출근하는 월요일
black power	검은 힘 → 흑인 세력
black swan	검은 백조 → 희귀한 것
black tea	검은 차 → 홍차

blind 눈이 먼

blind coal	눈이 먼 석탄 → 무연탄
blind door	빛이 통하지 못하는 문 → 형태만의 문
blind god	눈이 먼 신 → 큐피드(사랑은 맹목이기에)
blind letters	장님의 편지 → 행선지 불명의 편지
blind of an eye	한쪽 눈이 먼 → 애꾸눈의
blind reasoning	맹종하는 추리 → 이해하기 어려운 의론
blind spot	맹점 → 본인이 알지 못하는 약점
blind with~	(사랑, 금전 등에) 눈이 먼
deaf to music	음악에 대한 벙어리인 → 음치의
dumb bell	울리지 않는 벨 → 느림보
dumb despair	절망 끝에 벙어리 → 말도 못할 정도의 절망
dumb note	벙어리 노트 → (피아노 등에서) 소리가 나지 않는 곳
dumb show	벙어리 쇼 → 손짓 발짓, 팬터마임

blue 푸른

blue blood	푸른 피 → 귀족 출신
blue chip	포커에서의 고액 칩 → 우량주
blue dahlia	푸른 다리아 → 희귀한 것
blue devils	푸른 악마 → 우울

blue ribbon	훈장의 청색 리본 → 최고의 명예
green cloth	(도박판의) 녹색 상보 → 도박, 노름
red heat	붉은 열 → 격노, 큰 노여움
red ink	붉은 잉크 → 적자, 장부상의 차변, 손실
red-letter day	붉은 문자의 날 → 공휴일(달력에 붉은 색으로 인쇄된)
red ray	(투우 때의) 붉은 천 → 화나게 하는 것
red tape	(문서를 철하는) 붉은 끈 → 관료적
yellow journalism	노란 언론 → 선정적인 간행물
yellow streak	노란 기질 → 겁, 소심

bread 빵

bread and butter	빵과 버터 → 버터 바른 빵, 생활의 양식
bread and cheese	빵과 치즈 → 조식(粗食), 험한 음식
bread and salt	빵과 소금 → 환대의 상징
bread and wine	빵과 포도주 → 성찬식
bread buttered on both sides	양쪽에 버터 바른 빵 → 행운
coffee break	커피로 중단 → 커피를 마시는 휴식시간
pudding face	푸딩 같은 얼굴 → 둥글고 평평한 얼굴
pudding heart	푸딩 같은 마음 → 겁쟁이
rice paper	짚 종이 → 담배 마는 종이
rice water	쌀 물 → 죽
soup kitchen	스프의 부엌 → 무료식당
tea ceremony	차의 의식 → 다도(茶道)
tea service	티 서비스 → 차도구

cat fight	고양이 싸움 → 으르렁거림
cat ice	고양이가 걷기도 어려운 얼음 → 엷은 얼음
cat nap	고양이 낮잠 → 선잠
cat's whiskers	고양이 수염 → 굉장한 것, 좋은 것
dog collar	개의 목끈 → 목사의 둥근 칼라
dog fight	개싸움 → 공중전, 난투
dog lead	개를 끄는 리드 → 개끈
dog's chance	개의 기회 → 사소한 기회
dog's life	개의 생활 → 비참한 생활
dog's meat	개의 식사 → 험한 음식, 조식

cold　차가운

cold feet	차가운 발 → 도망치려는 자세
cold heart	차가운 마음 → 냉담
cold news	차가운 뉴스 → 실망을 안겨주는 뉴스
cold pig	차가운 돼지 → 정신 차리라고 퍼붓는 물
cold war	차가운 전쟁 → 냉전
hot air	뜨거운 공기 → 허풍, 실없는 이야기
hot and hot	뜨겁고 또 뜨거운 → 막 새로 만든
hot and strong	뜨겁고 세차게 → 호되게
hot corner	공이 가장 빈번히 날아오는 코너 → 삼루수
hot goods	뜨거운 물건 → 갓 훔친 장물
hot news	뜨거운 뉴스 → 갓 흘러나온 뉴스
hot potato	뜨거운 감자 → 골치 아픈 문제
hot seat	뜨거운 의자 → (사형에 쓰는) 전기의자
hot war	뜨거운 전쟁 → 열전, 본격적인 전쟁
hot water	뜨거운 물 → 스스로 자청한 고생

day 　날

day about	순번의 날 → 하루건너
day coach	주간 열차 → 보통열차
day nursery	주간의 보모실 → 탁아소
day off	일이 없는 날 → 비번
day shift	주간의 교대 → 낮근무
day-to-day work	나날의 일 → 일당으로 하는 일
evening dress	저녁 드레스 → 야회복
evening glory	저녁의 영광 → 저녁노을
evening star	저녁별 → 태백성
morning glory	아침의 영광 → 나팔꽃
morning of life	인생의 아침 → 청년시대
morning room	아침에 가족이 모이는 방 → 거실
morning star	아침별 → 샛별
night hag	(밤하늘을 나른다는) 마녀 → 악몽
night out	밖으로 나가는 밤 → 외출이 허가되는 밤
night owl	밤 부엉이 → 밤샘
night soil	밤의 흙 → (밤에 수거하는) 인분

dry 　건조한

dry battery	건성(乾性)의 전지 → 건전지
dry bread	메마른 빵 → 버터를 바르지 않은 빵
dry cough	메마른 기침 → 헛기침
dry fruit	건조한 청과물 → 말린 과일
dry goods	건조한 상품 → 피복, 건어물류
dry milk	건조한 우유 → 분유
dry party	건조한 파티 → 술이 없는 파티

dry rot	건조한 부패 → 건조부식; (사회적인) 부패, 퇴폐
dry thanks	건조한 감사 → 인사치례로 하는 감사
dry wash	건조한 세탁물 → 다리지 않은 마른 세탁물
wet blanket	젖은 모포 → 트집을 잡는 사람, 기분 잡치게 하는 자
wet goods	젖은(물기 있는) 상품 → 주류
wet State	젖은 주(州) → 금주령이 시행되지 않는 주

ducth 네덜란드인의

ducth bargain	네덜란드식 거래 → 한잔 하며 맺는 거래
ducth lunch	네덜란드식 점심 → 각자내기 점심식사
ducth treat	네덜란드식 대접 → 각자 부담의 연회
french window	프랑스창 → 양쪽으로 밀어 열리는 창
greek to me	나에게는 그리스어 → 알아듣지 못할 말
india rubber	인도 고무 → 지우개
indian corn	인디언의 곡물 → 옥수수

eye 눈

eye of day	낮의 눈 → 태양
eye opener	눈을 뜨게 하는 것 → 놀라운 사건
face to face	얼굴에 얼굴을 → 맞대놓고
face value	얼굴의 가치 → 표면상의 가격
false tooth	가짜 이 → 의치(義齒)
lip salve	입술에 의한 일제사격 → 아첨
lip server	입술만으로 서비스하는 사람 → 입발림 잘 하는 자
mouth friend	입 끝의 친구 → 말뿐인 친구
nose count	코 세기 → 호구조사

| nose dive | 코로부터의 강하 → 급강하 |
| nose rag | 코에 대는 천 → 손수건 |

gold 금

brass and braid	구리와 금테두리 → 장교
bronze statue	청동의 동상 → 동상
gold standard	금의 표준 → 금본위제(金本位制)
gold age	황금시대 → 전성기, 한참 때
iron rule	철의 규칙 → 냉혹한 통치
iron will	철의 의지 → 굽힐 줄 모르는 의지
tin god	양철의 신 → 엉터리, 가짜
tin hat	양철 모자 → 술주정뱅이
tin-opener	양철 따개 → 통조림 따개

heavy 무거운

heavy in hand	손에 무거운 → (말이) 다루기 힘든
heavy metal	중금속 → 높은 양반
heavy offense	무거운 죄상 → 중죄(重罪)
heavy oil	무거운 기름 → 중유
heavy smoker	무거운 흡연가 → 담배를 많이 피우는 사람
heavy vote	많은 투표수 → 대량 투표, 다수표
heavy with child	아기로 무거운 → 임신 중인
light beer	가벼운 맥주 → 주정이 약한 맥주
light in hand	손에 가벼운 → (말이) 다루기 쉬운
light in the head	머리가 텅 빈 → 어지러운, 머리가 돈
light of fingers	손가락이 가벼운 → 손버릇이 나쁜

light offense	가벼운 범죄 → 경범죄
light weight	무게가 가벼운 → 무게가 차지 않는
light woman	가벼운 여자 → 지조가 없는 여성

hen 암탉

cock-and-bull story	닭과 소의 이야기 → 엉터리 이야기
goose flesh	거위의 살 → 소름
goose that lays the golden eggs	금알을 낳는 거위 → 돈줄
owl train	부엉이 열차 → 야간열차
parrot cry	앵무새 울음 → 암호
peacock in his pride	날개를 활짝 핀 공장 → 멋을 낸 사람
pigeon pair	비둘기 부부 → (남녀의) 정다운 한 쌍

high 높은

high and dry	기슭에 올라온 (배) → (시대에) 버려진
high and low	높고 낮은 구별 없이 → 모든 집에
high and mighty	높고 힘센 → 거만한
high area	높은 층 → 고기압권
high crime	높은 범죄 → 중죄(重罪)
high dry	높은 날 → 축제일
high hand	고압적인 손 → 거만
high liver	높은 생활하는 사람 → 호화로운 생활을 하는 사람
high noon	높은 정오 → 대낮
high roller	높은 로라 → 돈쓰임이 헤픈 사람
high tide	높은 조수 → 절정
high time	절정의 시간 → 유쾌한 시간, 절호의 시간

| high treason | 고도의 반역 → 대역죄 |
| high-water mark | 높은 물 표시 → 최고수준 |

lion 사자

fox in a lamb's skin	새끼양가죽을 쓴 여우 → 위선자
fox sleep	여우잠 → 꾀잠, 자는 척하기
horse laugh	말의 웃음 → 바보스러운 웃음
horse opera	말의 오페라 → 서부극
horse sense	말의 센스 → 육감
horse trader	말 장수 → 장사에 능한 사람
lion's share	사자의 몫 → 우선적인 몫, 단물
monkey business	원숭이 사업 → 협잡, 사기
monkey suit	원숭이 옷 → 제복, (남자용) 예복
sheep and goat	양과 산양 → 선인과 악인
pigs might fly.	돼지가 나를지 모른다 → 해가 서쪽에서 뜰지 모른다

man 남성

boy's play	아이들 놀이 → 식은 죽 먹기, 쉬운 일
gentleman at large	특정한 임무가 없는 신사 → 무직자
gentleman of fortune	부를 추구하는 신사 → 사기꾼
gentleman of the press	언론의 신사 → 신문기자
man in the moon	달의 사나이 → 가상인물
man of affairs	사태의 사나이 → 사무원, 실무자
man of all work	모든 일의 사나이 → 팔방미인, 만능인
man of God	신의 사나이 → 목사
man of letters	문자의 사나이 → 문인, 저술가

574

man of straw	짚으로 된 사람 → 빈털터리; 간판; 가상인물
man of the world	세계의 사나이 → 처세에 능한 사람
man of words	말의 사나이 → 변설가, 수다쟁이
man of horseback	마상의 사나이 → 통솔자
man to man	인간 대 인간 → 개인적인 비교

old 낡은

old boy	늙은 소년 → 졸업생
old hand	노련한 손 → 전과자, 상습범
old hat	낡은 모자 → 시대에 뒤진 자
old school tie	모교의 넥타이 → 모교의 자랑; 동문
old Stone Age	오랜 돌 시대 → 구석기시대
old wive's tale	나이든 마누라의 이야기 → 미친 소리, 미신

white 흰

white chip	흰 나무토막 → 확실한 우량주
white coal	흰 석탄 → 수력(水力)
white collar	흰 칼라 → 샐러리맨, 봉급생활자
white devils	흰 악마 → 우울
white lie	흰 거짓말 → 악의 없는 거짓말
white light	청천백일 → 공정한 판단
white magic	흰 요술 → 마술
white night	백야 → 잠 못 드는 밤
white rage	흰 노여움 → 격노
white scourge	흰 전염병 → 폐결핵
white war	흰 전쟁 → 경제적인 전쟁
white way	흰 길 → 불야성

girl Friday	소녀의 금요일 → 유능한 여자 조수
girl of the period	시대의 아가씨 → 현대적인 소녀
lady bird	귀부인의 새 → 반딧불
lady help	여성의 도움 → 가정부
lady of the house	집의 귀부인 → 가정주부
lady's man	귀부인의 사나이 → 여성에게 공손한 남자
woman movement	부인운동 → 여권신장운동
woman of the world	세계의 여인 → 사교가
woman's wit	여자의 지혜 → 통찰력, 육감